国家级一流本科课程配套教材
普通高等教育“十四五”规划教材
甘肃省创新创业教育示范课程配套教材

工程经济与项目管理

（慕课版）

李海莲◎主编

中国铁道出版社有限公司
CHINA RAILWAY PUBLISHING HOUSE CO., LTD.

内容简介

本书以工程建设为背景，运用基本原理与工程实践紧密结合的方法，全面系统地介绍了现代工程经济分析和工程项目管理的相关理论、具体方法和实践应用。本书除概论外，包含上下两篇，其中上篇为工程经济，包括现金流量与资金时间价值、工程经济基本要素、工程经济评价指标、方案经济评价方法、不确定性分析和价值工程；下篇为工程项目管理，包括工程项目的组织与管理、工程招投标与合同管理、工程项目进度控制、工程项目成本管理、工程项目质量控制和建设工程职业健康安全与环境管理。通过学习本书内容，可系统、全面地掌握工程经济与项目管理基本理论知识和实践应用方法，提升运用专业知识解决实际问题的综合能力和素质。

本书知识模块体系完备，内容紧跟行业前沿，章节设计生动立体，同步配套线上教学资源，可作为普通高等院校土木类、水利类等工科专业的教材，也可作为全国注册建造师、监理工程师、造价工程师、咨询工程师等职业资格考试的应试参考书，还可供施工企业、监理单位、建设单位、勘察设计单位等从事相关专业工作的技术人员学习参考。

图书在版编目(CIP)数据

工程经济与项目管理：慕课版/李海莲主编. —北京：中国铁道出版社有限公司，2022.9(2025.1 重印)

普通高等教育"十四五"规划教材

ISBN 978-7-113-29493-9

Ⅰ.①工… Ⅱ.①李… Ⅲ.①工程经济学-高等学校-教材②工程项目管理-高等学校-教材 Ⅳ.①F062.4②F284

中国版本图书馆 CIP 数据核字(2022)第 137492 号

书　　名：工程经济与项目管理(慕课版)
作　　者：李海莲

策　　划：陆慧萍　　　　**编辑部电话**：(010)63549508
责任编辑：陆慧萍　贾淑媛
封面设计：刘　颖
责任校对：孙　玫
责任印制：赵星辰

出版发行：中国铁道出版社有限公司(100054，北京市西城区右安门西街 8 号)
网　　址：https://www.tdpress.com/51eds
印　　刷：三河市国英印务有限公司
版　　次：2022 年 9 月第 1 版　2025 年 1 月第 5 次印刷
开　　本：787 mm×1 092 mm 1/16　**印张**：21.5　**字数**：546 千
书　　号：ISBN 978-7-113-29493-9
定　　价：66.00 元

前言

党的二十大报告提出:“优化基础设施布局、结构、功能和系统集成,构建现代化基础设施体系。”必须坚持立足长远、适度超前、科学规划、多轮驱动、注重效益的原则。既要面向全面建成社会主义现代化强国超前布局重要基础设施,以较低成本备足安全余量;也要贯彻新发展理念,致力于打造系统完备、高效实用、智能绿色、安全可靠的现代化基础设施体系。工程建设的蓬勃快速发展亟需既懂技术又懂经济和管理的复合型人才。《普通高等学校本科专业类教学质量国家标准》和工科类高等学校本科指导性专业规范等明确提出,“工程经济与项目管理”是高等院校土木类等一系列工科专业培养新时代复合型人才的核心课程,也是其他相关工程类专业拓宽专业视野、了解工程经济和项目管理相关知识的跨专业课程。

本书共计13章,除概论外,包含上下两篇,其中上篇为工程经济(第2~7章),包括现金流量与资金时间价值、工程经济基本要素、工程经济评价指标、方案经济评价方法、不确定性分析和价值工程;下篇为工程项目管理(第8~13章),包括工程项目的组织与管理、工程招投标与合同管理、工程项目进度控制、工程项目成本管理、工程项目质量控制和建设工程职业健康安全与环境管理。通过学习,可系统、全面地掌握工程经济与项目管理的基本理论知识和实践应用方法,提升运用专业知识解决实际问题的综合能力和素质。本书特色主要体现在以下几个方面:

(1)知识模块体系完备。上篇工程经济以经济评价为导向,涵盖了工程经济学基本知识和核心内容,通过学习能够对复杂工程问题进行经济分析和科学决策;下篇工程项目管理以进度、成本、质量的对立统一关系为主体,系统介绍了工程项目的组织、招投标与合同、进度、成本、质量、安全与环境等诸要素管理,通过学习能够对工程项目进行系统组织协调和全过程科学管理;同时掌握多学科交叉融合技术,全局把握工程建设中诸要素的关联性,统筹解决复杂工程问题。

(2)内容紧跟行业前沿。随着行业快速发展,相关法律制度、标准规范不断修订完善。本书紧跟建设工程领域发展新导向,注重知识体系与时俱进,反映工程经济与项目管理的最新内容,突出前沿性、实践性、实用性,参照国家最新的法律法规、制度、标准、行业规范和示范文本,与工程实践前沿接轨,便于读者掌握并适应行业新动态和新发展方向。

(3)章节设计生动立体。章前均有“本章导读”“学习目标(知识、能力和素质)”“思维导图”“案例导入”等；内容讲解结合大量日常生活情景和具体工程实践案例，生动阐述具体知识点和相关应用；章后均有“本章小结”“综合能力实训”，题型新颖，精选自典型工程案例和全国注册建造师、监理工程师、造价工程师、咨询工程师等职业资格考试真题，题型全面，多点集成，充分体现行业最前沿需求。

(4)服务读者，拓展提升。本书针对读者学习兴趣和习惯多样化需求，同步配套13章全部知识点的教学视频、练习、单元测验、考试试卷、研讨平台和案例库等线上拓展资源，可实现扫码跟学跟练、阶段测验、考试总结、在线研讨和互动。本书配套同名课程已在中国大学MOOC和学银在线平台开课近20个周期，每期选课人数众多，除高校相关专业在校学生之外，还有广大建设工程领域专业技术人员。有需要的读者可访问中国大学MOOC平台 https://www.icourse163.org/course/LZJTU-1003454004（主要服务于32~64多课时）、学银在线平台 https://www.xueyinonline.com/detail/236857989（主要服务于32~48中课时和16~32少课时），供读者根据课时要求和学习兴趣选择使用。

本书由兰州交通大学工程经济与项目管理课程教学团队骨干教师编写完成，获评甘肃省“十四五”普通高等教育本科省级规划教材，团队所承担的“工程经济与项目管理”课程获评国家级一流本科课程；省级创新创业教育示范课程；省级教学成果培育项目；省级一流本科课程；课程思政重点教改项目优秀结项课题；课程思政示范课程、教学名师和示范团队等。课程和团队负责人李海莲担任主编，刘振奎、鲍学英担任主审；王琳、闫林君、樊燕燕、林梦凯、谢斌参与编写。各章编写分工如下：第1、4、5、6、10、11章由李海莲编写；第2、3章由王琳编写；第7章由闫林君编写；第8、9章由樊燕燕编写；第12章由林梦凯编写；第13章由谢斌编写。由李海莲负责全书的统稿。

本书在编写过程中参阅了大量优秀教材和建造师、监理工程师、造价工程师职业资格考试用书等同类著作，在此对有关作者表示衷心的感谢和致敬！由于本书涉及的专业领域广泛，加之编者水平有限，书中难免存在疏漏和不足之处，恳请广大读者批评指正（主编李海莲教授邮箱：17834040@qq.com），以便今后修订时不断持续改进。

编　者

2024年12月

目录

下篇·工程项目管理

第1章 工程经济与项目管理概论

本章导读

“工程经济与项目管理”具有很强的学科交叉融合特点。工程经济部分旨在有限的资源约束下对所采用的工程技术方案进行选择，对活动本身进行有效的计划、组织、协调和控制，最大限度地提高工程经济活动的效益，降低损失或消除负面影响，最终提高工程经济活动的价值。工程项目管理部分参照国家标准《建设工程项目管理规范》，要求能够在工程项目建设过程中做到管理科学化、规范化和法制化，具备运用工程项目管理专业技术、方法对工程项目进行组织协调和全过程管理的综合能力和素质。本章内容的立足点是介绍工程经济及项目管理的基本概念、基本内容，为系统学习该课程奠定基础。通过本章内容的介绍，使得学生对本门课程有一个全面和总体的认知和了解，为后续12个章节的学习构建清晰的思路。

学习目标

知识目标：

◇ 理解项目与工程项目的概念和特征，理解两者之间的区别和联系。

◇ 掌握工程项目的组成以及工程项目建设程序。

◇ 熟悉工程经济的内涵、产生与发展历程，掌握工程经济的研究对象和研究范围。

◇ 理解项目管理和工程项目管理的内涵，理解两者之间的区别和联系。

◇ 理解工程项目管理的全寿命周期，掌握工程项目管理的基本目标和类型。

◇ 明确学习《工程经济与项目管理》的意义（国家、社会、行业、个人工作和生活）。

能力与素质目标：

◇ 能够在后续学习中结合工程项目的特征、组成和建设程序开展具体案例分析，初步建立工程经济意识和项目管理理念。

◇ 能够遵循工程经济分析的基本原则，对研究对象开展经济分析。

◇ 能够理解工程项目管理内涵，在时间范畴内梳理工程项目管理的类型和任务。

◇ 具备多学科交叉融合理念，树立正确的价值观、全局观、法律意识、社会责任感和可持续发展理念，具有职业道德修养、创新实践能力和大国工匠精神，激发投身工程建设领域的使命感和自豪感。

思维导图

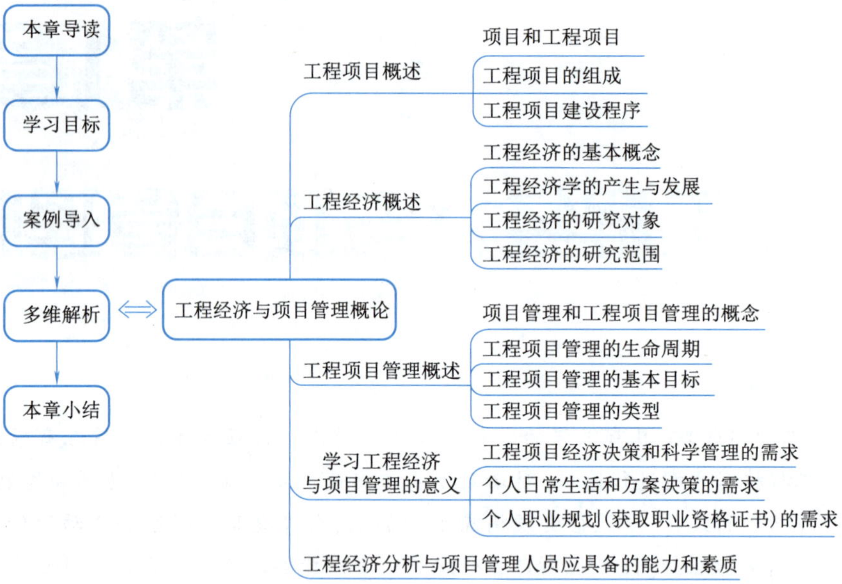

1.1 工程项目概述

1.1.1 项目和工程项目

1. 项目的概念和特征

1) 项目的概念

项目是指按限定时间、限定资源和限定质量标准等约束条件完成的具有明确目标的一次性任务。目前有代表性的定义主要有以下内容：

(1) 国际质量管理标准 ISO 10006 对项目的定义为：具有独特的过程，有开始和结束日期，由一系列相互协调和受控的活动组成。过程的实现是为了达到规定的目标，包括满足时间、费用和资源约束条件。

(2) 英国标准化协会（BSI）发行的《项目管理指南》一书对项目的定义为：具有明确的开始和结束点、由某个人或某个组织所从事的具有一次性特征的一系列协调活动，以实现所要求的进度、费用以及各种功能因素等特定目标。

(3) 美国项目管理协会（PMI）对项目的定义为：为提供某项独特产品、服务或成果所做的临时性努力。

(4) 世界银行对项目的定义为：所谓项目，一般系指同一性质的投资，或同一部门内一系列有关或相关的投资，或不同部门内的一系列投资。

(5)《中国项目管理知识体系纲要》对项目的定义为：项目是创造独特产品、服务或其他成果的一次性工作任务。

项目包括许多内容：可以是建设一项工程，例如建造一座桥梁、一座水电站、一座工厂、一个住宅小区,也可以是完成某项科研课题或研制一台设备,甚至写一篇论文或组织一次会议。这些都是一个项目,都有一定的时间、质量要求,也都是一次性的任务。

2)项目的特征

(1)项目具有一次性特征。一次性又称单件性或独特性,是项目最基本、最主要的特征。每一个项目都有明确的时间起点和终点,都是有始有终的。项目的起点是项目开始的时间,项目的终点是项目目标已经实现,或者项目目标已经无法实现,从而中止项目的时间。项目的一次性与项目持续时间的长短无关,不管项目持续多长时间,一个项目都是有始有终的。

(2)项目具有目标性特征。包括约束性目标和成果性目标。例如,一栋建筑物的建设目标,约束性目标包括工程质量、造价和工期等,成果性目标包括建筑物的功能、特性、使用安全性和使用寿命等。

(3)项目具有整体性特征。一个项目是一个复杂的开放系统,它是由人、技术、资源、时间、空间和信息等各种要素组合到一起为实现一个特定系统目标而形成的有机整体。因此,必须按项目的整体需要配置生产要素,以整体效益的提高为标准进行数量、质量和结构的总体优化。

(4)项目具有渐进性特征。由于项目的复杂性,项目的实施过程是一个阶段性的过程,不可能在短期内完成,其实施过程要经过不断地修正、调整和完善。项目的实施需要逐步投入资源,持续积累才可以交付成果。

(5)项目的其他特征。包括全寿命周期、多活动性、组织的临时性等。项目包含着一系列相互独立、相互联系、相互依赖的活动,包括从项目的开始到结束所涉及的各项活动。项目组织是为特定项目而临时组建的,一次性的项目活动结束以后,项目组织就会解散,项目组织的成员需要重新安排。另外,项目组织的临时性也主要是由于项目的一次性造成的。

2. 工程项目的概念和特征

1)工程项目的概念

工程项目是最常见的,也是最典型的项目类型之一。工程项目一般经过前期策划、设计、施工等一系列程序,在一定的资源约束条件下形成特定的生产能力或使用效能并形成固定资产。工程项目是一种既有投资行为又有建设行为的项目,其目标是形成固定资产。工程项目是将投资转化为固定资产的经济活动过程。

工程项目的种类非常丰富,从不同的角度可以进行多种分类:①按投资来源,可分为政府投资项目、企业投资项目、利用外资项目及其他投资项目;②按建设性质,可分为新建项目、扩建项目、改建项目、迁建项目和技术改造项目;③按产业领域,可分为工业项目、交通运输项目、农林水利项目、基础设施项目和社会公益项目等;④按项目建设规模,可分为大型、中型和小型项目;⑤按项目用途,可分为生产性项目和非生产性项目。

2)工程项目的特征

工程项目除具有上述项目的特征外,还具有如下特征:

(1)投资数额大。一个工程项目的资金投入少则几百万元,多则上千万元、数亿元。

(2)建设周期长。由于工程项目规模大、技术复杂、涉及的专业面广、投资回收期长,因此从项目决策、设计、建设到投入使用,少则需要几年,多则需要几十年。

(3)建设风险大。工程项目由于建设周期长,露天作业多,受外部环境影响大,因此不确定性因素多,风险大,建设难度大。

（4）组织协调复杂。工程项目是一项复杂的系统工程，参与的人员众多。这些人员来自不同的参与方，他们往往涉及不同的专业，并在不同的层次上进行工作，其主要的人员包括建设单位人员、建筑师、结构工程师、机电工程师、项目管理人员、监理工程师、其他咨询人员等。此外，还涉及行使工程项目监督管理的政府建设行政主管部门以及其他相关部门的人员。

1.1.2 工程项目的组成

根据对工程项目的造价管理、工程管理、施工组织、统计会计核算等要求，工程项目一般可划分为单项工程、单位工程、分部工程、分项工程等四个层次，如图 1.1 所示。

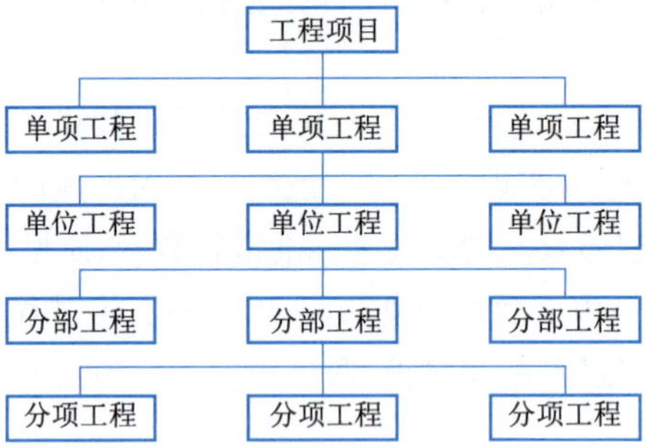

图 1.1 工程项目的组成层次关系

1. 单项工程

单项工程是指在一个工程项目中，具有独立的设计文件，可独立组织施工和竣工验收，建成后能单独形成生产能力或发挥效益的工程。从施工的角度看，单项工程是一个独立的施工交工系统。

一个工程项目通常由多个单项工程组成，但也有时仅含一个单项工程。单项工程一般由一个或若干个单位工程组成。

2. 单位工程

单位工程是指在一个单项工程中，具有独立的设计文件，可独立组织施工和竣工验收，但建成后不能单独形成生产能力或发挥效益的工程。

一般情况下，单位工程是一个单体的建筑物或构筑物，需要在几个有机联系、互为配套的单位工程全部建成竣工后，才能提供生产或使用。如：建筑物单位工程由建筑工程和建筑设备安装工程组成；住宅小区或工业厂区的室外单位工程有室外建筑工程（小区道路、围墙、花坛等）、室外电气工程（电线架空线路、电缆线路、路灯等）、室外采暖卫生和煤气工程（给水管道、排水管道、采暖管道、煤气管道等）；民用建筑物单位工程与室外各单位工程构成一个单项工程；工业厂房与工业设备安装工程以及配套的室外各单位工程形成一个单项工程。在桥涵工程中，每一座桥梁为一个单位工程；公路工程的单位工程有路基工程、路面工程、桥梁工程、隧道工程、交通安全设施等。

3. 分部工程

分部工程是单位工程的组成部分。一般建筑工程按照工程的主要部位划分为地基与基础、主体结构、地面与楼面、门窗、建筑装饰装修、屋面、建筑给水、排水及采暖、建筑电气、智能建筑、通风与空调、电梯等九个分部工程；桥涵工程按主要部位划分为地基与基础工程、墩台工程、梁部工程、桥面工程、有线顶进桥涵工程、附属工程等；公路工程的路基工程可划分为路基土石方工程、排水工程、小桥与涵洞、挡土墙等分部工程；路面工程则每1～3 km路段为一分部工程。

4. 分项工程

分项工程是分部工程的组成部分，它是形成建筑产品基本部构件的施工过程。一般建筑工程是按主要工种工程划分，但也可按施工程序的先后和使用不同的材料划分，如瓦工的砌砖工程、钢筋工的钢筋绑扎工程，以及水泥地面、水磨石地面等。对楼房还应按层（段）划分分项工程。建筑设备安装工程的分项工程一般是按工种种类及设备组别等划分，同时也可按系统、区段来划分，如管道安装可按给水、排水系统划分，也可按楼层或单元划分；桥涵工程的桥面分部工程的钢梁桥面、混凝土桥面；公路工程的路基土石方工程中有土方、石方、软土地基处理等。

1.1.3 工程项目建设程序

建设程序是指工程项目从策划、评估、决策、设计、施工到竣工验收、投入生产或交付使用的整个建设过程中，各项工作必须遵循的先后工作次序。工程项目建设程序是工程建设过程客观规律的反映，是工程项目科学决策和顺利实施的重要保证。世界各国和国际组织在建设程序上可能存在某些差异，但是按照工程项目发展的内在规律，投资建设一个工程项目都要经过投资决策和建设实施两个发展时期，又可分为若干阶段，各阶段之间存在着严格的先后次序，可以进行合理的交叉，但不能任意颠倒次序。按照我国现行规定，政府投资项目的建设程序可以分为以下阶段：

1. 项目建议书阶段（包括立项评估）

项目建议书是由投资者（目前一般是项目主管部门或企、事业单位）对准备建设项目提出的大体轮廓性设想和建议。主要确定拟建项目必要性和是否具备建设条件及拟建规模等，为进一步研究论证工作提供依据。国家明确规定所有国内建设项目都要经过项目建议书这一阶段。项目建议书按要求编制完成后，应根据建设规模分别报送有关部门审批。项目建议书批准后，可以进行详细的可行性研究工作，但并不表明项目非上不可，项目建议书不是项目最终决策的依据。

2. 可行性研究阶段（包括可行性研究报告评估）

根据项目建议书的批复进行可行性研究工作。对项目在技术上、经济上和财务上进行全面论证、优化和推荐最佳方案，与这阶段相联系的工作还有由工程咨询公司对可行性研究报告进行评估。可行性研究是项目前期工作的重要内容，它从项目建设和生产经营全过程考察并分析项目的可行性。目的是回答项目是否有必要建设、是否可能建设和如何进行建设的问题，其结论为投资者的最终决策提供直接依据。可行性研究报告经批准，项目才算正式“立项”。经批准后的可行性研究报告是初步设计的依据，不得随意修改和变更。

3. 设计工作阶段

根据项目可行性研究报告的批复，项目进入设计阶段。由于勘察工作是为设计提供基础数据和资料的工作，这一阶段也可称为勘察设计阶段，这是项目决策后进入建设实施的重要阶段。设计阶段主要工作通常包括扩大初步设计和施工图设计两个阶段，对于技术复杂的项目还要增加技术设计阶段。

4. 建设准备阶段

项目建设准备阶段的工作较多，这一阶段的工作质量对保证项目顺利建设具有决定性作用。这一阶段工作就绪，即可编制开工报告，申请正式开工。

建设准备阶段的工作包括：组建项目法人；征地、拆迁和场地平整；完成施工用水、用电、用路等工作；组织设备、材料订货；办理建设工程质量监督手续；委托工程监理；准备必要的施工图纸；组织施工招标投标，择优选定施工单位；办理施工许可证等。

5. 施工安装阶段

建设工程项目具备了开工条件并取得了施工许可证后，即进入施工安装阶段。项目的开工时间，按设计文件中规定的任何一项永久性工程第一次正式破土开槽时间而定。不需开槽的以正式打桩作为开工时间。铁路、公路、水库等以开始进行土石方工程作为正式开工时间。本阶段的主要任务是按设计进行施工安装，建成工程实体。

6. 生产准备阶段

生产准备阶段是项目投产前由建设单位进行的一项重要工作，它是建设阶段和生产阶段的过渡，是建设阶段转为生产经营的必要条件。在此阶段，建设单位应适时组成专门班子或机构，做好生产准备工作。其内容一般包括：组建生产管理机构，制定生产规章制度和有关规定；招收并培训生产人员，组织生产人员参加设备的安装、调试和工程验收；签订原料、材料、协作产品、燃料、水、电等供应及运输协议；进行工具、器具、备品、备件等的制造或订货；其他必须的生产准备。

7. 竣工验收阶段

竣工验收是工程建设的最后一个环节，是投资成果转入生产或使用的标志，也是全面考核基本建设成果、检验设计和工程质量的重要步骤。通过竣工验收，可以检查建设工程项目实际形成的生产能力或效益，也可避免项目建成后继续消耗建设费用。竣工验收后，建设单位应及时向建设行政主管部门或其他有关部门备案并移交建设工程项目档案。

8. 后评价阶段

建设工程项目后评价是在工程项目竣工投产、生产运营一段时间后，再对项目的立项、决策、施工、竣工、验收、生产运营等全过程进行系统总结评价的一种技术活动，是固定资产管理的一项重要内容，也是固定资产投资管理的最后一个环节。项目后评价的内容包括立项决策评价、设计和施工评价、生产运营和建设效益评价。

1.2 工程经济概述

1.2.1 工程经济的基本概念

工程经济（Engineering Economics）是以工程项目为主体，以技术—经济系统为核心，研究如何有效利用资源、提高经济效益的学科。工程经济研究各种工程技术方案的经济效益，研究各种技术在使用过程中如何以最小的投入获得预期产出，或者说如何以等量的投入获得最大产出，如何用最低的寿命周期成本实现产品、作业以及服务的必要功能。

1.2.2 工程经济学的产生与发展

最早提出工程经济思想的是美国的土木工程师惠灵顿（A. M. Wellington），他在专著《铁路布局的经济理论》（1887 年）中，首次尝试运用资本化的成本分析方法来选择铁路的最佳长度和路线的曲率问题并获成功。他对工程经济学下了第一个简明的定义:“一门少花钱多办事的艺术。”

进入20世纪,工程经济学得到了迅速的发展。1920年,戈尔德曼(O. B. Goldman)教授在其《财务工程学》一书中提出了复利的计算方法来确定方案的比较值、进行投资方案评价的思想,并批评了当时研究工程技术问题不考虑成本、不讲究效益的错误倾向。指出:“有一种奇怪而遗憾的现象,许多作者在他们所著的工程著作中,没有或很少考虑到工程师的最基本职责是分析成本以达到真正的经济性,即赢得最大可能数量的货币,获得最佳的财务效益。”

1930年,格兰特(E. L. Grant)教授出版了被誉为工程经济学经典之作的《工程经济学原理》,他以复利为基础讨论了投资决策的基本理论和方法。这本书作为教材在美国被上百所大学所应用,此外,还被广大工程技术人员参考。他的贡献得到了社会的认可,被誉为“工程经济学之父”。

从惠灵顿到格兰特,历经40多年的曲曲折折,一门独立的、系统的工程经济学终于形成了。

第二次世界大战结束之后,工程经济学受凯恩斯主义经济理论的影响,研究内容从单纯的工程费用效益分析扩大到市场供求和投资分配方面,从而取得重大进展。1951年,乔尔·迪安(Joel Dean)教授出版了《管理经济学》,提出了折现现金流量分析方法,开创了应用经济学新领域;1961年,乔尔·迪安教授出版了《资本预算》一书,不仅发展了现金流量的贴现方法,而且开创了资本限额分配的现代研究方法。

1978年,布西(L. E. Bussey)出版了《工业投资项目的经济分析》一书,布西在这本专著里引用了大量文献资料,全面系统地总结了工程项目的资金筹集经济评价、优化决策以及项目风险和不确定性分析等工程经济学的内容。

1982年,里格斯(J. L. Riggs)教授出版了《工程经济学》一书。该书内容丰富新颖,论述严谨,系统地阐明了货币的时间价值及时间的货币价值、经济分析、货币管理、经济决策、风险与不确定性等工程经济学的内容,把工程经济学的学科水平向前推进了一大步。

20世纪90年代以来,西方工程经济学理论逐渐突破了传统的对工程项目或技术方案本身的经济效益的研究,出现了中观经济与宏观经济研究的新趋势。例如,对某些工程项目要分析它对行业技术进步、区域经济发展、社会发展、生态环境及可持续发展的影响。工程经济中的微观经济效果分析正逐渐同宏观的费用效益分析、社会效益分析和环境效益分析结合在一起,国家的经济制度和政策等宏观问题、国际经济环境变化等内容已成为当代工程经济学研究的新内容。

我国对工程经济学的引进、研究和应用起步于20世纪70年代后期。随着改革开放的推进,传统的计划经济不讲经济效益、不讲核算的观点逐渐被摈弃,工程经济分析的基本理论和方法在国家大规模经济建设的众多项目决策中得到了广泛的推广和应用,尤其是随着我国社会主义市场经济体制的建立和发展以及新的财务税收会计制度的逐步建立和完善,结合我国当前工程项目经济分析中的一些实际做法,有关工程经济学的理论研究非常活跃,逐步形成了较为系统的、符合我国国情的工程经济学。近年来,随着我国工程建设蓬勃快速发展,建设工程领域急切要求专业人才不仅技术过硬,同时必须又懂工程经济。

1.2.3 工程经济学的研究对象

工程经济学是一门研究如何根据既定的工程技术实践活动目标,分析技术实践活动的代价及其对目标实现的贡献,并在此基础上设计、评价、选择,以最低的代价可靠地实现最佳目标或相对令人满意活动方案的学科,其核心内容是一套工程技术经济分析的思想和方法,是人类提高工程技术实践活动效率的基本工具。

由此可见，工程经济学的研究对象应是：对工程技术实践活动（如建设工程项目的规划方案、设计方案、建造方案，设备工程的购买与更新方案等）的经济效果进行分析与评价的一整套系统的理论与方法。即运用哪些经济学理论，采用何种分析工具，建立什么样的方法体系，才能寻求技术与经济的最佳结合点，从而达到提高工程技术实践活动经济效果的目的。

1.2.4　工程经济学的研究范围

在明确了工程经济学的研究对象后，本书确定的研究范围为：

1. 现金流量与资金时间价值

现金流量是工程经济分析的基本工具，处于社会再生产或资金运动中的现金流量因时间推移而产生资金时间价值，即因为在不同时点上而具有与其“面值”不等的经济价值，这是由社会资金运动的客观规律决定的。为了处理处于不同时点的现金流量问题，就要研究现金流量和现金流量图、资金时间价值、利息与利率、名义利率与实际利率、资金等值的内涵、资金等值的计算基本公式等相关内容，这是工程经济分析的重要基础。

2. 工程经济基本要素

工程经济基本要素是联系工程要素与经济分析的桥梁，为保障工程项目投资活动目标的实现，投资之前需要预测与项目建设及运营相关的经济要素，包括工程项目总投资的构成、总成本费用的构成、经营成本，以及工程项目的收入、税费和利润。准确界定各个经济要素的内涵，把握不同经济要素各自的特征，是实现方案选择、项目评价、工程实施、管理决策等内容的基础。

3. 工程经济评价指标

工程经济评价指标是工程经济分析的衡量依据，这些指标分别从不同的角度反映了项目的经济性，又各有优缺点。因此，由于工程项目的复杂性和评价目标的多样性，通过研究评价指标体系中的总投资收益率、资本金净利润率、静态投资回收期、利息备付率、偿债备付率、资产负债率等静态评价指标，以及动态投资回收期、净现值、净现值率、净年值、内部收益率、费用现值和费用年值等动态评价指标，科学恰当地选用评价指标，全面地评价工程项目方案的经济效果水平，判断其是否达到预期投资收益的目标要求，以便后续进行方案的经济评价。

4. 方案经济评价方法

我们进行工程经济分析时，是在确定了项目投资目标和影响目标实现的关键要素的基础上，拟定多种技术方案，再对方案进行评价择优。这就需要研究不同类型的方案，包括独立方案、互斥方案、相关方案，以及研究这些方案在有无资源约束下，寿命期相同、不同或无限情况下的评价方法。通过选择科学恰当的评价指标和评价方法，对方案进行比较和选择，各种评价方法相辅相成，以确保有限的资源获得最大的利用，达到选出最优方案的目的。

5. 不确定性分析

经济效果评价时所采用的大部分基础数据，如投资额、产量、成本和价格等，都来自预测和估算。由于人们对未来事物认识的局限性、可获信息的有限性以及未来事物本身的变化，使得这些数据与实际情况可能有出入，这样就产生了不确定性。而通过研究盈亏平衡分析、敏感性分析与概率分析，可以知道各种外部条件发生变化或者测算数据误差对方案经济效果的影响程度，以及方案本身对不确定性的承受能力，从而避免按照评价值作出的决策带有风险，造成决策的失误。

6. 价值工程

价值工程是一种把功能与成本、技术与经济结合起来进行技术经济评价的方法，其基本思想是以最少的费用实现必要的功能，致力于最大限度提高工程经济活动效益，实现提高工程经济活动的价值。价值工程在工程设计和施工、产品研究开发、工业生产、企业管理等方面取得了长足的发展，产生了巨大的经济效益和社会效益。

1.3 工程项目管理概述

1.3.1 项目管理和工程项目管理的概念

项目管理是项目管理者为使项目取得成功（按照所规定的时限、所批准的费用预算，实现项目所要求的质量），运用系统理论和方法对项目及其资源所进行的全过程、全方位的计划、组织、控制与协调，旨在实现项目特定目标的管理方法体系。项目管理的对象是项目，即一系列的临时性任务，其目的是运用科学的项目管理技术更好地实现项目目标。项目管理的职能同所有管理的职能是相同的，即是对组织的资源进行计划、组织、控制和协调。需要特别指出的是，项目的一次性要求项目管理的程序性、全面性和科学性，主要是用系统工程的概念、理论和方法进行管理。

建设工程项目管理的内涵是：自项目开始至项目完成，通过项目策划和项目控制，使项目的费用目标、进度目标和质量目标得以实现。其中要注意："自项目开始至项目完成"指的是项目的实施阶段；"项目策划"指的是目标控制前的一系列筹划和准备工作；"费用目标"对业主而言是投资目标，对施工方而言是成本目标。

1.3.2 工程项目管理的生命周期

工程项目管理的全寿命周期包括项目的决策阶段、实施阶段和使用阶段（或称运营阶段、运行阶段），如图 1.2 所示。从项目建设意图的酝酿开始，调查研究、编写和报批项目建议书、编制和报批项目的可行性研究等，均属于项目决策阶段的工作。项目的实施阶段包括设计前准备阶段、设计阶段、施工阶段、动用前准备阶段和保修期。

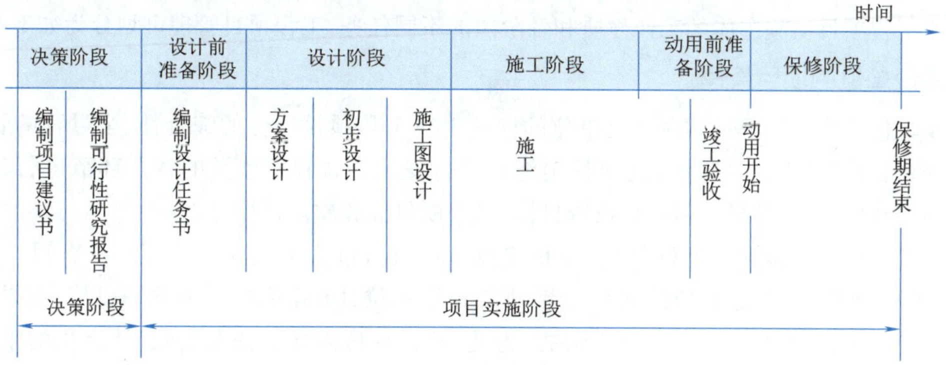

图 1.2 项目实施阶段的组成

招投标工作分散在设计前准备阶段、设计阶段和施工阶段中进行，一般不单独列为招投标阶段。工程项目管理的时间范畴是项目的实施阶段，其主要任务是通过管理使项目目标得以实现。

1.3.3 工程项目管理的基本目标

工程项目管理基本目标有三个最主要的方面：质量（功能）目标、进度目标和费用（成本、投资）目标，也就是要充分利用可获得的资源，在规定的时间和预算内，按照一定的质量完成工程项目。进度、费用和质量三大目标之间是对立统一的关系，处于一个统一体系中，寻求最佳资源配置以实现工程项目目标。其关系如图1.3所示。

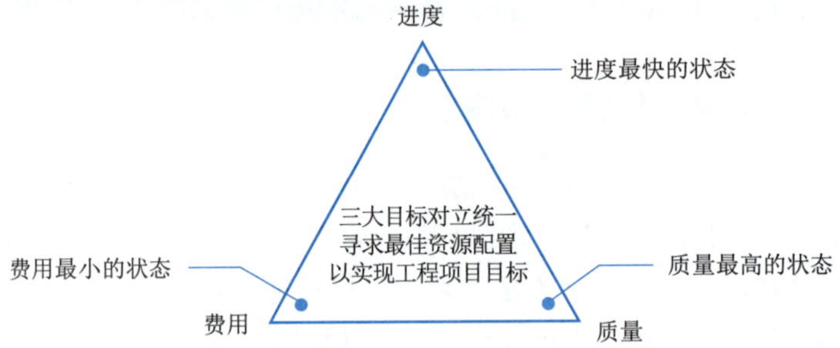

图1.3 工程项目三大目标之间的关系

一方面，如果工程项目的功能和质量要求高，则需要较好的工程设备和材料，还需要精工细作，需要较长的工期，投入较多的资金；如果要加快进度、缩短工期，则需要增加作业班次，增加人力和设备，导致施工效率下降，增加单位产品费用，最终增加工程总投资。如果要降低投资，则需要考虑降低功能和质量要求，需要按费用最低的原则安排进度计划，则建设周期可能较长。

另一方面，加快进度、缩短工期尽管需要增加一定的投资，但由于整个工程提前投产使用，则可提早回收投资，提早产生收益。从理论上讲，当提前投产得到的收益高于因工期缩短而增加的投资时，则加快进度就是正确的决策。又如，提高功能和质量要求，虽然增加了一次性投入，但降低了生产运营和维护费用，从工程项目全生命周期费用分析可能还会节约投资。因此，三大目标之间需要作为一个系统统筹考虑，反复协调和平衡，力求以资源的最优配置实现工程项目目标。

1.3.4 工程项目管理的类型

按照工程项目实施主体的工作性质和各阶段的不同任务，工程项目管理可划分为如下类型：

1. 建设单位的项目管理

建设单位的项目管理是站在建设单位的立场上对工程项目进行的综合性、全过程的管理，包括对工程项目从提出设想与计划到项目实施和交付使用全过程所涉及的各个环节进行计划、组织、协调和控制。管理的目标包括总投资目标、总工期目标和质量目标。

由于工程项目实施的一次性特征，项目建设单位自行进行工程项目管理往往有很大的局限性，在技术和管理方面缺乏相应的配套力量，即使建设单位具有配套健全的管理机构，如果没有持续不断的工程项目管理任务也是不经济的。为此，建设单位需要委托专业化、社会化的工程项目管理单位为其提供工程项目管理服务。

2. 设计单位的项目管理

设计单位的项目管理是由设计单位根据工程设计合同所界定的工作范围和目标,对自身参与的工程项目在设计阶段的工作进行管理,主要服务于项目的整体利益和设计单位本身的利益。

设计单位的项目管理不局限于工程项目设计阶段,还可延伸到工程项目的各个阶段。建设单位可根据自身的需要将工程设计的范围向前、向后延伸,如延伸到决策阶段的可行性研究或后期的施工阶段,甚至收尾阶段。

3. 施工承包单位的项目管理

施工承包单位的项目管理是站在自身立场上,根据施工承包合同所界定的工程范围,对其承包的工程项目进行管理,管理范围取决于建设单位选择的发包方式。施工总承包单位和分包单位均应按合同所界定的范围进行管理,主要服务于项目的整体利益和施工承包单位本身的利益。

4. 供货单位的项目管理

供货单位的项目管理是站在供货单位的立场上根据加工生产制造和供应合同所界定的范围对其供应的建筑材料、设备进行管理,主要服务于项目的整体利益和供货单位本身的利益。

5. 总承包单位的项目管理

总承包单位的项目管理是站在总承包单位的立场上对其承包的工程项目进行管理,其范围与建设单位的要求有关。建设单位通过招标择优选定总承包单位全面负责工程项目的实施过程,直至最终交付使用功能和质量标准符合合同文件规定的工程项目。

1.4 学习工程经济与项目管理的意义

1.4.1 工程项目经济决策和科学管理的需求

现代工程项目对于社会经济、环境的影响深远,随着生产技术、工艺水平持续提升,工程建设规模不断扩大,项目的开放性、信息化、多元化特征越来越突出,新的管理方法与管理模式不断呈现,这些都对工程师提出了更高的要求。在工程项目的实施过程中,参与项目管理的工程师(或管理人员、技术人员)必须具备工程经济及项目管理的综合能力。工程师需要从全寿命周期角度分析预测项目所消耗的资源、选择合理的设备或施工方案、进行科学高效的施工过程管理,预测项目在使用期间所产生的效益等。要解决这些问题,工程经济分析和工程项目管理的运用不可或缺,可以起到以下几方面作用:

1. 可以提高社会资源利用效率

我们生活在一个资源有限的世界上,工程师们所肩负的一项重大社会和经济责任就是要合理分配和有效利用现有的资源(包括资金、劳动力、原材料能源等)来满足人类的需要。所以,如何使产品以最低的成本可靠地实现产品的必要功能是工程师必须考虑和解决的问题。而要作出合理分配和有效利用资源的决策,则必须同时考虑技术与经济环境、社会等各方面的因素,进行工程经济分析和科学管理。

2. 可以降低项目投资风险

工程经济分析论证是在工程项目正式建设之前进行各种方案的论证和评价,以期实现工程项目的决策科学化。一方面,可以在投资前发现问题,并及时采取相应措施;另一方面,对于技术经济论证为不可行的方案及时否定,可以避免不必要的损失,使投资风险最小化。另外,通过不确定性分析和风险分析,可以预判工程项目实施过程中的不确定性因素和风险因素,制订相应的风险管理计划,进一步降低项目实施过程中可能面临的风险,保证项目目标的实现。

3. 推动企业可持续发展

现代化企业的发展和建设,不仅仅是对自身效益的实现,更多的是要看到管理层面的发展和建设,是否能够让企业在竞争中不断提升企业的管理水平。通过科学有效的管理工作,能够让企业在未来市场竞争中获得更好的实力,通过对成本的预则、工程经济评价以及资源的优化配置,让企业能够对市场的变化情况提前预知,做出相应部署以及决策,形成最大的竞争优势。合理优化资源配置,有利于项目高效运行,也是工程项目管理的重要环节。企业未来的发展方向以及决策目标,都是需要通过项目管理和工程经济做为主要的基础。企业发展中通过目标的制定和全面的管理工作,制定与市场相符的规划,实现对经济效益的预测,合理优化资源配置,有利于项目高效运行,才能够保证企业获得可持续性发展。

1.4.2 个人日常生活和方案决策的需求

在日常生活中,我们需要对个人资金进行管理,在支付必要的生活开支后剩余的资金收入可以用于娱乐、旅游、投资等活动支出。对于可以投资的资金,有无数种投资对象可供选择:存入银行,购买股票、债券、基金,购买房产,出租物业等。我们选择投资对象的基本原则是在可承受的风险范围内使资金的经济效益最大化。这就需要采用工程经济的基本原理和方法对不同投资方案进行评价、比较和选择。而项目管理理念对于个人生活和工作来说,就是在有限的资源约束下,运用系统的观点、方法和理论,对事情涉及的全部工作进行有效地管理。成功的项目管理也使得我们必须关注时间、成本、质量对日常生活和方案决策的重要性。其一,时间,项目是不是在计划期内完成,自己的目标又是否在计划中完成;其二,成本,项目是不是在预算内准时完成承诺的成果,自己又是否在控制成本的情况下将自己的利益最大化;其三,质量,项目的成果水准是不是符合预期的期望,有没有实现预期的功能和得到预期的效益。自己又是否按时保质保量的完成了自己的目标任务。作为成功的项目管理,必须实现时间、成本与质量的平衡与期望的一致,而我们同样也需要对自身从这三个方面和其他方面进行科学高效的管理,以达到自己期望的目标,不断提升打造更好的自己。

1.4.3 个人职业规划(获取职业资格证书)的需求

根据《中华人民共和国建筑法》和国家职业资格制度的要求,从事建筑活动的专业技术人员,应当依法取得相应的执业资格证书,并在执业资格证书许可的范围内从事建筑活动。现代项目管理人员必须具备基础的工程经济知识,在我国建设领域现行的执业资格考试中,工程经济和项目管理是其中必考的基础知识,目前,对工程经济和项目管理有考试要求的执业资格如表1.1所示。

表 1.1 对工程经济与项目管理有考试要求的主要职业资格

执业资格证书	考试科目
一级建造师	《建设工程经济》《建设工程法规及相关知识》 《建设工程项目管理》《专业工程管理与实务》
二级建造师	《建设工程施工管理》《建设工程法规及相关知识》《专业工程管理与实务》
监理工程师	《建设工程合同管理》《建设工程目标控制》 《建设工程监理基本理论与相关法规》《建设工程监理案例分析》
一级造价工程师	《建设工程造价管理》《建设工程计价》 《建设工程技术与计量》《建设工程造价案例分析》
二级造价工程师	《建设工程造价管理基础知识》《建设工程计量与计价实务》
安全工程师	《安全生产法律法规》《安全生产管理》 《安全生产技术基础》《安全生产专业实务》
咨询工程师	《宏观经济政策与发展规划》《工程项目组织与管理》 《项目决策分析与评价》《现代咨询方法与实务》

1.5 工程经济分析与项目管理人员应具备的能力和素质

掌握资金时间价值内涵和现金流量分析方法，熟悉工程经济要素特征及计算方法，掌握工程经济评价指标体系及方案经济比选具体方法，掌握不确定性分析和价值工程原理，具备工程经济意识与经济评价能力，能够对复杂工程问题进行经济分析和科学决策。

掌握建设工程项目组织与管理的基本理论，掌握进度控制、成本管理、质量控制、职业健康安全与环境管理、招投标与合同管理等基本原理与具体方法，能够按照工程条件和工程特点进行施工部署，能够运用建设工程项目管理专业技术、方法对工程项目进行组织协调和全过程科学管理。

具备多学科交叉融合理念，理解工程建设中的经济、社会、健康、安全、环境、法律及文化影响的关联性，树立正确的价值观、全局观、法律意识、社会责任感和可持续发展理念，具有职业道德修养、创新实践能力和大国工匠精神，具备统筹解决工程经济和项目管理复杂工程问题的能力和素质，满怀投身工程建设领域的使命感和自豪感。

本章小结

1. 工程经济部分旨在有限的资源约束下对所采用的工程技术方案进行选择，对工程经济活动本身进行有效的计划、组织、协调和控制，以最大限度地提高工程经济活动的效益，降低损失或消除负面影响，最终提高工程经济活动的价值。

2. 工程经济部分通过学习资金时间价值、现金流量分析、工程经济要素、评价指标体系、方案经济比选、不确定性分析和价值工程等基本原理和技术方法，培养学生工程经济意识与经济评价能力，使学生具备对复杂工程问题进行经济分析和决策的综合能力和素质。

3. 工程项目管理部分通过学习工程项目组织与管理、招投标与合同管理、进度控制、成本管理、质量控制、职业健康安全管理和环境管理等内容，并参照国家标准《建设工程项目管理规范》要求，使学生在工程项目建设过程中做到管理科学化、规范化和法制化，具备运用工程项目管理专业技术、方法对工程项目进行组织协调和全过程管理的综合能力和素质。

4. 本章重点介绍工程经济及项目管理的基本概念、基本内容，为系统学习该课程奠定基础。在后续学习中能够结合工程项目的特征、组成和建设程序开展具体案例分析，能够遵循工程经济分析的基本原则对研究对象开展经济分析；能够理解工程项目管理内涵，在时间范畴内梳理工程项目管理的类型和任务；具备多学科交叉融合理念，树立正确的价值观、全局观、法律意识、社会责任感和可持续发展理念。

上 篇 工程经济

第2章

现金流量与资金时间价值

本章导读

现金流量是工程经济分析的基本工具,现金流量分析方法是工程经济学中特有的一种方法。处于社会再生产或资金运动中的现金流量因在不同时点上而具有与其“面值”不等的经济价值,这是由社会资金运动的客观规律决定的。所以,正确使用现金流量这个基本工具,就需要深刻理解社会再生产和社会资金运动规律——周而复始,循环往复,永无休止。资金的增值表观上因时间推移而产生,所以称之为“资金时间价值”。因为现金流量在不同时点上而具有与其“面值”不等的经济价值,为了处理处于不同时点的现金流量问题,就需要把现金流量在不同时点转换,这个过程就是资金的等值换算,它是使用现金流量这个基本工具必备的基本前提。

学习目标

知识目标:

◇ 掌握现金流量的概念、现金流量表的含义、现金流量图的绘制方法。

◇ 掌握资金时间价值的含义、单利与复利的计算方法。

◇ 理解名义利率和实际利率的区别和联系、掌握两者之间的换算。

◇ 掌握资金等值的含义及六个等值计算公式的具体应用。

能力与素质目标:

◇ 能够熟练绘制现金流量图,并使用现金流量表进行现金流量分析。

◇ 能够熟练换算名义利率与实际利率,并依据实际利率进行决策分析。

◇ 能够熟练应用资金时间价值理论与等值计算公式对生产生活中的经济问题进行决策。

◇ 能够在工程项目投资活动中充分考虑资金时间价值的影响并进行科学决策。

思维导图

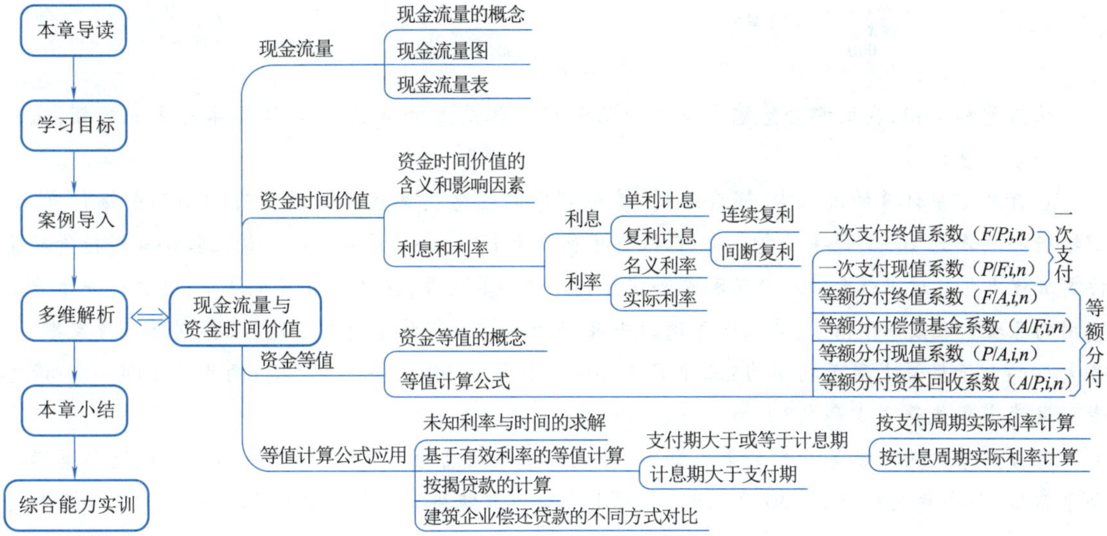

案例导入

24 美元买下美国纽约曼哈顿！这并不是痴人说梦，而是一个流传已久的故事：1626 年，荷属美洲新尼德兰省总督 Peter Minuit 花了大约 24 美元从印第安人手中买下了曼哈顿岛。目前，曼哈顿岛的 GDP 总量约为 6 000 亿美元。以 24 美元买下曼哈顿，Peter Minuit 无疑占了一个天大的便宜。但是，如果转换一下思路，假设当时的印第安人拿着这 24 美元去投资，按照 10%（约为美国近 70 年股市的平均投资收益率）的投资收益计算，到 2024 年，这 24 美元已变成 715 319 万亿美元，远远高于曼哈顿岛的价值。如此看来，Peter Minuit 反倒是吃了一个大亏。

思考：是什么神奇的力量让资产实现了如此巨大的倍增？

评析：复利让资产实现了巨大的倍增。长期投资的复利效应将实现资产的翻倍增值。“宇宙间最大的能量是复利，世界的第八大奇迹是复利。”一个不大的基数以一个即使很微小的量增长，假以时日，都将膨胀为一个庞大的天文数字。那么，即使以像 24 美元这样的起点，经过一定的时间之后，也一样可以与曼哈顿这样的超级岛屿等值。

这不由让我们联想起小时候读过的《棋盘和米粒》的故事：阿基米德与国王下棋，国王输了，国王问阿基米德要什么奖赏，阿基米德对国王说：“我只要在棋盘上第一格放一粒米，第二格放两粒，第三格放四粒，第四格放十六粒……按这个方法放满整个棋盘就行。”国王以为这也需要不了多少粮食，就随口答应了，结果最后发现，即使拿出全国的粮食也兑现不了承诺给阿基米德的奖赏，所需的米粒总数是 18 446 744 073 709 551 615 粒，大约相当于当时全世界米粒总数的 10 倍。复利的神奇力量可见一斑。

我们再来思考一个问题：两个工程项目方案 A、B，寿命期都是 4 年，初始投资相同，均为 1 000 万元，实现利润总数也相同，均为 1 600 万元，但各年现金流量有所不同，现金流量图如下：

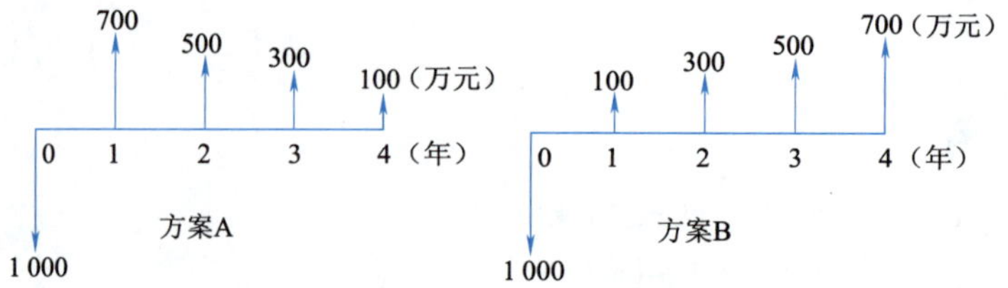

从直觉和常识,我们都会感觉方案A更好一些。但是方案A比方案B具体好多少数额,这需要进一步定量计算。

在开展定量计算的过程中,还会遇到"真假利率的困惑":某铁路建设项目拟向两个银行贷款,甲银行年利率为16%,每年计息一次;乙银行年利率为15%,每月计息一次。请比较哪家银行贷款条件更加优惠些。这里就会涉及名义利率和实际利率的换算关系,包括在日常生活中,这也是一个非常实用的原理。假设一个情景,某位同学通过一年努力如愿获得奖学金1万元,准备到银行存定期,业务大厅的电子屏幕上显示利率为:三个月1.10%;半年1.30%;一年1.5%;两年2.10%……请思考如果存半年能得多少利息?

部分同学认为利息等于本金乘以利率,会认为半年利息为130元,但也有同学发现这个逻辑不合乎常理,存半年就能得到130元的利息,存1年难道只能得到150元的利息?又或者仅存三个月就能得到110元的利息?哪里出现了问题?诸如此类,这些非常有趣并且实用的原理都将在本章学习中逐步呈现和解决。

2.1 现金流量

2.1.1 现金流量的概念

在工程经济分析中,通常将工程经济研究对象(如一个投资项目、一个技术方案、一个企业)视为一个独立的经济系统来考察其经济效果。这个经济系统总是伴随着一定的物质流和货币流。从物质形态来看,该系统通过消耗各种资源等投入物而获得一定的产出物;从货币形态来看,表现为投入一定量的资金,花费一定量的成本即资金流出,又通过产出物的销售等而获取一定量的货币收入即资金流入。

现金流量是指所研究的经济系统一定时期(项目寿命周期)内各时点上资金的流入或流出。流出系统的实际支出或现金支出称为现金流出(Cash Outflows),通常用CO表示;流入系统的实际收入或现金收入称为现金流入(Cash Inflows),通常用CI表示;现金流入与现金流出之差称之为净现金流量,通常用(CI－CO)来表示。

工程经济分析的目的就是要根据所考察的经济系统的预期目标和所拥有的资源条件,分析该系统的现金流量情况,选择合适的工程技术方案,以获得最佳的经济效果。

2.1.2 现金流量的构成

研究现金流量,必须把握现金流量的三要素:大小(资金数额)、方向(资金流入或流出)和时间点(资金发生的时间点)。

现金流量的方向指项目生命周期内各时点发生的现金流入或现金流出。在工程项目的全寿命周期内，形成项目现金流入的有销售收入或营业收入、补贴收入、回收固定资产余值、回收的流动资金；形成项目现金流出的有投资、经营成本、借款利息支出、借款本金偿还、所得税等。

现金流量发生时间点指每笔现金流量发生的具体时间点，实践中，现金流量可以发生在期初、期中或者任何时点。在工程经济分析中，为了避免由于计算期期间利息影响造成的复杂计算，现金流量的时间点表示有两种处理方法：

(1)年初投资年末收益法，即项目的投资，一般默认发生在各投资期期初；其他的现金流量如项目取得的收益、生产经营期发生的费用、债务利息和本金的偿还等默认在各期期末发生。

(2)年末(期末)处理法，即把所有的现金流量全部计在发生年(期)的年(期)末，这是国际通用的表示方式，本书中所有的现金流量表若无特殊说明都采用这种处理方法。

2.1.3 现金流量的表示方式

1. 现金流量图

现金流量图，是一种能反映某一经济系统现金流量运动状态的图式，它可以直观、形象地把项目的现金收支情况在一张图上表示出来，如图2.1所示。

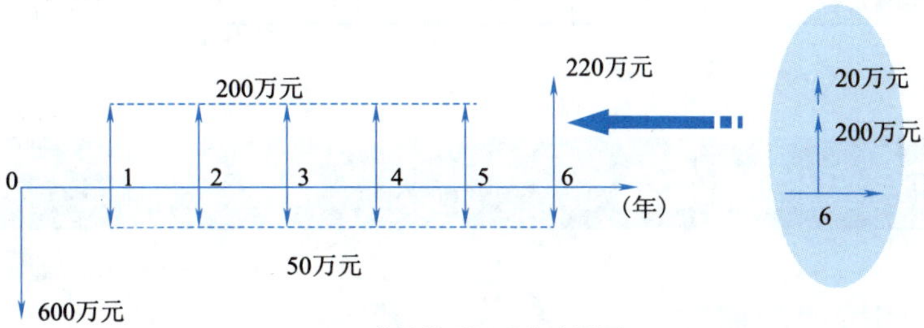

(a) 某具体项目现金流量图

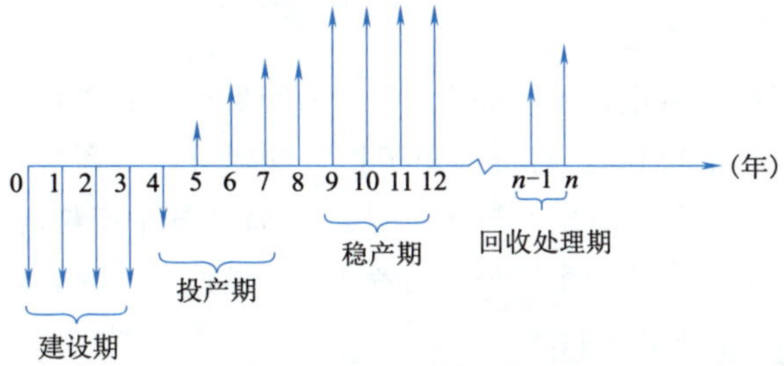

(b) 一般项目投资过程现金流量图

图2.1 现金流量图

现以图2.1为例来说明现金流量图的绘制方法和规则：

(1)横轴：代表时间轴，轴上每一刻度表示一个时间单位(年、半年、季、月)；时间轴上的点称为时点，时点通常表示的是该期的期末，同时也是下一期的期初。0为时间序列的起点，通常表示“现在”或“项目初始”时刻；n表示时间序列的终点。

(2)箭线：垂直于时间轴的箭线表示现金流量，向上的箭线表示现金流入，即表示收入，向下的箭线表示现金流出，即表示支出。

(3)箭线的长短表示现金流量的大小。实际工作中，由于经济系统中各时点现金流量常常因数值差额悬殊而无法成比例绘出，故在现金流量图的绘制中，箭线长短只要能适当体现各时点现金流量数值的差异,并在各箭线上方(或下方)注明其现金流量的数值即可。

(4)箭线与时间轴的交点即为现金流量发生的时间。

2. 现金流量表

现金流量表是反映工程项目或投资方案计算期内各时点现金流入、现金流出和净现金流量的一张报表,是工程经济分析的基本报表之一。现金流量表的具体形式如表 2.1 所示。

表 2.1　某项目现金流量表　　单位:万元

序　号	项　目	年　份							
		1	2	3	4	5	6	7	8
1	现金流入	0	0	1 000	1 400	2 400	2 400	2 400	2 400
1.1	销售收入	/	/	1 000	1 400	2 400	2 400	2 400	2 400
2	现金流出	2 000	1 000	600	800	1 200	1 200	1 200	1 200
2.1	投资	2 000	1 000	/	/	/	/	/	/
2.2	经营成本	/	/	600	800	1 200	1 200	1 200	1 200
3	净现金流量	-2 000	-1 000	400	600	1 200	1 200	1 200	1 200

2.2 资金时间价值

2.2.1 资金时间价值的概念

1. 资金时间价值的含义

资金时间价值就是指把资金投入经济活动一段时间后产生的增值或经济效益。

把资金存入银行可以取得利息,将资金用于投资预期可获得利润。在商品经济条件下,资金是不断运动着的。资金运动伴随着生产与交换的进行,资金的生产与交换活动会给投资者带来利润,表现为资金的增值,资金增值的实质是劳动者在生产过程中创造了剩余价值。

2. 影响资金时间价值大小的因素

资金的运动规律就是资金的价值随着时间的变化而变化,资金时间价值的大小取决于多方面的因素,从投资者的角度来看主要有:①投资收益率(货币的增值),即单位投资所能取得的收益。投资收益率越大,资金的时间价值就越大。②通货膨胀,即对因货币贬值造成的损失所应作的补偿。通货膨胀率越高,资金时间价值越大。③风险,即对因风险的存在可能带来的损失所应作的补偿。技术实践活动风险越大,资金时间价值越大。

2.2.2 利息与利率

在工程经济分析中,资金时间价值通常采用利息和利率来表达,利息是衡量资金时间价值的绝对尺度,利率是衡量资金时间价值的相对尺度。事实上,利率就是投资者将资金存入银行所带来的投资收益率。

1. 利息

利息是指为得到资金的使用权所付出的代价(或放弃了资金的使用权所得到的补偿)。在工程经济分析中,利息常常被看作资金的一种机会成本。将一笔资金用于某一投资项目,那就失去了在银行产生利息的机会,也就相当于付出了一定的代价。

2. 利率

经济学中,利率的定义是从利息的定义中衍生出来的,而实际计算中,正好相反,通常是根据利率来计算利息。利率是指在单位时间内所得到的利息额与期初借贷资金额(即本金)之比,一般以百分数表示。利率期间通常以一年为周期,也有小于一年的情况(半年、季度、月、周或日),用以表示利率的时间单位称为利率周期,用以表示计算利息的时间单位称为计息周期。

3. 单利与复利

借贷资金的计息制度分为单利计息制和复利计息制两种,相应的称为单利法和复利法。

1)单利法

单利法即每期只对原始本金计息,对所获得的利息不再计息。这就使得每个计息周期所获得的利息是相等的,而与计息次数无关。在我国,国债的利息、定期存款的利息通常是以单利计算的。

对于一笔 P 元资金,在单利率为 i 的情况下,经过 n 个周期,全部的利息为:

$$I = P \cdot i \cdot n \tag{2.1}$$

n 个周期后的本利和为:

$$F = P(1 + i \cdot n) \tag{2.2}$$

例 2.1 某人在银行购买了50 000元的3年期凭证式国债,年利率为4%,到期一次还本付息,3年后国债到期可得到多少本利和?

解 由题设知 $P = 50\ 000$ 元,$i = 4\%$。

$F = P(1 + i \cdot n) = 50\ 000 \times (1 + 4\% \times 3) = 56\ 000$(元)

4年中,每年年末应支付利息与本利和,如表2.2所示。

表 2.2 应付利息及本利和 单位:元

时　间	年初欠款	年末欠利息	年末欠本利和
1	50 000	50 000 ×4% =2 000	52 000
2	52 000	50 000 ×4% =2 000	54 000
3	54 000	50 000 ×4% =2 000	56 000

2)复利法

所谓复利法,是指不仅本金生息,利息在每一计息周期结束后如果不付也要生息,是一种“利滚利”的计息方法。复利法的计算公式为:

$$F = P(1 + i)^n \tag{2.3}$$

全部的利息为:

$$I = P[(1 + i)^n - 1] \tag{2.4}$$

例 2.2 某人向银行贷款50 000元,贷款利率为4%,复利计息,3年后本利一次偿付,到期向银行偿还多少元？

解 由题设知 $P=50\ 000$ 元，$i=4\%$，$n=3$ 年。

$F=P(1+i)^n=50\ 000\times(1+4\%)^3=56\ 243.2$（元）

3 年中，每年年末的本利计算过程及结果如表 2.3 所示。

表 2.3 应付利息及本利和

单位：元

时间(年)	年初欠款	年末欠利息	年末欠本利和
1	50 000	50 000×4% =2 000	52 000
2	52 000	52 000×4% =2 080	54 080
3	54 080	54 080×4% =2 163.2	56 243.2

对比表 2.2 和表 2.3 便可很清楚地看出单利法和复利法计算的差别：用复利法计算的利息金额及应偿还的本利和要比单利法计算的结果大一些。这也符合资金在社会再生产过程中运动的实际状况。因为在社会再生产过程中，资金总是不断地周转、循环并增值的。单利法的隐含假设是每年的盈利不再投入到社会再生产中去，这不符合商品化社会生产的资金运动的实际情况。因此，在工程经济分析中，一般采用复利计算。

另外，需要指出的是，复利计息有间断复利与连续复利之分。如果计息周期为一定的时间区间（如年、季、月甚至是日等），并按复利计息，称为间断复利；如果计息周期无限缩短，则称为连续复利。从理论上讲，资金是在不停地运动，每时每刻都通过生产和流通在增值，因而应该用连续复利计息，但在实际工作中为了简化计算，一般采用间断复利计息。

4. 名义利率与实际利率

我们把不考虑计息周期大小的年利率称为名义利率，如银行的挂牌利率。把真实反映一个周期内实际所得利息的利率称为实际利率或有效利率。实际利率分为计息周期实际利率和年实际利率。设年名义利率为 r，一年中计息次数为 m，则一个计息周期的实际利率为：

$$i_{计息周期}=\frac{r}{m} \tag{2.5}$$

当计息周期小于年时，以一年为分析期，这一年中复利计息 m 次，得到的本息和为：

$$I=P[(1+r/m)^m-1] \tag{2.6}$$

根据利率定义得到实际年利率 i 为：

$$i_{年}=\frac{I}{P}=\frac{P[(1+r/m)^m-1]}{P}=\left(1+\frac{r}{m}\right)^m-1 \tag{2.7}$$

现设年名义利率为 12%，分别按年、半年、季度、月、周、天计息，则实际利率如表 2.4 所示。

表 2.4 实际利率与名义利率的关系

计 息 期	一年中的计息期数	计息周期的实际利率	年实际利率
年	1	12.000%	12.000%
半年	2	6.000%	12.360%
季度	4	3.000%	12.551%

续表

计 息 期	一年中的计息期数	计息周期的实际利率	年实际利率
月	12	1.000%	12.683%
周	52	0.230 8%	12.736%
日	365	0.032 9%	12.748%
连续	+∞	/	12.750%

从表2.4中可以看出，每年计息的周期 m 越多，年实际利率与名义利率 r 相差越大，因而在工程经济分析中，必须使用实际利率来计算，否则会得出不正确的结论。

例2.3 若有一笔资金，本金为10 000元，年利率为15%，每月计息一次，试求其实际利率及第1年年末本利和。

解 由题设知，$P=10\,000$ 元，$i=15\%$，$m=12$，$n=1$ 年。

按月计息，月实际利率为：$i_{月}=\dfrac{r}{m}=\dfrac{15\%}{12}=1.25\%$

年实际利率为：$i_{年}=\left(1+\dfrac{r}{m}\right)^{m}-1=(1+1.25\%)^{12}-1=16.075\%$

第1年年末本利和为：$F=P(1+i_{年})=10\,000\times(1+16.075\%)=11\,607.5$(元)

5. 连续复利

根据上面的分析可以看出，当计息周期无限缩短，一年中的计息次数无限增大，即 $m\to\infty$ 时，此时的利率就为连续复利：

$$i_{年}=\lim_{m\to\infty}\left[\left(1+\frac{r}{m}\right)^{m}-1\right]=e^{r}-1 \tag{2.8}$$

e为自然对数的底，其值一般近似取为2.718 28。

知识拓展 自然对数的底e的由来

数学讲求规律和美学，可是圆周率π和自然对数的底e却如此抽象，如同两个“数学幽灵”。高中数学中，有以10为底的对数，即常用对数；如果底数是以e为底的对数，称为自然对数，并且自然对数的底e=2.718 28……是一个无理数（无限不循环小数）。除此之外，我们知之甚少，e似乎是一个纯数学的问题……

e实际上是有生活原型的，其与一个商人借钱的利息计算有关（见表2.5）。当时，一个商人向财主借钱，财主的条件是每借1元，一年后利息是1元，即连本带利还2元，年利率100%。利息很高，财主很高兴。财主想，如果半年结一次账，半年的利率为50%，半年本利和是1.5元，一年后 $(1+50\%)^2=2.25$ 元。半年结一次账，年利率从100%增加到125%，财主又想，如果一年结账3次，4次……365次……岂不是发财了？财主的算盘能如意吗？这个数值是不是存在上限呢？

表2.5 e的产生过程

计 息 期	一年中计息次数	表 达 式	一年后本利
年	1	$(1+1)^1$	2
半年	2	$(1+1/2)^2$	2.25

续表

计 息 期	一年中计息次数	表 达 式	一年后本利
季度	4	$(1+1/4)^4$	2.441 4
月	12	$(1+1/12)^{12}$	2.613 0
日	365	$(1+1/365)^{365}$	2.714 6
秒	$365\times24\times60\times60=A$	$(1+1/A)^A$	2.718 3
连续	∞	$\lim\limits_{x\to\infty}\left(1+\frac{1}{x}\right)^x$	e 2.718 28...

2.3 资金等值

2.3.1 资金等值的概念

资金具有时间价值引出了一个很重要的问题：如果今天得到的 100 元和未来某个时间点得到的 100 元不一样，怎么衡量和比较不同时间点发生的现金流量？怎样衡量和比较投资项目全寿命周期内的现金流量，才能对投资项目真实的经济效益进行评价？

工程经济分析中，为了考察投资项目的经济效益，在考虑资金时间价值的情况下，把项目寿命周期内不同时点的现金流量换算成同一时间点价值相等的资金，从而满足效益与费用在时间上可比的要求。资金等值就是指在考虑资金时间价值因素后，不同时点上数额不等的资金在一定利率条件下可能具有相等的价值。

在工程经济分析中，等值是一个十分重要的概念，它为我们提供了一个计算某一经济活动有效性或者进行方案评价、比较、优选的可能。影响资金等值的因素有：资金额的大小、资金发生的时间、利率的大小。其中，利率是一个关键因素。

2.3.2 等值计算公式

1. 等值计算参数

1）利率或折现率 ——i

在工程经济分析中，把根据未来的现金流量求现在的现金流量时所使用的利率称为折现率。本书对利率和折现率一般不加以区分，统一用 i 来表示。

2）计息期数（计息次数）—— n

在利息计算中，它是指计算利息的次数；在工程经济分析中，它与工程项目的计算期有关。

3）现值 ——P（Present value）

现值表示资金发生在某一特定时间序列始点上的价值。在工程经济分析中，它表示在现金流量图中 0 点的投资数额或现金流量折现到 0 点时的价值。

4）将来值或终值 ——F（Future value）

将来值或终值表示资金发生在某一特定时间序列终点上的价值。其含义是指期初投入或产出的资金转换为计算期末的期终值，即期末本利和的价值。

5)年金或年值 ——A(Annuity)

通常用A表示等额支付系列现金流量每年(时间段)的等额收入或支出的金额,即在某一特定时间序列期内,每隔相同时间(不一定是年)内收支的等额款项。

从以上参数的含义可以看出,现值P与终值F是相对而言的,某一个时间序列的终值,也是以该时间序列终点为起点的另一个时间序列的现值。

2. 资金等值的计算公式

1)一次支付终值类型(已知P,求F)

已知现值P,计算期n,年利率为i,n年后可得到的本利和是多少(见图2.2)?

一次支付终值公式就是复利下本利和的计算公式,它是资金等值计算的基本公式,其他公式都可以由此公式派生出来。

因此,一次支付终值公式为:

$$F=P(1+i)^n=P(F/P,i,n) \tag{2.9}$$

式中:$(1+i)^n$为一次支付终值系数,也可用符号$(F/P,i,n)$表示。可以从书后附表查得该系数的值。

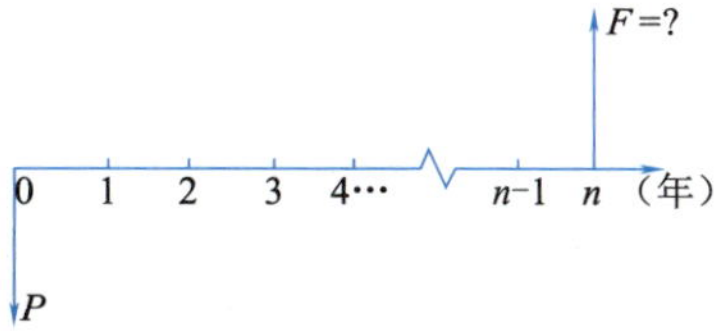

图2.2 一次支付现金流量图

例2.4 某企业现在投资10万元于一项目,预期年收益率为6%,求5年后的终值。

解 已知:$P=10$万元,$i=6\%$,$n=5$年,现金流量图如图2.3所示。

解法1 依据公式(2.9)计算得:$F=P(1+i)^n=10\times(1+6\%)^5=13.382$(万元)

解法2 利用复利表,根据$i=6\%$,$n=5$,从书后复利系数表查得$(F/P,6\%,5)=1.338\ 2$,代入下式:

$$F=10(F/P,6\%,5)=10\times1.338\ 2=13.382\text{(万元)}$$

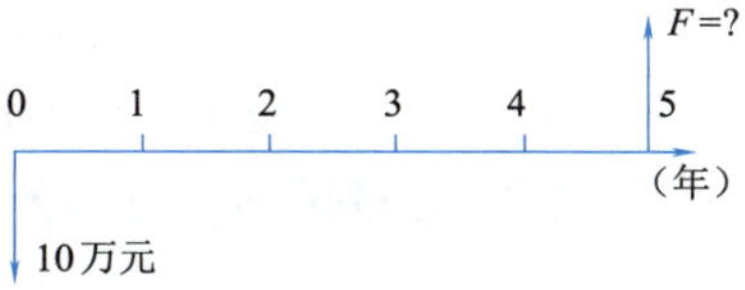

图2.3 例2.4现金流量图

2)一次支付现值公式(已知F,求P)

已知n年后一笔资金F,在利率i下,相当于现在多少钱(见图2.4)?这就是一次支付现值计算的问题,对一次支付终值公式进行逆运算便可得到一次支付现值公式:

$$P=\frac{F}{(1+i)^n}=F(P/F,i,n) \tag{2.10}$$

式中:$\frac{1}{(1+i)^n}$为现值系数,也可用符号$(P/F,i,n)$表示。其值可由附表查得。

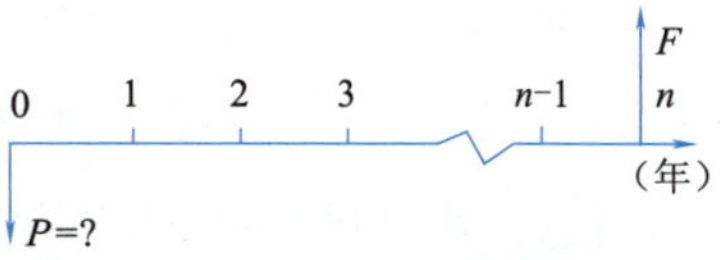

图2.4 一次支付现金流量图

例2.5 某项目预计年收益率为8%,拟在5年后获取本利和50万元,问现在应存入多少钱?

解 由题设知,$F=50$万元,$i=8\%$,$n=5$,求P。绘制现金流量图如图2.5所示。

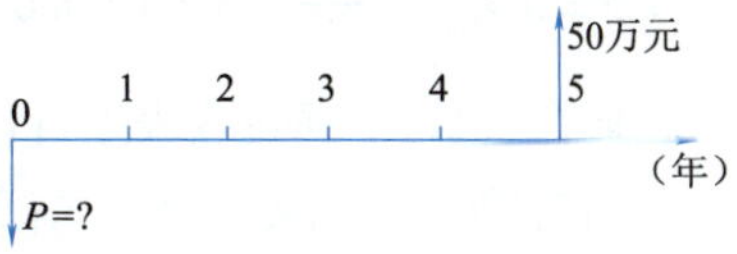

图2.5 例题2.5现金流量图

解法1 依据公式(2.10)得:

$$P=F(1+i)^{-n}=50\times(1+8\%)^{-5}=34.03\text{(万元)}$$

解法2 依据公式(2.10),查复利系数表得$(P/F,8\%,5)=0.680\ 6$。

$$P=F(P/F,i,n)=50(P/F,8\%,5)=50\times0.680\ 6=34.03\text{(万元)}$$

3）等额支付终值公式（已知 A，求 F）

假设投资一基金，每期期末投入 A 元，并按照利率 i 取得利息，n 期后得到将来值 F。这种投资的现金流量图如图 2.6 所示，从第 1 年年末至第 n 年每年年末有一等额的现金流量，每年的金额均为 A。图 2.6 现金流量可以看成图 2.7 现金流量的组合。

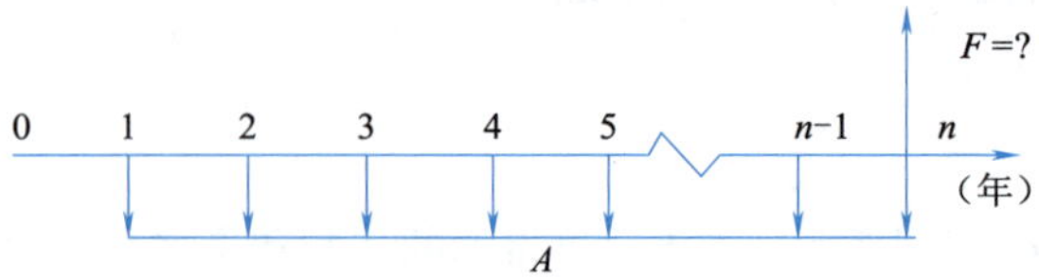

图 2.6　等额支付终值的现金流量图

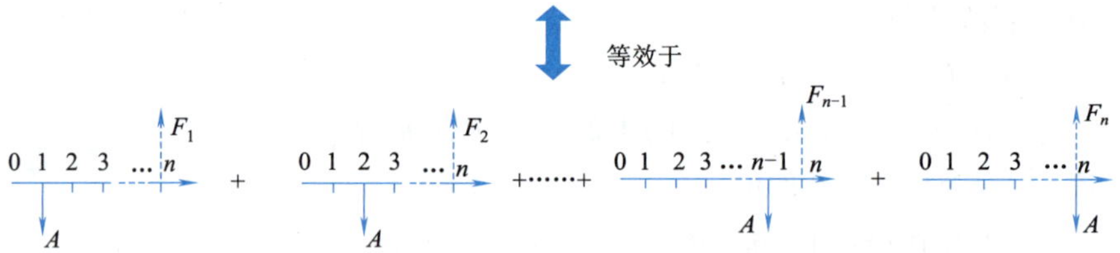

图 2.7　等额支付终值拆分后的现金流量图

也可以看出，第 n 年末的终值总额 F 等于各年存入资金 A 的终值总和，即：

$$F = A + A(1+i) + A(1+i)^2 + \cdots + A(1+i)^{n-2} + A(1+i)^{n-1}$$
$$= A[1 + (1+i) + (1+i)^2 + \cdots + (1+i)^{n-2} + (1+i)^{n-1}]$$

运用等比数列前 n 项求和公式得

$$F = A \times \frac{(1+i)^n - 1}{i} = A(F/A, i, n) \tag{2.11}$$

式中：$\frac{(1+i)^n - 1}{i}$ 为等额支付终值系数，可以用符号 $(F/A, i, n)$ 表示，其值可由附表查得。

例 2.6　某夫妇准备为其刚出生的孩子向银行存入备用金，在孩子每岁岁末存入 10 000 元，连续存款 18 年，若银行存款年利率为 8%，18 年后的本利和是多少？

解　由题设知，$A = 10\ 000$ 元，$n = 18$ 年，$i = 8\%$。

依据公式（2.11）计算得：

$$F = A \times \frac{(1+i)^n - 1}{i} = 10\ 000 \times \frac{(1+8\%)^{18} - 1}{8\%} = 10\ 000 \times 37.450\ 2 = 374\ 502（元）$$

同样，也可以通过查表进行计算。

4）等额支付偿债基金公式（已知 F，求 A）。

已知第 n 年年末要从银行提取 F 元，在利率为 i 的情况下，现在每年年末等额存入多少钱可以实现上述提取？这就是已知 F 求 A 的情形。显然，它是等额支付终值公式的逆运算（见图 2.8）。因此，可以由等额支付终值公式直接导出等额支付偿债基金公式。

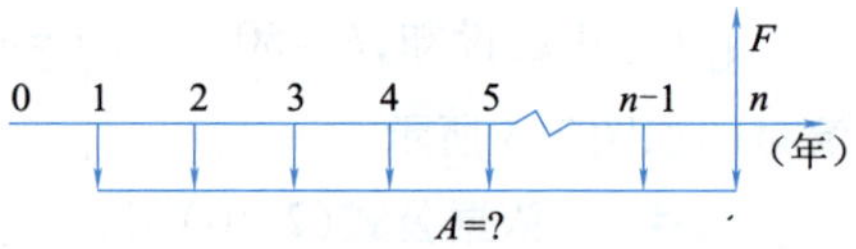

图 2.8　等额支付偿债基金现金流量图

$$A=F\times\frac{i}{(1+i)^n-1}=F(A/F,i,n) \tag{2.12}$$

式中：$\frac{i}{(1+i)^n-1}$ 为等额支付偿债基金系数，可以用 $(A/F,i,n)$ 表示，其值可由附表查得。

例 2.7 某企业计划 3 年后更新某大型设备，更新费用为 2 000 万元，从现在起每年年末要等额存入银行一笔款项，银行利率为 4%，每年末存入的金额是多少？

解 由题设知，$F=2\ 000$ 万元，$n=3$ 年，$i=4\%$。

依据公式(2.12)计算得：$A=F\times\frac{i}{(1+i)^n-1}=2\ 000\times\frac{4\%}{(1+4\%)^3-1}=640.7$（万元）

5）等额支付现值公式（已知 A，求 P）

如图 2.9 所示，如果从第一年年末到第 n 年年末有一个现金流量序列，每年的金额均为 A，这一等额年金序列在利率为 i 的条件下，其现值是多少？可以分为两步：

（1）由等额支付终值公式 $F=A\times\frac{(1+i)^n-1}{i}$ 求出与 n 年内系统的总现金流出等值的终值。

（2）由一次支付现值公式 $P=\frac{F}{(1+i)^n}$ 把终值折为现值。

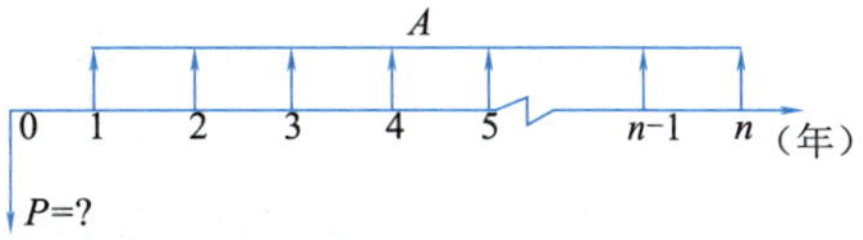

图 2.9 等额支付现值的现金流量图

可得：

$$P=A\times\frac{(1+i)^n-1}{i(1+i)^n}=A(P/A,i,n) \tag{2.13}$$

式中：$\frac{(1+i)^n-1}{i(1+i)^n}$ 为等额支付现值系数，也可以记为 $(P/A,i,n)$，其值可由附表查得。

例 2.8 某机械设备经济寿命为 5 年，预计年净收益为 10 万元，残值为 0，若投资者要求收益率至少为 15%，投资者最多愿意出多少钱购买该设备？

解 由题设知，$A=10$ 万元，$n=5$ 年，$i=15\%$。

依据公式(2.13)计算得：

$$P=A\times\frac{(1+i)^n-1}{i(1+i)^n}=10\times\frac{(1+15\%)^5-1}{15\%\times(1+15\%)^5}=33.522\text{（万元）}$$

所以，投资者最多愿意出价 33.522 万元购买此设备。

6）等额支付资金回收公式（已知 P，求 A）

等额支付资金回收公式是已知 P，求 A 的情形。显然，它是等额支付现值公式的逆运算，因此可以由公式(2.13)直接导出：

$$A=P\times\frac{i(1+i)^n}{(1+i)^n-1}=P(A/P,i,n) \tag{2.14}$$

式中：$\frac{i(1+i)^n}{(1+i)^n-1}$ 为等额支付资本回收系数，亦可表示为 $(A/P,i,n)$，其值可由附表查得。

例 2.9 某投资项目贷款 500 万元，预计在 5 年内等额还清贷款，已知贷款利率为 12%，每年的净收益不应少于多少？

解 由题设知，$P=500$ 万元，$i=12\%$，$n=5$ 年。

依据公式(2.14)计算得：

$$A=P\times\frac{i(1+i)^n}{(1+i)^n-1}=500\times\frac{12\%\ (1+12\%\ )^5}{(1+12\%\ )^5-1}=500\times0.277\ 4=138.7(\text{万元})$$

所以，该项目每年的净收益至少应为138.7万元。

前面所介绍的六个公式，在工程经济计算和分析中有着非常重要的地位，它们是等值计算的基础，为了便于记忆，现将它们汇总于表2.6中。

表2.6　常用资金等值计算公式

类型	求解关系	系数名称及符号	公式	相互关系	现金流量图
一次支付	已知 P 求 F	一次支付终值系数$(F/P,i,n)$	$F=P(1+i)^n$	互为逆运算	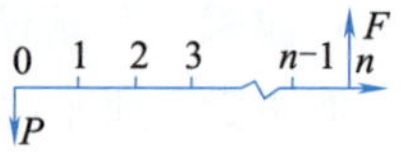
	已知 F 求 P	一次支付现值系数$(P/F,i,n)$	$P=\frac{F}{(1+i)^n}$		
等额支付	已知 A 求 F	等额支付终值系数$(F/A,i,n)$	$F=A\times\frac{(1+i)^n-1}{i}$	互为逆运算	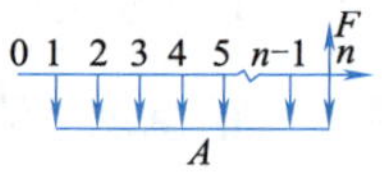
	已知 F 求 A	等额支付偿债基金系数$(A/F,i,n)$	$A=F\times\frac{i}{(1+i)^n-1}$		
	已知 A 求 P	等额支付现值系数$(P/A,i,n)$	$P=A\times\frac{(1+i)^n-1}{i\ (1+i)^n}$	互为逆运算	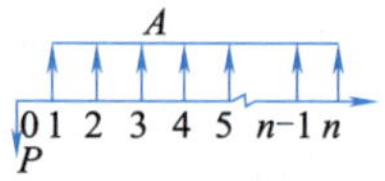
	已知 P 求 A	等额支付资本回收系数$(A/P,i,n)$	$A=P\times\frac{i\ (1+i)^n}{(1+i)^n-1}$		

2.4　等值计算公式的应用

2.4.1　未知利率与时间的求解

在之前的等值计算中，等值计算都是在利率 i 和计息期数 n 已知的情况下进行的分析，在很多情况下我们需要推算 i 或 n 的值。这时常常会用到线性内插法来求解。

线性内插法是利用复利系数表进行的近似求解。复利系数表中各复利系数的值可以看成利率 i 或计息期 n 的函数值，是非线性变化的；当利率 i 或计息期 n 的任意两个数值的间距不大时，即使是非线性变化关系，也可以用线性内插法求得近似值，这个近似值与真实值之间十分接近。因而采用线性内插法计算是比较精准的，前提是两个已知的利率 i 或计息期 n 尽可能接近。

例 2.10　某位投资人用20元/股的价格购买一支股票，5年后他以40元/股的价格将这支股票卖出，则这笔投资的年收益率是多少？

解　根据题意知：$P=20,F=40,n=5$ 年，求 i。

$F=P(1+i)^n$，即 $40=20(1+i)^5$。i 的求解方法：

解法1　利用计算器。解得，$i=2^{1/5}-1=14.87\%$。

解法2　利用复利表，采用线性内插法求解。

由题目信息已知,40 = 20(F/P,i,5),即(F/P,i,5) = 2。查复利系数表知:i = 14% 时,(F/P,14%,5) = 1.925 4;i = 15% 时,(F/P,15%,5) = 2.011 4。

根据图 2.10 所示,可得线性比例关系:

$$\frac{a}{c}=\frac{b}{d},即\frac{2-1.925\ 4}{2.011\ 4-1.925\ 4}=\frac{i-14\%}{15\%-14\%}$$

$$解得\ i=\frac{2-1.925\ 4}{2.011\ 4-1.925\ 4}\times(15\%-14\%)+14\%=14.87\%$$

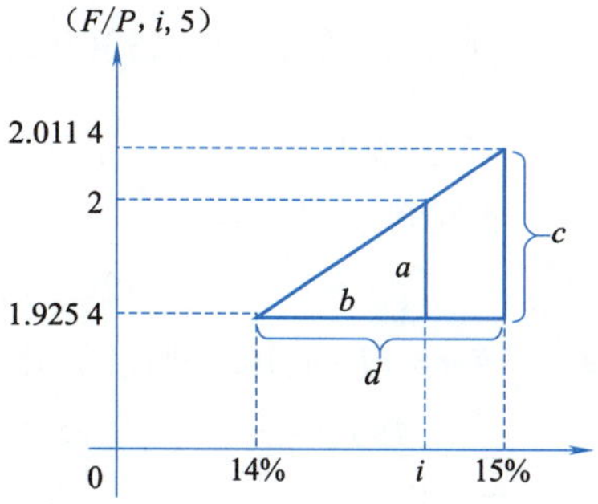

图 2.10 线性内插法求未知利率

例 2.11 每年年末存入 20 000 元,年利率为 6%,多少年后账户金额能够达到 10 万元?

解 根据题意知:A = 20 000,F = 100 000,i = 6%,求 n。

100 000 = 20 000(F/A,6%,n),得(F/A,6%,n) = 5。

查复利系数表知,n = 4 时,(F/A,6%,4) = 4.374 6

n = 5 时,(F/A,6%,5) = 5.637 1

$$线性内插法解得\ n=\frac{5-4.374\ 6}{5.637\ 1-4.374\ 6}\times(5-4)+4=4.50(年)$$

2.4.2 基于有效利率的等值计算

实践中,许多金融机构的计息期和现金流量的支付期往往不一致,此时,需要换算为统一的时间单位。注意,等值计算时,计息期和支付期必须一致。

1. 支付期大于或等于计息期

现金流量的支付周期大于或等于利息的计算周期的等值计算方法有两种:

(1)按照支付周期的实际利率计算。

(2)按照计息周期的实际利率计算。

例 2.12 年利率 10%,每半年计息一次,从现在起连续 3 年每年年末支出 500 万元。与其等值的 0 点资金是多少?

解 本题计息周期为半年,支付周期为一年,因而有两种解法。

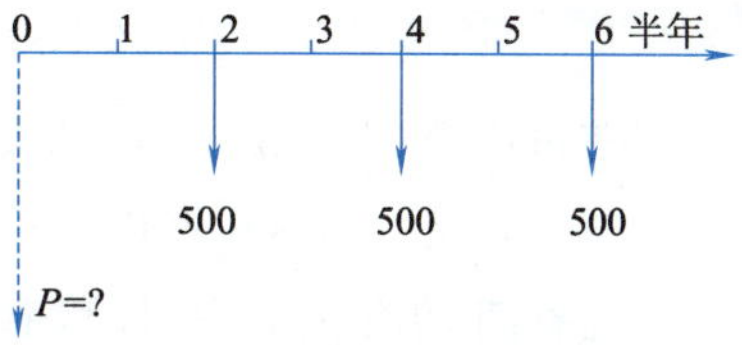

图 2.11 按计息周期分析的现金流量图

解法 1 以半年为分析期,现金流量图如图 2.11 所示。

半年实际利率 i = 10% /2 = 5% 。

$$P=500(1+5\%)^{-2}+500(1+5\%)^{-4}+500(1+5\%)^{-6}=1\ 237.97(万元)$$

解法 2 以年为分析期,现金流量图如图 2.12 所示。

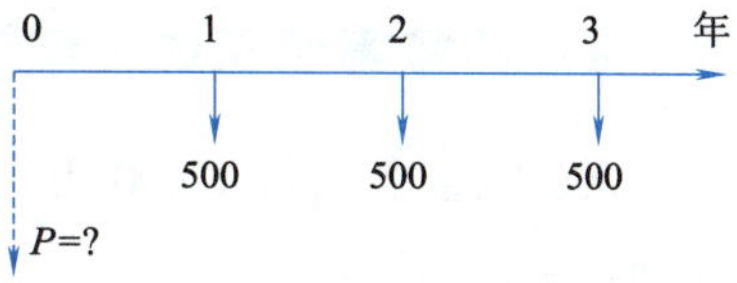

图 2.12 按支付周期分析的现金流量图

$$年实际利率\ i_{年}=\left(1+\frac{r}{m}\right)^{m}-1=\left(1+\frac{10\%}{2}\right)^{2}-1=10.25\%$$

P = 500(P/A,10.25% ,3) = 123 7.97(万元)

(P/A,10.25% ,3)的求解方法有两种:

(1)代入复利系数公式$(P/A,10.25\%,3)=\dfrac{(1+10.25\%)^3-1}{10.25\%\times(1+10.25\%)^3}=2.4759$

(2)查复利系数表,利用线性内插法求解。

查复利系数表得:$i=10\%$,$(P/A,10\%,3)=2.4869$

$i=12\%$,$(P/A,12\%,3)=2.4018$

令$x=(P/A,10.25\%,3)$,由相似三角形原理解得:

$\dfrac{2.4869-x}{2.4869-2.4018}=\dfrac{10.25\%-10\%}{12\%-10\%}$,得$x=(P/A,10.25\%,3)=2.4763$。

此时$P=1\ 238.15$万元。由于复利系数表本身只保留了四位小数,因而采用查表内插法求解,精确度稍差。为了保证必要的精度,两次试算之间的利率差不要超过2%。

2. 计息期大于支付期

计息周期大于支付周期时,通常采用以下三种方法之一进行处理:

(1)不计息。工程经济分析中,计息周期内现金流量的收付不计息,所有现金流量合并至计息期期末处理(有时也按照投资期初、其余现金流量期末的方式处理)。

(2)单利计息。在计息期内的收付均按单利计息。

(3)复利计息。此时计息周期利率相当于“实际利率”,支付周期利率相当于“计息期利率”,通过名义利率与实际利率的公式反推出支付期实际利率进行计算。

2.4.3 按揭贷款的计算

例 2.13 某家庭拟购买住房,已知住房面积120 m^2,售价为6 000元/m^2。计划首付房价的30%,其余拟向银行申请贷款,已知银行可提供15年期贷款利率为5.43%的按揭,或20年期年利率为5.95%的按揭。银行要求贷款采用等额本息法按月等额偿还。如果该家庭月稳定收入为10 000元,每月计划偿还贷款的支出不超过月收入的40%。则该家庭应该选择多长期限的贷款方案?

解 总房款为:120×6 000=720 000(元)

首付:720 000×30%=216 000(元)

贷款总额:720 000×70%=504 000(元)

还款期15年的方案:月利率为5.43%/12,还款期为15×12=180(月)。

每月还款:$A_{180}=504\ 000(A/P,5.43\%/12,180)=4\ 099.4$(元/月)

还款期20年的方案:月利率为5.95%/12,还款期为20×12=240(月)

每月还款:$A_{240}=504\ 000(A/P,5.95\%/12,240)=3\ 596.3$(元/月)

该家庭每月还款支付的限额为10 000×40%=4 000(元),故应该选择20年期的贷款方案。

2.4.4 资金等值探讨:建筑企业偿还贷款的不同方式对比

某建筑企业获得1 000万元贷款,偿还期5年,年利率为10%,现有4种偿还方式可供选择,即:

方案1:每年末还本200万元及当年利息,分5年还清。

方案2:前4年每年末只还本年利息,第5年末还本及本年利息。

方案3:前3年不归还,第4年末、第5年末各还767万元。

方案4:前4年不归还,第5年末一次还清1 610万元。

试选择偿还方式。

思考:

方案1:$P_1 = -[300/(1+10\%)+280/(1+10\%)^2+260/(1+10\%)^3+240/(1+10\%)^4+220/(1+10\%)^5]$

$= -1\ 000$(万元)（偿还利息静态之和:1 300）

方案2:$P_2 = \{100[(1+10\%)^5-1]/[0.1(1+10\%)^5]+1\ 000/(1+10\%)^5\}$

$= -1\ 000$(万元)（偿还利息静态之和:1 500）

方案3:$P_3 = -767/(1+10\%)^4-767/(1+10\%)^5 = -1\ 000$(万元)

（偿还利息静态之和:1 534）

方案4:$P_4 = -1\ 610/(1+10\%)^5 = -1\ 000$(万元)（偿还利息静态之和:1 610）

探讨:如果片面认为第4种方案偿还利息最多,最不划算,这种观点是不正确的,因为占用银行资金的时间不同导致资金时间价值不同,但实际上4种偿还方式所还不同数额的资金之间本质上是等值的。

本章小结

1. 正确识别现金流量是工程经济分析的基础。现金流量分析应从全寿命周期角度识别项目各时点的现金流入、现金流出及净现金流量,可以借助现金流量图、现金流量表的形式表现出来。

2. 资金的时间价值是资金的基本属性。资金时间价值可以通过利息、利率来表示,利息的计算方法有单利计息和复利计息两种。工程经济分析中,利息常常被看作是资金的一种机会成本。

3. 利率的高低取决于社会平均利润率的高低,同时受通货膨胀、金融市场上资本供求关系的影响。根据计息周期和利率之间的关系,利率有名义利率和实际利率两种形式,工程经济分析采用实际利率进行计算。

4. 资金等值计算是将同一时间序列,不同时点上的现金流量,按照一定的利率和计息方式,换算到某一相同时点,从而满足收支在时间上可比的要求。资金等值计算公式有一次支付终值公式、一次支付现值公式、等额支付终值公式、等额支付偿债基金公式、等额支付现值公式、等额支付资金回收公式等。

综合能力实训

一、选择题

1. 现金流量图中表示现金流量的三要素是(　　)。

A. 利率、利息、净现值　　B. 时长、方向、作用点

C. 现值、终值、计算期　　D. 大小、方向、时间点

2. 下列选项中满足实际利率与名义利率的差值最大的是(　　)。

A. 名义利率不变,计息次数减小　　B. 名义利率不变,计息次数增大

C. 名义利率增大,计息次数减小　　D. 名义利率增大,计息次数增大

3. 企业年初从银行借款 1 000 万元,期限 3 年,年利 5%,银行要求每年年末支付当年利息,则第 3 年年末需偿还的本息和是(　　)万元。

A. 1 050. 00　　B. 1 100. 00　　C. 1 150. 00　　D. 1157. 63

4. 假设名义利率为 5%,计息周期为季度,则年实际利率为(　　)。

A. 5%　　B. 5. 06%　　C. 5. 09%　　D. 5. 12%

5. 已知年利率 12%,每月复利计息一次,则季实际利率为(　　)。

A. 1. 003%　　B. 3. 00%　　C. 3. 03%　　D. 4. 00%

6. 某企业存款 200 万元,下列计息方式中,在第 5 年年末存款本息和最多的是(　　)。

A. 年利率 6%,按单利计算　　B. 年利率 5. 5%,每年复利一次

C. 年利率 4%,每季度复利一次　　D. 年利率 5%,每半年复利一次

7. 某公司年初借款 1 000 万元,年利率为 5%,按复利计息,若在 10 年内等额偿还本息,则每年末应偿还(　　)万元。

A. 129. 50　　B. 140. 69　　C. 150. 00　　D. 162. 89

8. 考虑资金时间价值,两笔资金不能等值的情形有(　　)。

A. 金额相等,发生在不同时点　　B. 金额不等,发生在不同时点

C. 金额不等,但分别发生在期初和期末　　D. 金额相等,发生在相同时点

9. 现在的 500 元和 6 年后的 848 元两笔资金在第 2 年末价值相等,若利率不变,则这两笔资金在第 3 年末价值(　　)。

A. 前者高于后者　　B. 前者低于后者

C. 两者相等　　D. 两者不能进行比较

10. 某建设项目有四个借贷方案:甲方案年利率 6. 11%,每季度复利一次;乙方案年利率 6%,每季度复利一次;丙方案年利率 6%,每月复利一次;丁方案年利率 6%,每半年复利一次。则贷款利率最小的方案是(　　)。

A. 甲　　B. 乙　　C. 丙　　D. 丁

11. 某项目建设期为 5 年,建设期内每年年初贷款 300 万元,年利率为 10%。若在运营期第 3 年年底和第 6 年年底分别偿还 500 万元,则在运营期第 9 年年底全部还清贷款本利时尚需偿还(　　)万元。

A. 2 059. 99　　B. 3 199. 24

C. 3 318. 65　　D. 3 750. 52

12. 某企业借贷资金 8 万元,偿还期为 4 年,年利率 10%,按复利计算,有 A、B、C、D 四种还款方式,各还款方式中支付总金额最多的是(　　)。

A. 每年年末偿还 2 万元本金和所欠利息

B. 每年年末只还利息,第 4 年末一次还清本金

C. 在 4 年中每年年末等额偿还

D. 在第 4 年末一次还清本息

13. 根据现金流量图(见图 2.13),判断与实际现金流量等值的 0 点现值计算式不正确的有(　　)。

A. $P=100(P/A,i,4)(P/F,i,4)$

B. $P=100(F/A,i,4)(P/F,i,7)$

C. $P=100(P/A,i,7)-100(P/A,i,3)$

D. $P=100[(P/F,i,4)+(P/F,i,5)+(P/F,i,6)+(P/F,i,7)]$

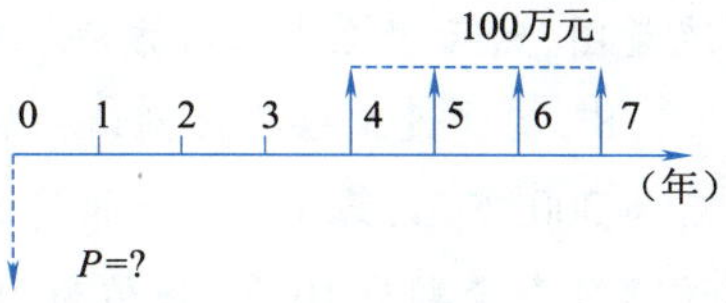

图 2.13　第 13 题图

14. (多选)关于现金流量绘图规则的说法,正确的有(　　)。

A. 时间轴上的点通常表示该时间单位的起始时点

B. 横轴是时间轴,向右延伸表示时间的延续

C. 箭线与时间轴的交点表示现金流量发生的时点

D. 现金流量的性质对不同的人而言是相同的

E. 箭线长短要能适当体现各时点现金流量数值大小的差异

15. (多选)若折现率 $i>0$,图 2.14 中说法正确的有(　　)。

A. A_1 为现金流出

B. A_2 发生在第 3 年年初

C. A_2 发生在第 3 年年末

D. A_4 的流量大于 A_3 的流量

E. 若 A_2 与 A_3 流量相等,则 A_2 与 A_3 的价值相等

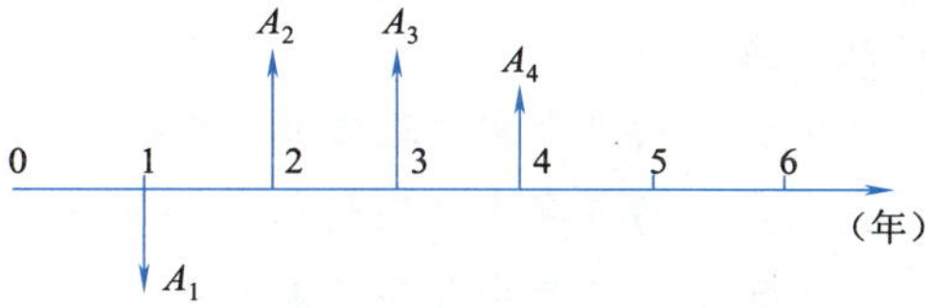

图 2.14　第 15 题图

二、案例分析题

1. 已知某公司的现金流量图如图 2.15 所示,年利率 8%,计算与图中现金流量等值的 0 点现值是多少。

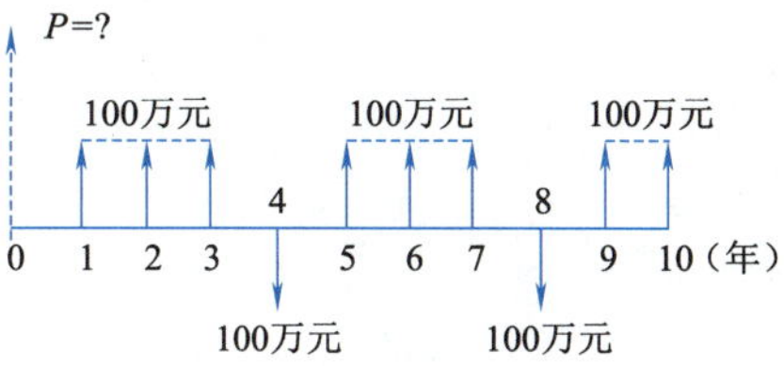

图 2.15　第 1 题图

2. 某人每个季度向储蓄账户中存入一笔定额的资金,按月计算复利,年名义利率为 9%,计算每个季度的有效利率。

3. 某公司于第 1 年初借款 10 000 万元,每年年末还本付息额均为 2 000 万元,连续 10 年还清。该贷款的实际年利率是多少?若该贷款是按月计息的,则月利率是多少?名义利率是多少?

4. 某公司拟购置一处房产,房主提出两种付款方案:一是从现在起,每年年初支付 20 万元,连续支付 10 次,共 200 万元;二是从第 5 年开始,每年年初支付 25 万元,连续支付 10 次,共 250 万元。若该公司的资本成本为 10%,应选择哪种付款方式?

5. 某家庭拟购买一套住宅,单价为 9 000 元/m^2,该家庭月收入 12 000 元,其中 30% 可用来支付房款,可申请到 20 年期的住房公积金贷款,贷款年利率为 3.25%,采用等额本息法偿还贷款,贷款金额为总房价的 80%。根据该家庭的支付能力,最多可以购买多少平方米的住宅?

6. 建设银行向某企业发放贷款,年利率为 5%,第 1 年年初发放 3 000 万元,第 2 年年初发放 2 000万元,该企业在第 3 年年末开始使用利润偿还贷款,至第 10 年年末还清。请问该企业每年末应等额偿还资金的数额是多少?请绘制现金流量图并解答。

7. 某人每年年初存入银行 5 000 元,年利率为 10%,8 年后的本利和是多少?请首先绘制现金

流量图，然后用至少三种方法求解。

8. 某建设工程项目预计初始投资 1 000 万元，第 3 年开始投产后每年销售收入抵销经营成本后为 300 万元，第 5 年追加投资 500 万元，当年见效且每年销售收入抵销经营成本后为 750 万元，该项目寿命期为 10 年，残值为 100 万元，试绘制该项目的现金流量图 。

9. 年利率 10% ，每半年计息一次，从现在起连续 3 年每年年初支出 600 万元，第 3 年年末等值资金是多少？

10. 某公司购买了一台设备，预计可以使用 20 年，每 4 年要大修一次，每次大修费为 5 000 元，现在应存入银行多少钱才足以支付 20 年寿命期内的大修费用？已知年利率 12% ，每半年计息一次。

11. 某企业为了购买设备，贷款 40 万元，贷款年利率 8% ，按季计息，贷款期限 15 年，每年按等额本息法支付本金和利息，在归还了 10 次后，该企业想把余额一次性还清，请问还需要多少资金才能将余款还清？

12. 某企业借贷资金 8 000 万元，偿还期为 4 年，年利率 10% ，按年复利计息，可采用如下四种还款方案：

方案 1：每年年末偿还 2 000 万元本金和所欠利息；

方案 2：每年年末只还利息，第 4 年末一次还清本金；

方案 3：在 4 年中每年年末等额偿还；

方案 4：在第 4 年末一次还清本息。

请分别计算四种还款方式下的各年还款总额、各年还款总额中的本金和利息、4 年还款总额的现值和终值。

第3章 工程经济基本要素

本章导读

为保障工程项目投资活动目标的实现，投资之前需要预测与项目建设及运营相关的经济要素。工程经济要素是构成项目现金流量的基本单元，是工程要素与工程经济分析的桥梁，是实现方案选择、项目评价、工程实施、管理决策等内容的基础，要正确使用现金流量这个基本工具，就要准确界定各个经济要素的内涵，把握不同经济要素各自的特征。因此，本章介绍了工程项目总投资、成本费用、收入、税金及利润等经济要素的构成与计算方法，熟练掌握本章内容对以后的学习尤为重要。

学习目标

知识目标：

◇ 掌握工程项目总投资的构成。

◇ 掌握总成本费用、经营成本的构成与计算方法。

◇ 掌握收入、税金的构成及计算，熟悉利润的分配方法。

能力与素质目标：

◇ 具备合理估算工程项目总投资的能力。

◇ 具备应用不同的折旧计算方法计算固定资产折旧的能力。

◇ 具备熟练应用等额本息法、等额本金法计算长期借款还本付息额的能力。

◇ 具备应用税金相关知识计算工程项目的增值税、税金及附加、所得税的能力。

◇ 具备熟练计算工程项目的利润总额与净利润的能力。

思维导图

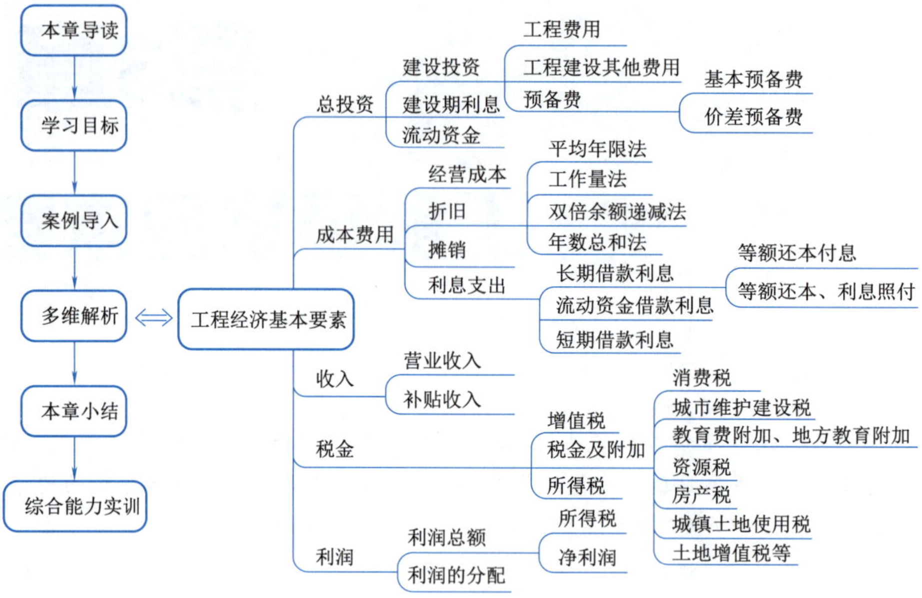

案例导入

某建设项目的工程费由以下内容构成：主要生产项目 1 500 万元，其中建筑工程费 300 万元，设备购置费 1 050 万元，安装工程费 150 万元；辅助生产项目 300 万元，其中建筑工程费 150 万元，设备购置费 110 万元，安装工程费 40 万元；公用工程 150 万元，其中建筑工程费 100 万元，设备购置费 40 万元，安装工程费 10 万元。

(1)项目建设前期年限为 1 年，项目建设期第 1 年完成投资的 40%，第 2 年完成投资的 60%。工程建设其他费为 250 万元，基本预备费率为 10%，年均投资价格上涨为 6%。

(2)项目建设期 2 年，运营期 8 年。建设期贷款 1 200 万元，贷款年利率为 6%，在建设期第 1 年投入 40%，第 2 年投入 60%。运营期前 4 年按照等额还本、利息照付的方式偿还。

(3)项目固定资产投资预计全部形成固定资产，使用年限为 8 年，残值率为 5%，采用直线法折旧。运营期第 1 年投入资本金 200 万元作为流动资金。

(4)项目运营期正常年份的营业收入为 1 300 万元，经营成本为 525 万元。运营期第 1 年的营业收入和经营成本均为正常年份的 70%，自运营期第 2 年起进入正常年份。

(5)所得税税率为 25%，税金及附加为 6%。(计算结果保留 2 位小数)

思考并计算：

(1)列式计算项目的基本预备费和价差预备费。

(2)列式计算项目的建设期贷款利息，并完成建设项目固定资产投资估算表。

(3)计算项目各年还本付息额，填入还本付息计划表。

(4)列式计算项目运营期第 1 年的总成本费用。

(5)列式计算项目资本金现金流量分析中运营期第 1 年的净现金流量。

建设项目固定资产投资估算表

单位:万元

项目名称	建筑工程费	设备购置费	安装工程费	其他费用	合　计
1. 工程费					
1.1 主要项目					
1.2 辅助项目					
1.3 公用工程					
2. 工程建设其他费					
3. 预备费					
3.1 基本预备费					
3.2 价差预备费					
4. 建设期利息					
5. 固定资产投资					

还本付息计划表

单位:万元

序号	项目名称	1	2	3	4	5	6
1	年初借款余额						
2	当年借款						
3	当年计息						
4	当年还本						
5	当年还本付息						

思考与拓展:上面这个案例来源于全国造价工程师考试《案例分析》真题,考核知识点较为全面,这些问题都将在本章学习中得到解决。此外,本章内容和生活的联系也非常紧密,例如以下话题其中蕴含的基本原理和计算方法都将在本章得到启发和应用。

(1)按揭贷款买房选择还贷方式的时候,如何选择能够少还十几万元的利息?这里涉及对于等额本息和等额本金两种还款方式的对比分析。

(2)企业为什么希望采用加速折旧方法?个人使用的笔记本计算机在使用一段时间之后准备转手卖掉,如何考虑折旧问题?

(3)篮球明星上大学的机会成本是多少?我们上大学的机会成本是多少?

(4)假如你花80元买了张电影票,看了半个小时后,觉得影片糟透了!你应该离开影院吗?

(5)"牛奶可乐经济学"为什么牛奶用方盒子装,可乐用圆瓶子装?买奶茶时第二杯半价、免费续杯、天下没有免费的午餐等话题,都会在本章学习中轻松解惑。

3.1 投资

3.1.1 投资的含义

工程经济分析中的投资有两层含义:一是作为动词属性,表示一种特定的经济活动,即为了获得将来的收益而事先垫付资金的经济行为;二是名词的属性,表明在某一经济活动中为实现预期的生产经营目标而预先投入的资金数量。

3.1.2 建设项目总投资

建设项目总投资是指为完成工程项目建设并达到使用要求或生产条件，在建设期预计或实际投入的全部费用之和。是投资主体为了特定的目的，从工程筹建开始到项目全部竣工投产为止所发生的全部资金投入。建设项目总投资作为工程经济分析的基本要素之一，对其进行估算是进行财务分析和经济分析的基础，是项目决策过程中确定融资方案、筹措资金的重要依据。因此，需要在对项目的建设规模、技术方案、设备方案、工程建设方案及项目实施进度等内容进行研究并基本确定的基础上，估算项目投入总资金。我国现行工程项目投资的构成如图 3.1 所示。

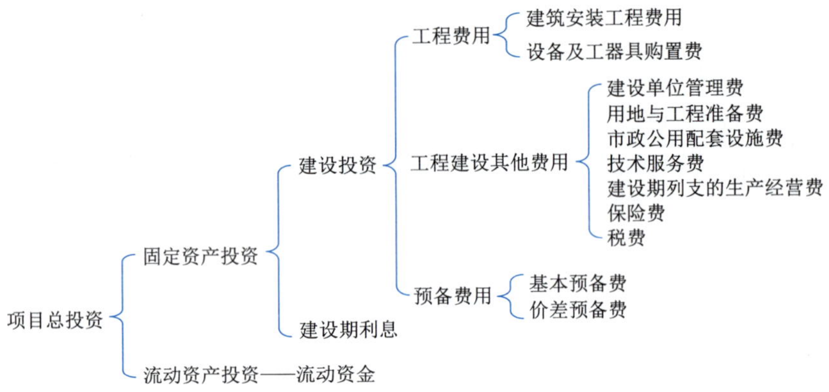

图 3.1　我国现行工程项目投资的构成

3.1.3 建设投资

建设投资是指为完成工程项目建设，在建设期内投入且形成现金流出的全部费用。建设投资按照概算法构成，可分为工程费用、工程建设其他费、预备费。

(1)工程费用是指建设期内直接用于工程建造、设备购置及其安装的建设投资。工程费用的投入是为了获得一定生产能力所需要的设施。建筑安装工程费是指为了完成工程项目建造、生产性设备及配套工程安装所需的费用，包含建筑工程费和安装工程费。设备及工器具购置费是指购置或自制的达到固定资产标准的设备、工器具及生产家具所需要的费用，以及为保证初期正常生产所必须购置的没有达到固定资产标准的设备、仪器、工卡模具、器具、生产家具和备品备件等的购置费用。

(2)工程建设其他费是指建设期发生的为项目建设或运营必须发生但不包括在工程费用中的费用，主要包括：建设单位管理费、用地与工程准备费、市政公用配套设施费、技术服务费、建设期计列的生产经营费、工程保险费、税费等。

(3)预备费。根据我国现行有关规定，预备费包括基本预备费和价差预备费。

基本预备费是指在投资估算或工程概算阶段预留的，由于工程实施中不可预见的工程变更以及洽商、一般自然灾害处理、地下障碍物处理、超规超限设备运输等而可能增加的费用，也可称为工程建设不可预见费。计算公式为：

$$基本预备费=(工程费用+工程建设其他费用)\times 基本预备费费率 \tag{3.1}$$

基本预备费费率执行国家及有关部门的规定。

价差预备费是指为建设期内利率、汇率或价格等因素的变化而预留的可能增加的费用。价差预备费一般根据国家规定的投资综合价格指数,以估算年份价格水平的投资额为基数,采用复利方法计算。计算公式为:

$$PF = \sum_{t=1}^{n} I_t[(1+f)^m (1+f)^{0.5} (1+f)^{t-1} - 1] \tag{3.2}$$

式中:PF 为价差预备费;n 为建设期年份数;I_t 为建设期中第 t 年的投资计划额,包括工程费用、工程建设其他费用及基本预备费,即第 t 年的静态投资;f 为建设期年均价格上涨指数;m 为从编制估算到开工建设的年限,即建设前期年限。

例 3.1 某建设项目的建筑安装工程费用 6 000 万元,设备购置费 2 500 万元,工程建设其他费用 1 000 万元。已知基本预备费费率为 8%,项目建设前期年限为 1 年,建设期 2 年,计划每年完成投资 50%,年均投资价格上涨率 5%,计算该项目的基本预备费、价差预备费、建设投资。

解 ①基本预备费:

基本预备费 =(工程费用 + 工程建设其他费)× 基本预备费费率

=(6 000 +2 500 +1 000)×8% = 760(万元)

②价差预备费:

建设项目静态投资总额 = 工程费用 + 工程建设其他费 + 基本预备费

=6 000 +2 500 +1 000 +760 =10 260(万元)

建设期每年完成静态投资额 =10 260 ×50% =5 130(万元)

建设期第 1 年价差预备费:$PF_1 = 5\,130 \times [(1+5\%) \times (1+5\%)^{0.5} - 1] = 389.52$(万元)

建设期第 2 年价差预备费:$PF_2 = 5\,130 \times [(1+5\%) \times (1+5\%)^{1.5} - 1] = 665.50$(万元)

价差预备费为:$PF = PF_1 + PF_2 = 389.52 + 665.50 = 1\,055.02$(万元)

③建设投资总额为:6 000 +2 500 +1 000 +760 +1 055.02 =11 315.02(万元)

3.1.4 建设期利息

建设期利息是指在建设期内发生的为工程项目筹措资金的融资费用及债务资金利息。建设期利息属于资本化利息,应计入固定资产原值。

建设期利息的计算,需要根据项目进度计划提出建设投资分年计划,明确融资方案,列出各年的资金用款计划,在总贷款分年均衡发放的前提下,按照当年借款资金均在年中支付,即当年借款按半年计息,上年借款按全年计息。计算公式为:

各年应计利息 =(年初借款本息累计 + 本年借款额/2)× 有效年利率 (3.3)

公式表达如下:

$$Q = \sum_{t=1}^{n} \left[\left(P_{t-1} + \frac{A_t}{2} \right) \times i \right] \tag{3.4}$$

式中:Q 为建设期利息;P_{t-1} 为建设期第 $t-1$ 年年末累计贷款本金和利息之和;A_t 为建设期第 t 年贷款额;i 为借款年利率;t 为年份。

例 3.2 某新建项目,建设期为 3 年,分年均衡贷款。第 1 年贷款 300 万元,第 2 年贷款 600 万元,第 3 年贷款 300 万元,贷款年利率为 6%,按季度计息,建设期内不支付利息。试计算该项目的建设期利息。

解　①计算贷款的年实际利率：

贷款名义利率为6%，则年实际利率为：$i=\left(1+\frac{6\%}{4}\right)^4-1=6.14\%$

②建设期各年利息计算如下：

第1年借款利息：$Q_1=300/2\times6.14\%=9.21$（万元）

第2年借款利息：$Q_2=(300+9.21+600/2)\times6.14\%=37.405$（万元）

第3年借款利息：$Q_3=(309.21+637.405+300/2)\times6.14\%=67.332$（万元）

该项目的建设期利息为：$Q=Q_1+Q_2+Q_3=9.21+37.405+67.332=113.947$（万元）

建设期利息的计算，也可以根据项目实际情况调整，若借款额在建设期各年年初发放，则应按全年计息。注意，建设期发生的借款在生产经营期偿还时所产生的利息不再是资本化利息，应当计入当期的总成本费用。

3.1.5　流动资金

建设项目总投资中的流动资金是指为进行正常生产运营，用于购买原材料、燃料动力、支付工资及其他运营费用等所需的周转资金。在可行性研究阶段用于财务分析时计为全部流动资金；在初步设计阶段及以后阶段用于"项目报批总投资"或"项目概算总投资"时计为铺底流动资金。铺底流动资金是指生产经营性建设项目为保证投产后正常的生产经营所需，在项目资本金中筹措的自有流动资金。

流动资金在生产过程中其实物形态不断发生变化，一个生产周期结束，其价值全部转移到产品中去，并在产品销售后以货币形式获得补偿。每个生产周期流动资金完成一次周转，但在整个项目生命周期内流动资金始终被占用，直到项目寿命结束，全部流动资金才能退出生产和流通，以货币形态进行回收。流动资金的估算基础主要是营业收入和经营成本。因此，流动资金估算应在营业收入和经营成本估算之后进行。流动资金的估算按行业或前期研究的不同阶段，可选用扩大指标估算法或分项详细估算法。

3.1.6　总资产的构成

根据资本保全原则，当一个工程项目建成投入运营时，项目总投资中的建设投资、建设期利息、流动资金分别形成固定资产、无形资产、其他资产和流动资产四部分。

1. 固定资产

固定资产是指为生产商品、提供劳务、出租或经营管理而持有的使用寿命超过一年的有形资产。固定资产在使用过程中保持原有物质形态不变，如房屋建筑物、机器设备、运输设备以及其他与生产经营有关的设备、器具、工具等。不属于生产经营设备的物品，单位价值在2 000元以上、使用期限超过两年的，也应作为固定资产。在不同的分析时期，固定资产具有不同的价值：

（1）固定资产原值：项目建成投产时核定的固定资产价值，其大小等于购置或自建固定资产时所发生的全部费用。工程经济分析中，自建的固定资产原值由固定资产费用、预备费、建设期利息这三部分构成。

（2）固定资产净值：也称固定资产账面价值，固定资产使用一段时间后所具有的价值，其大小等于固定资产原值扣除已使用年份的累计折旧费。

(3)固定资产残值:固定资产寿命期结束时的残余价值。

2. 无形资产

无形资产是指企业拥有或者控制的没有实物形态的可为企业带来经济利益,能在较长期限内持续发挥作用的权利或经济资源,包括专利权、著作权、商标权、土地使用权、专有技术、商誉等。

3. 其他资产

其他资产,也称递延资产,是由其他资产费用所形成的资产,这些费用不能全部计入当期损益,应当在以后年度内进行分期摊销。

4. 流动资产

流动资产是指可以在一年或超过一年的一个营业周期内变现或者耗用的资产,包括现金(银行存款)、应收及预付款项、存货等。

流动资产与流动资金之间的关系为:

$$流动资金 = 流动资产 - 流动负债 \tag{3.5}$$

3.2 总成本费用

总成本费用是项目生产运营中所支出的各种成本与费用的统称。总成本费用反映了一定时期内(财务、经济评价中按年计算)为生产和销售所有产品而花费的全部费用。

3.2.1 总成本费用的构成

总成本费用是指企业在运营期内(每期或每年)为生产产品或提供服务所发生的全部费用。根据《建设项目经济评价方法与参数》(第三版)的规定,在项目评价阶段,总成本费用的构成可以采用生产成本加期间费用估算法和生产要素估算法。

1. 生产成本加期间费用估算法

在生产成本加期间费用估算法中,总成本费用等于生产成本加期间费用,如图3.2所示。

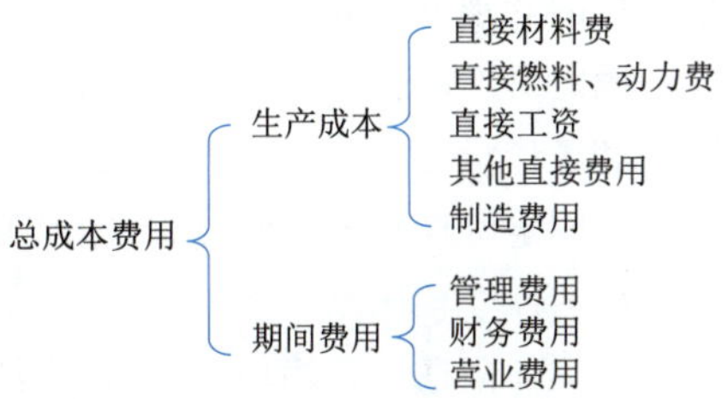

图3.2 生产成本加期间费用法构成

2. 生产要素估算法

工程经济分析中,一般采用生产要素估算法估算总成本费用。计算公式为:

$$\begin{aligned}总成本费用 = {} & 外购原材料、燃料和动力费 + 工资及福利费 + 折旧费 + 摊销费 + 修理费 + \\ & 财务费用(利息支出) + 其他费用\end{aligned} \tag{3.6}$$

1) 外购原材料、燃料、动力费

外购原材料、燃料、动力费是指生产过程中外购的部分。这部分费用的估算要充分体现行业特点和项目的具体情况并需要确定以下基础数据:

相关专业提出的外购原材料和燃料动力年耗用量;在选定价格体系下的预测价格,该价格应按入库价格计,即到厂价格,并考虑途库损耗;选定适用的增值税税率,计算进项税额。

计算公式为：

$$外购原材料、燃料、动力费 = 年产量 \times 单位产品外购原材料、燃料、动力成本 \tag{3.7}$$

式中：年产量可根据测定的设计生产能力和投产期各年的生产负荷加以确定；单位产品外购原材料、燃料、动力成本依据单位产品原材料、燃料动力消耗量和单价确定。

2）工资及福利费

工资及福利费估算时，所采用的职工人数为项目全部定员。确定单位人工工资及福利费时需考虑项目性质、项目地点、行业特点以及原企业工资水平等因素。根据不同项目的需要，财务分析中的工资可以采取以下两种方法计算：

（1）按项目全部人员年工资的平均数值计算年工资总额，计算公式为：

$$年工资成本 = 企业职工定员数 \times 人均年工资额 \tag{3.8}$$

（2）按照人员类型和层次分别设定不同档次的工资进行计算。如采用分档工资，最好编制工资及福利费用估算表。

福利费主要包括职工的保险费、医药费、医疗经费、职工生活困难补助以及按国家规定开支的其他职工福利支出，但不包括职工福利设施的支出。一般可按职工工资总额的一定比例提取。

3）折旧费

固定资产在使用过程中会发生磨损，其价值损失通常是通过提取折旧费的方式得以补偿。也就是说，折旧费是随着资产损耗而逐渐转移到产品成本费用中去的那部分价值。

折旧从不同的角度有不同的理解，如果把投资看作是一种预支的费用，则折旧是该费用在未来若干年的分摊，从这个角度看，将折旧费计入成本费用是企业回收固定资产投资的一种手段。当分析一个投资项目现金流量时，因为折旧费不是实际支出，所以折旧费不是项目的现金流量，但它是计算所得税的依据，会对税后现金流量产生影响。

固定资产折旧是成本费用核算的一项重要内容。固定资产折旧方法的选用直接影响到企业成本、费用的计算，也影响到企业的收入、纳税，所以折旧是一个重要的问题，应当充分利用现行税法及折旧规定的有利因素为企业创利。

固定资产的折旧方法可在税法允许的范围内由企业自行确定，一般采用直线法，包括平均年限法和工作量法。我国税法也允许对某些固定资产采用快速折旧法，即双倍余额递减法和年数总和法。固定资产折旧年限、预计净残值率可在税法允许的范围内由企业自行确定，或按行业规定。

（1）平均年限法。

平均年限法是最简单、应用最广泛的折旧计算方法。其计算公式为：

$$年折旧额 = \frac{固定资产原值 - 残值}{折旧年限} \tag{3.9}$$

平均年限法计提的每期折旧额相等，最大的优点是简单明了，易于掌握；缺点是没有考虑固定资产的利用程度和使用强度，主要适用于折旧年限内均匀使用的固定资产计提折旧。

（2）工作量法。

工作量法又分两种：一是按照行驶里程计算折旧；二是按照工作小时计算折旧。公式如下：

按照行驶里程计算折旧：

$$单位里程折旧额 = \frac{固定资产原值 \times (1 - 预计净残值率)}{总行驶里程} \tag{3.10}$$

$$年折旧额 = 单位里程折旧额 \times 年行驶里程 \tag{3.11}$$

按照工作小时计算折旧：

$$每工作小时折旧额=\frac{固定资产原值\times(1-预计净残值率)}{总工作小时} \tag{3.12}$$

$$年折旧额=每工作小时折旧额\times年工作小时 \tag{3.13}$$

工作量法是平均年限法派生出来的折旧计算方法，以工作量来表示耐用寿命，固定资产的价值按照工作量进行分摊，各期的折旧额随工作量而变动，交通运输企业和其他企业的客货汽车、某些价值大而又不经常使用的大型设备以及大型施工机械等，可采用工作量法计提折旧。

工作量法的优点是简单易懂，考虑了固定资产的实际使用强度或实际利用程度，可以正确反映固定资产在实际使用过程中的实际磨损程度；缺点是没有考虑无形损耗。

(3)双倍余额递减法。

双倍余额递减法是一种典型的常用加速折旧计算方法，以平均年限法确定的折旧率(不考虑残值情况下)的双倍乘以固定资产在每一会计期间的期初账面净值，从而确定当期应提折旧的方法。注意这种方法在最后两年要改为直线法计提折旧。

其计算公式为：

$$年折旧率=\frac{2}{折旧年限}\times100\% \tag{3.14}$$

设折旧年限为 N 年，则固定资产前 $(N-2)$ 年每年计提折旧为：

$$年折旧额=年初固定资产净值\times年折旧率 \tag{3.15}$$

式中：年初固定资产净值=固定资产原值-以前各年累计折旧

最后两年固定资产折旧额为：

$$年折旧额=\frac{第(N-1)年年初固定资产净值-残值}{2} \tag{3.16}$$

(4)年数总和法。

年数总和法也是一种加速折旧的计算方法，是以固定资产原值扣除预计净残值后的余额作为计提折旧的基础，按照逐年递减的折旧率计提折旧的一种方法。采用年数总和法的关键是每年都要确定一个不同的折旧率。其计算公式为：

$$年折旧率=\frac{折旧年限-已使用年数}{折旧年限\times(折旧年限+1)\div2}\times100\% \tag{3.17}$$

$$年折旧额=(固定资产原值-预计净残值)\times年折旧率 \tag{3.18}$$

双倍余额递减法和年数总和法都是加速折旧计算方法，在固定资产的早期计提折旧额多，后期计提折旧额少，这样可以使固定资产在使用年限内尽早得到补偿，延迟上交所得税，增强企业还贷能力。

例 3.3 某企业购入一台机器设备，原值为 20 000 元，预计使用年限为 5 年，净残值率为 5%，试分别用年限平均法、双倍余额递减法和年数总和法计算折旧。

解 ①年限平均法：$各年折旧额=\frac{20\ 000-20\ 000\times5\%}{5}=3\ 800(元)$

②双倍余额递减法：

第 1 年折旧额 $=20\ 000\times\frac{2}{5}=8\ 000(元)$

第 1 年年末固定资产净值：$20\ 000-8\ 000=12\ 000$（元）

第 2 年折旧额 $=12\ 000\times\frac{2}{5}=4\ 800$（元）

第 2 年年末固定资产净值：$12\ 000-4\ 800=7\ 200$（元）

第 3 年折旧额 $=7\ 200\times\frac{2}{5}=2\ 880$（元）

第 3 年年末固定资产净值：$7\ 200-2\ 880=4\ 320$（元）

第 4 年折旧额 = 第 5 年折旧额 $=\frac{(4\ 320-20\ 000\times5\%)}{2}=1\ 660$（元）

③年数总和法：

年数总和 $=1+2+3+4+5=5\times(5+1)/2=15$（年）

第 1 年折旧额 $=(20\ 000-20\ 000\times5\%)\times\frac{5}{15}=6\ 333.33$（元）

第 2 年折旧额 $=(20\ 000-20\ 000\times5\%)\times\frac{4}{15}=5\ 066.67$（元）

第 3 年折旧额 $=(20\ 000-20\ 000\times5\%)\times\frac{3}{15}=3\ 800.00$（元）

第 4 年折旧额 $=(20\ 000-20\ 000\times5\%)\times\frac{2}{15}=2\ 533.33$（元）

第 5 年折旧额 $=(20\ 000-20\ 000\times5\%)\times\frac{1}{15}=1\ 266.67$（元）

从上述三种折旧方法可以看出：无论按哪种方法计算，只要折旧年限和净残值率相同，总折旧额是相同的。按后两种加速折旧方法计算，在固定资产使用的前两年就回收了 60% 以上的固定资产投资资金，因此，加速折旧能有效改善企业资金短缺的局面，有利于企业的发展。

4）摊销费

无形资产和其他资产的原始价值要在规定的年限内，按年度或产量转移到产品的成本之中，这部分被转移的价值称为摊销。企业通过计提摊销费，回收无形资产和其他资产的资本支出。

按照有关规定，无形资产从开始使用之日起，在有效使用期限内平均摊入成本。法律和合同规定了法定有效期限或者受益年限的，摊销年限从其规定，否则摊销年限应注意符合税法的要求。无形资产的摊销一般采用平均年限法，不计残值。其他资产的摊销也可以采用平均年限法，不计残值，摊销年限应注意符合税法的要求。

5）修理费

修理费是指为保持固定资产的正常运转和使用，充分发挥使用效能，在运营期内对其进行必要修理所发生的费用，按修理范围的大小和修理时间间隔的长短可以分为大修理和中小修理。

修理费可直接按固定资产原值（扣除所含的建设期利息）的一定百分数估算，也可以按照折旧费的一定百分比计算，百分数的选取应考虑行业和项目特点。通常在生产运营的各年中，修理费率采用固定值，也可根据项目特点间断性地调整修理费率，开始取较低值，以后取较高值。

6）利息支出

总成本费用中的利息支出包括长期借款利息、流动资金借款利息和短期借款利息三部分。

（1）长期借款利息。

长期借款利息是指建设投资借款在还款起始年年初(即运营期初)的余额(含未支付的建设期利息)应在运营期支付的利息,也称建设投资借款利息。

建设投资借款利息可以选择等额还本付息方式,以及等额还本、利息照付方式和最大能力还本方式进行估算。

①等额还本付息方式。这种方法是指在指定的还款期内,每年还本付息的总额相同,随着本金的偿还,每年支付的利息逐年减少,同时每年偿还的本金逐年增多。此方法适用投产初期效益较差,而后期效益较好的项目。计算公式如下:

$$A = I_c(A/P,i,n) = I_c \times \frac{i(1+i)^n}{(1+i)^n - 1} \tag{3.19}$$

式中:A 为每年还本付息额(等额年金); I_c 为还款起始年年初的借款余额(含未支付的建设期利息); i 为年利率;n 为预定的还款期。

$$每年支付利息 = 年初借款余额 \times 年利率 \tag{3.20}$$

$$每年偿还本金 = A - 每年支付利息 \tag{3.21}$$

$$各年年初借款余额 = I_c - 本年以前各年偿还的本金累计 \tag{3.22}$$

②等额还本、利息照付方式。这种方法是指在指定的还款期内,每年等额偿还本金,同时支付逐年减少的利息。此方法在项目投产初期还本付息的压力大,因此适用于投产初期效益好、有充足现金流的项目。计算公式如下:

$$A_t = \frac{I_c}{n} + I_c \times \left(1 - \frac{t-1}{n}\right) \times i \tag{3.23}$$

式中:A_t 为第 t 年还本付息额; $\frac{I_c}{n}$为每年偿还本金额;$I_c \times \left(1 - \frac{t-1}{n}\right) \times i$ 为第 t 年支付利息额。

③最大能力还本付息方式。这种方法是指在指定的还款期内,每年偿还本金的数额按最大偿还能力计算,同时利息逐年减少。代表偿还能力的资金主要包括可以用于还款的折旧费、摊销费、扣除盈余公积金和公益金后的所得税后利润以及其他还款资金。它适合于贷款利率较高的项目,每年支付利息的计算公式如下:

$$每年支付利息 = 年初本金累计 \times 年利率 \tag{3.24}$$

式中:年初本金累计应包括未偿还的建设期利息。

(2)流动资金借款利息。

流动资金借款从本质上说应归类为长期借款,但目前企业往往有可能与银行达成共识,按年终偿还、下年初再借的方式处理,并按一年期利率计息。财务分析中对流动资金的借款可以在计算期最后一年偿还,也可在还完长期借款后安排。流动资金借款利息的计算公式如下:

$$年流动资金借款利息 = 年初流动资金借款余额 \times 流动资金借款年利率 \tag{3.25}$$

(3)短期借款利息。

项目评价中的短期借款是指项目运营期间为了资金的临时需要而发生的短期借款,短期借款的数额应在财务计划现金流量表中得到反映,其利息应计入总成本费用表的利息支出中。计算短期借款利息的利率一般为一年期利率。短期借款本金的偿还按照随借随还的原则处理,即当年借款尽可能于下年偿还。

例 3.4 某项目建设期 2 年,项目生产运营期 6 年。建设期第 1 年贷款 1 000 万元,第 2 年贷款 1 000 万元,借款均衡投入,建设期内不付息。建设投资借款合同规定的还款方式为:投产期的前4年按等额本息法还本付息。借款利率为6%。试确定该项目每年的还本、付息额，并填入表3.1。

表3.1 项目借款还本付息计划表 单位：万元

序号	项目	计算期					
		1	2	3	4	5	6
1	期初借款余额						
2	当期借款						
3	当期应计利息						
4	当年应还本付息						
4.1	其中：应还本金						
4.2	应还利息						
5	期末借款余额						

解 ①计算建设期利息：

第1年建设期利息：$1\,000\times\frac{1}{2}\times6\%=30$（万元）；第1年年末借款余额为$1\,000+30=1\,030$（万元）。

第2年建设期利息：$\left(1\,030+1\,000\times\frac{1}{2}\right)\times6\%=91.8$（万元）；第2年年末借款余额：$1\,030+1\,000+91.8=2\,121.8$（万元）。

②还款期每年还本付息额为：

$A=2\,121.8\times(A/P,6\%,4)=2\,121.8\times0.288\,59=612.33$（万元）

③还款期各年应归还的本金、利息：

还款期第1年（计算期第3年）应归还的利息：$2\,121.8\times6\%=127.31$（万元）

还款期第1年应归还的本金：$612.33-127.31=485.02$（万元）

还款期第1年年末借款余额：$2\,121.8-485.02=1\,636.78$（万元）

还款期第2年（计算期第4年）应归还的利息：$1\,636.78\times6\%=98.21$（万元）

还款期第2年应归还的本金：$612.33-98.21=514.12$（万元）

还款期第2年年末借款余额：$1\,636.78-514.12=1\,122.66$（万元）

还款期第3年（计算期第4年）、还款期第4年（计算期第5年）每年还本、付息计算过程略，结果如表3.2所示。

表3.2 项目借款还本付息表（等额本息） 单位：万元

序号	项目	计算期					
		1	2	3	4	5	6
1	期初借款余额	/	1 030	2 121.80	1 636.78	1 122.66	577.69
2	当期借款	1 000	1 000	/	/	/	/
3	当期应计利息	30	91.8	127.31	98.21	67.36	34.66
4	当年应还本付息	/	/	612.33	612.33	612.33	612.33
4.1	其中：应还本金	/	/	485.02	514.12	544.97	577.69
4.2	应还利息	/	/	127.31	98.21	67.36	34.64
5	期末借款余额	1 030	2 121.8	1 636.78	1 122.66	577.69	0.00

例 3.5 若例3.4中建设投资借款的还款方式为:生产经营期前4年等额还本、利息照付,计算这种还款方案下各年应向银行归还的本金和利息。

解 根据例3.4信息,建设期期末(即生产经营期期初)借款余额为2 121.8万元,还款期4年,每年等额还本$\frac{2\ 121.8}{4}=530.45$(万元)。

还款期第1年(计算期第3年)应还利息:2 121.8×6%=127.308(万元)

还款期第2年(计算期第4年)应还利息:(2 121.8-530.45)×6%=95.481(万元)

还款期第3年(计算期第5年)应还利息:(2 121.8-530.45×2)×6%=63.654(万元)

还款期第4年(计算期第6年)应还利息:(2 121.8-530.45×3)×6%=31.827(万元)

相应的借款还本付息表如表3.3所示。

表3.3 项目借款还本付息表(等额本金) 单位:万元

序号	项目	计算期					
		1	2	3	4	5	6
1	期初借款余额	/	1 030	2 121.80	1 591.35	1 060.90	530.45
2	当期借款	1 000	1 000	/	/	/	/
3	当期应计利息	30	91.8	127.308	95.481	63.654	31.827
4	当年应还本付息	/	/	657.76	625.93	594.10	562.28
4.1	其中:应还本金	/	/	530.45	530.45	530.45	530.45
4.2	应还利息	/	/	127.308	95.481	63.654	31.827
5	期末借款余额	1 030	2 121.8	1 591.35	1 060.90	530.45	0.00

3.2.2 经营成本

经营成本是工程经济学中分析现金流量所使用的特定概念,是总成本费用中除利息支出外的现金流量项目的总和。即总成本费用扣除利息支出和非现金流量的折旧费、摊销费。其构成为:

$$经营成本=外购原材料、燃料和动力费+工资及福利费+修理费+其他费用 \quad (3.26)$$

$$经营成本=总成本费用-折旧费-摊销费-利息支出 \quad (3.27)$$

设置经营成本概念的目的是为了考察项目经营期间构成实际现金流出的那一部分成本,便于进行项目现金流量分析。

折旧费和摊销费并不构成实际的现金流出,而只是建设投资在经营期的分摊,因此折旧费和摊销费不属于经营成本的范畴。

工程经济中对于投资项目经济效果的评价是通过对融资前、融资后现金流量进行评价的,融资前评价是以全部投资作为计算基础来编制全投资现金流量表,此时现金流量分析中不考虑利息支出;融资后评价是从资本金角度编制资本金现金流量表,此时利息支出需要单独列出,因此利息支出不包含在经营成本里。

3.2.3 固定成本与变动成本

按照成本费用与产品或服务数量的关系，可以把总成本费用划分为固定成本和变动成本。

固定成本是指在一定生产规模内，不随产品或服务数量的增减变化而变化的费用，如折旧费、摊销费、修理费、工资福利费（计件工资除外）和其他费用。

变动成本是指产品成本中随产品或服务数量的增减而成比例增减的费用，直接用于产品生产的原材料、辅助材料、燃料动力、计件工资等。还有一些费用也会随着产品数量的增减而变化，但不是成比例地变化，称为半变动成本半固定成本，如运输费等。

3.2.4 机会成本、边际成本与沉没成本

1. 机会成本

机会成本是指在面临多方案择一决策时，被舍弃选项中的最高价值。通俗点说，机会成本不是实际支付的成本，而是一种失去的收益。

例如投资者在股票和储蓄存款两种投资方式之间做选择。他于 2020 年 5 月 24 日用 1 万元购进某种股票，经过一年的操作，到 2021 年 5 月 24 日，投资股票的净收益为 450 元。如果当时他将这 1 万元存入银行，一年后获得 180 元的利息收益。可以看出，这 180 元就是投资者投资股票而放弃储蓄存款的机会成本。若考虑机会成本，投资者的实际收益应为 270 元，而不是 450 元。如果投资者股票收益为 130 元，那么考虑机会成本，投资者的实际收益则是亏损 50 元。

再举个简单的例子，假设周末下午需要在“去教室自习”和“窝在宿舍打游戏”之间进行选择。那么在教室看书学习的机会成本是享受不到打游戏带来的快乐，打游戏的机会成本是失去了在教室看书学习所得到的知识。

2. 边际成本

边际成本指的是每一单位新增生产的产品（或者购买的产品）带来的总成本的增量。这个概念表明每一单位的产品的成本与总产品量有关。

例如常见的奶茶店，制作一杯大杯奶茶和制作一杯中杯奶茶相比，对于奶茶店自身来说在人力成本、运营成本的花费几乎是一致的，仅仅是增加一些茶汤和小料而已，但是在边际成本上却是下降的。奶茶店会引导顾客升杯，就是伴随着边际成本的减少，升杯越多，其中的利润就越大。我们常见的“第二杯半价”、饮料的“一元换购”等活动就是边际成本的体现。

3. 沉没成本

所谓沉没成本，是指由过去的决策造成的已经产生了的、不能由现在或将来的任何决策改变的成本，即已经发生不可收回的支出，如资金、时间、精力等。

例如某人花 80 元买了一张电影票，他怀疑这部电影是否值 80 元。看了半个小时后，最担心的事被证实了：影片糟透了。他应该离开影院吗？在做这个决定时，应当忽视这 80 元。它是沉没成本，无论是否离开影院，80 元钱都不会再退回。

当沉没成本已经产生并成为现实，要当机立断决策，不受沉没成本带来的潜在错误影响，及时止损，并以当前条件为新的起点进行理智决策，保证新的决策的科学性、客观性、正确性。

3.3 收入、税金和利润

3.3.1 收入

1. 营业收入

项目的营业收入是指项目建成投入运营后销售产品或提供服务所取得的收入，在工程经济评价中主要指销售收入和劳务收入。营业收入是财务分析的重要数据。计算公式如下：

$$\text{年营业收入} = \text{产品年销售量} \times \text{产品销售单价} \tag{3.28}$$

在工程项目经济分析中，应首先根据项目市场调查和预测分析结果，测算产品的市场份额，进而合理确定企业的生产规模及年产量。产品年销售量应根据市场行情，采用科学的预测方法确定。

2. 补贴收入

补贴收入是指与收益有关的政府补贴，包括先征后返的增值税、按销售量或工作量等依据国家规定的补助定额计算并按期给予的定额补贴，以及属于政策扶持而给予的其他形式的补贴等。

3.3.2 税金

1. 增值税

增值税是以商品(含应税劳务)在流转过程中产生的增值额作为计税依据而征收的一种流转税。我国境内销售货物或者加工、修理修配劳务，销售服务、无形资产、不动产以及进口货物的单位和个人，为增值税的纳税人。纳税人分为一般纳税人和小规模纳税人：应税行为的年应征增值税销售额超过财政部和国家税务总局规定标准的纳税人为一般纳税人，未超过规定标准的纳税人为小规模纳税人。自2018年5月1日起，小规模纳税人标准统一为年应征增值税销售额为500万元及以下。

1) 增值税税率

根据《财政部 税务总局 海关总署 关于深化增值税改革有关政策的公告》(2019年第39号)，增值税一般纳税人发生增值税应税销售行为或者进口货物适用增值税税率如表3.4所示。

表3.4 增值税税率

序号	增值税纳税行业		增值税税率
1	销售或者进口货物(另有列举的货物除外)		13%
	提供服务	提供加工、修理、修配劳务	
		提供有形动产租赁服务	
2	销售或进口货物	粮食等农产品、食用植物油、食用盐；自来水、暖气、冷气、热水、煤气、石油液化气、天然气、二甲醚、沼气、居民用煤炭制品；图书、报纸、杂志、音像制品、电子出版物；饲料、化肥、农药、农机、农膜；国务院规定的其他货物	9%
	提供服务	转让土地使用权、销售不动产、提供不动产租赁、提供建筑服务、提供交通运输服务、提供邮政服务、提供基础电信服务	
3	提供服务	增值电信服务、金融服务、现代服务(租赁服务除外)、生活服务、销售无形资产(转让土地使用权除外)	6%
4	出口货物(国务院另有规定的除外)		零税率
	提供服务	国际运输服务、航天运输服务；向境外单位提供的完全在境外消费的相关服务；财政局和国家税务总局规定的其他服务	

2）增值税计税方法

（1）一般计税。纳税人销售货物或者提供应税劳务，应纳税额为当期销项税额抵扣当期进项税额后的余额。应纳税额计算公式：

$$\text{增值税应纳税额} = \text{当期销项税额} - \text{当期进项税额} \tag{3.29}$$

当期销项税额小于当期进项税额不足抵扣时，其不足部分可以结转下期继续抵扣。

①销项税额。销项税额是纳税人销售货物或者应税劳务，按照销售额和适用的增值税率计算并向购买方收取的增值税额。销售额为纳税人销售货物或者应税劳务向购买方收取的全部价款和价外费用，但是不包括收取的销项税额。销售额以人民币计算，以人民币以外的货币结算的，应当折合成人民币计算。销项税额计算公式：

$$\text{销项税额} = \text{销售额} \times \text{税率} \tag{3.30}$$

若纳税人取得的是含税销售额，则销项税额计算公式为：

$$\text{销项税额} = \text{含税销售额} \div (1 + \text{税率}) \times \text{税率} \tag{3.31}$$

②进项税额。纳税人购进货物或者接受应税劳务支付或者负担的增值税额，为进项税额。

（2）简易计税。小规模纳税人销售货物或者应税劳务，实行按照销售额和征收率计算应纳税额的简易办法，并不得抵扣进项税额。应纳税额计算公式：

$$\text{增值税应纳税额} = \text{销售额} \times \text{征收率} \tag{3.32}$$

$$\text{增值税应纳税额} = \text{含税销售额} \div (1 + \text{征收率}) \times \text{征收率} \tag{3.33}$$

小规模纳税人增值税征收率为3%，征收率的调整由国务院决定。

例 3.6 某生产企业为一般纳税人，适用增值税税率为9%，2021 年 6 月销售 A 产品，开具增值税专用发票，取得不含税销售额 400 万元；销售 B 产品，开具普通发票，取得含税销售额 100 万元。当月，购进货物取得增值税专用发票，注明支付的货款为 150 万元，进项税额 19.5 万元；另外，支付购货的运输费用 10 万元（依 7% 计算进项税额），取得运输公司开具的普通发票。计算该企业 2021 年 6 月应缴纳的增值税税额。

解 ①销项税额的计算：

销售 A 产品的销项税额：$400 \times 9\% = 36$（万元）

销售 B 产品的销项税额：$\dfrac{100}{1 + 9\%} \times 9\% = 8.26$（万元）

2021 年 6 月的销项税额为：$36 + 8.26 = 44.26$（万元）

②进项税额的计算：

外购货物应抵扣的进项税额：$19.5 + 10 \times 7\% = 20.2$（万元）

③2021 年 6 月应缴纳的增值税税额：

缴纳的增值税额 = 当期销项税额 − 当期进项税额 $= 44.26 - 20.2 = 24.06$（万元）

2. 税金及附加

税金及附加为原来的“营业税金及附加”，依据财会〔2016〕22 号，全面试行“营业税改征增值税”后，“营业税金及附加”科目名称调整为“税金及附加”科目，该科目核算企业经营活动发生的消费税、城市维护建设税、教育费附加、资源税及房产税、城镇土地使用税、土地增值税、车船使用税、印花税等相关税费；利润表中的“营业税金及附加”项目也调整为“税金及附加”项目。

1）消费税

消费税是对我国境内销售、委托加工和进口应税消费品的单位和个人在生产、批发或者零售环节销售应税消费品征收的一种税。消费税是对货物普遍征收增值税的基础上，国家根据宏观产业政策和消费政策的要求，有目的地、有重点地选择一些消费品征收的一种税种，目的是调节产品结构、引导消费方向、保证国家财政收入。消费税以特定消费品为课税对象，属于流转税的一种。

消费税征税项目包括：烟、酒、高档化妆品、贵重首饰及珠宝玉石、鞭炮焰火、成品油、摩托车、小汽车、高尔夫球及球具、高档手表、游艇、木制一次性筷子、实木地板、电池、涂料等。

消费税实行从价计税、从量计税，或者复合计税的办法计算应纳税额。应纳税额计算公式：

实行从价计税办法计算：

$$\text{应纳税额} = \text{销售额} \times \text{比例税率} \tag{3.34}$$

实行从量计税办法计算：

$$\text{应纳税额} = \text{销售数量} \times \text{定额税率} \tag{3.35}$$

实行复合计税办法计算：

$$\text{应纳税额} = \text{销售额} \times \text{比例税率} + \text{销售数量} \times \text{定额税率} \tag{3.36}$$

2）城市维护建设税

在我国境内缴纳增值税、消费税的单位和个人，为城市维护建设税的纳税人，城市维护建设税以纳税人依法实际缴纳的增值税、消费税税额为计税依据。对进口货物或者境外单位和个人向境内销售劳务、服务、无形资产缴纳的增值税、消费税税额，不征收城市维护建设税。

城市维护建设税的应纳税额按照计税依据乘以具体适用税率计算。计算公式：

$$\text{城市维护建设税} = (\text{增值税} + \text{消费税}) \times \text{税率} \tag{3.37}$$

城市维护建设税税率如下：纳税人所在地在市区的，税率为7%；纳税人所在地在县城、镇的，税率为5%；纳税人所在地不在市区、县城或者镇的，税率为1%。

3）教育费附加、地方教育附加

教育费附加是为了加快地方教育事业的发展，扩大地方教育经费来源，而向缴纳增值税、消费税的单位和个人征收的教育经费，教育费附加按应缴纳的增值税、消费税税款的3%征收，分别与增值税、消费税同时缴纳。计算公式：

$$\text{应纳教育费附加} = (\text{增值税} + \text{消费税}) \times 3\% \tag{3.38}$$

为了进一步规范和拓宽财政性教育经费筹资渠道，根据国家有关规定，自2010年起统一开征地方教育附加，按应缴纳的增值税、消费税税款的2%征收。计算公式：

$$\text{应纳地方教育附加} = (\text{增值税} + \text{消费税}) \times 2\% \tag{3.39}$$

4）资源税

资源税是对在我国领域和我国管辖的其他海域开发应税资源的单位和个人，在应税产品的销售、自用环节征收的税种。应税资源包括能源矿产（原油、天然气、煤、地热等）、金属矿产（黑色金属、有色金属等）、非金属矿产（矿物、岩石、宝玉石类）、水汽矿产（矿泉水、二氧化碳、硫化氢气等）、盐、水（地表水、地下水）等。设置资源税的目的在于通过提高资源成本，来提高资源的开采利用效率，以减低国内资源储备日益增长的压力。

资源税根据不同的资源分别实行从价计征或者从量计征。实行从价计征的，应纳税额按照应税资源产品的销售额乘以具体适用税率计算。实行从量计征的，应纳税额按照应税产品的销售数量乘以具体适用税率计算。计算公式如下：

$$\text{应纳资源税额} = \text{销售额} \times \text{税率} \tag{3.40}$$

$$\text{应纳资源税税额} = \text{销售数量} \times \text{定额税率} \tag{3.41}$$

5）房产税

房产税是以城市、县城、建制镇和工矿区的房产为课税对象，向产权所有人征收的一种税。与房屋不可分割的各种附属设施或不单独计价的配套设施，也属于房屋，应一并征收房产税。房产税的计算方法有两种：从价计征、从租计征。

6）城镇土地使用税

为了合理利用城镇土地，调节土地级差收入，提高土地使用效益，加强土地管理，对城市、县城、建制镇、工矿区范围内使用国有或集体所有土地的单位和个人按照实际占用的土地面积（m^2）和规定税额征收土地使用税。城镇土地使用税的纳税对象不包括农村土地。

7）土地增值税

土地增值税的纳税人为转让国有土地使用权、地上的建筑物及其附着物并取得收入的单位和个人，就其取得的增值额计征的一种税。土地增值税按照纳税人转让房地产所取得的增值额和规定的税率计算征收。

3. 所得税

所得税又称所得课税、收益税，是指国家对法人、自然人和其他经济组织在一定时期的各种所得征收的一类税收。企业所得税的纳税人为在中华人民共和国境内的企业和其他取得收入的组织。企业所得税的计算公式如下：

$$\text{应纳税额} = \text{应纳税所得额} \times \text{适用税率} - \text{减免和抵免税额} \tag{3.42}$$

公式中的应纳税所得额是指企业每一纳税年度的收入总额，减除不征税收入、免税收入、各项扣除以及允许弥补的以前年度亏损后的余额。减免税额和抵免税额，是指依照企业所得税法和国务院的税收优惠规定减征、免征和抵免的应纳税额。

企业所得税的税率为25%。非居民企业取得的应纳所得税额，适用税率为20%。

符合条件的小型微利企业，减按20%的税率征收企业所得税。国家需要重点扶持的高新技术企业，减按15%的税率征收企业所得税。

3.3.3 利润

1. 利润的计算

利润是企业在一定时期内生产经营活动的最终财务成果，集中反映了企业生产经营活动的效益。利润的高低直接反映了项目投产后各年的获利能力，是项目财务评价的主要计算指标。

根据现行财务制度规定，企业的利润总额包括营业利润、投资净收益、营业外收支净额以及补贴收入等。即：

$$\text{利润总额} = \text{营业利润} + \text{投资净收益} + \text{营业外收支净额} + \text{补贴收入} \tag{3.43}$$

其中：营业利润 = 主营业务利润 + 其他业务利润 − 营业费用 − 管理费用 − 财务费用

$$\text{主营业务利润} = \text{主营业务收入} - \text{主营业务成本} - \text{主营业务税金及附加} \tag{3.44}$$

在工程经济分析中估算利润总额时，一般假定不发生其他业务利润，也不考虑投资净收益、营业外收支净额和补贴收入。本期发生的总成本费用等于主营业务成本、营业费用、管理费用和财务费用之和，且将主营业务收入视为本期的销售（营业）收入，主营业务税金及附加为本期的销售税金及附加。则利润总额的计算公式为：

$$\text{利润总额} = \text{销售（营业）收入} - \text{总成本费用} - \text{税金及附加} \tag{3.45}$$

根据利润总额可计算所得税和净利润，净利润又称税后利润，是指企业缴纳所得税后形成的利润，是企业所有者权益的组成部分，也是企业进行利润分配的依据。其计算公式为：

$$净利润 = 利润总额 - 所得税 \tag{3.46}$$

2. 税后利润的分配

在工程经济分析中，企业当期实现的净利润一般视为可供分配的利润，可按照下列顺序分配：①弥补以前年度亏损。②提取法定盈余公积金，用于弥补亏损，按照国家规定转赠资本金等。法定盈余公积金按照税后净利润10%提取，当法定盈余公积金已达注册资本的50%时，可不再提取。③提取法定公益金，主要用于企业职工福利设施支出。法定公益金按照税后利润的5%～10%提取。④按照投资协议、合同或者法律法规规定向投资者分配利润。企业以前年度未分配的利润，可以并入本年度分配。⑤未分配利润。未分配利润为企业剩余利润，可以结转下一年度进行分配。

例3.7 某企业的投资项目建成后全部形成固定资产8 000万元。正常年份外购原材料费200万元（含税费用，增值税税率为9%）、燃料动力费50万元（增值税税率为9%）、工资福利费150万元，修理费50万元，销售费用100万元，利息支出90万元，其他费用80万元。固定资产折旧年限20年，残值率为5%，平均年限法计提折旧。项目该年取得销售收入（含税）为1 500万元，适用的增值税税率为13%。税金及附加按每年应缴增值税额的15%计算。所得税税率为25%。计算该项目正常生产年份的总成本费用、经营成本、税金及附加、利润总额、所得税以及税后利润。

解 ①项目该年的总成本费用应为不含增值税的费用总额。

该年总成本费用＝外购原材料费、燃料动力费＋工资福利费＋修理费＋销售费用＋其他费用＋利息支出＋折旧费

不含税原材料费＝200÷（1＋9%）＝183.49（万元）

折旧费＝8 000×（1－5%）÷20＝380（万元）

年总成本费用＝183.49＋50＋150＋50＋100＋80＋90＋380＝1 083.49（万元）

②该项目正常生产年份的经营成本＝1 083.49－380－90＝613.49（万元）。

③该项目正常生产年份的税金及附加：

销项增值税＝1 500÷（1＋13%）×13%＝172.57（万元）

进项增值税＝50×9%＋200÷（1＋9%）×9%＝21.01（万元）

当期应纳增值税额＝172.57－21.01＝151.56（万元）

当年税金及附加＝当期应纳增值税额×15%＝151.56×15%＝22.73（万元）

④当年利润总额＝不含税销售收入－税金及附加－不含税总成本费用

＝1 500÷（1＋13%）－22.73－1 083.49＝221.21（万元）

⑤当年所得税＝当年利润总额×所得税率＝221.21×25%＝55.30（万元）

⑥当年税后（净）利润＝利润总额－所得税＝221.21－55.30＝165.91（万元）

3.4 折旧、税金、利润与现金流量

1. 考虑所得税影响的不同折旧计算方法的比较

我们在第3.2节学习了固定资产计提折旧的四种方法：平均年限法（直线法）、工作量法、双倍余额递减法、年数总和法。这几种折旧计算方法在固定资产使用期限（折旧年限）内计提的折旧总

额相同，即原值减残值所得到的余额相同。不同之处在于每年计提的折旧额不同，这样对于所得税的缴纳就会产生影响。

例 3.8 将例题 3.3 中的三种折旧计算方法计提的折旧额以及对企业的影响进行对比分析，企业所得税税率为 25%，企业的投资基准收益率为 10%。

解 ①静态分析。例题 3.3 固定资产原值为 20 000 元，折旧年限为 5 年，净残值率为 5%，平均年限法、双倍余额递减法和年数总和法计算出的各年折旧额、年末固定资产账面价值如表 3.5 所示。这个结果可以用图形表示出来，如图 3.3 所示。

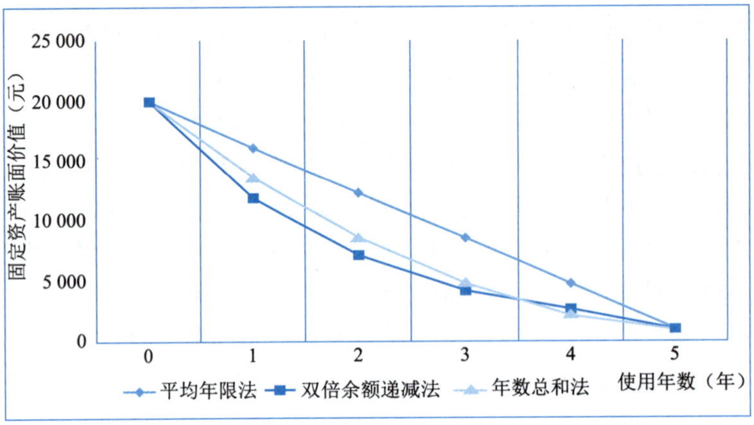

图 3.3 不同折旧方法的账面价值与使用年份的关系

从图 3.3 中可以看出，使用平均年限法、双倍余额递减法和年数总和法，各年提取的折旧额不同，但使用年限 5 年内计提的折旧总额相同，都是 19 000 元。因为折旧可以计入总成本费用，从税前收益中扣除，因而每年少交的所得税为：

少交的所得税 = 当年计提折旧额 × 所得税税率

不同折旧计算方法每年少交的所得税额如表 3.5 所示。从表 3.5 可以看出折旧年限 5 年内少交所得税的总额是相同的。

表 3.5 不同折旧计算方法的对比

单位：元

年份	平均年限法			双倍余额递减法			年数总和法		
	折旧额	年末账面价值	少交所得税	折旧额	年末账面价值	少交所得税	折旧额	年末账面价值	少交所得税
0	/	20 000	/	/	20 000	/	/	20 000	/
1	3 800	16 200	950	8 000	12 000	2 000	6 333.33	13 666.67	1 583.33
2	3 800	12 400	950	4 800	7 200	1 200	5 066.67	8 600	1 266.67
3	3 800	8 600	950	2 880	4 320	720	3 800	4 800	950.00
4	3 800	4 800	950	1 660	2 660	415	2 533.33	2 266.67	633.33
5	3 800	1 000	950	1 660	1 000	415	1 266.67	1 000	316.67
合计	19 000	/	4 750	19 000	/	4 750	19 000	/	4 750

②动态分析。将不同折旧计算方法每年少交的所得税看作收益，可以看出，这些收益总额相同，但每年分布不同。企业的投资基准收益率为 10%，计算三个方案少交税金的现值：

平均年限法少交税金的现值：

$P=950(P/A,10\%,5)=3\ 601.25$（元）

双倍余额递减法少交税金的现值：

$$P=2\ 000(P/F,10\%,1)+1\ 200(P/F,10\%,2)+720(P/F,10\%,3)+415(P/F,10\%,4)+415(P/F,10\%,5)=3\ 892.00\text{（元）}$$

年数总和法少交税金的现值：

$$P=1\ 583.33(P/F,10\%,1)+1\ 266.67(P/F,10\%,2)+950(P/F,10\%,3)+633.33(P/F,10\%,4)+316.67(P/F,10\%,5)=3\ 829.10\text{（元）}$$

可以看出，考虑资金时间价值因素影响下，双倍余额递减法每年少交税金的现值最大，为企业创造的效益最大，平均年限法少交税金的现值效益最小。

2. 净利润与净现金流量的分析

净现金流量是根据收付实现原则计算的一定时期现金流入与现金流出的差额，利润是按照财务会计制度的权责发生制原则计算的一定时期收入和成本的差额，两者之间既有联系，又有区别。

工程经济决策分析所依据的经济评价指标，如净现值、内部收益率主要是根据项目的现金流量而不是根据利润计算出来的。在决策分析中，现金流量状况比盈亏状况更重要，一个项目能否维持下去，不取决于一定期间是否有利润，而取决于有没有足够的现金流用于各项支付。

例 3.9 某投资项目期初购买了一台价值为20万元的数控设备，项目生命期5年。数控设备可使用7年，无残值，采用平均年限法计提折旧。项目在生产运营期5年内每年销售收入31.5万元，经营成本12万元，税金及附加3万元，所得税税率为25%。①计算项目第1年的净利润。②计算项目第1年、第5年的税后净现金流量。

解 ①项目第1年的净利润：

第1年的折旧费 = 20 ÷ 7 = 2.86（万元）

第1年的总成本费用 = 经营成本 + 折旧额 = 12 + 2.86 = 14.86（万元）

第1年的利润总额 = 销售收入 − 税金及附加 − 总成本费用 = 31.5 − 3 − 14.86 = 13.64（万元）

第1年的所得税 = 利润总额 × 所得税税率 = 13.64 × 25% = 3.41（万元）

第1年的净利润 = 利润总额 − 所得税 = 13.64 − 3.41 = 10.23（万元）

②项目第1年的税后净现金流量 = 第1年现金流入 − 第1年现金流出
= 销售收入 −（经营成本 + 税金及附加 + 所得税）
= 31.5 −（12 + 3 + 3.41）= 13.09（万元）

第1年净利润与税后净现金流量的关系如图3.4所示。

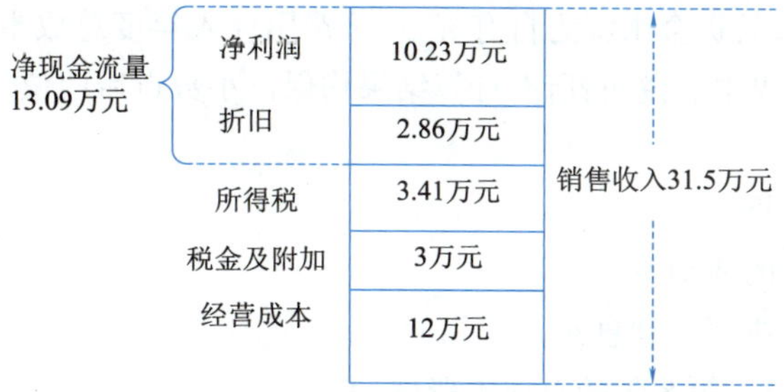

图 3.4 第1年净利润与净现金流量

项目第 5 年的税后净现金流量 = 第 5 年现金流入 - 第 5 年现金流出

= (销售收入 + 回收固定资产余值) -

(经营成本 + 税金及附加 + 所得税)

= (31.5 + 20 - 2.86 × 5) - (12 + 3 + 3.41)

= 18.79(万元)

数控设备的寿命为 7 年，而项目的寿命只有 5 年，因而项目寿命期结束时，可以回收固定资产的剩余价值。回收的固定资产余值属于项目最后一年的现金流入。

3.5 案例分析

背景：某拟建项目计算期 10 年，其中建设期 2 年，生产运营期 8 年。第 3 年投产，第 4 年开始达到设计生产能力。项目建设投资估算 10 000 万元(不含贷款利息)。其中 1 000 万元为无形资产；300 万元为其他资产；其余投资形成固定资产。固定资产在运营期内按直线法折旧，残值(残值率为 10%)在项目计算期末一次性收回。无形资产在运营期内，均匀摊入成本；其他资产在运营期的前 3 年内，均匀摊入成本。项目的设计生产能力为年产量 1.5 万吨某产品，预计每吨销售价为 6 000元，年销售税金及附加按销售收入的 6% 计取，所得税税率为 25%。项目的资金投入、收益、成本等基础数据如表 3.6 所示。

表 3.6　拟建项目资金投入、收益及成本数据　　单位：万元

序号	项目		时间(年)				
			1	2	3	4	5 - 10
1	建设投资	自有资金部分	4 000	1 000	/	/	/
		贷款(不含贷款利息)	2 000	3 000	/	/	/
2	流动资金	自有资金部分	/	/	600	100	/
		贷款	/	/	100	200	/
3	年生产、销售量/万吨		/	/	1	1.5	1.5
4	年经营成本		/	/	3 500	5 000	5 000

还款方式：建设投资贷款在项目生产运营期内等额本金偿还、利息照付，贷款年利率为 6%；流动资金贷款年利率为 5%，贷款本金在项目计算期末一次偿还。在项目计算期的第 5、7、9 年，每年需维持运营投资 20 万元，其资金来源为自有资金，该费用计入年度总成本。经营成本中的 70% 为可变成本，其他均为固定成本。说明：所有计算结果均保留小数点后两位。

问题：

(1)计算运营期各年折旧费。

(2)计算运营期各年的摊销费。

(3)计算运营期各年应还的利息额。

(4)计算运营期第 1 年、第 8 年的总成本费用。

(5)计算运营期第 1 年、第 8 年的固定成本、可变成本。

(6)按表3.7格式编制该项目的项目总成本费用估算表。

表3.7 总成本费用估算表 单位:万元

序号	项目	时间(年)							
		3	4	5	6	7	8	9	10
1	经营成本								
2	固定资产折旧费								
3	无形资产摊销费								
4	其他资产摊销费								
5	维持运营投资								
6	利息支出								
6.1	建设投资贷款利息								
6.2	流动资金贷款利息								
7	总成本费用								
7.1	固定成本								
7.2	可变成本								

解 问题1:

建设期第1年利息 =(2 000 ÷2) ×6% =60.00(万元)

建设期第2年利息 =(2 000 +60 +3 000 ÷2) ×6% =213.60(万元)

建设期利息 =(60 +213.6) =273.60(万元)

固定资产原值 =[(10 000 -1 000 -300) +273.6] =8 973.60(万元)

残值 =8 973.6 ×10% =897.36(万元)

年折旧费 =(8 973.6 -897.36) ÷8 =1 009.53(万元/年)

问题2:

摊销包括无形资产摊销及其他资产摊销。

无形资产在运营期内每年的摊销费 =1 000 ÷8 =125.00(万元/年)

其他资产在运营期前3年中的年摊销费 =300 ÷3 =100.00(万元/年)

问题3:

运营期应还利息包括还建设期贷款利息及流动资金贷款利息。

(1)运营期应还建设期贷款利息的计算思路

建设期贷款本利和 =2 000 +3 000 +273.6 =5 273.60(万元)

运营期内每年应还本金 =5 273.6 ÷8 =659.20(万元/年)

运营期第1年应还建设期贷款利息 =5 273.6 ×6% =316.42(万元)

运营期第2年应还建设期贷款利息 =(5 273.6 -659.2) ×6% =276.86 (万元)

运营期第3年应还建设期贷款利息 =(5 273.6 -659.2 ×2) ×6% =237.31(万元)

同理计算,运营期第4 ~8年应还建设期贷款利息分别为197.76万元、158.21万元、118.66万元、79.10万元和39.55万元。

(2)运营期应还流动资金贷款利息的计算思路

运营期第1年应还利息=100×5%=5.00(万元)

运营期第2年~第8年应还利息=(100+200)×5%=15.00(万元)

问题4:

运营期第1年的总成本费用=3 500+1 009.53+125+100+316.42+5=5 055.95(万元)

运营期第8年的总成本费用=5 000+1 009.53+125+39.55+15=6 189.08(万元)

问题5:

运营期第1年的可变成本=3 500×70%=2 450.00(万元)

运营期第1年的固定成本=5 055.95-2 450=2 605.95(万元)

运营期第8年的可变成本=5 000×70%=3 500.00(万元)

运营期第8年的固定成本=6 189.08-3 500=2 689.08(万元)

问题6:

总成本费用估算表,如表3.8所示。

表3.8 总成本费用估算表 单位:万元

序号	项目	时间(年)							
		3	4	5	6	7	8	9	10
1	经营成本	3 500	5 000	5 000	5 000	5 000	5 000	5 000	5 000
2	固定资产折旧费	1 009.53	1 009.53	1 009.53	1 009.53	1 009.53	1 009.53	1 009.53	1 009.53
3	无形资产摊销费	125	125	125	125	125	125	125	125
4	其他资产摊销费	100	100	100	/	/	/	/	/
5	维持运营投资	/	/	20	/	20	/	20	/
6	利息支出	321.42	291.86	252.31	212.76	173.21	133.66	94.1	54.55
6.1	建设投资贷款利息	316.42	276.86	237.31	197.76	158.21	118.66	79.1	39.55
6.2	流动资金贷款利息	5	15	15	15	15	15	15	15
7	总成本费用	5 055.95	6 526.39	6 506.84	6 347.29	6 327.74	6 268.19	6 248.63	6 189.08
7.1	固定成本	2 605.95	3 026.39	3 006.84	2 847.29	2 827.74	2 768.19	2 748.63	2 689.08
7.2	可变成本	2 450=3 500×70%	3 500	3 500	3 500	3 500	3 500	3 500	3 500

本章小结

(1)工程经济要素的识别是工程经济分析的基础,是对项目进行现金流量分析、判断项目效益和费用,进而进行经济评价的前提。工程经济要素包括投资、成本费用、税金、收入、利润等。

(2)建设项目总投资包括建设投资、建设期利息和流动资金。建设投资包含工程费用、工程建设其他费、预备费。建设项目投资完成,形成了固定资产、无形资产、其他资产和流动资产,这些资产是项目进行生产经营的基础。

(3)总成本费用是指在生产经营期内为生产产品或提供服务所发生的全部费用。从财务收支的角度，总成本费用由生产成本和期间费用构成；从工程经济的角度，总成本费用根据生产要素法分为外购原材料、燃料动力费、工资福利费、修理费、折旧费、摊销费、利息支出和其他费用。注意，总成本费用中的折旧费、摊销费不是现金流量，但它们会对税后现金流量产生影响。

(4)工程项目投资建设运营过程中缴纳的税金包括增值税、税金及附加、所得税、契税等。增值税是我国目前最大的税种，增值税是由消费者负担的，实行税款抵扣方法计算。工程项目中的税金及附加主要包含资源税、消费税、城市维护建设税、教育费附加、地方教育附加，“营改增”之后，税金及附加还包含了房产税、土地增值税、城镇土地使用税、车船税、印花税等。

(5)工程项目的收入包括生产产品或提供服务所取得的销售收入，以及政府给予项目的补贴收入；工程项目利润总额由当年收入扣减当年总成本费用、税金及附加得到。工程项目净利润是指当年利润总额扣减所得税之后的利润，也称税后利润。

综合能力实训

一、选择题

1. 生产性建设工程项目投资中的积极部分是指(　　)。

A. 设备工器具投资 B. 安装工程投资 C. 工程建设其他费用 D. 建筑工程投资

2. 某建设项目在竣工验收时，为了鉴定一项隐蔽工程质量，进行了必要挖掘，则该项挖掘费用应计入(　　)。

A. 价差预备费 B. 基本预备费 C. 铺底流动资金 D. 工程建设其他费用

3. 某建设项目设备及工器具购置费600万元，建筑安装工程费1 200万元，工程建设其他费100万元，建设期贷款利息20万元，基本预备费费率10%，基本预备费为(　　)万元。

A. 120 B. 180 C. 182 D. 190

4. 某建设项目工程费用为7 200万元，工程建设其他费用为1 800万元，基本预备费为400万元，项目前期年限1年，建设期3年，各年度完成投资计划额的比例分别为20%、40%与40%，年涨价率为6%，则该项目建设期第二年价差预备费为(　　)万元。

A. 451.63 B. 464.74 C. 564.54 D. 589.63

5. 某建设项目静态投资为10 000万元，项目建设前期年限为1年，建设期为2年，第一年完成投资40%，第二年完成投资60%。年平均价格上涨率为6%，该项目价差预备费应为(　　)万元。

A. 666.3 B. 981.6 C. 1 306.2 D. 1 640.5

6. 在建设工程投资估算中，建设期贷款利息一般按“(　　)×年利率”计算。

A. 年初借款本息+本年借款额 B. 年初借款本息累计+本年借款额/2

C. 年初借款本息累计-本年借款额 D. 年初借款本息累计-本年借款额/2

7. 某新建项目，建设期为3年，共向银行贷款1 300万元，贷款安排为第一年300万元，第二年600万元，第三年400万元，年利率为6%，则该项目的建设期利息为(　　)万元。

A. 9 B. 36.54 C. 68.73 D. 114.27

8. 某新建项目建设期为3年，第一年贷款600万元，第二年贷款400万元，第三年贷款200万元，年利率10%。建设期内利息当年支付，则建设期第三年利息为(　　)万元。

A. 110.0　　B. 120.0　　C. 121.3　　D. 234.3

9. 某工程项目建设投产后，正常生产年份的总成本费用为 1 000 万元，期间费用 150 万元，借款利息 20 万元，固定资产折旧 80 万元，无形资产销费 50 万元，则其经营成本为(　　)万元.

A. 700　　B. 850　　C. 870　　D. 900

10. 各年折旧基数不变但折旧率逐年递减的固定资产折旧方法是(　　)。

A. 平均年限法　　B. 工作量法　　C. 双倍余额递减法　　D. 年数总和法

11. 在计算增值税应纳税额时，当期进项税额是指(　　)。

A. 当期销售额与税率的乘积　　B. 当期购进货物或应税劳务缴纳的增值税额

C. 当期销售货物缴纳的增值税额　　D. 当期产值与税率的乘积

12. 某技术方案设计年产量为 5 000 件，单位产品售价为 2 500 元，单位产品变动成本是 750 元，单位产品的税金及附加为 370 元，年固定成本为 240 万元，该项目达到设计生产能力时年税前利润为(　　)万元。

A. 825　　B. 450　　C. 635　　D. 135

13. 某施工机械预算价格为 200 万元，预计可使用 10 年，每年平均工作 250 个台班，预计净残值 40 万元，按工作量法计算折旧，则该机械台班折旧费为(　　)万元。

A. 0.8　　B. 0.64　　C. 0.08　　D. 0.064

14. 某施工企业有一台原价值为 600 000 元，预计使用年限为 5 年，预计净残值率为 1% 的施工机械，如果采用年数总和法对该设备计算折旧，第 3 年应计提的折旧额为(　　)元。

A. 200 000　　B. 118 800　　C. 129 000　　D. 9 800

15.（多选）建设项目静态投资包括(　　)。

A. 基本预备费　　B. 设备和工器具购置费

C. 价差预备费　　D. 建设期贷款利息

E. 工程建设其他费

16.（多选）教育费附加是以纳税人实际缴纳的(　　)税额之和作为计税依据。

A. 所得税　　B. 增值税　　C. 消费税　　D. 营业税　　E. 契税

二、案例分析题

1. 某建设项目建筑安装工程费 5 000 万元，设备购置费 3 000 万元，工程建设其他费用 1 000 万元。已知基本预备费费率为 8%，项目建设前期年限为 1 年，建设期 2 年，计划每年完成投资分别为 60% 和 40%，年均投资价格上涨率 5%，请计算该项目价差预备费和建设投资。

2. 某投资项目建筑安装工程费 10 000 万元(其中贷款 8 000 万元)，设备购置费 6 000 万元，工程建设其他费 4 000 万元，已知基本预备费费率为 5%，项目建设前期年限为 1 年，建设期为 3 年，建设期内资金均衡支付，建设期各年投资计划和贷款比例均为 20%、60%、20%，年均投资价格上涨率为 6%，贷款年利率为 8%，建设期内只计息不付息。计算项目价差预备费、建设期利息以及项目总投资。

3. 某公司采购一台机器设备，原始价值为 40 万元，预计使用寿命为 5 年，预计净残值为 2 万元，请分别使用平均年限法、双倍余额递减法和年数总和法计算各年折旧额。

4. 某企业在某年初购买了一台设备，初始投资为 35 000 元。使用期限为 5 年，预计残值为 1 750元。不考虑折旧费时，使用该设备后每年能获得利润 14 000 元。所得税税率为 25%，问题：

(1)按平均年限法计算折旧时,计算使用期限内每年的税后现金流量。

(2)按双倍余额递减法计算折旧,计算使用期限内每年的税后现金流量。

(3)按年数总和法计提折旧,计算使用期限内每年的税后现金流量。

5. 拟建一工程项目,第1年年初投资1 000万元,第2年年初又投资2 000万元,第3年年初投资1 500万元。从第4年起,连续8年每年的销售收入5 200万元,经营成本2 600万元,折旧费800万元,销售税金160万元,所得税税率25%,项目在期末的残值为700万元,试计算该项目的年净现金流量,并画出该项目的现金流量图。

6. 计算某项目建成投产正常生产年份(2020年)的增值税额。企业为一般纳税人,适用增值税率为13%。正常生产年份有关生产销售情况如下:①销售甲产品,取得不含税销售额100万元,另外取得销售甲产品的送货运输费收入10万元(含增值税价格,交通运输服务增值税税率为9%);销售乙产品取得含税销售额50万元。②购进货物支付不含税货款80万元(适用增值税税率13%),支付不含税购货的运输费用5万元。③购置固定资产机器设备,支付货款25万元(含税,适用增值税税率13%)及运输费用1.25万元(含税)。

7. 某企业预投资建设某化工项目,设计生产能力为4.5×10^5t。已知生产能力指数为3×10^5t的同类项目投入设备费为30 000万元,设备综合调整系数为1.1。该项目生产能力指数估计为0.8,该类项目的建筑工程费是设备费的10%,安装工程费为设备费的20%,其他工程费是设备费的10%。该三项的综合调整系数定为1.0,其他投资费用估算为1 000万元。该项目资金由自有资金和银行贷款组成,其中贷款为50 000万元,年贷款利率为8%,按季计息,建设期为3年,贷款额度分别为30%、50%、20%。基本预备费费率为10%,预计建设期物价年平均上涨率为5%,投资估算到开工时间按一年考虑。投资计划:第一年30%,第二年50%,第三年20%。已知项目流动资金8 589.17万元。请分析计算:①估算建设期贷款利息;②计算该项目的建设投资;③估算建设项目总投资。

8. 某公司拟生产一种新的产品,以自有资金购入新产品专利,价格为20万元,设备投资100万元(自有资金40万元,贷款60万元),年初安装即可投产使用,厂房利用的是本单位一座闲置的一直无法出租或转让的厂房,生产期和设备折旧期均为5年,设备采用直线法折旧,残值率5%。专利转让费在生产经营期5年内平均摊销。项目各年产量数据如表3.9所示,产品第一年价格为18元/件,以后每年递增2%,经营成本第一年为10元/件,以后每年递增10%,设备贷款第一年年初全部发放,贷款期5年,等额还本付息,利率5%。流动资金全部为自有资金,所得税税率25%,基准收益率15%。计算项目各年税后利润并完成各年税后利润计算表和还本付息计划表(见表3.10和表3.11)。

表3.9　各年产量数据表

时间(年)	0	1	2	3	4	5
产量(万件)		5	8	12	10	6

表3.10　各年税后利润计算表　　单位:万元

序　号	项　　目	年　份				
		1	2	3	4	5
1	产量(万件)					
2	售价(元/件)					

续表

序　号	项　目	年　份				
		1	2	3	4	5
3	销售收入(万元)					
4	单位经营成本(元/件)					
5	年经营成本(万元)					
6	年折旧费					
7	年摊销费					
8	年应付利息					
9	年还本					
10	年息税前利润					
11	年税前利润					
12	年所得税					
13	税后利润					

表 3.11　还本付息计划表　　单位:万元

序　号	项　目	年　份				
		1	2	3	4	5
1	期初借款累计					
2	本年新增借款					
3	本年应计利息					
4	本年还本付息					
4.1	本年还本					
4.2	本年应付利息					
5	年末借款累计					

第4章 工程经济评价指标

本章导读

通过多种经济评价指标展现出的工程项目方案的经济效果水平，可以判断方案是否达到预期投资收益的目标要求，还能便于后续进行方案的比选。本章主要介绍工程经济评价中所使用的各项指标，并阐述其含义、计算方法、判别准则及具体应用。其中：静态评价指标包括总投资收益率、资本金净利润率、静态投资回收期、利息备付率、偿债备付率、资产负债率；动态评价指标则包括动态投资回收期、净现值、净现值率、净年值、内部收益率、费用现值和费用年值。这些指标分别从不同的角度反映了项目的经济性，但尺有所短，寸有所长，各指标又各有优缺点。因此，基于工程项目的复杂性和评价目标的多样性，在进行方案的经济性评价时，要科学恰当地选用具体评价指标，并相辅相成以达到全面评价的目的。通过对本章的学习，也为第5章方案经济评价方法奠定了基础。

学习目标

知识目标：

◇ 掌握工程经济评价指标体系的分类依据及方法。

◇ 掌握工程项目经济静态评价指标的含义、计算方法和判别准则。

◇ 掌握工程项目经济动态评价指标的含义、计算方法和判别准则。

◇ 理解资金时间价值对评价指标的影响，理解各经济评价指标的评价目的、优缺点和适用范围，理解各指标间的区别。

能力与素质目标：

◇ 在不考虑资金时间价值的情况下，能够通过静态投资回收期、总投资收益率、资本金净利润率、利息备付率、偿债备付率、资产负债率等静态指标的计算分析，计算判别工程项目方案的经济效果水平。

◇ 在考虑资金时间价值的情况下，能够通过动态投资回收期、净现值、净现值率、净年值、内部收益率、费用现值和费用年值等动态指标的计算分析，计算判别工程项目方案的经济效果水平。

◇ 具备区分盈利能力指标和偿债能力指标的能力。

◇ 具备针对具体项目选择合适的评价指标，并具体开展针对性评价的能力。

◇ 能够通过方案的经济效果水平，判断方案是否达到预期投资收益的目标要求。

思维导图

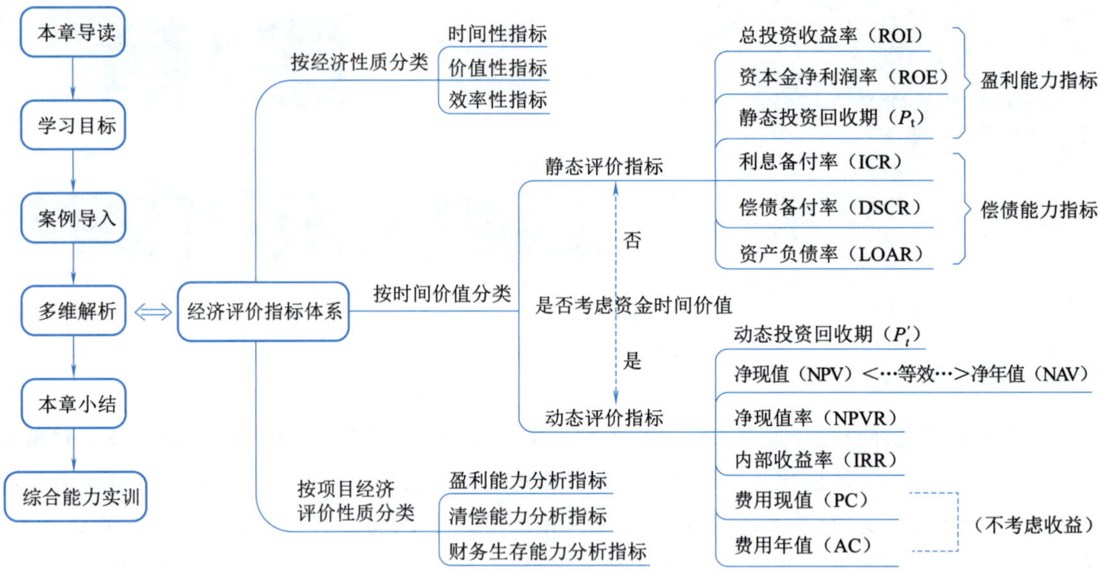

案例导入

某国际社区房地产项目可行性研究中的财务评价结论

某国际社区房地产项目占地 74 240 m^2，建设期为两年。共设计两个方案，两方案之间户型、地上与地下建筑面积、销售方案均不相同。方案一销售收入为 137 088.8 万元，总投资为 38 690.263 万元。方案二的销售收入为 153 547.5 万元，总投资为 45 750.256 万元。

通过盈利能力分析得出，方案一总投资收益率为 68.4%，资本金净利润率为 36.3%，所得税后净现值 NPV = 9 981.220 万元，财务内部收益率为 26.7%，动态投资回收期为 3.26 年；方案二总投资收益率为 41.6%，资本金净利润率为 22.27%，所得税后净现值 NPV = 8 076.193 万元，财务内部收益率为 22%，动态投资回收期为 3.43 年。

通过偿债能力分析得出方案一与方案二各年的偿债备付率、利息备付率均大于行业评价标准，故两方案在清偿能力方面也都是可行的。

在不确定性分析过程中，方案一的盈亏平衡点为 50.24%，即当销售楼盘的 50.24% 后，本项目开始盈利；方案二的盈亏平衡点为 65.91%，即当销售楼盘的 65.91% 后，本项目开始盈利。

经过敏感性分析得出，两方案各个不确定因素的敏感度系数绝对值从大到小的顺序依次是销售收入、投资、经营成本。

应用增量投资收益率法、增量投资回收期法、净现值法和增量内部收益率法对两方案进行最优方案的比选，得出方案一为本项目的最佳选择，能为项目带来更好的经济收益。

思考： 该可行性研究报告财务评价部分中的这些指标是何含义，如何计算，判别准则是什么，以及具体如何应用，这些将在本章学习中逐一解决。

4.1 工程经济评价指标体系

能否正确评价工程项目经济效果，首先取决于基础数据的完整性和可靠性，其次取决于选取的评价指标体系的合理性，最后把多个指标结合起来使用，从而使不同指标可取长补短，达到全面评价的目的。根据经济评价指标所考虑因素及使用方法的不同，可进行不同分类。

(1)按指标在计算中是否考虑资金时间价值分类，如图4.1所示。

- 项目经济评价指标
  - 静态评价指标
    - 盈利能力指标
      - 总投资收益率
      - 资本金净利润率
      - 静态投资回收期
    - 偿债能力指标
      - 利息备付率
      - 偿债备付率
      - 资产负债率
  - 动态评价指标
    - 动态投资回收期
    - 净现值
    - 净现值率
    - 净年值
    - 内部收益率
    - 费用现值与费用年值

图4.1　项目经济评价指标体系(按时间价值分类)

(2) 按指标本身的经济性质分类，如图4.2所示。

- 项目经济评价指标
  - 时间性指标
    - 投资回收期（静态、动态）
    - 借款偿还期
  - 价值性指标
    - 净现值、净年值
    - 费用现值、费用年值
  - 效率性指标
    - 总投资收益率、资本金净利润率
    - 资产负债率
    - 利息备付率、偿债备付率
    - 内部收益率
    - 净现值率

图4.2　项目经济评价指标体系(按指标的经济性质分类)

(3) 按项目经济评价的性质分类，如图4.3所示。

- 项目经济评价指标
  - 盈利能力分析指标
    - 净现值
    - 内部收益率
    - 投资回收期
    - 总投资收益率
  - 清偿能力分析指标
    - 利息备付率
    - 偿债备付率
    - 资产负债率
  - 财务生存能力分析指标
    - 经营净现金流量
    - 累计盈余资金

图4.3　项目经济评价指标体系(按项目经济评价的性质分类)

4.2 静态评价指标

静态评价指标是在不考虑时间因素对货币价值影响的情况下，直接通过现金流量计算出来的经济评价指标。静态评价指标的最大特点是简便易行，能够快速得出结论。主要用于技术经济数据不完备和不精确的机会研究和初步可行性研究阶段，或对计算期较短的项目以及对于逐年收益大致相等的项目进行评价。

4.2.1 盈利能力指标

1. 总投资收益率(ROI)

(1)含义。总投资收益率(Return On Investment ,ROI)表示总投资的盈利水平，是单位总投资能够实现的息税前利润，即工程项目达到设计生产能力后正常年份的年息税前利润或运营期内年平均息税前利润与项目总投资的比率。它常用于项目财务评价的静态盈利能力分析。

(2)计算公式。

$$\mathrm{ROI}=\frac{\mathrm{EBIT}}{\mathrm{TI}}\times 100\% \tag{4.1}$$

式中：ROI 为总投资收益率；EBIT 为项目达到设计生产能力后正常年份的年息税前利润或运营期内年平均息税前利润；TI 为项目总投资。

$$\text{年息税前利润} = \text{年营业收入} - \text{年营业税金及附加} - \text{年总成本费用} + \text{利息支出}$$

$$\text{项目总投资} = \text{建设投资} + \text{建设期利息} + \text{流动资金}$$

(3)评价标准。总投资收益率高于同行业的收益率参考值时，认为该项目盈利能力满足要求；反之，则表明此项目不能满足盈利能力的要求。

(4)优点与不足。优点：经济意义明确、直观，计算简便，在一定程度上反映了投资效果的优劣。不足：没有考虑资金的时间价值；指标的计算主观性较强，正常生产年份的选择比较困难，带有一定的不确定性和人为因素。因此其主要用在投资方案制订的早期阶段或研究过程，且计算期较短、不具备综合分析所需详细资料的方案，尤其适用于工艺简单且生产情况变化不大的方案的选择和投资经济效果的评价，不能作为主要决策依据对项目长期建设方案进行评价。

例 4.1 拟建某工程项目，总投资 2 000 万元，预计投入运营后每年运营收入 1 000 万元，年运营成本和税金为 400 万元，该行业的基准投资收益率 $R_a=12\%$，试求该项目是否可行。

解 $\mathrm{ROI}=\frac{\mathrm{EBIT}}{\mathrm{TI}}\times 100\%=\frac{1\,000-400}{2\,000}\times 100\%=30\%$

因为 $\mathrm{ROI}>R_a=12\%$，所以方案在经济上合理可行。

2. 项目资本金净利润率(ROE)

(1)含义。项目资本金净利润率(Return On Equity,ROE)表示项目资本金的盈利水平，是指项目达到设计能力后正常年份的年净利润或运营期内年平均净利润与项目资本金的比率。

(2)计算公式。

$$\mathrm{ROE}=\frac{\mathrm{NP}}{\mathrm{EC}}\times 100\% \tag{4.2}$$

式中：ROE 为项目资本金净利润率；NP 为项目达到设计生产能力后正常年份的年净利润或运营期内年平均净利润；EC 为项目资本金。

（3）评价标准。项目资本金净利润率高于同行业净利润率参考值时，认为该项目盈利能力满足要求；反之，则认为不能满足要求。

（4）优点与不足。经济含义明确、直观、计算简便，可适用于各种投资规模；特别是数据准备不充分的决策早期的机会研究、项目建议书阶段；多用于初步比选分析或作为辅助指标使用。

例 4.2　某技术方案的总体投资为 1 500 万元，其中债务资金 700 万元，技术方案在正常年份利润总额 400 万元，所得税 100 万元，年折旧费 80 万元，则该方案的资本金净利润率为多少？

解　项目正常年份的年净利润：NP = 400 − 100 = 300（万元）。

项目资本金：EC = 1 500 − 700 = 800（万元）。

项目资本金净利润率为：$ROE = \frac{NP}{EC} \times 100\% = \frac{300}{800} \times 100\% = 37.5\%$。

3. 静态投资回收期（P_t）

（1）含义。静态投资回收期（Payback time of investment，简称 P_t）也称返本期，是在不考虑资金时间价值的条件下，以方案的净收益回收项目全部投入资金所需要的时间。静态投资回收期一般从项目建设开始年算起，如果从项目投产开始年计算，应予以特别注明。

（2）计算公式。静态投资回收期理论计算公式为：

$$\sum_{t=0}^{P_t} (CI - CO)_t = 0 \tag{4.3}$$

式中：CI 为现金流入量；CO 为现金流出量；$(CI - CO)_t$ 为第 t 期的净现金流量；P_t 为静态投资回收期。

实际工作中，投资回收期是通过现金流量表来计算的。实用计算公式为：

$$P_t = T - 1 + \frac{\text{第}(T-1)\text{年的累计净现金流量的绝对值}}{\text{第 } T \text{ 年的净现金流量}} \tag{4.4}$$

式中：T 为项目各年累计净现金流量首次为正值或零的年份。

（3）评价标准。设基准投资回收期为 P_c，若 $P_t \leqslant P_c$，则项目可以考虑接受；若 $P_t > P_c$，则项目不可行。投资回收期越短，则表明项目投资回收越快，抗风险能力越强。

（4）优点与不足。优点是概念清晰，计算简便，在资金短缺的情况下，它能显示收回原始投资的时间长短，一定程度上反映了资本的周转速率，为决策者提供一个收回投资以前承担风险的时间。不足之处是只考虑了回收之前的效果，舍弃了回收期以后的数据，故无法全面衡量项目在整个计算期内的经济效果，因此只能作为一种辅助指标，与其他指标结合使用。

例 4.3　某项目的净现金流量如表 4.1 所示，试求该项目的静态投资回收期。

表 4.1　现金流量表　　单位：万元

年　份	0	1	2	3	4	5	6	7	8
净现金流量	−180	−250	−150	84	112	150	150	150	150

解　按现金流量表的格式计算该项目各年份的累计净现金流量，如表 4.2 所示。

表 4.2　累计净现金流量　　单位：万元

年份	0	1	2	3	4	5	6	7	8
净现金流量	-180	-250	-150	84	112	150	150	150	150
累计净现金流量	-180	-430	-580	-496	-384	-234	-84	+66	+216

依据(4.4)式可得：$P_t=(7-1)+\frac{|-84|}{150}=6+0.56=6.56$（年）。

4.2.2　偿债能力指标

1. 利息备付率(ICR)

(1) 含义。利息备付率(Interest Coverage Ratio, ICR)是指项目在借款偿还期内各年可用于支付利息的息税前利润(EBIT)与当期应付利息费用(PI)的比值。它从付息资金来源的充裕性角度反映项目偿付债务利息的能力，表示使用项目税息前利润偿付利息的保证倍率。

(2) 计算公式。

$$\text{ICR}=\frac{\text{EBIT}}{\text{PI}}\times 100\% \tag{4.5}$$

式中：ICR 为利息备付率；EBIT 为息税前利润，即支付利息和所得税前的利润；PI 为计入总成本费用的应付利息。

息税前利润 = 利润总额 + 计入总成本费用的利息费用

(3) 评价标准。利息备付率应分年计算。利息备付率越高，表明利息偿付的保障程度越高。一般情况下，利息备付率应大于1，不宜低于2，或大于等于国家部分行业建设项目清偿能力测算与协调参数结果中利息备付率的最低可接受值，否则表示企业没有足够的资金支付利息，偿债风险很大。具体情况还应结合债权人要求和同行业指标水平来确定。

2. 偿债备付率(DSCR)

(1) 含义。偿债备付率(Debt Service Coverage Ratio, DSCR)表示可用于还本付息的资金其偿还债务资金的保障程度，是指项目在借款偿还期内，各年可用于还本付息的资金与当期应还本付息金额的比值。它从还本付息资金来源的充裕性反映项目偿付债务本息的保障程度和支付能力。

(2) 计算公式。

$$\text{DSCR}=\frac{\text{EBITAD}-T_{\text{AX}}}{\text{PD}}\times 100\% \tag{4.6}$$

式中：DSCR 为偿债备付率；EBITAD 为息税前利润加折旧和摊销；T_{AX} 为企业所得税；PD 为应还本付息金额，包括当期应还本金和计入总成本费用的全部利息。

(3) 评价标准。偿债备付率应分年计算。偿债备付率高，表明可用于还本付息的资金保障程度高。正常情况下，偿债备付率至少应大于1，或大于等于国家部分行业建设项目清偿能力测算与协调参数结果中偿债备付率的最低可接受值，还应结合债权人要求确定。

例 4.4　某项目运营期第四年的有关财务数据为：年营业收入 4 000 万元，与收入相关的税金及附加 100 万元，经营成本 1 000 万元，当年计提折旧 600 万元，不计摊销；当年应还本金1 200万元，应付利息 300 万元。所得税税率 25%，试求当年利息备付率和偿债备付率。

解　①项目运营期第四年的息税前利润 =4 000 - 100 - (1 000 + 600) = 2 300(万元)

当年应付利息 = 300 万元

利息备付率 $ICR = \frac{2\ 300}{300} = 7.67 > 1$

②项目运营期第四年可用于还本付息的资金 = 息税前利润 + 折旧 - 所得税

= [4 000 - 100 - (1 000 + 600)] + 600 - [4 000 - 100 - (1 000 + 600 + 300)] × 25%

= 2 400(万元)

当年须还本付息资金 = 1 200 + 300 = 1 500(万元)

偿债备付率 $DSCR = \frac{2\ 400}{1\ 500} = 1.6 > 1$

3. 资产负债率(LOAR)

(1)含义。资产负债率(Liability On Asset Ratio,LOAR)表示总资产中有多少是通过负债得来的,是指各期末负债总额同资产总额的比率。它是评价项目负债水平的综合指标,反映项目利用债权人提供资金后的经营活动能力,同时又能体现债权人发放贷款的安全度。

(2)计算公式。

$$LOAR = \frac{TL}{TA} \times 100\% \tag{4.7}$$

式中:LOAR 为资产负债率;TL 为期末负债总额;TA 为期末资产总额。

(3)评价标准。适度的资产负债率,表明企业经营安全、稳健,具有较强的筹资能力,也表明企业和债权人的风险较小。一般来讲,资产负债率应在国家所发布的行业建设项目偿债能力测算与协调参数结果中资产负债率的合理区间,有利于风险与收益的平衡。

4.3　动态评价指标

动态评价指标是在分析项目或方案的经济效益时,对发生在不同时间的效益、费用,计算其资金的时间价值,将现金流量进行等值化处理后计算的评价指标。动态评价指标能较全面地反映投资方案整个计算期的经济效果。在对投资项目进行经济评价时,应以动态分析为主。

4.3.1　动态投资回收期(P_t')

(1)含义。动态投资回收期是指在考虑资金时间价值的条件下,给定基准收益率,用项目各年的净收益回收全部投资所需要的时间,反映了投资回收的快慢。

(2)计算公式。

$$\sum_{t=0}^{P_t'} (CI - CO)_t (1 + i_c)^{-t} = 0 \tag{4.8}$$

式中:P_t'为动态投资回收期(年);i_c 为基准收益率;其余符号同前。

在实际工作中,可根据项目现金流量表用下列计算公式来计算:

$$P_t' = 累计净现金流量折现值第一次出现正值的年数 - 1 + \frac{上年累计折现值的绝对值}{当年净现金流量的折现值} \tag{4.9}$$

(3) 评价标准。设基准投资回收期 P'_c，若 $P'_t \leq P'_c$，则方案可以被接受，否则应予以拒绝。动态投资回收期反映了项目和资金的运作情况。要注意，动态投资回收期与折现率 i_c 有关，若折现率不同，其反映的投资回收年限就不同，当折现率为零时，动态投资回收期就等于静态投资回收期。

(4) 优缺点。考虑了资金的时间价值，容易理解、计算简单方便，在一定程度上显示了资本的周转速度。资本周转速度越快，回收期越短，风险越小，盈利越多。缺点在于不能反映投资项目整个计算期内的盈利能力，只作为辅助方法而不能单独使用。

例 4.5 某项目各年净现金流量如表 4.3 所示，试求静态投资回收期、动态投资回收期。

表 4.3 项目各年现金流量 单位：万元

年份	1	2	3	4	5	6	7	8	9
净现金流量	-180	-250	120	150	150	150	150	150	170

解 根据题目编制现金流量表，如表 4.4 所示。

表 4.4 项目现金流量表 单位：万元

年份	1	2	3	4	5	6	7	8	9
净现金流量	-180	-250	120	150	150	150	150	150	170
累计净现金流量	-180	-430	-310	-160	-10	140	290	440	610
折现系数($i=12\%$)	0.892 9	0.797 2	0.711 8	0.635 5	0.567 4	0.506 6	0.452 3	0.403 9	0.360 6
折现净现金流量	-160.71	-199.30	85.41	95.33	85.11	75.99	67.85	60.58	61.30
累计折现净现金流量	-160.71	-360.01	-274.60	-179.27	-94.16	-18.16	49.69	110.27	171.58

根据上表得：

$$\text{静态投资回收期 } P_t = 6 - 1 + \frac{10}{150} = 5.07(\text{年})$$

$$\text{动态投资回收期 } P'_t = 7 - 1 + \frac{18.16}{67.85} = 6.27(\text{年})$$

4.3.2 净现值(NPV)

(1) 含义。净现值(Net Present Value, NPV)是指按设定的折现率，将项目计算期内各年发生的净现金流量折现到建设期期初的现值之和。

(2) 计算公式。

$$NPV = \sum_{t=0}^{n} (CI - CO)_t (1 + i_c)^{-t} \tag{4.10}$$

式中：i_c 为设定的折现率，基准收益率；n 为计算期，等于方案的建设期、投产期与正常生产期数之和，一般为项目的寿命周期。

(3) 评价标准。NPV 是评价项目盈利能力的绝对指标。用于方案评价时，对于单方案而言，当 NPV≥0 时，方案应予接受；若 NPV<0，方案应予拒绝。而在同寿命周期的多方案比较时，在 NPV≥0 的前提下，净现值越大的方案相对越优，这就是净现值最大准则。

(4) 基准收益率(折现率)的选择。基准收益率是企业或行业或投资者以动态的观点所确定的、可接受的投资方案最低标准的收益水平。它表明投资者对项目资金时间价值的估价，是投资资金应当获得的最低盈利水平，是评价和判断投资方案在经济上是否可行的依据。

基准收益率的确定一般以行业的平均收益率为基础，同时综合考虑资金成本、投资风险、通货膨胀以及资金限制等影响因素。对于政府投资项目，进行经济评价时使用的基准折现率是由国家组织测定并公布的行业基准收益率；非政府投资项目，可由投资者自行确定。

(5)优点与不足。净现值是反映投资方案盈利能力的一个重要动态评价指标，其优点是不仅考虑了资金的时间价值和方案在整个计算期内的费用和收益情况，且直接以金额表示方案投资的收益性大小，比较直观。但计算净现值时，基准收益率的确定，以及对于计算期比较长的方案，计算期内各年净现金流量的确定往往是比较困难的，且净现值是个绝对指标，只能反映方案是否有盈利，不能直接说明单位投资的使用效率。

例 4.6　某项目各年净现金流量如图 4.4 所示，试用净现值指标判断项目的可行性。($i=12\%$)

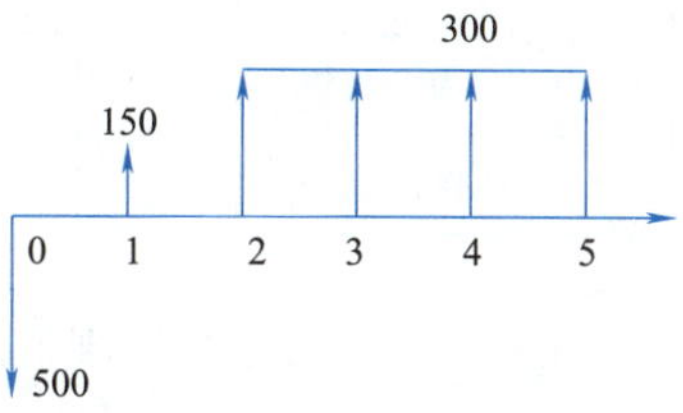

图 4.4　某项目现金流量图
(单位：万元)

解　$\text{NPV} = -500 + 150(P/F,12\%,1) + 300(P/A,12\%,4)(P/F,12\%,1) = 447.54$ (万元)

由于 NPV > 0，故项目在经济效果上是可以接受的。

4.3.3　净现值率(NPVR)

净现值指标用于多方案比较时，虽然能反映每个方案的盈利水平，但是由于没有考虑每个方案投资额的大小，而不能直接反映资金的利用效率。因此单纯用净现值最大作为方案选优的标准就有可能发生选择盈利多但投资额也大的方案为最优，而忽视盈利额较小投资额较小，但经济效果好的方案。为了考察资金的利用效率，可采用净现值率指标作为净现值的补充指标。净现值率反映了净现值与全部投资现值的比值关系，是多方案比选的一个重要的辅助性评价指标。

(1)含义。净现值率(Net Present Value Ratio, NPVR)是项目净现值与项目全部投资现值之比。在多方案比较时，如果几个方案的 NPV 值都大于零但投资规模相差较大，可以进一步用净现值率(NPVR)作为净现值的辅助指标。其经济涵义是单位投资现值所能得到的净现值。

(2)计算公式。

$$\text{NPVR} = \frac{\text{NPV}}{I_p} = \frac{\sum_{t=0}^{n}(\text{CI}-\text{CO})_t(1+i_c)^{-t}}{\sum_{t=0}^{n} I_t(1+i_c)^{-t}} \tag{4.11}$$

式中：I_p 为项目总投资现值，其余符号同前。

(3)评价标准。对于单一方案，净现值率的判别准则与净现值一样。若 NPVR≥0，则 NPV≥0，方案应予以接受；反之，方案应予以拒绝。对多方案进行评价时，净现值率越大，经济效果越好。

4.3.4　净年值(NAV)

(1)含义。净年值(Net Annual Value, NAV)是以设定折现率将项目计算期内净现金流量等值换算而成的等额年值。

（2）计算公式。

$$NAV = NPV(A/P, i_c, n) = \left[\sum_{t=0}^{n}(CI - CO)_t(1 + i_c)^{-t}\right](A/P, i_c, n) \tag{4.12}$$

（3）评价标准。若 NAV≥0，则项目在经济上可行；若 NAV＜0，则项目在经济上不可行。多方案比选时，净年值越大的方案相对越优。

例 4.7 公司考虑用 A、B、C 三种型号的汽车，假设寿命均为 10 年，残值为零，$i_c = 12\%$，各车型的投资和等额年净收益如表 4.5 所示，请问选用哪种型号好？

表 4.5 投资和收益数据 单位：万元

车型	A	B	C
初始投资	20	30	40
年纯收益（1～10 年）	6	8	9.2

解 下面分别用净现值法与净年值法进行计算分析。

①净现值法。

$NPV_A = -20 + 6.0(P/A, 12\%, 10) = -20 + 6.0 \times 5.6502 = 13.9$（万元）

$NPV_B = -30 + 8.0(P/A, 12\%, 10) = -30 + 8.0 \times 5.6502 = 15.2$（万元）

$NPV_C = -40 + 9.2(P/A, 12\%, 10) = -40 + 9.2 \times 5.6502 = 11.98$（万元）

$NPV_B > NPV_A > NPV_C > 0$，所以选 B 型好。

②净年值法。

$NAV_A = -20(A/P, 12\%, 10) + 6.0 = 2.46$（万元）

$NAV_B = -30(A/P, 12\%, 10) + 8.0 = 2.69$（万元）

$NAV_C = -40(A/P, 12\%, 10) + 9.2 = 2.12$（万元）

$NAV_B > NAV_A > NAV_C > 0$，所以选 B 型好。

从净现值法和净年值法的分析结果可以看出，两者的评价结论是一致的。

4.3.5 内部收益率（IRR）

内部收益率的经济含义是投资方案占用的尚未回收投资的获利能力，它取决于项目内部。即对于一个项目来说，如果折现率（或投资贷款利率）取其内部收益率时，则该方案在整个计算期内的投资恰好得到全部回收，净现值等于零。也就是说，该方案的动态投资回收期等于方案的计算期。内部收益率越高，一般来说该方案的投资效益就越好。

（1）含义。内部收益率（Internal Rate of Return，IRR）是一个被广泛使用的项目经济评价指标，是指使项目计算期内净现金流量现值累计等于零时的折现率。

例 4.8 某投资方案的净现金流量如表 4.6 所示，已知该投资方案的内部收益率为 10%，试分析内部收益率的经济含义。

表 4.6 投资方案的现金流量　　单位:万元

年份	0	1	2	3
净现金流量	-1 000	600	450	110

解 当折现率为 10% 时,项目未回收投资的计算结果如表 4.7 所示。

表 4.7 投资方案的现金流量　　单位:万元

第 t 年末	0	1	2	3
现金流量	-1 000	600	450	110
第 t 年初未回收投资 F_{t-1}	/	-1 000	-500	-100
第 t 年末的利息 $i \times F_{t-1}$	/	100	50	10
第 t 年末未回收投资 F_t	-1 000	-500	-100	0

现金流量图如图 4.5 所示。

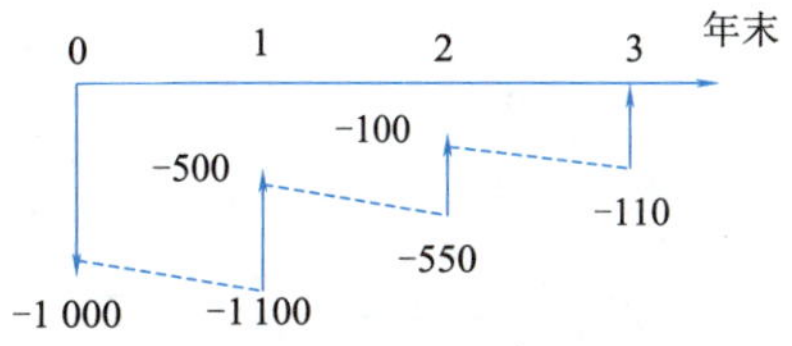

图 4.5 未回收投资现金流量示意图

在整个计算期内,如果按利率 i = IRR 计算,始终存在未回收投资,且仅在计算期末时,投资才被完全收回,那么 i^* 便是项目的内部收益率。这样,内部收益率的经济涵义就是使未回收投资余额及其利息恰好在项目计算期末完全收回的一种利率。也可理解为项目对贷款利率的最大承受能力。

(2)计算公式。内部收益率可通过解下述方程求得:

$$\mathrm{NPV(IRR)} = \sum_{t=0}^{n} (\mathrm{CI} - \mathrm{CO})_t (1 + \mathrm{IRR})^{-t} = 0 \tag{4.13}$$

式中:IRR 为内部收益率;其他符号含义同前。

内部收益率是未知的折现率,由式(4.13)可知,求方程式中的折现率需解高次方程,当各年的净现金流量不等,且计算期较长时,求解 IRR 是较烦琐的,一般用插值计算方法,如图 4.6 所示。

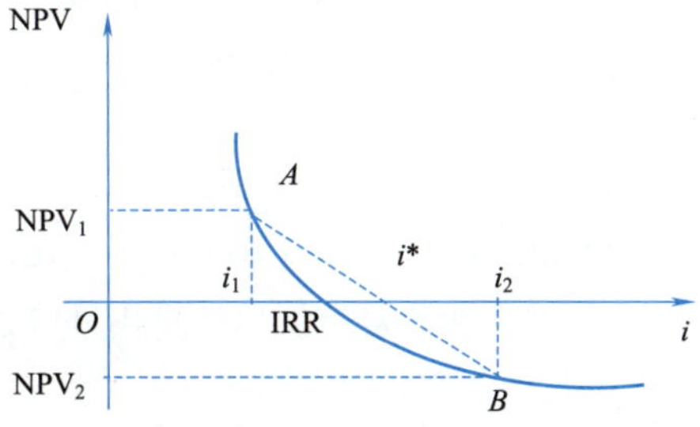

图 4.6 内部收益率的插值计算过程

基本步骤如下:

(1)根据经验,选取一个适当的折现率 i_0,一般可以先取行业的基准收益率 i_c 作为 i_0,并计算对应的净现值 NPV。

(2)若 NPV >0,则适当增加 i_0,若 NPV <0,则适当减小 i_0。

(3)重复步骤(2),直到找到这样的两个折现率 i_1 和 i_2,使其对应的净现值满足 $\mathrm{NPV}_1 > 0$、$\mathrm{NPV}_2 < 0$,其中$(i_2 - i_1)$一般以不超过 2% 为宜,最大不应超过 5% 。

(4)用线性插值法公式求出内部收益率的近似解,其公式为:

$$\mathrm{IRR} = i_1 + \frac{\mathrm{NPV}(i_1) \times (i_2 - i_1)}{\mathrm{NPV}(i_1) + |\mathrm{NPV}(i_2)|} \tag{4.14}$$

(3)评价标准。若 $IRR \geq i_c$，则投资方案在经济上可以接受；若 $IRR < i_c$，则投资方案在经济上应予拒绝。

(4)优点与不足。内部收益率指标考虑了资金的时间价值，可对项目进行动态评价，并考察了项目在整个寿命期内的全部情况；能直观反映项目的最大可能盈利能力或最大利息偿还能力；不需要事先给定折现率，而只需要知道基准收益率的大致范围即可。但是同时内部收益率的计算烦琐，试算需要大量的相关数据；如果只根据内部收益率指标大小进行方案决策，可能会使那些投资大、内部收益率低，但收益额很大，对国民经济有重大影响的方案落选，因此，内部收益率指标往往和净现值指标结合起来使用。

例 4.9 某建设工程项目净现金流量如表 4.8 所示，试求该项目的内部收益率并判断方案的可行性。基准折现率为 12%。

表 4.8 项目现金流量表 单位：万元

项目	年份					
	0	1	2	3	4	5
净现金流量	-200	40	60	40	80	80

解 第一步，计算 NPV_1 的值，设 $i_1 = 12\%$。

$$NPV_1 = -200 + 40(P/F,12\%,1) + 60(P/F,12\%,2) + 40(P/F,12\%,3) + 80(P/F,12\%,4) + 80(P/F,12\%,5) = 8.25(\text{万元})$$

第二步：计算 NPV_2 的值，设 $i_2 = 14\%$

$$NPV_2 = -200 + 40(P/F,14\%,1) + 60(P/F,14\%,2) + 40(P/F,14\%,3) + 80(P/F,14\%,4) + 80(P/F,14\%,5) = -2.83(\text{万元})$$

第三步：用线性内插法求内部收益率 IRR。

$$IRR = 12\% + \frac{8.25}{8.25 + |-2.83|} \times (14\% - 12\%) = 13.49\%$$

13.49% 大于 12%，故项目可行。

(5)内部收益率的 Excel 应用。运用线性插值法手工计算内部收益率是相当烦琐的，而运用 Excel 软件则能非常方便地计算内部收益率。接下来以例 4.9 为范例，介绍用 Excel 来计算内部收益率的具体步骤：

①启动 Excel 软件，将现金流输入（或复制）到工作表中。

②激活 B3 单元格，单击工具栏上的“f_x”按钮，弹出“插入函数”对话框。

③在“或选择类别”下拉列表中选择“财务”，然后在下面的“选择函数”列表中选择“IRR”，最后单击“确定”按钮。

④在弹出的对话框中单击“Values”文本框，弹出“函数参数”选择框，选择 B2:G2 区域，“Guess”默认为 0.1(10%)。

⑤单击“确定”按钮，答案显示在 B3 单元格。

⑥也可以直接在 B3 单元格输入公式“=IRR(B2:G2)”更为简便。

完整操作过程如图 4.7 所示。

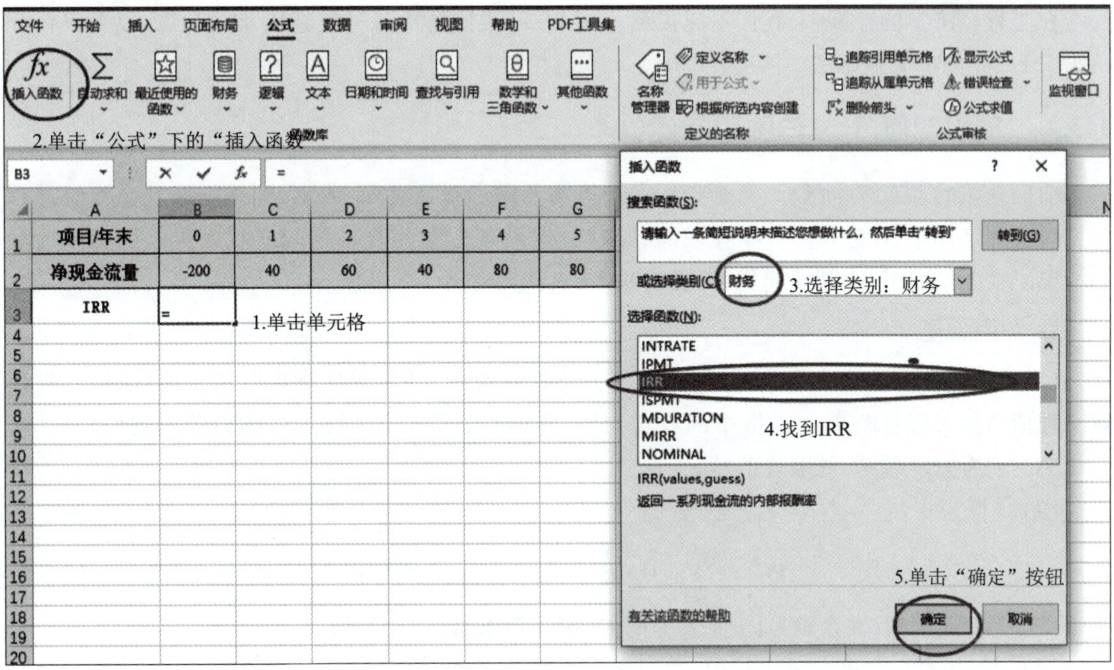
2.单击“公式”下的“插入函数”
1.单击单元格
3.选择类别：财务
4.找到IRR
5.单击“确定”按钮
项目/年末
净现金流量
IRR
插入函数
IRR(values,guess)
返回一系列现金流的内部报酬率

（a）

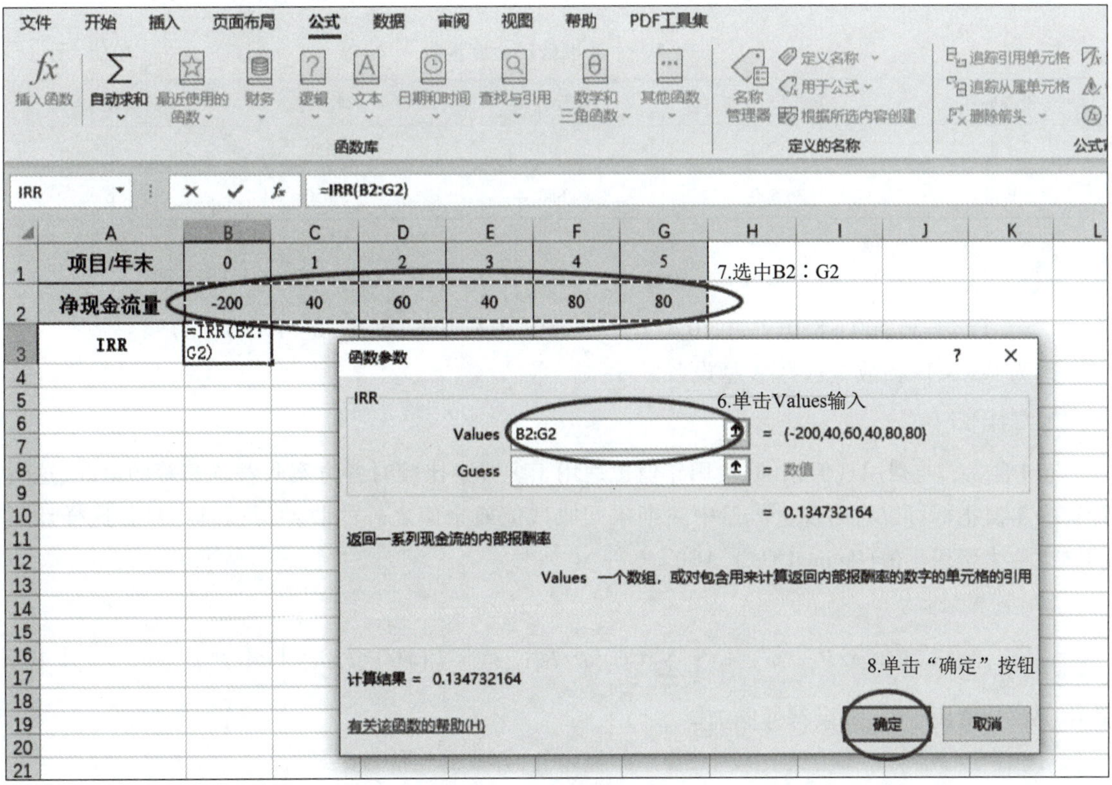
=IRR(B2:G2)
7.选中B2：G2
6.单击Values输入
8.单击“确定”按钮
函数参数
Values
B2:G2
= {-200,40,60,40,80,80}
= 0.134732164
返回一系列现金流的内部报酬率
计算结果 = 0.134732164

（b）

图 4.7　操作过程

在工程经济学的计算中,我们可以灵活应用 Excel 表格解决各种复杂困难的计算,以上仅仅介绍了 Excel 在内部收益率法中的应用。

4.3.6 费用现值(PC)与费用年值(AC)

前面介绍的动态评价指标,每个指标的计算均考虑了现金流入、流出,即采用净现金流量进行计算。实际工作中,在进行多方案比较时,往往会遇到各方案的收入相同或收入难以用货币计量的情况。在此情况下,为简便起见,可省略收入,只计算支出。

1. 费用现值

(1)含义。在对多个方案比较时,如果各方案的收益皆相同,或收益难以用货币计量,这时计算净现值指标可以省略现金流量中的收益,只计算费用,这样计算的结果称为费用现值(Present Cost,PC)。为方便起见,费用取正号。

(2)计算公式。

$$PC = \sum_{t=0}^{n} CO_t(P/F,i,t) - L(P/F,i,n) \tag{4.15}$$

式中:PC 为费用现值,其余符号同前;L 为期末(第 n 年末)回收的残值。

(3)评价标准。在多方案比较中,费用现值越低,方案的经济效果越好。

例 4.10 试用费用现值法选择表 4.9 中不同型号的两个功能相同设备的购置方案。($i_c=10\%$)

表 4.9 某设备现金流量表 单位:元

设备型号	一次投资(0 年)	年经营费	回收残值	计算期(年)
A 型	26 500	1 050	2 150	6
B 型	36 500	850	3 650	6

解 $PC_A = 26\,500 + 1\,050(P/A,10\%,6) - 2\,150(P/F,10\%,6) = 29\,859.39$(元)

$PC_B = 36\,500 + 850(P/A,10\%,6) - 3\,650(P/F,10\%,6) = 38\,141.58$(元)

因为 $PC_A < PC_B$,故应选择 A 型设备。

2. 费用年值

(1)含义。与费用现值相同,费用年值也适用于多方案比较时各方案收益均相等的情况,这时计算净年值指标可以省略现金流量中除期末回收残值或余值之外的收益,只计算费用,这样计算的结果称为费用年值(Annual Cost,AC)。

(2)计算公式。

$$AC = PC(A/P,i_c,n) = \left[\sum_{t=0}^{n} CO_t(P/F,i_c,t) - L(P/F,i_c,n)\right](A/P,i_c,n) \tag{4.16}$$

式中:AC 为费用年值,其余符号同前。

(3)评价标准。在多方案比较中,费用年值越低,方案的经济效果越好。

一般来讲,费用现值和费用年值指标只能用于多个方案的比选。

例 4.11 某公司打算购买表 4.10 所列的两种新设备的一种,基准收益率为 12%,试用费用年值选择方案。

表 4.10　设备相关现金流量　　单位：万元

项目	设备 A	设备 B
初始投资	3 400	6 500
年运行费用	2 000	1 800
残值	100	500
计算期(年)	3	6

解　各方案的费用年值如下：

$AC_A = 3\ 400(A/P, 12\%, 3) + 2\ 000 - 100(A/F, 12\%, 3) = 3\ 385.79$(万元)

$AC_B = 6\ 500(A/P, 12\%, 6) + 1\ 800 - 500(A/F, 12\%, 6) = 3\ 319.20$(万元)

因为 $AC_B < AC_A$，故应选择方案 B 为最优方案。

本章小结

1. 工程项目的经济效果评价指标体系可以从不同角度进行分类，按是否考虑资金的时间价值可以分为静态评价指标和动态评价指标；按指标本身的性质，可分为时间性评价指标、价值性评价指标和比率性评价指标；按项目经济评价的性质，可分为盈利能力评价指标、偿债能力评价指标和财务生存能力评价指标。

2. 静态评价指标包括静态投资回收期、总投资收益率、资本金净利润率、利息备付率、偿债备付率、资产负债率，动态评价指标包括动态投资回收期、净现值、净现值率、净年值、内部收益率、费用现值和费用年值。具体介绍了各指标的经济评价指标的含义、计算方法、判别准则和各指标本身的优点与不足。

3. 在掌握每个指标具体内容的基础上，进一步介绍了指标间相辅相成的作用关系，如净现值率作为净现值的辅助评价指标，很好地弥补了净现值在实际应用中忽略资金利用效率的不足。还介绍了针对特殊情况时，评价指标该如何选择，如当收入可忽略不计、费用极大时可选择费用年值作为评价指标，当计算期时间过长时可以选择净年值进行经济效果评价。表 4.11 所示为各动态指标的计算公式和评价准则。

表 4.11　各指标的计算公式和评价准则

指标名称	计算公式	评价准则
动态投资回收期 P'_t	P'_t = 累计净现金流量折现值首次出现正值的年数 $T-1+\dfrac{\text{上年累计折现值的绝对值}}{\text{当年净现金流量的折现值}}$	$P'_t \leqslant P'_c$
净现值 NPV	$NPV = \sum_{t=0}^{n}(CI-CO)_t(1+i)^{-t}$	$NPV \geqslant 0$
净年值 NAV	$NAV = NPV(A/P,i,n) = \left[\sum_{t=0}^{n}(CI-CO)_t(1+i)^{-t}\right](A/P,i,n)$	$NAV \geqslant 0$
内部收益率 IRR	$IRR = i_1 + \dfrac{NPV(i_1)\times(i_2-i_1)}{NPV(i_1)+\lvert NPV(i_2)\rvert}$	$IRR \geqslant i_c$

续表

指标名称	计算公式	评价准则
净现值率 NPVR	$NPVR = \frac{NPV}{I_p} = \frac{\sum_{t=0}^{n}(CI-CO)_t(1+i)^{-t}}{\sum_{t=0}^{n}I_t(1+i)^{-t}}$	NPVR≥0
费用现值 PC 费用年值 AC	$PC = \sum_{t=0}^{n}CO_t(P/F,i,t) - L(P/F,i,n) \quad AC = PC(A/P,i_c,n)$	多方案越低越好

综合能力实训

一、选择题

1. 下列投资方案经济评价指标中，属于盈利能力静态评价指标的是（　　）。

A. 利息备付率　　B. 资产负债率　　C. 净现值率　　D. 静态投资回收期

2. 某项目总投资 4 400 万元，年平均息税前利润 595.4 万元，项目资本金 1 840 万元，利息及所得税 191.34 万元，则该项目的总投资收益率为（　　）。

A. 9.18%　　B. 13.53%　　C. 21.96%　　D. 32.55%

3. 某项目总投资 1 700 万元，其中资本金 700 万元，贷款 1 000 万元。运营期内的平均年利润总额为 260 万元，每年支付贷款利息 12 万元，所得税税率 25%，则该项目的资本金净利润率为（　　）。

A. 26.57%　　B. 27.86%　　C. 37.14%　　D. 38.86%

4. 某项目的净现金流量如表 4.12 所示，则该项目的静态投资回收期为（　　）。

表 4.12　第 4 题表

年份	0	1	2	3	4	5	6	7	8
净现金流量(万元)	−8	−4	−2	2	5	6	6	6	6

A. 4.5 年　　B. 5.17 年　　C. 5.43 年　　D. 6.25 年

5. 要保证方案生产运营期有足够资金支付到期利息，方案利息备付率最低不应低于（　　）。

A. 0.5　　B. 1　　C. 3　　D. 5

6. 偿债备付率是指投资方案在借款偿还期内（　　）的比值。

A. 息税前利润与当期应还本付息金额

B. 税后利润与上期应还本付息金额

C. 可用于还本付息的资金与上期应还本付息金额

D. 用于还本付息的资金与当期应还本付息金额

7. 某技术方案的净现金流量如表 4.13 所示。若基准收益率大于等于 0，则方案的净现值（　　）。

表 4.13 第7题表

计算期(年)	0	1	2	3	4	5
净现金流量(万元)	/	-300	-200	200	600	600

A. 等于900万元　　B. 大于900万元,小于1 400万元
C. 小于900万元　　D. 等于1 400万元

8. 一般情况下,技术方案净现值与基准收益率,说法正确的是(　　)。
A. 基准收益率越大,净现值越小　　B. 基准收益率越大,净现值越大
C. 基准收益率越小,净现值越小　　D. 两者之间没有关系

9. 某常规投资方案,当贷款利率为12%时,净现值为150万元;当贷款利率为14%时,净现值为-100万元,则该方案内部收益率的取值范围为(　　)。
A. <12%　　B. 12% ~13%　　C. 13% ~14%　　D. >14%

10. 下列说法不正确的是(　　)。
A. 内部收益率反映的是投资方案占用的尚未回收投资的获利能力
B. 在借款偿还期内,利息备付率应该逐年分析
C. 总投资收益率是项目各年的净利润和总投资的比值
D. 费用现值指标不能对单个方案进行评价

11. 某项目的NPV(18%)=5万元,NPV(20%)=-20万元,则内部收益率IRR为(　　)。
A. 17.1%　　B. 17.9%　　C. 18.4%　　D. 20.3%

12. 某常规技术方案进行现金流量分析,当折现率10%,财务净现值为900万元;当折现率为12%,财务净现值为16万元。则该方案财务内部收益率可能的范围是(　　)。
A. 小于10%　　B. 大于10%小于11%
C. 大于11%小于12%　　D. 大于12%

13. 某技术方案现金流量如表4.14所示,若折现率为8%,则净现值为(　　)万元。

表 4.14 第13题表

现金流量(万元)	第0年	第1年	第2年	第3年	第4年
现金流入	/	1 000	6 000	3 000	6 000
现金流出	3 700	4 000	2 000	3 000	2 000

A. -1 300.00　　B. -100.40　　C. -108.30　　D. 126.91

14. (多选)某常规技术方案当折现率为10%时,财务净现值为-360万元;当折现率为8%时,财务净现值为30万元,则关于该方案经济效果评价的说法,正确的有(　　)。
A. 内部收益率在8% ~9%之间
B. 当行业基准收益率为8%时,方案可行
C. 当行业基准收益率为9%时,方案不可行
D. 当折现率为9%时,财务净现值一定大于0
E. 当行业基准收益率为10%时,内部收益率小于行业基准收益率

二、案例分析题

1. 某项目财务现金流量表的数据如表4.15所示,试计算项目的静态投资回收期。如基准收

益率为8%，试计算项目的动态投资回收期。

表 4.15　第 1 题表

计算期	0	1	2	3	4	5	6	7
现金流入	/	/	800	1 200	1 200	1 200	1 200	1 200
现金流出	600	900	500	700	700	700	700	700

2. 某项目现金流量表如表4.16所示，请完成下列表格并计算静态投资回收期、动态投资回收期和净现值。基准折现率为10%。（表格中折现系数取四位小数，其余数据取整，单位：万元）

表 4.16　第 2 题表

项目	年份					
	0	1	2	3	4	5
总投资	6 000	4 000				
销售收入			5 000	6 000	8 000	8 000
经营成本			2 000	2 500	3 000	3 500
净现金流量						
累计净现金流量						
折现系数$(1+10\%)^{-t}$						
净现金流量折现值						
累计净现金流量折现值						

3. 某投资方案初始投资为120万元，年销售收入为100万元，寿命为6年，残值为10万元，年经营成本为50万元，试求方案内部收益率。

4. 建一个临时仓库需8 000元，一旦拆除即毫无价值，假定仓库每年净收益为1 360元，试计算：

（1）使用8年时，其内部收益率为多少？

（2）若希望得到10%的收益率，则该仓库至少使用多少年才值得投资？

5. 某公共事业拟定一个15年规划，分三期建成，开始投资60 000元，5年后再投资50 000元，10年后再投资40 000元。每年的保养费：前5年每年1 500元，次5年每年2 500元，最后5年每年3 500元，15年年末残值为8 000元，试用8%的基准折现率计算该规划的费用现值和费用年值。

6. 某公司在对项目进行经济效果评价时，为了计算其内部收益率，分别用$i_1=13\%$、$i_2=14\%$、$i_3=16\%$、$i_4=17\%$进行试算，得到对应的$NPV_1=33.2$万元、$NPV_2=18.8$万元、$NPV_3=-6.1$万元、$NPV_4=-10.8$万元。该公司期望的最低收益率为15%。请计算该投资项目的内部收益率指标并判断项目是否可行。（计算结果请保留两位小数）

第5章

方案经济评价方法

本章导读

我们进行工程经济分析时，是在确定了项目投资目标和影响目标实现的关键要素的基础上，拟定实现目标的技术方案。由于工程项目的复杂性以及实现目标方法的多样性，我们可以制定多种方案备选，但在最终决策时就需要对方案进行评价择优。通过选择科学恰当的工程经济评价指标对方案进行评价，确保在有限的资源下达到利益最大化，从多种备选方案中选出最优方案。本章首先介绍了三种方案类型——独立方案、互斥方案以及相关方案，并针对不同类型方案的特点，在是否考虑资金时间价值、有无资源约束条件、寿命周期是否相同（是否有限）等综合背景之下，详细阐述和对比了不同方法具体应用的不同效果。方案评价过程中各种评价方法和评价指标灵活运用、相辅相成，以达到最优方案决策的目的。

学习目标

知识目标：

◇ 理解三种方案关系的区别，掌握方案类型的判别方法。

◇ 掌握无资源约束和有资源约束的独立方案经济评价方法。

◇ 掌握寿命期相同、寿命期不同、寿命期无限的互斥方案的经济评价方法。

◇ 掌握现金流量相类型、资金有限相关型和混合相关型方案的经济评价方法。

能力与素质目标：

◇ 能够针对具体工程背景判别方案类型。

◇ 能够针对方案的不同特点选择恰当的评价方法进行实际工程的评价和决策。

◇ 能够对无资源约束和有资源约束的独立方案进行经济评价和科学决策。

◇ 能够对寿命期相同、寿命期不同、寿命期无限的互斥方案进行经济评价和科学决策。

◇ 能够对现金流量相关型、资金有限相关型和混合相关型方案进行经济评价和科学决策。

思维导图

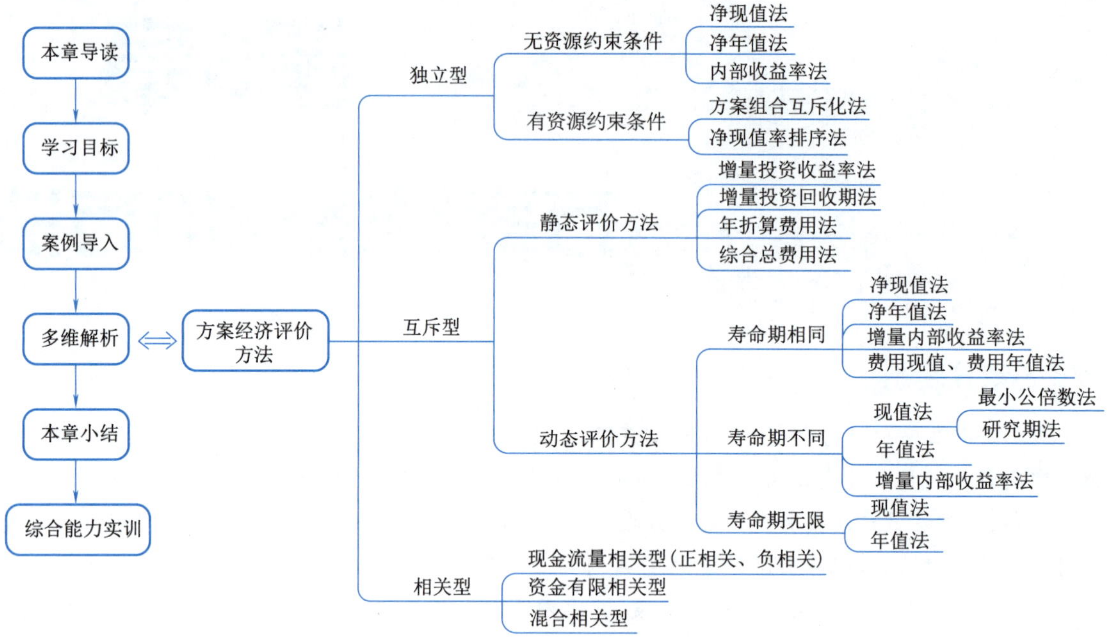

案例引入

情景1:某大型零售业连锁企业开拓零售业市场决策

国外某大型零售业连锁企业欲进军我国零售业市场,拟在我国的北京、上海、天津、重庆、广州五个大城市设立超市,其在每个城市又可在三个不同的区位选址,则该企业将有如下表所示的不同备选方案。

选址城市	北京(A)	上海(B)	天津(C)	重庆(D)	广州(E)
选址1	A1	B1	C1	D1	E1
选址2	A2	B2	C2	D2	E2
选址3	A3	B3	C3	D3	E3

思考:

(1)若该企业有充足的资金可保证全部所有备选方案的投资,这些方案之间是什么关系?该企业应如何进行决策?

(2)若该企业有较充足的资金可保证在五个城市各创建一个超市,也就是说这些项目企业只要想投资,且项目的经济性合理,就都能够投资,不存在排他性,则这些方案之间是什么关系?该企业应如何进行相应的决策?

(3)若该企业资金有限,只能在两个城市各创建一个超市,这些方案之间又是什么关系?该企业应如何进行决策?

情景2:某钢铁生产制造企业的困惑

某钢铁生产制造企业有多项设备,其中一台机器已经陈旧,财务经理向总经理提出淘汰旧机器购置新机器的建议。新机器的买价为40 000元,可运行10年,该机器每年的运行成本为12 000元,估计5年后需要大修一次,其成本为2 500元,10年结束时,估计该机器的残值为5 000元。

生产经理不同意财务经理的意见,凭他多年的工作经验,认为该机器虽陈旧,但通过全面翻新,尚能继续发挥其运行效益。所以,他向总经理提出翻新旧机器的方案。据该方案预算,立即翻新的成本为20 000元,估计5年后还需要大修一次,其成本为8 000元,如这些修理计划得到实施,该机器可以运行的期限也是10年。10年内该机器每年的运行成本为16 000元,10年后残值也是5 000元。

根据当前的市场情况,该旧机器的出售价格为7 000元,基准收益率为10%。

思考:假如你是总经理,将考虑哪些具体因素,采用何种计算方法,最终如何科学决策呢?

5.1 方案经济评价概述

5.1.1 方案的类型

建设方案(或技术方案)是投资项目的主体,建设方案的研究与比选是构造和优化项目建设方案的重要工具和基本方法,是工程经济分析与评价的重要内容。在方案比选过程中,既要考虑经济方面的因素,同时也要考虑环境、安全和社会等方面的因素,要找到经济与技术最好的结合点。进行方案比选时,需要根据方案间的关系、比选的需求、比选工作所处的阶段选用适宜的比选方法和经济评价指标。因此,比选前首先要确定方案间的关系。

按方案相互之间的经济关系,可以将方案间的关系分为独立关系、互斥关系和相关关系。

1. 独立方案关系

独立方案是指各方案间互不干扰、互不相关。一个方案是否采用与其他方案的采用无关,选择其中的一个方案并不排斥接受其他的方案,入选的方案可能是一个、几个或全部方案。例如,某施工企业投资购置一批固定资产,列出的一组方案包括一架吊车、一辆运输汽车、一台搅拌机,在没有资金约束的条件下这三个方案之间不存在任何的制约和排斥关系,它们就是一组独立方案。又如,个人投资者在资金没有限制的条件下,可以购买股票,也可以购买债券,还可以投资房地产。

2. 互斥方案关系

互斥方案是指各方案间存在着互不相容、互相排斥的关系。选择其中一个就要放弃其他所有方案,方案不能同时存在。例如,一个建设项目的工厂规模、生产工艺流程、主要设备、厂址的选择,一座建筑物或构筑物的结构类型选择,一个工程主体结构的施工工艺的确定等。

3. 相关方案关系

相关方案,是指在各个方案之间,某一方案的采用与否会对其他方案的选择、经济效益或价值产生影响,进而影响其他方案采用与否。这一类方案统称为相关方案。相关方案包括现金流量相关型、资金有限相关型和混合型。现金流量相关型是指任意方案的取舍会导致其他方案现金流量的变化,包括正相关(例如同一地段分别开设商业中心和餐饮)和负相关(例如相近两个地段各开一家超市)；资金有限相关型因资金短缺使相互独立可行方案不能充分实施从而相关，即有资源约束的独立方案；混合型是指既有互补方案又有替代方案，既有互斥方案又有独立方案。

5.1.2 方案经济比选的要求

在进行方案比选的过程中，由于不同方案产出的质量和数量、产出的时间、费用的大小及发生的时间、方案的计算期限都不尽相同，所以在进行经济评价比较时，需要有一定的比选要求，即参与比选的各方案在经济上要具有可比性。

(1)被比较方案应采用一致的经济参数(如基准收益率等)。

(2)被比较方案的计算期在时间上要具有可比性。

(3)被比较方案的费用及效益计算口径一致。

(4)被比较方案的现金流量应采用相同的时间单位。

5.1.3 方案经济比选的方法

方案的经济比选，按照比选方案的数量，可以分为单方案比选和多方案比选；按照比选范围，可分为局部比选和整体比选；按照比选目的，可分为综合比选和专项比选；按照比选内容，可分为定性比选和定量比选。无论是哪一种经济比选，其所采用的方法，按照是否考虑资金的时间价值，一般可分为静态比选方法和动态比选方法两种。

1. 静态比选方法

静态比选方法主要选用的是静态评价指标，如：总投资收益率、资本金净利润率、静态投资回收期、利息备付率、偿债备付率和资产负债率。按照各方案的现金流量计算相应的评价指标，根据各指标的评价标准对方案进行决策与选择。

2. 动态比选方法

动态比选方法主要选用的是动态评价指标，如：内部收益率、净现值、净现值率、净年值、费用现值、费用年值和动态投资回收期。按照各方案的现金流量计算相应的评价指标，对方案进行决策与选择。

5.2 独立方案经济评价

独立方案，是指各个方案的现金流量是独立的，不具有相关性，选择其中的一个方案并不排斥接受其他方案，即一个方案的采用与否与其自身的可行性有关，而与其他方案是否采用没有关系。单一方案的决策可以看作独立方案的特例。这里的独立方案是指没有任何资源约束的方案。

5.2.1 无资源约束的独立方案比选

在无资源约束条件下，独立方案评价选择的实质是对每一个方案作出“做”与“不做”的选择。因此，独立方案在经济上是否可接受，取决于方案自身的经济性，即方案的经济效果是否达到或超过了预定的评价标准或水平，因此独立方案的评价与单一方案的评价方法相同。只要资源充裕，凡是能通过自身效果检验(绝对效果检验)的方案都可采纳，决策者可以根据评价结果，选择一个或多个方案同时执行。

一般可以选择净现值、净年值、内部收益率和总投资收益率、资本金净利润率、投资回收期和资产负债率等动、静态评价指标进行分析、评价与选择。

例5.1 有三个独立方案A、B、C,其现金流量如表5.1所示,试判断其经济可行性。($i_c=15\%$)

表5.1 独立方案A、B、C的净现金流量表 单位:万元

方　案	初始投资	年收入	年支出	寿命(年)
A	5 000	2 400	1 000	10
B	8 000	3 100	1 200	10
C	10 000	4 000	1 500	10

解 三个完全不相关的独立方案,只需对每个方案进行自身的经济性检验,即绝对效果检验,可分别应用净现值、净年值和内部收益率三个指标来进行评价。

解法1 净现值法

计算各方案的NPV,结果如下:

$NPV_A=-5\,000+(2\,400-1\,000)(P/A,15\%,10)=2\,026$(万元)

$NPV_B=-8\,000+(3\,100-1\,200)(P/A,15\%,10)=1\,536$(万元)

$NPV_C=-10\,000+(4\,000-1\,500)(P/A,15\%,10)=2\,547$(万元)

由于三个方案净现值均大于0,故三个方案均可接受。

解法2 净年值法

计算各方案的NAV,结果如下:

$NAV_A=-5\,000(A/P,15\%,10)+(2\,400-1\,000)=404$(万元)

$NAV_B=-8\,000(A/P,15\%,10)+(3\,100-1\,200)=306$(万元)

$NAV_C=-10\,000(A/P,15\%,10)+(4\,000-1\,500)=507$(万元)

由于三个方案净年值均大于0,故三个方案均可接受。

解法3 内部收益率法

计算各方案的IRR,结果如下:

$NPV_A=-5\,000+(2\,400-1\,000)(P/A,IRR_A,10)=0$,得$IRR_A=25\%$

$NPV_B=-8\,000+(3\,100-1\,200)(P/A,IRR_B,10)=0$,得$IRR_B=20\%$

$NPV_C=-10\,000+(4\,000-1\,500)(P/A,IRR_C,10)=0$,得$IRR_C=22\%$

由于三个方案IRR均大于15%,故三个方案均可接受。

以上方法均可用,这些方法的评价结论完全一致。

可以看出,对于完全不相关的独立方案来说,与单一方案的评价一样,只需选择任一经济评价指标,按照每一评价指标的评价标准进行评价即可,无论采用哪个评价指标,评价结果是一样的。

思考:如果将本例中的独立方案改成互斥方案,那么应该如何决策?大家可能会从直觉判断方案C更优,因为三个方案中C的净现值最大,C的净年值也最大。但是有没有发现,方案C的内部收益率并不是最大。那么,问题出在哪里呢?后续我们在互斥方案中进行解惑。

5.2.2 有资源约束的独立方案比选

在有资源约束条件下,独立方案之间因为资源有限而具有了一定的相关性。最常见是资金有限情况,由于资金有限,决策者只能在备选方案中根据资金的多少选择一部分方案。如何使资金

能得到充分地利用，使总投资效益最大，则需要在若干个备选方案中进行最佳决策。

1. 组合互斥法

组合互斥法就是在资金限额条件下，列出独立方案所有可能组合(资金累加)，将方案按净现值、净年值等指标计算各互斥组合的经济效益，在不突破资金限额的条件下，选取经济效益最大的一组投资项目作为资金分配的对象。其具体步骤是：

(1)构建互斥方案组合，列出在有限资源下，可以同时执行的一个或多个独立方案的组合，每个组合都代表一个满足约束条件的互斥方案。

(2)按各方案组合的投资从小到大排列起来。

(3)在总的初始投资小于投资限额的方案组合中，选取经济效益最大的组合。

例 5.2　某项目有三个独立的备选方案 A、B、C，各方案的投资、年净收益和寿命如表 5.2 所示。已知资金限额为 300 万元，基准收益率为 15%，试选择方案。

表 5.2　方案 A、B、C 的有关资料

方　案	投资/(万元)	年净收益/(万元)	寿命/(年)
A	120	43	5
B	100	42	5
C	170	58	5

解　①列出方案 A、B、C 的所有组合方案，如表 5.3 所示。

表 5.3　互斥组合法计算表

序　号	方案组合	投资/(万元)	年净收益/(万元)	NPV/(万元)	检验结论
1	A	120	43	24.1	合格
2	B	100	42	40.8	合格
3	C	170	58	24.4	合格
4	AB	220	85	64.9	合格
5	AC	290	101	48.6	合格
6	BC	270	100	65.2	合格
7	ABC	390	/	/	不合格

②约束性检验。因 7 号组合方案不符合资金约束条件，所以应予以排除。

③合格性检验。分别计算各组方案的净现值，结果如表 5.3 所示。由于 1 ~6 号组合的 NPV > 0，故 1 ~6 号均通过了合格性检验。

④最优性检验。根据净现值的 $\max\{NPV_j\}$ 比选准则，故最优方案组合应是 6 号组合方案，即应同时选择方案 B 和 C。

2. 净现值率排序法

净现值率排序法是一种在计划期资金限额内优先选择净现值率大的投资项目，直到资金限额分完为止的项目选择方法。其具体做法是把能满足最低期望盈利率的投资项目，按净现值率由大到小顺序排列，首先将资金分给净现值率最大的项目，直到全部资金分完为止。净现值率法应用简单，一般能求得投资经济效益较大的项目组合，但不一定能取得最优的项目组合，还可能出现投

资资金没有被充分利用的情况。其具体步骤是:

(1)计算净现值率,计算出所有方案的净现值率,淘汰净现值率小于0的方案。

(2)方案排序,按净现值率由大到小的顺序排列。

(3)方案选择,依照排序从净现值率最大的方案开始选择,直到总投资最大限度地接近限额。

例 5.3 有7个投资项目,各个项目方案的收益现值、初始投资如表5.4所示,假定投资资金总额为50万元,试选出最优的方案。

表5.4 各个方案的初始投资、收益现值

方案	收益现值/(万元)	初始投资/(万元)	净现值/(万元)
1	150	30	120
2	45	30	15
3	40	10	30
4	24	20	4
5	17	9	8
6	10	5	5
7	8	1	7

解 各个方案的净现值、净现值率计算如表5.5所示。

表5.5 各个方案的净现值、净现值率

方案	收益现值/(万元)	初始投资/(万元)	净现值/(万元)	净现值率
1	150	30	120	4
2	45	30	15	0.5
3	40	10	30	3
4	24	20	4	0.2
5	17	10	8	0.9
6	10	5	5	1
7	8	1	7	7

净现值率法解出方案是7,1,3,6。

方案7,1,3,6的净现值总和为 $\sum NPV = 7 + 120 + 30 + 5 = 162$(万元)

方案7,1,3,6的投资总和为 $\sum I = 1 + 30 + 10 + 5 = 46$(万元)

5.3 互斥方案经济评价

互斥方案之间互不相容、互相排斥的特点,决定了其经济比选与独立方案不同。互斥方案的经济分析与评价包括两部分内容:一是方案自身的经济分析与评价,称之为绝对效果检验,即考察备选方案自身的经济效果是否满足评价准则的要求;二是各方案之间的分析、评价与选优,称之为相对效果检验,即对通过绝对效果检验的方案进行两两比较,直至找出最优方案。

5.3.1 静态评价方法

1. 增量投资收益率法

在实践中，经常会遇到这样的方案，一个方案的投资额小，但经营成本较高，而另一方案正相反，其投资额较大，经营成本却较小。投资大的方案与投资小的方案形成了增量的投资，而增加的投资又在经营成本上带来了节约。增量投资所带来的经营成本上的节约与增量投资之比就叫增量投资收益率。这时，可以通过计算增量投资收益率，来判断方案相对经济效果，据此选择方案。

现假设 I_1、I_2 分别为方案 1、2 的投资额，C_1、C_2 分别为方案 1、2 的经营成本，A_1、A_2 分别为方案 1、2 的年净收益，且 $I_2 > I_1$，$C_2 < C_1$。则增量投资收益率为

$$R_{(2\text{-}1)} = \frac{C_1 - C_2}{I_2 - I_1} = \frac{A_2 - A_1}{I_2 - I_1} \times 100\% \tag{5.1}$$

判别标准：增量投资收益率大于基准投资收益率，增加投资可行，应选择投资额大的方案；反之，选择投资小的方案。

2. 增量投资回收期法

增量投资回收期（ΔP_t）就是用互斥方案经营成本的节约或增量净收益来补偿其增量投资的年限。当各年经营成本的节约或增量净收益基本相同时，增量投资回收期为：

$$P_{t(2\text{-}1)} = \frac{I_2 - I_1}{C_1 - C_2} \tag{5.2}$$

当各年经营成本的节约或增量净收益差异较大时，增量投资回收期为：

$$(I_2 - I_1) = \sum_{t=0}^{P_t(2\text{-}1)} (C_1 - C_2) \quad \text{或} \quad (I_2 - I_1) = \sum_{t=0}^{P_t(2\text{-}1)} (A_2 - A_1) \tag{5.3}$$

判别准则：增量投资回收期小于基准投资回收期，应选择投资多的方案；反之，应选择投资小的方案。

例 5.4 有两个均可行的互斥方案计算期相同。甲方案投资 10 000 万元，年经营成本 8 000 万元；乙方案投资 8 000 万元，年经营成本 9 000 万元。两个方案同时投入使用，效益相同，基准收益率为 20%；基准投资回收期为 3 年，请分别采用增量投资收益率、增量投资回收期选择最优方案。

解 采用增量投资收益率比选：

$R_{(\text{甲-乙})} = \dfrac{9\,000 - 8\,000}{10\,000 - 8\,000} = 50\%$，$50\% > 20\%$，可知投资额大的甲方案为最优方案。

采用增量投资回收期比选：

$P_{t(\text{甲-乙})} = \dfrac{10\,000 - 8\,000}{9\,000 - 8\,000} = 2$（年），小于基准投资回收期 3 年，所以投资额大的甲方案最优。

3. 年折算费用法

当互斥方案的数量较多，而且它们所产生的效益基本相同时，可以采用年折算费用法进行方案比选。即将投资额按基准投资回收期分摊到各年，再与各年的年经营成本相加，即为年折算费用。年折算费用计算公式为：

$$Z_j = \frac{I_j}{P_c} + C_j \quad \text{或} \quad Z_j = I_j \cdot i_c + C_j \tag{5.4}$$

式中：Z_j 为第 j 方案的年折算费用；I_j 为第 j 方案的总投资；P_c 为基准投资回收期；i_c 为基准收益率；C_j 为第 j 方案的年经营成本。

在进行方案比选时，根据年折算费用的大小作为评价标准，年折算费用最小的方案是最优方案。年折算费用法经济含义明确，评价标准简单直观，适合于多方案的评价比选。

4. 综合总费用法

综合总费用是将方案的投资与基准投资回收期内年经营成本相加，即基准投资回收期内年折算费用的总和。计算公式如下：

第 j 方案的综合总费用：

$$S_j = I_j + P_c \times C_j \tag{5.5}$$

式中：S_j 为第 j 方案的综合总费用，其余符号同前。

同样，综合总费用也适合于多方案的比选，在进行多方案的比选时，综合总费用最小的方案即为最优方案。

例 5.5 某投资项目有三个备选方案，这三个方案取得的效果相同，但其费用各不相同，如表 5.6所示。已知基准投资回收期为 5 年，试采用年折算费用、综合总费用法选择最优方案。

表 5.6 互斥方案的净现金流量表 单位：万元

方案	初始投资	年经营成本
A	5 000	5 800
B	4 900	5 700
C	5 600	5 660

解 ①三个方案的年折算费用：

$Z_A = \dfrac{5\ 000}{5} + 5\ 800 = 6\ 800$（万元）；$Z_B = \dfrac{4\ 900}{5} + 5\ 700 = 6\ 680$（万元）；

$Z_C = \dfrac{5\ 600}{5} + 5\ 660 = 6\ 780$（万元）

由上述结果可知，方案 B 的年折算费用最小，因此方案 B 为最优方案。

②三个方案的综合总费用：

$S_A = 5\ 000 + 5 \times 5\ 800 = 34\ 000$（万元）；$S_B = 4\ 900 + 5 \times 5\ 700 = 33\ 400$（万元）；

$S_C = 5\ 600 + 5 \times 5\ 660 = 33\ 900$（万元）

由上述结果可知，方案 B 的综合总费用最小，因此方案 B 为最优方案。

5.3.2 动态评价方法

1. 寿命期相同的互斥方案经济比选

（1）净现值法。净现值法就是通过计算各个备选方案的净现值，并比较其大小来判断方案的优劣，是多方案比选中最常用的一种方法。具体步骤如下：

①绝对效果检验：分别计算各个方案的净现值，淘汰 NPV <0 的方案。

②相对效果检验：对保留的可行方案进行两两比较，将投资额大的方案的净现金流量减去投资额小的方案的净现金流量，形成增量方案，计算增量方案的净现值 ΔNPV，若 ΔNPV >0，则投资

额大的方案较优；若 $\Delta NPV<0$，则投资额小的方案较优，相对效果检验后保留的方案为最优方案。

例 5.6 有三个寿命相等的互斥方案 A、B、C，其现金流量如表 5.7 所示，用净现值法选择最佳方案。（$i_c=15\%$）

表 5.7 互斥方案的现金流量 单位：万元

方 案	初始投资	年净收益	寿 命
A	10 000	2 800	10 年
B	16 000	3 800	10 年
C	20 000	5 000	10 年

解 ①绝对效果检验：计算各方案的 NPV。

$NPV_A=-10\,000+2\,800(P/A,15\%,10)=4\,052.6$（万元）

$NPV_B=-16\,000+3\,800(P/A,15\%,10)=3\,071.4$（万元）

$NPV_C=-20\,000+5\,000(P/A,15\%,10)=5\,094$（万元）

由于三个方案净现值都大于 0，故三个方案均通过绝对效果检验。

②相对效果检验：计算通过绝对效果检验的两两方案的 ΔNPV。

$\Delta NPV_{B\text{-}A}=-6\,000+1\,000(P/A,15\%,10)=NPV_B-NPV_A=-981$（万元）

由于 $\Delta NPV_{B\text{-}A}<0$，所以 A 优于 B。

$\Delta NPV_{C\text{-}A}=-10\,000+2\,200(P/A,15\%,10)=NPV_C-NPV_A=1\,041.4$（万元）

由于 $\Delta NPV_{C\text{-}A}>0$，所以 C 优于 A 。

综上所述，C 方案最优。

通过相对效果的检验，可以看出，互斥方案 A、B、C 的优劣顺序为 C、A、B，C 为最优方案。这与根据各方案净现值的大小顺序来判断方案的优劣结果一致。

因而净现值法可以省略相对效果检验，直接根据各互斥方案的净现值大小来选择最优方案更为简洁，即 $NPV_i\geq 0$ 且 $\max(NPV_i)$ 所对应的方案为最优方案。

（2）净年值法。净年值法是通过计算各个备选方案的净年值并比较其大小而判断方案的优劣，也是多方案比选中常用的一种方法。其与净现值评价是等价的，评价标准也是一样的。

例 5.7 对例 5.6 用年值法来选择最优方案。

解 $NAV_A=-10\,000(A/P,15\%,10)+2\,800=807$（万元）

$NAV_B=-16\,000(A/P,15\%,10)+3\,800=611.2$（万元）

$NAV_C=-20\,000(A/P,15\%,10)+5\,000=1\,014$（万元）

因为 $NAV_C>NAV_B>NAV_A>0$，所以最优方案为 C 方案。

（3）增量内部收益率法。内部收益率指标是项目经济评价中经常使用的指标之一，也是衡量项目综合经济能力的重要指标。但是在多方案比选时，如果直接按照内部收益率最大原则来选择方案，有时会得出与净现值相矛盾的结果，这时要应用增量内部收益率法来进行多方案的比选。比选的实质是投资大的方案与投资小的方案相比，其所增加的投资被其增加的收益所补偿的效果，即分析判断增量的现金流量的经济合理性。具体步骤如下：

①将方案按投资额由小到大排序。

②进行绝对效果评价：计算各方案的 IRR，淘汰 IRR $<i_c$ 的方案。

③进行相对效果评价：对保留下来的可行方案进行两两对比，计算增量方案的内部收益率 ΔIRR。若 ΔIRR $> i_c$，则保留投资额大的方案；反之，则保留投资额小的方案。依次比较，直到最后一个被保留的方案即为最优方案。

增量内部收益率计算公式如下：

$$NPV(2) - NPV(1) = 0 \tag{5.6}$$

即

$$\sum_{t=0}^{n}(\Delta CI - \Delta CO)_t(1 + \Delta IRR)^{-t} = 0 \tag{5.7}$$

式中 $\Delta CI = CI_2 - CI_1$——互斥方案2、1的差额现金流入；

$\Delta CO = CO_2 - CO_1$——互斥方案2、1的差额现金流出；

ΔIRR——增量内部收益率。

评价标准：当 ΔIRR $\geq i_c$ 时，选择投资多的方案；当 ΔIRR $< i_c$ 时，选择投资少的方案。

例 5.8 现有两个互斥方案，其净现金流量如表5.8所示，基准收益率为10%，试用内部收益率选择最优方案。

表5.8 A、B方案的现金流量 单位：万元

方　案	年　份				
	0	1	2	3	4
A	-7 000	1 000	2 000	6 000	4 000
B	-4 000	1 000	1 000	3 000	3 000

解 ①绝对效果检验：计算各方案的 IRR。

$$NPV_A = -7\ 000 + 1\ 000(P/F, IRR_A, 1) + 2\ 000(P/F, IRR_A, 2) + 6\ 000(P/F, IRR_A, 3) + 4\ 000(P/F, IRR_A, 4) = 0$$

解得：$IRR_A = 23.66\%$

$$NPV_B = -4\ 000 + 1\ 000(P/F, IRR_B, 1) + 1\ 000(P/F, IRR_B, 2) + 3\ 000(P/F, IRR_B, 3) + 3\ 000(P/F, IRR_B, 4) = 0$$

解得：$IRR_B = 27.29\%$

两个方案内部收益率均大于10%，均保留下来。

②相对效果检验：计算增量方案的 ΔIRR。

$$\Delta NPV_{A\text{-}B} = -3\ 000 + 1000(P/F, \Delta IRR_{A\text{-}B}, 2) + 3\ 000(P/F, \Delta IRR_{A\text{-}B}, 3) + 1\ 000(P/F, \Delta IRR_{A\text{-}B}, 4) = 0$$

解得：$\Delta IRR_{A\text{-}B} = 18.80\%$

因为 $\Delta IRR_{A\text{-}B} > 10\%$，所以A方案优于B方案。

(4)费用现值与费用年值法。在方案的比选中经常会遇到效益相同或效益基本相同却未知的方案，这时只需对各个方案的费用进行比较，即费用最小的方案是最优方案。最小费用法包括费用现值和费用年值法，当方案计算期相同时，费用现值与费用年值法是等价的，故两者只需计算其中一个指标即可。

例 5.9 项目A、B有不同的工艺设计方案，均能满足同样的生产需要，其有关的支出数据如表5.9所示，试选择方案。($i_c = 10\%$)

表 5.9 A、B 方案年末的费用支出表 单位:万元

方案	年份			计算期(年)
	0(投资)	1~10(经营成本)	10(残值回收)	
A	800	300	40	10
B	1 000	240	50	10

解 采用费用现值法来比选方案。先计算各方案的费用现值。

$PC_A = 800 + 300(P/A,10\%,10) - 40(P/F,10\%,10) = 2\ 627.96$(万元)

$PC_B = 1\ 000 + 240(P/A,10\%,10) - 50(P/F,10\%,10) = 2\ 455.429$(万元)

比较各方案的费用现值,可以看出方案 B 的费用现值较小,所以方案 B 是最优方案。

2. 寿命期不同的互斥方案经济评价

当互斥方案计算期不同时,比选不具有时间的可比性,不能直接采用净现值来比选方案。因此,就需要采取一定的方法使方案具有时间的可比性,使各个方案在相同的条件下进行比较。对于计算期不同的方案,可采用如下方法:

1)净现值法

当采用净现值法对计算期不同的互斥方案进行比选时,需要考虑时间的可比性。净现值是价值型指标,必须在相同的计算期下比较净现值的大小,常用的处理方法是最小公倍数法和研究期法。

(1)最小公倍数法。

最小公倍数法是以各备选方案计算期的最小公倍数作为比选方案的共同计算期,并假设各个方案的投资收入支出均在这样一个共同的计算期内重复实施,所以又称为方案重复法。在共同的计算期下,对各方案各年的净现金流量进行计算,得出各个方案的净现值,以净现值较大的方案为最优方案。对于只比较费用的互斥方案,在共同的计算期下,计算各个方案的费用现值,费用现值最小的是最优方案。

例 5.10 两个互斥方案 A 和 B,相关数据如表 5.10 所示,试应用净现值选择方案。($i_c = 10\%$)

表 5.10 A、B 方案的现金流量表 单位:万元

方案	初始投资	年净收益	计算期(年)
A	250	80	6
B	160	60	4

解 两个方案的计算期不同,运用最小公倍数法,方案 A 计算期 6 年,方案 B 计算期 4 年,如图 5.1 所示,它们计算期的最小公倍数为 12 年,12 年作为共同计算期计算两个方案的净现值。

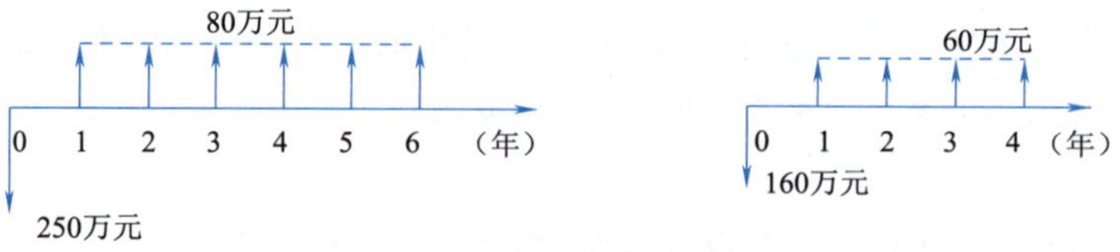

图 5.1 A、B 方案原始现金流量图

在共同计算期 12 年内，两个方案的现金流量图变为图 5.2 所示形式：

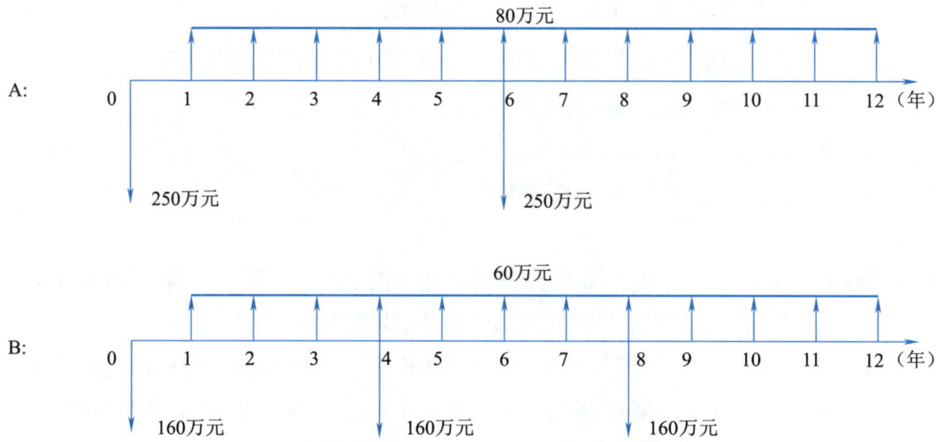

图 5.2　A、B 方案最小公倍数年份的现金流量图

$NPV_A = -250 - 250(P/F,10\%,6) + 80(P/A,10\%,12) = 153.97$（万元）

$NPV_B = -160 - 160(P/F,10\%,4) - 160(P/F,10\%,8) + 60(P/A,10\%,12) = 64.90$（万元）

可以看出，A 方案的净现值较大，所以应该选择方案 A。

最小公倍数法有效地解决了计算期不同方案之间的净现值的可比性问题，但是这种方法在有些情况下是不适用的，例如不可再生资源开发型项目，方案重复实施的假定不成立，运用最小公倍数法也就不适用。另外，如果用最小公倍数法求得的计算期过长，也不方便计算。

（2）研究期法。

研究期法是根据项目具体情况，直接选取一个适当的分析期作为各个方案共同的计算期，通过比较各个方案在该计算期内的净现值来对方案进行比选，净现值最大的方案为最优方案。研究期的选择一般以互斥方案中最短或最长的计算期作为共同的研究期，有效弥补了最小公倍数法的不足。

例 5.11　试对例 5.10 用研究期法进行方案的比选。

解　①选择方案中较短的计算期作为共同的研究期，即 $n=4$ 年。计算各个方案的净现值：

$NPV_A = [-250 + 80(P/A,10\%,6)](A/P,10\%,6)(P/A,10\%,4) = 71.63$（万元）

$NPV_B = -160 + 60(P/A,10\%,4) = 30.19$（万元）

$NPV_A > NPV_B$，所以 A 优于 B。

②选择方案中较长的计算期作为共同的研究期，即 $n=6$ 年。计算各个方案的净现值：

$NPV_A = -250 + 80(P/A,10\%,6) = 98.42$（万元）

$NPV_B = [-160 + 60(P/A,10\%,4)](A/P,10\%,4)(P/A,10\%,6) = 41.49$（万元）

$NPV_A > NPV_B$，所以 A 优于 B。

2）净年值法

在对计算期不同的互斥方案进行比选时，净年值法是最为简便的方法。用净年值进行计算期不同的互斥方案比选时，实际上隐含着这样一种假定：假定各备选方案在其计算期结束时均可按原方案重复实施或以与原方案经济效果水平相同的方案继续实施。因为无论方案重复实施多少次，其净年值都是不变的，从而使计算期不同的互斥方案间具有可比性。对于只比较费用的互斥方案，可以采用费用年值来比选方案。

例 5.12 试对例 5.10 用净年值法进行方案的比选。

解 直接计算各方案的净年值，净年值最大且大于 0 的方案为最佳方案。

$NAV_A = -250(A/P,10\%,6) + 80 = 22.6$（万元）

$NAV_B = -160(A/P,10\%,4) + 60 = 9.52$（万元）

$NAV_A > NAV_B$，所以，A 优于 B，A 为最佳方案。

3）增量内部收益率法

应用内部收益率对计算期不同的互斥方案进行比选时，要经过两个步骤，具体如下：

（1）进行绝对效果检验：计算各方案的内部收益率，淘汰 $IRR < i_c$ 的方案。

（2）进行相对效果检验：计算增量内部收益率 ΔIRR，根据 ΔIRR 的评价标准选择方案。

但是，需要注意的是，由于方案计算期不同，建立计算增量内部收益率的方程时，要利用方案之间净年值相等的方式建立，其中隐含了方案可重复实施的假定。

设互斥方案 A、B 的计算期分别为 n_A 和 n_B，则 $NAV_A = NAV_B$，即：

$$\left[\sum_{t=0}^{n_A}(CI-CO)_{At}(1+\Delta IRR)^{-t}\right](A/P,\Delta IRR,n_A) = \left[\sum_{t=0}^{n_B}(CI-CO)_{Bt}(1+\Delta IRR)^{-t}\right](A/P,\Delta IRR,n_B) \tag{5.8}$$

当 $\Delta IRR \geqslant i_c$ 时，选择投资大的方案。反之，选择投资小的方案。

若只比较方案之间的费用，也可利用增量内部收益率进行比选，同样由于方案的计算期不同，可以令方案之间的费用年值相等来建立计算增量内部收益率的方程。

例 5.13 试对例 5.10 用增量内部收益率法进行方案的比选。

解 ①计算各方案的内部收益率，进行绝对效果检验。

$NPV_A = -250 + 80(P/A,IRR_A,6) = 0$，解得：$IRR_A = 22.56\%$

$NPV_B = -160 + 60(P/A,IRR_B,4) = 0$，解得：$IRR_B = 18.45\%$

两个方案内部收益率都大于基准收益率 10%，都通过绝对效果检验。

②相对效果检验，计算增量内部收益率。

令 $NAV_A = NAV_B$

$-250(A/P,\Delta IRR,6) + 80 = -160(A/P,\Delta IRR,4) + 60$

试算得：$\Delta IRR = 29.035\% > 10\%$，所以投资额大的 A 为最佳方案。

3. 寿命期无限的互斥方案经济评价

对于一些大型公共项目，如桥梁、大坝、铁路等项目，服务期限相当长，可以看成是计算期无限的项目，这时，需要按照无限计算期来比选方案。在应用复利公式进行计算时，年金和现值之间的公式会有所变化，推导如下：

$$P = \frac{(1+i)^n - 1}{i(1+i)^n} \times A$$

当计算期趋向于无穷大时，即 $n \to \infty$，$\lim\limits_{n\to\infty}\frac{(1+i)^n - 1}{i(1+i)^n} = \frac{1}{i}$

得到：

$$P = \frac{A}{i} \quad 或 \quad A = Pi \tag{5.9}$$

当进行计算期无限方案的比选时，年金和现值之间的公式要应用公式5.9进行相关计算。

例 5.14 拟新建一座桥梁，有两个建造方案，其相关经济资料如表5.11所示，试做出决策。（$i_c=10\%$）

表5.11 方案A、B的费用支出表

方案	A	B
初始建设费用（万元）	1 200	1 100
年维护费（万元）	2	8
桥面翻修（万元/10年）	5	4

解 按照无限计算期来计算，应用费用年值法比选方案，计算各个方案的费用年值。

$AC_A=1\ 200\times10\%+2+5(A/F,10\%,10)=122.31$（万元）

$AC_B=1\ 100\times10\%+8+4(A/F,10\%,10)=118.25$（万元）

比较两个方案的费用年值，选择费用年值较小的方案B。

5.4 相关方案经济评价方法

5.4.1 现金流量相关型

现金流量相关型方案，一个方案的取舍影响着其他方案的现金流量变化，方案间不能简单按照独立关系或互斥关系进行评价与分析，而应首先确定方案之间的相关性，对其现金流量之间的相互影响作出准确估计，然后根据方案之间的关系，把方案组合成互斥的组合方案。

例 5.15 为了满足运输需要，在两地之间要建一铁路项目或一公路项目。若只建铁路或只建公路，它们的现金流量如表5.12所示，若同时建铁路或公路，两个项目的收益都会相应减少，这时的现金流量如表5.13所示。应如何决策？（$i_c=10\%$）

表5.12 只建一个项目的净现金流量 单位：百万元

方案	年末			
	0	1	2	3~32
铁路（A）	-200	-200	-200	100
公路（B）	-100	-100	-100	60

表5.13 同时建两个项目的净现金流量 单位：百万元

方案	年末			
	0	1	2	3~32
铁路（A）	-200	-200	-200	70
公路（B）	-100	-100	-100	45
两个项目（A+B）	-300	-300	-300	115

解 先将两个相关方案组合成三个互斥方案，再计算每个互斥方案的净现值，如表5.14所示。

表 5.14　组合方案及其净现值表　　单位：百万元

方　案	年　末				
	0	1	2	3～32	净现值
铁路(A)	-200	-200	-200	100	231.94
公路(B)	-100	-100	-100	60	193.87
两个项目(A+B)	-300	-300	-300	115	75.24

比较三个方案的净现值，方案 A 的净现值最大，所以，只建设铁路是最优方案。

5.4.2　资金有限相关型

建设项目的投资决策阶段，是决定项目成败的关键阶段。决策者需要综合考虑市场条件、建设条件和工程投资等多种因素，在这一阶段，资金作为一种稀缺资源，是选择建设方案的一个重要的约束条件。投资者所做的绝大多数决策，大都是在资金有限的条件下，对方案进行选择，以期取得最大的经济效果。此类型方案比选在有资源约束的独立方案部分已经阐述。

5.4.3　混合相关型

混合相关型方案是指一组独立或者互斥方案中又有若干方案，这些方案之间是相关的。这种相关可以是：依存关系，如方案 B 依存于方案 A，即若方案 A 不选取则方案 B 肯定不取；紧密互补关系，如两个方案 C、D，这两个方案或者都取或者都不取，在这种情况下可以把这两个方案合并成一个方案；还有非紧密互补关系，如现金流量相关。混合型方案的特点就是在分别决策的基础上，研究系统内各方案的相互关系，从中选择最优的方案组合。

混合方案的选择是实际工作中常遇到的一类问题，这类问题选择方法复杂，下面通过一个设备投资预算分配问题加以说明。

例 5.16　某公司有三个下属部门，分别是 A、B、C，各部门提出了若干投资方案，如表 5.15 所示，三个部门之间是独立的，但每个部门内的投资方案之间是互斥的，寿命均为 10 年，$i_c=10\%$。试问：

①资金供应没有限制，如何选择方案？

②资金限制在 500 万元之内，如何选择方案？

③当 B 部门的投资方案是与安全有关的设备更新，不管效益如何，B 部门必须优先投资，此时如何选择方案？（资金供应同②）

表 5.15　混合方案的现金流量

部门	方案	0 年(万元)	1～10 年(万元)	IRR/%
A	A_1	-100	27.2	24.1
	A_2	-200	51.1	22.1
B	B_1	-100	12.0	3.5
	B_2	-200	35.4	12
	B_3	-300	50.6	10.8
C	C_1	-100	50.9	50
	C_2	-200	63.9	29.6
	C_3	-300	87.8	26.5

解　上述 3 个问题采用内部收益率指标来分析。

①因为资金供应无限制，A、B、C 部门之间独立，此时实际上是各部门内部互斥方案的比选，分别计算 ΔIRR 如下：

对于 A 部门，由方程式：

$-100+27.2\times(P/A,IRR_{A_1},10)=0$，$-200+51.1\times(P/A,IRR_{A_2},10)=0$

$-100+(51.1-27.2)\times(P/A,IRR_{A_2\text{-}A_1},10)=0$

解得：对于 A 部门 $IRR_{A_1}=24.1\%>i_c$，$IRR_{A_2}=22.1\%>i_c$，$\Delta IRR_{A_2\text{-}A_1}=20.1\%>i_c$，所以，$A_2$ 优于 A_1，选择 A_2 方案。

对于 B 部门，同样方法可求得：$IRR_{B_1}=3.5\%<i_c$，故 B_1 是无资格方案，$IRR_{B_2}=12\%>i_c$，$IRR_{B_3}=10.8\%>i_c$，$\Delta IRR_{B_3\text{-}B_2}=8.4\%<i_c$，$B_2$ 优于 B_3，应选 B_2 方案。

对于 C 部门，求得 $IRR_{C_1}=50\%>i_c$，$IRR_{C_2}=29.6\%>i_c$，$\Delta IRR_{C_2\text{-}C_1}=5.1\%<i_c$，故 C_1 方案优于 C_2；$IRR_{C_3}=26.5\%>i_c$，$\Delta IRR_{C_3\text{-}C_1}=13.0\%>i_c$，所以 C_3 优于 C_1，应选方案 C_3。

因此，资金没有限制时三个部门应分别选择 $A_2+B_2+C_3$。即 A 与 B 部门分别投资 200 万元，C 部门则投资 300 万元。

②由于存在资金限制，各部门投资方案的选择过程排序如图 5.3 所示。

从图 5.3 可见，当资金限制在 500 万元之内时，可接受的方案包括 C_1-0、A_1-0、A_2-A_1、C_3-C_1，因为这 4 个增量投资方案的 ΔIRR 均大于 i_c，结合①中的方案比较，A_2 优于 A_1，C_3 优于 C_1，且投资额为 500 万元，因此，三个部门应选择的方案为 A 部门的 A_2 和 C 部门的 C_3。

③B 部门必须投资，即 B_2 必须优先选择（此时图 5.3 变成图 5.4）。

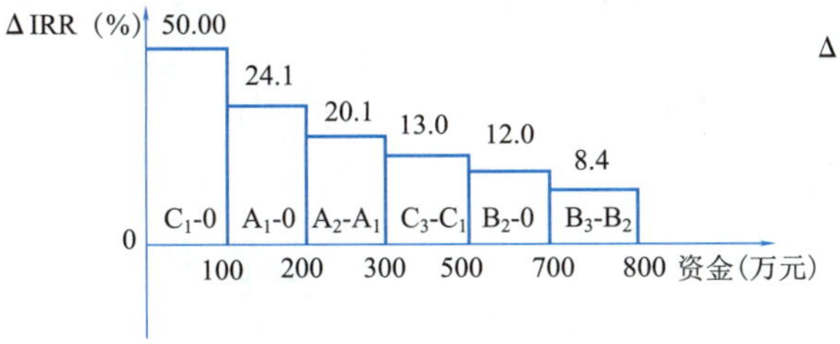

图 5.3　混合方案的 ΔIRR

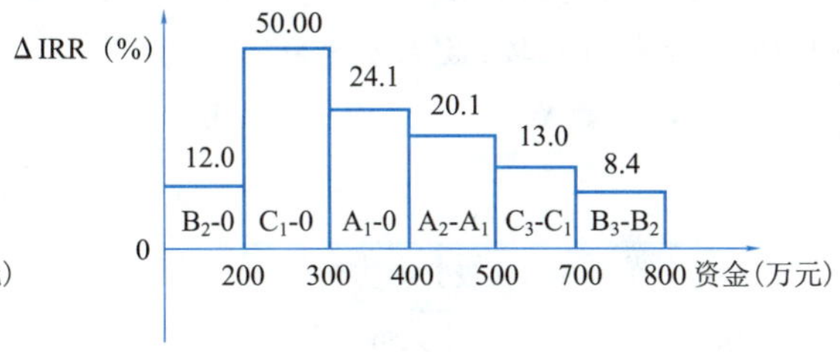

图 5.4　有优先选择条件的混合方案的 ΔIRR

同理，从图 5.4 可见，三个部门的方案选择 $B_2+C_1+A_2$，即 B 部门投资 200 万元，A 部门投资 200 万元，C 部门投资 100 万元。

本章小结

1. 本章主要介绍了建设项目多方案的评价方法，其中，多方案的比选是项目经济评价的重要内容。而评价的首要关键是判断多方案的经济关系类型，常见的经济关系类型有互斥型关系、独立型关系、相关型关系等。

2. 独立型方案评价要分有无资源约束的情况，对于无资源约束的独立型方案评价与单方案评价一样，只进行绝对经济效果检验，可以采用静态评价指标，也可以采用动态评价指标。有资源约束的独立型方案常用两种方法进行经济效果评价：组合互斥法和净现值率排序法。

3. 互斥型方案评价是方案评价的重点内容，常采用的静态评价方法主要有增量投资收益率法、增量投资回收期法、年折算费用法、综合总费用法。而在采用动态评价方法时，对于不同的寿命周期情况，评价方法也存在差异，寿命周期相同的，可以采用净现值（年值）法或者费用现值（年值）法，以及增量内部收益率法来评价；寿命周期不同的，可以采用净年值、费用年值法评价，或者构造相同的计算期，如最小公倍数法、共同研究期法等通过计算净现值进行评价；寿命周期无限的，可以采用现值法或年值法。

4. 相关型方案包括现金流量相关型、资金有限相关型和混合相关型。相关型方案的评价相较于前两种类型更为复杂，在多样的约束条件下同时包括了互斥与独立关系，这就要求我们能更加灵活的运用多种评价指标，采用更适宜的评价方法。

综合能力实训

一、选择题

1. 在进行投资方案的比较和选择时，首先应明确（　　）。

A. 适宜的评价指标 B. 投资方案间的关系 C. 适宜的评价方法 D. 其他

2.（　　）是指在各个投资方案之间，其中某一方案的采用与否会对其他方案的现金流量带来一定的影响，进而影响其他方案的采用或拒绝。

A. 互斥关系 B. 独立关系 C. 相关关系 D. 混合关系

3. 某项目有四种方案，各方案的现金流量及有关评价指标如表 5.16 所示，若已知基准收益率为 18%，则经过比较，最优方案为（　　）。

A. 方案 A B. 方案 B C. 方案 C D. 方案 D

表 5.16　各方案的现金流量及有关评价指标

方案	投资额（万元）	IRR	ΔIRR
A	250	20%	/
B	350	24%	$\Delta IRR_{B-A}=20.0\%$
C	400	18%	$\Delta IRR_{C-B}=5.3\%$
D	500	26%	$\Delta IRR_{D-B}=31.0\%$

4. 已知有 A、B、C 三个独立投资方案，其寿命期相同，各方案的投资额及评价指标如表 5.17 所示。若资金受到限制，只能筹措到 6 000 万元资金，则最佳的组合方案是（　　）。

表 5.17　各方案的投资额及评价指标

方案	投资额（万元）	净现值（万元）	净现值率
A	2 100	110. 50	5. 26%
B	2 000	409. 12	20. 45%
C	2 500	264. 25	7. 55%

A. A + B B. A + C C. B + C D. A + B + C

5. 采用增量投资内部收益率(ΔIRR)法比选计算期相同的两个可行互斥方案时，基准收益率为 i_c，则保留投资额大的方案的前提条件是(　　)。

A. ΔIRR > 0　　B. ΔIRR < 0　　C. ΔIRR > i_c　　D. ΔIRR < i_c

6. 两个互斥方案的计算期和效益均相同，方案 1 投资为 12 000 万元，年经营成本为 8 000 万元，方案 2 投资为 18 000 万元，年经营成本为 5 000 万元。若基准投资收益率为 20%，基准投资回收期为 3 年，则下列结论中，正确的是(　　)。

A. 基于增量投资回收期和增量投资收益率均可判定方案 1 优于方案 2

B. 基于增量投资回收期和增量投资收益率均可判定方案 2 优于方案 1

C. 基于增量投资收益率可判定方案 1 优于方案 2，基于增量投资回收期的结论相反

D. 基于增量投资回收期可判定方案 1 优于方案 2，基于增量投资收益率的结论相反

7. 在对多个寿命期不等的互斥方案进行比选时，(　　)是最为简便的方法。

A. 净现值法　　B. 最小公倍数法　　C. 研究期法　　D. 净年值法

8. 方案 A 的初始投资额为 20 000 元，年收益为 5 500 元；方案 B 的初始投资额为 10 000 元，年收益为 3 000 元，则增量投资回收期为(　　)。

A. 4.3 年　　B. 4 年　　C. 3.64 年　　D. 3.33 年

9. (多选)净现值率排序法的缺点是(　　)。

A. 计算简便，选择方法简明扼要　　B. 经常出现资金没有被充分利用的情况

C. 不一定能保证获得最佳组合方案　　D. 一般能得到投资经济效果较大的方案组合

E. 能保证获得最佳组合方案

10. (多选)对寿命期相同的互斥方案，比选方法正确的有(　　)。

A. 各备选方案的净现值大于或等于零，并且净现值越大方案越优

B. 各备选方案的净现值大于或等于 1，并且净现值越大方案越优

C. 各备选方案的内部收益率大于或等于基准收益率，并且内部收益率越大，方案越优

D. 各备选方案产出的效果相同或基本相同，可用最小费用法比选，费用越小，方案越优

E. 各备选方案的净年值大于或等于零，并且净年值越大，方案越优

11. (多选)关于方案间存在的关系，下列描述正确的是(　　)。

A. 互斥关系是指各方案间具有排他性

B. 独立型备选方案的特点是诸方案间没有排他性

C. 企业可利用的资金有限制时，独立关系转化为互斥关系

D. 企业可利用的资金足够多时，独立关系转化为一定程度上的互斥关系

E. 在相关关系中，某些方案的接受以另一些方案的接受作为前提条件

12. (多选)某工程施工现有两个对比的技术方案，方案 1 需投资 200 万元，年生产成本 120 万元；方案 2 与方案 1 应用环境相同的情形下，需投资 300 万元，年生产成本 100 万元。设基准投资收益率为 10%，采用增量投资收益率法选择方案，正确的有(　　)。

A. 方案 2 与方案 1 相比，增量投资收益率为 10%

B. 方案 2 与方案 1 相比，在经济上可行

C. 当基准投资收益率提高为 15% 时，方案 2 优于方案 1

D. 方案 2 比方案 1 投资高出 50%，超过基准收益率，经济上不可行

E. 当基准投资收益率降低为 8% 时，方案 1 优于方案 2

二、案例分析题

1. 现有三个独立的投资方案A、B、C的现金流量如表5.18所示；基准折现率为8%。

表5.18　现金流量表　　单位：万元

方　案	年　末			
	0	1	2	3
A	-1 000	580	580	580
B	-3 000	1 450	1 450	1 450
C	-5 000	2 000	2 000	2 000

当资金不受限制时，如何比选？当资金限额为5 000万元时，请使用组合互斥化法进行比选。

2. 某企业现有A、B、C、D四个投资方案，现金流量情况如表5.19所示。

表5.19　现金流量表　　单位：万元

方　案	年　末		
	0	1	2、3、4、5、6
A	-1 000	1 400	0
B	-2 000	1 940	720
C	-1 000	490	1 050
D	-2 000	300	1 600

问题：

(1) 当基准折现率为10%时，请分别用净现值、净现值率的大小对项目排序。

(2) 如果A、B、C、D为互斥方案，则选择哪个方案？

(3) 如果A、B、C、D为独立方案，在下列情况下如何选择？

①无资金限制。②总投资为3 000万元。

3. 某地区投资预算总额为800万元，现有A～J共10个方案可供选择，各方案的投资额和净现值数据如表5.20所示，若基准折现率为12%，请通过净现值率排序法选择方案。

表5.20　备选方案的投资和净现值　　单位：万元

方　案	A	B	C	D	E	F	G	H	I	J
投资额	100	150	100	120	140	80	120	80	120	110
NPV	13	8.2	1.7	15.6	1.25	27.35	21.25	16.1	4.3	14.3
NPVR										

4. 某公司计划新建厂房，有两个方案，甲方案采用流水线，总投资60万元，年经营成本10万元；乙方案采用自动生产线，总投资80万元，年经营成本5万元。两方案年平均收入都是30万元，设基准投资回收期为5年，应采用哪个方案？

5. 有4种同样功能的设备，经济寿命均为10年，初始投资和年运行费如表5.21所示。基准折现率为10%，试选择最优设备投资方案。

表 5.21 现金流量表 单位:万元

设 备	A	B	C	D
初始投资	3 000	3 800	4 500	5 000
年运行费	1 800	1 770	1 470	1 320
残值回收	30	100	300	250

6. 某公司计划购买一台设备,有A、B两个方案可供选择,各年现金流量如表5.22所示,基准折现率为10%,试对方案进行比选。请使用最小公倍数法、研究期法(研究期分别选6年和9年)和净年值法分别计算并做出决策。四种解题过程完成之后请思考哪种思路最佳。

表 5.22 现金流量表 单位:万元

方 案	初始投资	年净收益	残 值	寿命(年)
A	10	3	1.5	6
B	15	4	2	9

7. 两个互斥方案A、B,它们的净现金流量如表5.23所示,基准收益率为12%,试选择方案。

表 5.23 现金流量表 单位:万元

方 案	年 末						
	0	1	2	3~8	9	10~13	14
A	-700	-700	480	480	600	/	/
B	-1 500	-1 700	-800	900	900	900	1 400

8. 某公司打算购买表5.24中所列的两种新设备的一种,基准收益率为12%,试分别应用费用现值和费用年值选择方案。

表 5.24 现金流量表 单位:万元

项 目	设备A	设备B
初始投资	3 400	6 500
年运行费用	2 000	1 800
残 值	100	500
计算期(年)	3	6

9. 某厂实施技术改造工程,现有资金8 000万元,需要开展的项目很多,经过调查急需投资的方向有4个(即4个独立方案),每个投资方向有互斥方案,各方案现金流量如表5.25所示,要求单项投资收益率为12%,寿命期均为5年,请做出最佳决策。

表 5.25 现金流量表 单位:万元

投资方向(独立方案)	互斥方案	投资额	年净收益
I	A1	1 000	251
	A2	2 000	555
	A3	3 000	790

续表

投资方向(独立方案)	互斥方案	投资额	年净收益
Ⅱ	B1	2 000	640
	B2	4 000	1 170
Ⅲ	C1	2 000	627
	C2	3 000	932
Ⅳ	D1	1 000	320

10. 某桥梁工程,初步拟定两种结构类型方案供备选。A 方案为钢筋混凝土结构,初始投资 1 500 万元,年维护费为 10 万元,每 5 年大修 1 次,费用为 100 万元;B 方案为钢结构,初始投资 2 000万元,年维护费为 5 万元,每 10 年大修 1 次,费用为 100 万元。若两方案效用相同,基准折现率为 5%,哪一个方案更加经济?

第6章

不确定性分析

本章导读

前面章节所介绍的经济效果评价，其所采用的大部分基础数据，如投资额、产量、成本、价格等，都来自预测和估算，同时假定这些参数在计算期内保持不变，然而，由于人们对未来事物认识的局限性、可获信息的有限性以及未来事物本身的变化，使得这些数据与实际情况可能有出入，这样就产生了不确定性。不确定性的直接后果是项目经济效果评价指标的实际值与评价值偏离，从而使按照评价值作出的决策带有风险，严重时可造成决策的失误。不确定性分析主要分析各种外部条件发生变化或者测算数据误差对方案经济效果的影响程度，以及方案本身对不确定性的承受能力。本章将介绍常用的不确定性分析方法，包括盈亏平衡分析、敏感性分析和概率分析。

学习目标

知识目标：

◇ 理解不确定性分析的意义和目的。

◇ 掌握线性和非线性盈亏平衡分析方法。

◇ 掌握单因素、双因素、三因素敏感性分析方法。

◇ 掌握概率树、决策树分析方法。

能力与素质目标：

◇ 能够针对具体工程背景，通过计算盈亏平衡点，对线性和非线性盈亏平衡分析问题进行科学决策。

◇ 能够依据具体工程背景，选取恰当的不确定性因素，考察其变化对方案经济评价指标的影响，从中找出敏感因素，确定其敏感程度，据此预测未来的风险状况。

◇ 能够对具体工程问题进行有针对性的单因素、双因素、三因素敏感性分析。

◇ 能够采用概率树、决策树方法对项目进行概率分析。

思维导图

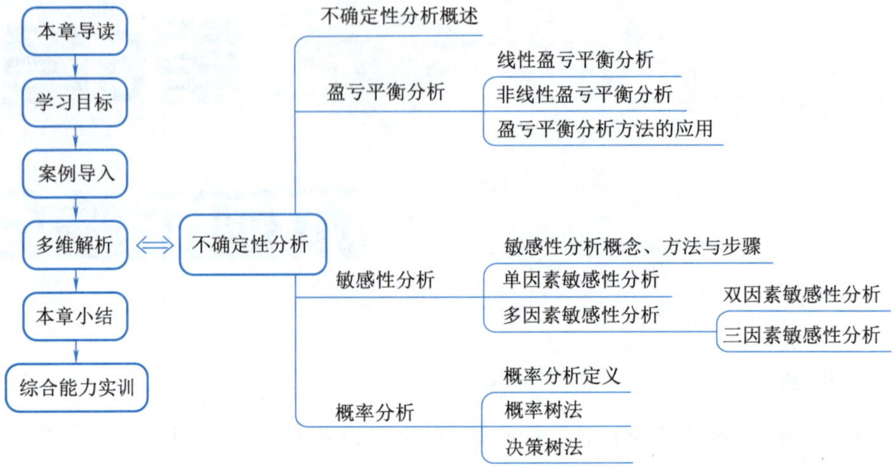

案例导入

《智创路达——道路材料质量智能监测全过程解决方案》商业企划书（节选敏感性分析部分）

——“互联网+”大学生创新创业大赛国家级铜奖、省级赛金奖（高教主赛道冠军）

公司在销售收入、经营成本、投资上存在来自各方面的不确定因素，我们对三者按提高15%、10%、5%和降低15%、10%、5%的单因素变化做敏感性分析。我们以净现值和内部收益率作为风险分析的评价指标：初始投资成本为600万元，预期净现值为3 005.52万元。不确定因素的敏感性系数的绝对值从大到小依次为营业收入、经营成本和初始投资。因此，净现值对营业收入变化的反应最为敏感，其次为经营成本。由临界点也能得出此结论。分析如下面两图所示。

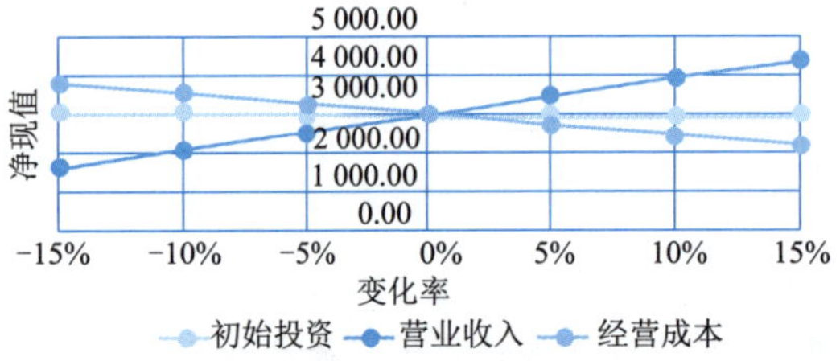

NPV敏感性分析

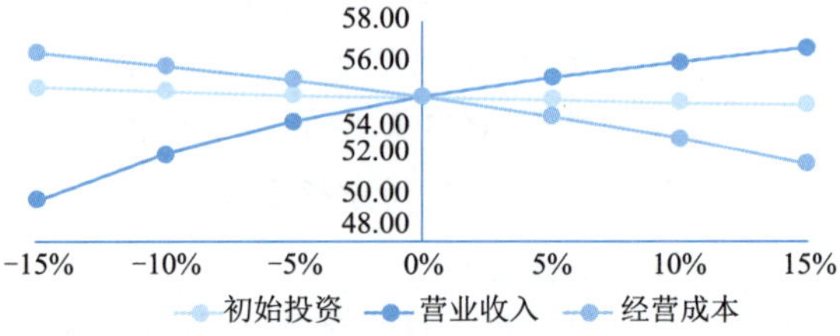

IRR敏感性分析

从对公司的敏感性分析可以看出：在变化±10%范围内，净现值的波动在控制之内，公司项目始终可行，说明本公司的项目能承担一定的风险，具有较高的可靠性。对于市场的一些不确定性因素，本公司的销售有着较好的独立性和抵抗性。公司的运营情况对销售收入的变动最为敏感，经营成本次之。说明了公司的产品价格有一定的调整余地，略提高价格能够获得更多的利润。

思考：“互联网+”大学生创新创业大赛参赛作品提交的商业企划书，项目财务评价是重要的组成部分，其中盈亏平衡分析和敏感性分析将在本章学习。

6.1 不确定性分析概述

客观事物发展多变的特点以及人们对客观事物认识的局限性,使得人们对客观事物的预测结果可能偏离预期,具有不确定性,投资项目也不例外。这是由于投资项目决策分析与评价工作所采用的各项数据都是根据历史数据和经验预测得到,而预测的不确定性已为人所共知。因此,这些数据都或多或少带有某种不确定性,致使投资项目的决策分析与评价结果具有不确定性。

这里讲的不确定性,一是指影响工程方案经济效果的各种因素(如各种价格、销售量)的未来变化带有不确定性;二是指测算工程方案现金流量时各种数据(如投资额、产量等),由于缺乏足够的信息或测算方法上的误差,致使方案经济效果评价指标值带有不确定性。为了提高技术经济分析的科学性,减少评价结论的偏差,就需要进一步研究这些技术经济因素的变化对技术方案经济效益的影响,于是就形成了不确定性分析。所谓不确定性分析,即计算分析不确定因素的假想变动对经济效果评价的影响程度,以预测项目可能承担的风险,确保项目在经济上的可靠性。常用的不确定性分析方法,包括盈亏平衡分析、敏感性分析和概率分析。

6.2 盈亏平衡分析

盈亏平衡分析(Break - Even Analysis)是在一定的市场、生产能力的条件下,研究拟建项目成本与收益的平衡关系的方法。盈亏平衡分析又称"量本利"分析,它是根据产品产量、成本和利润三者之间相互依存的关系进行的综合分析,其目的是找出投资项目盈利或亏损的临界点——盈亏平衡点(Break - Even Point ,BEP),以预测项目的风险大小,从而找出方案可行的区域,为投资决策提供依据。在盈亏平衡点上,项目销售(营业、服务)收入等于总成本费用,正好盈亏平衡。

盈亏平衡点通常根据项目正常生产年份的产品产量、固定成本、可变成本、产品价格和税金及附加等数据计算。固定成本主要包括工资(计件工资除外)、折旧费、无形资产及其他资产摊销费、修理费和其他费用等;可变成本主要包括原材料、燃料、动力消耗、包装费和计件工资等。

盈亏平衡分析的基本方法是建立成本与产量、销售收入与产量之间的函数关系,通过对这两个函数及其图形的分析,找出用产量和生产能力利用率表示的盈亏平衡点,进一步确定项目对减产、降低售价、单位产品可变成本上升等因素变化所引起的风险的承受能力。盈亏平衡分析只适宜在财务分析中应用。按照不确定性因素间的函数关系,盈亏平衡分析可分为线性盈亏平衡分析和非线性盈亏平衡分析。

6.2.1 线性盈亏平衡分析

1. 线性盈亏平衡分析的基本假设

(1)产量等于销售量,即当年生产的产品当年全部销售出去。

(2)产量变化,单位可变成本不变,从而总成本费用是产量的线性函数。

(3)产量变化,产品售价不变,从而销售收入是销售量的线性函数。

(4)按单一产品计算,当生产多种产品时,可以换算成单一产品。

2. 线性盈亏平衡分析数学模型

根据线性盈亏平衡分析的假定条件,产品的销售收入、总成本费用与产量的线性盈亏平衡分析基本公式如下:

$$R = (P - T)Q = P(1 - t)Q \tag{6.1}$$

式中：R 为正常生产年总销售收入；P 为单位产品销售价格；Q 为年销售量或年产量；T 为单位产品销售税金；t 为销售税金及附加税率。

$$C = F + V = F + vQ \tag{6.2}$$

式中：C 为正常生产年总成本费用；F 为总成本费用中的固定成本；V 为总成本费用中的可变成本；v 为单位产品可变成本。

3. 线性盈亏平衡分析图

根据线性盈亏平衡分析基本公式绘制线性盈亏平衡分析图，如图 6.1 所示。当项目利润为 B 时，则：

$$B = R - C = (P - T - v)Q - F \tag{6.3}$$

图 6.1 中销售收入线 R 与总成本费用线 C 的交点即盈亏平衡点。在 BEP 的左边，总成本费用线高于销售收入线，项目亏损；在 BEP 的右边，销售收入线高于总成本费用线，项目盈利。在 BEP 点上，项目不盈不亏。

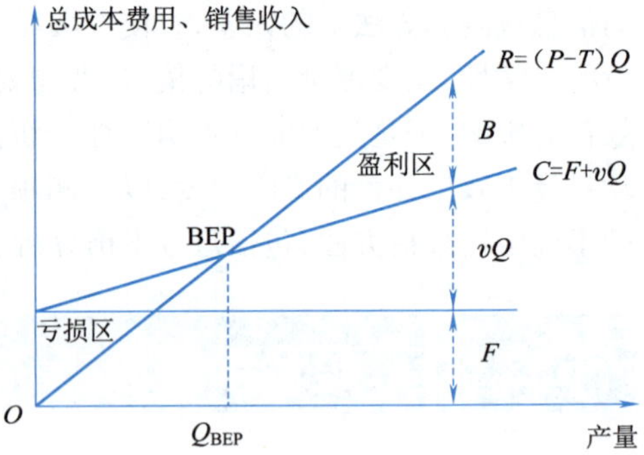

图 6.1 线性盈亏平衡图

4. 盈亏平衡点的表达方式

盈亏平衡点的表达方式有多种，具体形式如下所示：

1）用产量表示

$$Q_{BEP} = \frac{F}{P - T - v} \tag{6.4}$$

经济意义：项目不发生亏损时所必须达到的产量，此产量越小，表明项目适应市场需求变化的能力越大，抗风险能力越强。

2）用生产能力利用率表示

$$f_{BEP} = \frac{Q_{BEP}}{Q_C} \times 100\% = \frac{F}{(P - v - T)Q_C} = \frac{F}{R - V - TQ_C} \tag{6.5}$$

式中：Q_C为设计年产量。

经济意义：项目不发生亏损时所必须达到的最低生产能力，此值越小，表明项目适应市场需求变化的能力越大，抗风险能力越强。

3）用销售收入表示

$$R_{BEP} = (P - T)Q_{BEP} = \frac{(P - T)F}{P - v - T} \tag{6.6}$$

经济意义：项目不发生亏损时所必须达到的最低销售收入，此值越小，表明项目适应销售收入变化的能力越大，抗风险能力越强。

4）用销售价格表示

$$P_{BEP} = v + T + \frac{F}{Q_C} \tag{6.7}$$

经济意义：项目不发生亏损时所必须达到的最低销售价格，此值越小，表明项目适应销售价格变化的能力越大，抗风险能力越强。

5）用单位产品变动成本表示

$$v_{BEP} = P - T - \frac{F}{Q_C} \tag{6.8}$$

经济意义：项目不发生亏损时能够承担的单位产品可变成本的最高值，此最高值越高，表明项目适应生产技术进步的能力越大，抗风险能力越强。

5. 盈亏平衡点计算的几点说明

（1）盈亏平衡点是按照项目达产年份的数据计算的，不能按照项目计算期内的平均值计算。由于项目盈亏平衡点表示的是相对于设计生产能力，达到多少产量或负荷率才能达到盈亏平衡，或在设计生产能力下保持盈亏平衡的最低价格、能承受的最高单位可变成本是多少，所以，必须按照项目达产年份的数据计算，如按项目计算期内的平均值计算就失去了意义。

（2）如在项目还款期内各年利息支出不同，除此之外，折旧费和摊销费也可能不同，这样，各达产年的固定成本可能不同。具体按哪一年计算盈亏平衡点，可根据项目实际情况确定，最好选择还款期间的第一个达产年和还款后的年份，这样可给出最高和最低的盈亏平衡点区间范围。

（3）前面盈亏平衡计算公式中的销售收入、总成本费用、销售税金都是按不含税价格计算的，如果是含税价格，则应减去相应的增值税。

6.2.2 非线性盈亏平衡分析

实际项目中，其产品销售收入、总成本费用与产量并不一定是线性关系。当市场供求关系变化时，产品价格不再是一个不变的值。另外，产量不同时，产品总成本中的固定成本在一定时期内不随产量变化，但可变成本将随产量的变化而呈非线性变化。这种情况下，销售收入、产品总成本应看作是产量的非线性函数，即 $R=R(Q)$、$C=C(Q)$。

销售收入、产品总成本与产量的非线性函数通常可表示为一元二次函数：

$$R=aQ+bQ^2 \tag{6.9}$$

$$C=c+dQ+eQ^2 \tag{6.10}$$

式中：a、b、c、d、e 为常数。

在盈亏平衡时应有 $R(Q)-C(Q)=0$。即：

$$(b-e)Q^2+(a-d)Q-c=0 \tag{6.11}$$

解得：

$$Q_{\text{BEP1,2}}=\frac{-(a-d)}{2(b-e)}\pm\frac{\sqrt{(a-d)^2+4(b-e)c}}{2(b-e)} \tag{6.12}$$

可求得两个盈亏平衡点的产量：Q_{BEP1} 与 Q_{BEP2}，Q_{BEP1} 到 Q_{BEP2} 内的产量即为盈利区的产量范围。

在项目的两个盈亏平衡点之间，存在最大利润点，对应于利润最大点的产量 $Q_{\max}$ 为：

$$\frac{\mathrm{d}(R-C)}{\mathrm{d}Q}=2(b-e)Q+(a-d)=0 \tag{6.13}$$

$$Q_{\max}=\frac{-(a-d)}{2(b-e)} \tag{6.14}$$

非线性盈亏平衡分析图如图 6.2 所示。

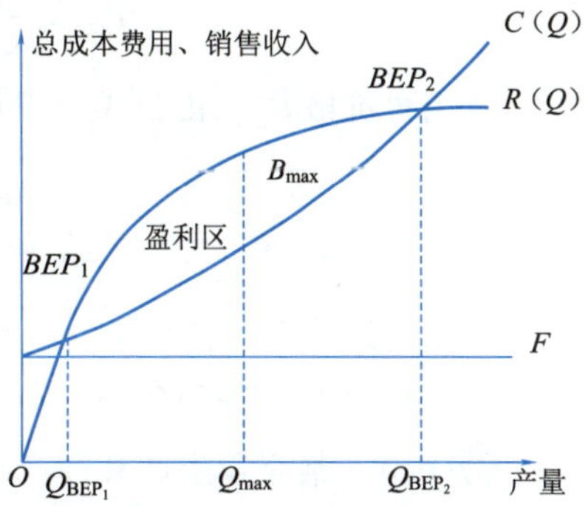

图 6.2 非线性盈亏平衡分析图

6.2.3 盈亏平衡分析方法的应用

当不确定性因素同时对两个以上的方案，如对互斥方案的经济效果产生不同程度的影响时，可通过盈亏平衡分析方法开展互斥方案在不确定性条件下的比选。它可以对决策者确定项目的合理经济规模及对项目工艺技术方案的投资决策起到一定的参考与帮助作用。

例 6.1 拟兴建某工程项目，现有三种方案，机械化程度高时投资大，固定成本高，可变成本低。其具体参数如表 6.1 所示，试评价三种方案的优劣。

表 6.1 项目参数汇总表

方案费用项目	A	B	C
产品可变成本（万元/件）	1	0.6	0.4
产品年固定成本（万元）	10	20	30

解 设预计产量为 Q，则各方案的生产成本为：

$C_A = 10 + Q$；$C_B = 20 + 0.6Q$；$C_C = 30 + 0.4Q$

各方案的成本曲线如图 6.3 所示。

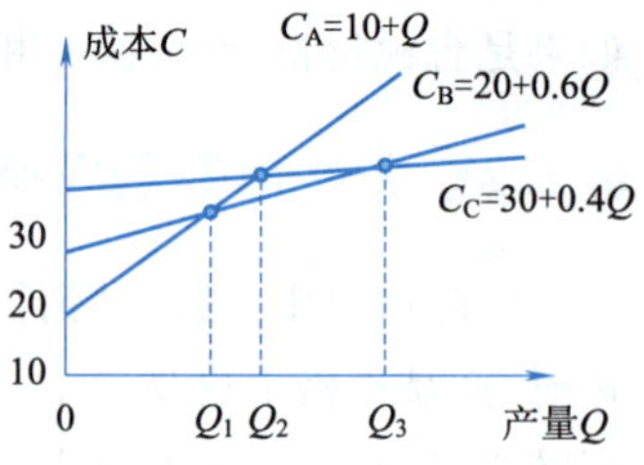

图 6.3 各方案的成本曲线

当 $C_A = C_B$ 时，得 $Q_1 = 25$；当 $C_A = C_C$ 时，得 $Q_2 = 33.3$，当 $C_B = C_C$ 时，得 $Q_3 = 50$。由上可以看出，每种方案在不同的产量范围内有不同的效果，即产量越大，对方案 C 越有利，而对方案 A 越不利。故当产量 $Q < Q_1$ 件时，A 方案成本最低，故应选择 A 方案；当产量 Q 介于 $Q_1 \sim Q_3$ 时，B 方案成本最低，故应选择 B 方案：当产量 $Q > Q_3$ 时，C 方案成本最低，故应选择 C 方案。

例 6.2 某厂建设方案设计生产能力 30 000 件，预计单位产品的变动成本 60 元，单位产品售价 150 元，年固定成本 120 万元。该厂盈亏平衡点的年产量和生产能力利用率是多少？盈亏平衡销售价格是多少？达产后每年可获利多少？销售税金税率为 6% 。

解 ①产量 Q_{BEP}，由公式(6.4)得：

$$Q_{BEP} = \frac{F}{P - T - v} = \frac{F}{P(1 - t) - v} = \frac{1\ 200\ 000}{150 \times (1 - 6\%) - 60} = 14\ 815(\text{件})$$

②生产能力利用率 f_{BEP}，由公式(6.5)得：

$$f_{BEP} = \frac{Q_{BEP}}{Q_C} \times 100\% = \frac{14\ 815}{30\ 000} \times 100\% = 49.38\%$$

③销售价格 P_{BEP}，由公式(6.7)得：

$$P_{BEP} = \frac{v + \dfrac{F}{Q_C}}{1 - t} = \frac{60 + \dfrac{1\ 200\ 000}{30\ 000}}{1 - 6\%} = 106.38(\text{元})$$

④达到设计生产能力每年可获利 B，由公式(6.3)得

$$B = (P - T - v)Q_C - F = (150 - 150 \times 6\% - 60) \times 30\ 000 - 1\ 200\ 000 = 123(\text{万元})$$

例 6.3 某企业生产某种产品，年固定成本为 50 000 元，当原材料为批量采购时，可使单位产品成本在原来每件 48 元的基础上降低产品产量的 0.4%，产品售价在原来每件 75 元的基础上降低产品产量的 0.7%，试求企业在盈亏平衡点的产量及最优产量（即产量的经济规模区及最优

规模)。

解 由题意,销售收入、产品总成本分别可表示为产量 Q 的函数:

$$R(Q)=(75-0.007Q)Q=75Q-0.007Q^2$$

$$C(Q)=50\ 000+(48-0.004Q)Q=50\ 000+48Q-0.004Q^2$$

盈亏平衡时有 $R(Q)=C(Q)$,即

$$75Q-0.007Q^2=50\ 000+48Q-0.004Q^2$$

化简得:$0.003Q^2-27Q+50\ 000=0$

$$Q_{\text{BEP1}}=\frac{27}{2\times0.003}-\frac{\sqrt{27^2-4\times0.003\times50\ 000}}{2\times0.003}=2\ 607(\text{件})$$

$$Q_{\text{BEP2}}=\frac{27}{2\times0.003}+\frac{\sqrt{27^2-4\times0.003\times50\ 000}}{2\times0.003}=6\ 393(\text{件})$$

最优产量:

$$\frac{\mathrm{d}B(Q)}{\mathrm{d}Q}=\frac{\mathrm{d}(R-C)}{\mathrm{d}Q}=0.006Q-27=0$$

即 $Q_{\max}=4\ 500$(件)

6.3 敏感性分析

6.3.1 敏感性分析的概念、方法与步骤

1. 敏感性分析的概念

敏感性分析是考察项目所涉及的各种不确定性因素的变化对项目基本方案经济评价指标的影响,从中找出敏感因素,确定其敏感程度,据此预测项目可能承担风险的一种分析方法。

敏感性分析分为单因素敏感性分析与多因素敏感性分析。单因素敏感性分析是指进行敏感性分析时,假定只有单一因素是变化的,其他因素保持不变,用以分析单一因素对经济评价指标的影响以及评价指标对单一因素的敏感程度;多因素敏感性分析是指在同时有两个或两个以上的因素发生变化时,分析这些变化的因素对经济评价指标的影响程度和评价指标对它们的敏感程度。

2. 敏感性分析的方法与步骤

1)选择需要分析的不确定性因素

进行敏感性分析首先应结合项目特点选择对项目效益影响大且重要的因素进行分析,经验表明,建设项目应选择以下因素:建设投资、产出物价格、主要投入物价格或可变成本、运营负荷、建设期、人民币汇率等。

2)确定不确定性因素变化程度

敏感性分析通常针对不确定性因素的不利变化进行,为了绘制敏感性分析图,也可考虑其有利变化。一般选择不确定因素变化的百分率,如 ±5%、±10%、±15%、±20% 等;对于不便于用百分数表示的因素,如建设期,可采用延长一段时间表示,如延长一年。

3)选择经济效果评价指标

敏感性分析是考察项目所涉及的各种不确定性因素的变化对项目基本方案经济评价指标的

影响，经济评价指标通常选择的是内部收益率，也可根据项目具体情况选择净现值或投资回收期指标，必要时可同时针对两个或两个以上的指标进行敏感性分析。

4）计算不确定性因素的敏感性分析指标

（1）敏感度系数。

敏感度系数是指项目评价指标变化的百分率与不确定性因素变化的百分率之比。敏感度系数高，表示项目效益对该不确定性因素敏感程度高。计算公式如下：

$$S_{AF}=\frac{\Delta A/A}{\Delta F/F} \tag{6.15}$$

式中：S_{AF}为评价指标 A 对于不确定性因素 F 的敏感度系数；$\Delta F/F$ 为不确定因素 F 的变化率；$\Delta A/A$ 为不确定因素 F 发生 ΔF 变化率时，评价指标 A 的相应变化率。

$S_{AF}>0$，表示评价指标与不确定性因素同方向变化；$S_{AF}<0$，表示评价指标与不确定性因素反方向变化。$|S_{AF}|$较大者敏感度程度高。

（2）临界点。

临界点是指不确定性因素的变化使项目由可行变为不可行的临界数值，是项目允许不确定因素向不利方向变化的极限值。例如：当产品价格下降到某值时，项目内部收益率刚好等于基准收益率，此点称为产品价格下降的临界点。临界点可以用不确定性因素相对于基本方案的变化率或其对应的具体数值表示。当该不确定性因素为费用科目时，即为其增加的百分率；当其为效益科目时，为降低的百分率；也可用该百分率对应的具体数值表示。

临界点的高低与计算临界点的指标初始值有关。若选取基准收益率为计算临界点的指标，对于同一个项目，随着设定基准收益率的提高，临界点就会变低（即临界点表示的不确定性因素的极限变化小）；而在一定的基准收益率下，临界点越低，说明该因素对项目评价指标影响越大，项目对该因素就越敏感。

5）对敏感性分析的结果表述

根据敏感性分析计算结果，编制敏感性分析表、敏感度系数和临界点分析表；根据敏感性分析表，以横轴为不确定性因素变化率、纵轴为项目效益评价指标，绘制敏感性分析图。还应根据图、表的结果进行文字说明，找出敏感度系数绝对值较高或临界点（用变化率表示）绝对值较低的一个或几个关键因素，分析其可能造成的风险并提出应对措施。

6.3.2 单因素敏感性分析

单因素敏感性分析是分析单一的不确定因素的变化对经济指标的影响，即假设各个不确定性因素之间相互独立，在其他因素保持不变的前提下，每次只考察一个因素的变化，从而分析这个因素对经济评价指标的影响程度。单因素敏感性分析是敏感性分析最常用的方法。

例 6.4 某投资项目的基本数据如表 6.2 所示，i 为 10%，试对其进行单因素敏感性分析。

表 6.2 项目基本方案现金流量表 单位：万元

序 号	项 目	年份							
		1	2	3	4	5	6	7	8
1	现金流入	0	0	1 000	1 400	2 400	2 400	2 400	2 400
1.1	销售收入	/	/	1 000	1 400	2 400	2 400	2 400	2 400

续表

序 号	项 目	年 份							
		1	2	3	4	5	6	7	8
2	现金流出	2 000	1 000	600	800	1 200	1 200	1 200	1 200
2.1	投资	2 000	1 000	/	/	/	/	/	/
2.2	经营成本	/	/	600	800	1 200	1 200	1 200	1 200
3	净现金流量	-2 000	-1 000	400	600	1 200	1 200	1 200	1 200

解 ①选择销售收入、投资、经营成本、投资收益率四个因素进行敏感性分析。

②设各不确定性因素变化幅度为：±5%、±10%、±15%、±20%。

③以 NPV 作为经济效益评价指标，计算基本方案的 NPV：

$$NPV = -2\,000(P/F,10\%,1) - 1\,000(P/F,10\%,2) + 400(P/F,10\%,3) + 600(P/F,10\%,4) + 1\,200(P/A,10\%,4)(P/F,10\%,4) = 664(\text{万元})$$

④分别计算这四个因素变化 ±5%、±10%、±15%、±20% 时各自对应的 NPV 值。计算结果汇总在表 6.3 中。

表 6.3 经济效果评价指标值表

变化因素	变 化 率								
	-20%	-15%	-10%	-5%	0%	5%	10%	15%	20%
投资	1 193	1 060	928	796	664	532	399	267	135
销售收入	-717	-372	-27	319	664	1 009	1 354	1 699	2 045
经营成本	1 383	1 203	1 023	844	664	484	304	124	-55
投资收益率	971	890	812	736	664	594	527	462	399

⑤根据敏感性分析表的计算结果绘制敏感性分析图，如图 6.4 所示。

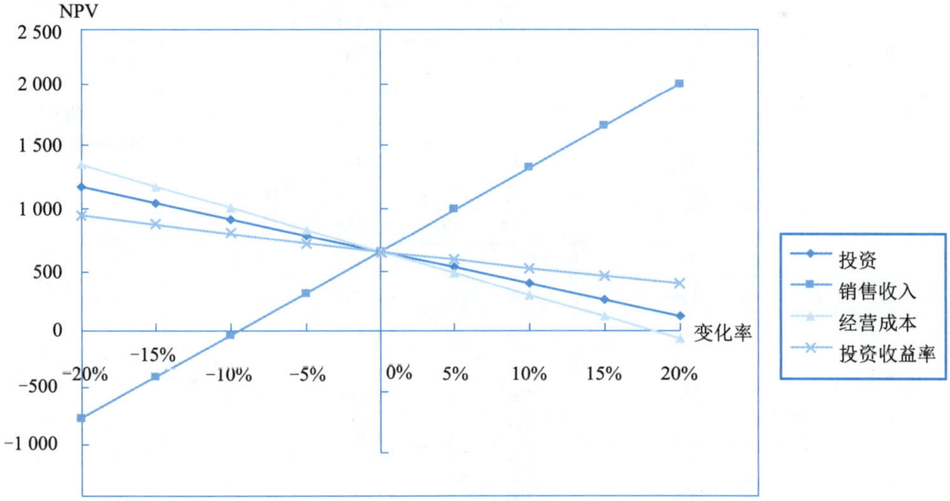

图 6.4 敏感性分析图

图 6.4 中每一条曲线代表净现值随不确定性因素变动而发生的变化。每条曲线与横坐标轴的相交点是该不确定因素变化的临界点，用该点对应的不确定因素的变化率表示。用变化率表示的临界点的绝对值越小，说明项目效益评价指标对该不确定性因素越敏感。从图 6.4 可以看出，销售

收入的临界点大约在 -10%,净现值指标对该因素最敏感。

⑥编制敏感度系数和临界点分析表,并进行结果分析。

以投资变化 -20% 为例说明敏感度系数的计算。

投资降低 20%:$\Delta A = 1\ 193 - 664 = 529$(万元)

$$\Delta A/A = 529/664 = 0.796\ 7;\Delta F/F = -20\%;S_{AF} = \frac{\Delta A/A}{\Delta F/F} = \frac{0.796\ 7}{-20\%} = -3.983$$

计算结果如表 6.4 所示。

表 6.4　敏感性分析表

序号	不确定因素	不确定因素变化率/%	净现值	敏感度系数	临界点/%	临界值
	基本方案		664			
1	投资	-20%	1 193	-3.983	25.10%	第 1 年投资:2 502 万元; 第 2 年投资:1 251 万元
		-15%	1 060	-3.976		
		-10%	928	-3.976		
		-5%	796	-3.976		
		5%	532	-3.976		
		10%	399	-3.991		
		15%	267	-3.986		
		20%	135	-3.983		
2	销售收入	-20%	-717	10.399	-9.620%	第 3 年:903.85 万元 第 4 年:1 265.39 万元 第 5~8 年:2 149.24 万元
		-15%	-372	10.402		
		-10%	-27	10.407		
		-5%	319	10.392		
		5%	1 009	10.392		
		10%	1 354	10.392		
		15%	1 699	10.392		
		20%	2 045	10.399		
3	经营成本	-20%	1 383	-5.414	18.46%	第 3 年:710.772 万元 第 4 年:947.696 万元 第 5~8 年:1 421.544 万元
		-15%	1 203	-5.412		
		-10%	1 023	-5.407		
		-5%	844	-5.422		
		5%	484	-5.422		
		10%	304	-5.422		
		15%	124	-5.422		
		20%	-55	-5.414		
4	投资收益率	-20%	971	-2.312	57.30%	15.73%
		-15%	890	-2.269		
		-10%	812	-2.229		
		-5%	736	-2.169		
		5%	594	-2.108		
		10%	527	-2.063		
		15%	462	-2.028		
		20%	399	-1.995		

说明:(1)表 6.4 中临界点的计算采用的是试插法求解。

(2)临界点为正,表示允许该不确定性因素升高的比率;临界点为负,表示允许该不确定因素降低的比率。

(3)表中敏感度系数为负,说明效益指标变化方向与不确定性因素变化方向相反;敏感度系数为正,说明效益指标变化方向与不确定性因素变化方向相同。

根据表 6.4 的分析结果,各不确定性因素的敏感度系数绝对值从大到小的顺序依次是:销售收入、经营成本、投资、投资收益率。也就是说,项目净现值指标对销售收入最敏感,其次是经营成本、投资和投资收益率。根据各不确定因素临界点(用变化率表示)的绝对值从小到大的顺序,也能得到同样的结论。

6.3.3　多因素敏感性分析

多因素敏感性分析是假设两个或两个以上互相独立的不确定因素同时变化时,分析这些变化的因素对经济效果评价指标的影响程度和敏感程度。

1. 双因素敏感性分析

双因素敏感性分析是假定其他因素不变,仅考察两个因素同时变化时对项目效益的影响程度。它通常是在单因素敏感性分析的基础上先确定两个主要的敏感性因素,然后进行双因素敏感性分析。

分析步骤如下:

(1)作直角坐标图,分别以 x 轴、y 轴代表一个不确定性因素的变化率。

(2)以 NPV 为评价指标,令 $NPV=0$,可得到一个直线方程,这条线称为临界线。进一步判断临界线的哪一侧任何点的 $NPV>0$,哪一侧任何点的 $NPV<0$。

(3)结果判断:

①若两个不确定性因素同时变化的交点落在临界线 $NPV>0$ 的一侧,则认为项目可行;若两个不确定性因素同时变化的交点落在临界线 $NPV<0$ 的一侧,则认为项目不可行。

②如果两个不确定性因素变化范围是设定好的,那么以这两个因素的变化范围所形成的区域为总区域,$NPV>0$ 所占的区域和总区域的比值,即为这两个因素同时在设定范围内变动时项目可行的概率。

例 6.5　在例 6.4 中,经单因素敏感性分析知销售收入与经营成本是两个强敏感性因素,为进一步评估项目的风险,需对这两个因素作双因素敏感性分析。

解　①用 x 表示销售收入的变化率,y 表示经营成本的变化率,x、y 均在 $\pm 20\%$ 范围内变化。

②计算 $NPV=0$ 时的临界线。由净现值的计算公式得:

$$\begin{aligned}NPV = & -2\,000(P/F,10\%,1)-1\,000(P/F,10\%,2)+[1\,000(1+x)-600(1+y)] \\ & (P/F,10\%,3)+[1\,400(1+x)-800(1+y)](P/F,10\%,4)+[2\,400(1+x)-1\,200(1+y)] \\ & (P/A,10\%,4)(P/F,10\%,4) \\ = & 0\end{aligned}$$

整理上式得 $y=1.920\,2x+0.184\,6$

③作双因素敏感性分析图,如图 6.5 所示。

图 6.5 中,当 x、y 两个因素变化率的交点落在临界线 $y=1.920\,2x+0.184\,6$ 上,此时项目净现值为零;当 x、y 两个因素变化率的交点落在临界线的左侧,此时项目净现值小于零;当 x、y 两个因素变化率的交点落在临界线的右侧,此时项目净现值大于零。当

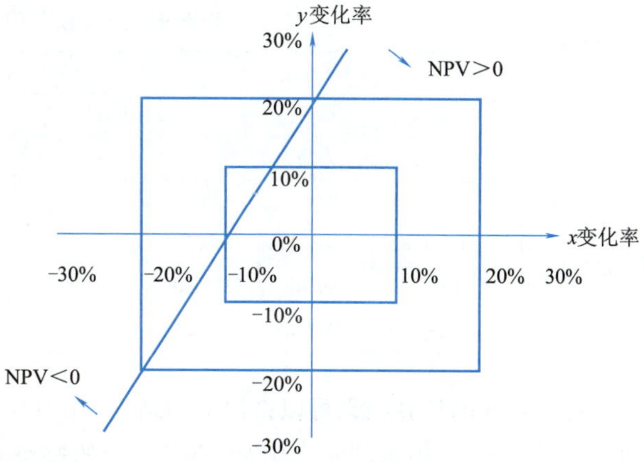

图 6.5　双因素敏感性分析图

x、y两个因素都在±20%范围内变化时，项目可行的概率为±20%形成的正方形面积中净现值大于零的面积在其中的比值，经计算得出，项目可行的概率为0.74，即x、y两个因素都在±20%范围内变化时，项目有较强的抗风险能力。

2. 三因素敏感性分析

多因素敏感性分析要考虑可能发生的多种因素不同变动幅度的多种组合，所以计算起来要复杂得多，所以通常最多分析三个因素。三因素敏感性分析多采用三项预测值分析法，即给出各因素出现的三种特殊预测值（最不利状态P、最可能状态M、最有利状态O）为依据来计算项目的经济效果评价指标。

例 6.6 有一投资项目，初始投资1 000万元，已经预测出年销售收入、年经营支出、寿命的三种可能状态，具体情况见表6.5，$i_c=10\%$，固定资产残值为零。试对年销售收入、年经营成本、寿命这三个不确定因素进行三因素敏感性分析。

表 6.5　项目不确定因素的三项预测值　　单位：万元

因素变化	因　素		
	年销售收入	年经营成本	使用寿命（年）
最有利（O）	600	300	15
很可能（M）	520	360	12
最不利（P）	400	400	10

解 本题采用净现值指标作为效益评价指标。

由于项目有三个不确定性因素同时发生变化，每个因素都有三种状态，且这三个因素相互独立，因而项目总共有27种状态（净现值）。这三个因素发生变化的所有可能组合见表6.6，计算其发生变化后项目的净现值，将结果列入表6.6中。

以表6.6中左上角数据1 281.82为例说明计算过程：

1 281.82万元是项目在年销售收入处于最有利状态O（600万元）、年经营成本处于最有利状态O（300万元），以及使用寿命处于最有利状态O（15年）时项目的净现值，计算过程如下：

$$NPV=-1\,000+(600-300)(P/A,10\%,15)=-1\,000+300\times7.606\,1=1\,281.82（万元）$$

表 6.6　三项预测值敏感性分析　　单位：万元

类别		年经营成本								
		O			M			P		
		寿命			寿命			寿命		
		O	M	P	O	M	P	O	M	P
年销售收入	O	1 281.82	1 044.11	843.37	825.46	635.29	474.70	521.22	362.74	228.91
	M	673.34	499.01	351.80	216.97	90.19	−16.87	−87.27	−182.36	−262.65
	P	−239.39	−318.63	−385.54	−695.76	−727.45	−754.22	−1 000	−1 000	−1 000

由表6.6的计算结果可以得出下列结论：在项目27种状态中，净现值大于零的状态有14种，也就是说，当三个因素同时变化时，项目可行的概率是14/27；还可以判断出项目净现值达到某一目标要求的概率，如当这三种因素同时变化时，项目净现值大于500万元的概率是7/27。

6.4 概率分析

概率分析是利用概率来研究和预测不确定因素对项目经济评价指标影响的一种定量分析方法。概率分析的基本原理:假设影响方案经济效果的各种不确定因素是服从某种分布的随机变量,则以这些不确定因素为参数的经济效果函数,也必然是一个随机变量。在进行概率分析时,先对各个不确定因素作出概率估计,并以此为基础计算方案的经济效果,最后通过经济效果的期望值、累计概率等来表示方案的风险和不确定程度。

6.4.1 概率树法

概率树是将投资方案各种可能发生状态的概率和对应的评价指标以树状图进行描述,然后应用期望值等计算公式进行风险估计相关指标计算的一种分析工具。概率树分析的一般步骤如下:

(1)列出要考虑的各种风险因素,如投资、经营成本、销售价格等。

(2)设想各种风险因素可能发生的状态,即确定其可能表现的数值。

(3)分别确定各种状态可能出现的概率,并使可能发生状态概率之和等于1。

(4)分别求出各种风险因素发生变化时,方案净现金流量各状态发生的概率和相应状态下的净现值 $\mathrm{NPV}^{(i)}$ 及其他经济评价指标。

(5)求方案净现值及其他经济评价指标的期望值 $E(\mathrm{NPV})$,见下式:

$$E(\mathrm{NPV}) = \sum_{i=1}^{k} \mathrm{NPV}^{(i)} \times P_i \tag{6.16}$$

式中:P_i 为第 i 种状态出现的概率;k 为可能出现的状态数。

例 6.7 某商品住宅小区开发项目现金流量的估计值见表 6.7。根据经验推断,营业收入和开发成本为离散型随机变量,其值在估计值的基础上可能发生的变化的状态和对应概率见表 6.8(设 $i_c = 12\%$)。试确定该项目净现值大于零及大于或等于 3 000 万元的概率值。

表 6.7 例 6.7 已知条件数据 单位:万元

年　份	1	2	3
营业收入	3 857	7 143	9 800
开发成本	5 888	3 873	5 900
其他税费	56	464	1 196
净现金流量	−2 087	2 806	2 704

表 6.8 不确定性因素发生变化的范围和概率

不确定因素	变化幅度		
	−20%	0	+20%
营业收入	0.2	0.6	0.2
开发成本	0.1	0.3	0.6

解 ①根据营业收入、开发成本可能发生变动的概率,计算项目净现金流量未来可能发生的

9 种状态概率和净现值指标值，作出概率树分析表，见表 6.9。

表 6.9　例 6.7 概率树分析表

不确定因素可能出现状态	营业收入状态概率	开发成本状态概率	可能状态 (i)	状态概率 (P_i)	NPV(i)	$P_i \times$ NPV(i)
	0.2	0.6	1	0.12	3 012.06	361.45
		0.3	2	0.06	5 520.90	331.25
		0.1	3	0.02	8 029.73	160.59
	0.6	0.6	4	0.36	−210.65	−75.83
		0.3	5	0.18	2 298.19	413.67
		0.1	6	0.06	4 807.02	288.42
	0.2	0.6	7	0.12	−3 433.36	−412.00
		0.3	8	0.06	−924.52	−55.47
		0.1	9	0.02	1 584.31	31.69
			合计	1		1 043.77

其中，项目净现金流量各种状态的概率 $P_i(i=1,2,\cdots,9)$ 为

$$P_1 = 0.2 \times 0.6 = 0.12$$
$$P_2 = 0.2 \times 0.3 = 0.06$$
$$P_3 = 0.2 \times 0.1 = 0.02$$
$$\vdots$$

开发项目各状态下的净现值 $\mathrm{NPV}^{(i)}(i=1,2,\cdots,9)$：

$$\mathrm{NPV}^{(1)} = \sum_{t=1}^{3}(\mathrm{CI}-\mathrm{CO})_t^{(1)}(1+12\%)^{-t} = 3\ 012.06(\text{万元})$$

$$\mathrm{NPV}^{(2)} = \sum_{t=1}^{3}(\mathrm{CI}-\mathrm{CO})_t^{(2)}(1+12\%)^{-t} = 5\ 520.90(\text{万元})$$

$$\mathrm{NPV}^{(3)} = \sum_{t=1}^{3}(\mathrm{CI}-\mathrm{CO})_t^{(1)}(1+12\%)^{-t} = 8\ 029.73(\text{万元})$$

$$\vdots$$

②根据公式 6.16，计算项目净现值的期望值：

$$E(\mathrm{NPV}) = \sum_{i=1}^{k}\mathrm{NPV}^{(i)} \times P_i$$
$$= 0.12 \times 3\ 012.06 + 0.06 \times 5\ 520.90 + \cdots + 0.06 \times (-942.52) + 0.02 \times 1\ 584.31$$
$$= 1\ 043.77(\text{万元})$$

③计算净现值大于等于零的累计概率：

$$P(\mathrm{NPV} \geqslant 0) = 1 - 0.36 - 0.12 - 0.06 = 0.46$$

④计算净现值大于等于 3 000 万元的累计概率：

$$P(\mathrm{NPV} \geqslant 3\ 000) = 0.12 + 0.06 + 0.02 + 0.06 = 0.26$$

结论：该开发项目净现值的期望值大于零，是可行的。但净现值大于零的概率不够大，说明开发项目存在一定的风险；净现值大于等于 3 000 万元的累计概率只有 0.26，说明开发项目取得很高利润的可能性不大。根据各风险因素可能发生的状态构造概率树，此处就不列出。

6.4.2 决策树法

决策树由节点和分枝组成。节点有两种：一种是决策点，用符号□表示，从决策点引出的分枝称为方案枝，每个方案枝表示一个可供选择的方案，分枝反映可能的行动方案数；另一种称为状态点，用符号○表示，从状态点引出的分枝称为概率分枝，每条概率分枝表示一种可能发生的自然状态，并用数值表示该状态出现的概率，分枝数反映可能的自然状态数，在每个概率分枝的末端画△，表示终点。决策树如图6.6所示。

1. 决策树绘制方法

(1)画一个方框作为出发点，即决策点。

(2)从决策点引出若干直线，表示该决策点有若干可供选择的方案，在每条直线上标明方案名称，即方案枝。

(3)在方案枝的末端画一个圆圈，即自然状态点或机会点。

(4)从状态点再引出若干直线，表示可能发生的各种自然状态，并表示出现的概率，即状态分枝或概率分枝。

(5)在概率分枝的末端画一个小三角形，写上各方案在每种自然状态下的收益值或损失值，即可能结果点。

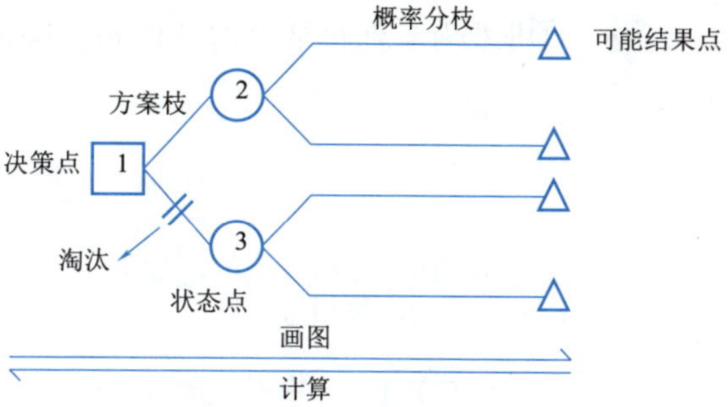

图6.6 决策树

2. 决策树法解题步骤

(1)列出方案。通过资料的整理和分析，提出决策要解决的问题，针对具体问题列出方案。

(2)根据方案绘制决策树。画决策树的过程，实质上是拟订各种抉择方案的过程，是对未来可能发生的各种事情进行周密思考、预测的过程，是对决策问题一步一步深入探索的过程。决策树按从左到右的顺序进行绘制。

(3)计算各方案的期望值。它是按事件出现的概率计算出来的可能得到的损益值，并不是肯定能够得到的损益值。应从决策树的最右端的结果点开始计算。期望值的计算公式为：

$$期望值 = \sum(各种自然状态的概率 \times 收益值或损益值) \tag{6.17}$$

(4)方案的选择。在各决策点上比较各方案的损益期望值，以其中最大者为最佳方案。在被舍弃的方案分枝上画上两杠表示剪枝。

例6.8 某建筑企业生产的某种建筑产品在市场上供不应求，因此，该企业决定投资扩建新厂。据研究分析，该产品10年后将升级换代，目前的主要竞争对手也可能扩大生产规模，故提出以下三个扩建方案：

①大规模扩建新厂，需投资3亿元。据估计，该产品销路好时，每年的净现金流量为9 000万元；销路差时，每年的净现金流量为3 000万元。

②小规模扩建新厂，需投资1.4亿元。据估计，该产品销路好时，每年的净现金流量为4 000万元；销路差时，每年的净现金流量为3 000万元。

③先小规模扩建新厂，3 年后，若该产品销路好再决定是否再次扩建，需投资 2 亿元，其生产能力与方案(1)相同。

据预测，在今后 10 年内，该产品销路好的概率为 0.7，销路差的概率为 0.3。

基准折现率 i_c = 10%，不考虑建设期所持续的时间。现值系数见表 6.10。

表 6.10　现值系数表

n	1	3	7	10
$(P/A,10\%,n)$	0.909	2.487	4.868	6.145
$(P/F,10\%,n)$	0.909	0.751	0.513	0.386

①画出决策树。

②试决策采用哪个方案扩建。

解　①根据背景资料给出的条件画出决策树，标明各方案的概率和净现值流量，如图 6.7 所示。

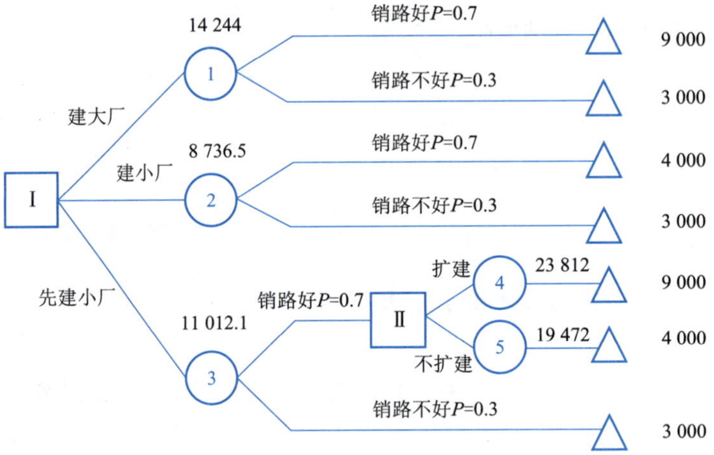

图 6.7　例 6.8 决策树

②计算图 6.7 中各机会点的期望值（将计算结果标在各机会点上方）。

点①：$(9\ 000 \times 0.7 + 3\ 000 \times 0.3) \times (P/A,10\%,10) - 30\ 000 = 7\ 200 \times 6.145 - 30\ 000 = 14\ 244$（万元）

点②：$(4\ 000 \times 0.7 + 3\ 000 \times 0.3) \times (P/A,10\%,10) - 14\ 000 = 3\ 700 \times 6.145 - 14\ 000 = 8\ 736.5$（万元）

点④：$9\ 000 \times (P/A,10\%,7) - 20\ 000 = 9\ 000 \times 4.868 - 20\ 000 = 23\ 812$（万元）

点⑤：$4\ 000 \times (P/A,10\%,7) = 4\ 000 \times 4.868 = 19\ 472$（万元）

对于决策点Ⅱ，机会点④的期望值大于机会点⑤的期望值，因此，应采用 3 年后销路好时再次扩建的方案。

机会点③期望值的计算比较复杂，包括两种状态下的方案：

方案 1，销路好状态下的前 3 年小规模扩建，后 7 年再次扩建；

方案 2，销路差状态下小规模扩建持续 10 年。

机会点③的期望值为：

$4\ 000\times0.7\times(P/A,10\%,3)+23\ 812\times0.7\times(P/F,10\%,3)+3\ 000\times0.3\times(P/A,10\%,10)-14\ 000=11\ 012.1$(万元)

对于决策点Ⅰ的决策，需比较机会点①、机会点②、机会点③的期望值，由于机会点①的期望值最大，故应采用大规模扩建新厂方案。

本章小结

1. 不确定性广泛存在于社会经济生活的方方面面，工程投资项目必须考虑不确定性带来的影响。通过不确定性分析，可找出主要的不确定性因素，分析其影响，制定有效措施，合理应对其不利影响。不确定性分析主要包括盈亏平衡分析、敏感性分析和概率分析。

2. 盈亏平衡分析是在一定的市场、经营管理条件下，计算项目达产年的盈亏平衡点，研究项目成本与收入平衡关系的一种分析方法。盈亏平衡点可用产量、生产能力利用率、销售收入及销售单价等表示，从不同角度考查项目应对市场(产量等)变化的适应能力和抗风险能力。

3. 敏感性分析的目的是找出敏感因素，确定其敏感程度，据此预测项目可能承担的风险。敏感性分析包括单因素敏感性分析和多因素敏感性分析。

4. 概率分析是利用概率来研究和预测不确定因素对项目经济评价指标影响的一种定量分析方法。先对各个不确定因素作出概率估计，并以此为基础计算方案的经济效果，最后通过经济效果的期望值、累计概率等来表示方案的风险和不确定程度。

综合能力实训

一、选择题

1. 盈亏平衡分析是研究建设项目投产后正常年份的(　　)之间的关系。

A. 产量、利润　　B. 产量、成本、利润　　C. 产量、投资　　D. 产量、价格、利润

2. 某技术方案设计年产量为12万吨，已知单位产品的销售价格为700元(含税价格)，单位产品税金为165元，单位可变成本为250元，年固定成本1 500万元，则以价格(含税价格)表示的盈亏平衡点为(　　)元/吨。

A. 540　　B. 510　　C. 375　　D. 90

3. 某项目年设计生产能力8万台，年固定成本1 000万元，预计产品单台售价500元，单台产品可变成本275元，单台产品销售税金及附加为销售单价的5%，则盈亏平衡点产量为(　　)万台。

A. 4.44　　B. 5.00　　C. 6.40　　D. 6.74

4. 某项目设计生产能力为年产50万件，每件产品价格为150元，单位产品可变成本为100元，年固定成本为2 000万元，产品销售税金及附加忽略不计，则盈亏平衡的生产能力利用率为(　　)。

A. 26.7%　　B. 80%　　C. 60%　　D. 90%

5. 若某建设项目的设计生产能力为10 000件，在两个可实施方案A和B中，A方案的盈亏平衡点为7 000件，B方案为9 000件，则下述说明中，正确的是(　　)。

A. A方案的风险大　B. B方案的风险大　　C. B方案的风险小　　D. 无法判定

6. 单因素敏感分析过程包括：①确定敏感因素；②确定分析指标；③选择需要分析的不确定性因素；④分析每个不确定因素的波动程度及其对分析指标可能带来的增减变化情况。正确的排列顺序是(　　)。

A. ③②④①　　B. ①②③④　　C. ②④③①　　D. ②③④①

7. 关于不确定因素临界点的说法，正确的是(　　)。

A. 项目设定的基准收益率提高，临界点会提高

B. 在一定的基准收益率下，临界点越低，说明项目对该因素越不敏感

C. 通过敏感性分析图可以直接求出临界点的精确值

D. 临界点是使项目由可行变为不可行的不确定因素的临界取值

8. 关于敏感度系数 S_{AF} 的说法，正确的是(　　)。

A. S_{AF} 越大，表示评价指标 A 对于不确定因素 F 越敏感

B. $S_{AF}>0$ 表示评价指标 A 与不确定因素 F 同方向变化

C. S_{AF} 表示不确定因素 F 的变化额与评价指标 A 的变化额之间的比例

D. S_{AF} 可以直接显示不确定因素 F 变化后评价指标 A 的值

9. 当对某一方案的变动因素 L、M、N、K 进行计算分析后得到其敏感度如表 6.11 所示，可以看出对当年收益率影响最大的因素是(　　)。

表 6.11　第 9 题表

变动因素	L	M	N	K
敏感度	4.08	0.68	-5.04	3.35

A. L 因素　　B. M 因素　　C. N 因素　　D. K 因素

10. (多选)下列有关敏感性分析的说法中，正确的有(　　)。

A. 敏感性分析有助于决策者在缺少资料的情况下，提高决策的准确性

B. 敏感性分析可分为单因素敏感性分析和多因素敏感性分析

C. 需要对每个不确定性因素进行敏感性分析

D. 敏感因素可通过临界点来判断，临界点是指项目允许不确定因素向有利方向变化的极限值

E. 敏感性分析不能说明不确定因素发生变化的可能性大小

二、案例分析题

1. 某项目设计年产量为 10 万件，每件产品的出厂价格估算为 60 元，每年固定成本为 120 万元，每件产品变动成本为 30 元，销售税金及附加税率占销售收入的 6%。计算：①项目盈亏平衡点的产量和生产能力利用率；②项目最大可能盈利；③项目年利润为 50 万元时的产量。

2. 某市拟建一个商品混凝土搅拌站，年设计产量 10 万立方米，混凝土平均售价 105 元/m^3，平均可变成本为 76.25 元/m^3，平均销售税金为 5.25 元/m^3，该搅拌站的年固定总成本为 194.39 万元，试用产量、生产能力利用率、销售价格、销售收入分别表示该项目的盈亏平衡点。

3. 某建筑工地需抽出积水保证施工顺利进行，现有 A、B 两个方案可供选择。A 方案：新建一条动力线，需购置一台 2.5 kW 电动机并线运转，其投资为 1 400 元，第 5 年年末残值为 200 元。电动机每小时运营成本为 0.84 元，每年预计的维护费 120 元，因设备全自动化无须专人看管。B 方

案：购置一台3.68 kW柴油机，其购置费为550元，使用寿命为5年，设备无残值。运行每小时燃料费为0.42元，平均每小时维护费0.15元，每小时的人工成本为0.8元。若寿命期都为5年，基准折现率为10%，试用盈亏平衡分析方法确定两方案的优劣范围（计算并绘出简图）。

4. 已知某企业投产后，正常年份年固定成本60 000元，单位变动成本35元，产品单价60元，成批采购材料单位变动成本可随产量减少1‰，成批销售产品单价可随产量降低3.5‰，试求项目盈亏平衡点、利润最大时的产量。

5. 某商务中心家电城某销售商销售长虹牌彩电，根据市场调查和预测，由于近几年市场对液晶彩电的需求量较大，同时市场竞争又十分激烈。为此，销售商计划采取"薄利多销"经营策略，预计销售量将有较大幅度增加，故打算在原有三位销售人员的基础上再增加两名销售人员。假设年固定成本为18万元（如场地的年租金等），采购彩电的平均成本为4 790元/台（含各项税费），彩电销售价格平均价为5 000元/台（含各项税费），在增加两名销售人员以前，该销售商年销售量为2 300台。假设销售商拟采取"薄利多销"经营策略时，按销售量的2%递减售价，并按销售量的1%递增销售成本，请问：①该销售商在销售彩电多少台范围内可盈利？②最大盈利时的最佳销售量是多少？最大盈利额又为多少？

6. 已知某项目的投资额、单位产品价格和年经营成本在初始值的基础上分别变动±10%时对应的净现值的计算结果，如表6.12所示。

（1）根据表6.12的数据计算各因素的敏感度系数，并对三个因素的敏感性进行排序。

（2）根据表6.12的数据绘制单因素敏感性分析图。

表6.12 单因素变动情况下的净现值表 单位：万元

不确定因素	变化率		
	-10%	0	10%
投资额	1 410	1 300	1 190
单位产品价格	320	1 300	2 280
年经营成本	2 050	1 300	550

7. 某投资项目其主要经济参数的估计值为：初始投资15 000元，寿命10年，期末无残值，年收入9 000元，年支出为5 000元，投资收益率为15%，预测年收入、初始投资、寿命为项目的不确定因素，其变化率在-20%～+20%，以内部收益率为评价指标对这几个因素进行单因素敏感性分析，要求绘制敏感性分析图、编制敏感度系数及临界点分析表。

8. 某企业为研究一项投资方案，提供了相关的参数估计，其数据资料如表6.13所示。假定最关键的不确定因素是投资和年收入，试用净现值指标进行双因素的敏感性分析。

表6.13 方案的现金流量表

项　目	投资（万元）	寿命（年）	残值（万元）	年收入（万元）	年支出（万元）	基准收益率
参数值	10 000	5	2 000	5 000	2 200	8%

9. 某项目主要经济参数如表6.14所示，其中年收入与贴现率为不确定因素，试对净现值评价指标进行多因素敏感性分析，并进行初步风险判断。

表 6.14　某项目主要经济参数

参　数	最不利 P	很可能 M	最有利 O
初始投资(万元)	-12 000	-12 000	-12 000
年净收入(万元)	3 500	4 000	4 200
贴现率	20%	15%	10%
寿命(年)	5	5	5

10. 影响某新产品生产项目未来现金流量的主要不确定因素是产品市场前景和原材料价格水平。据分析，项目面临三种可能的产品市场状态(畅销、一般、滞销，分别记作 A、B、C)，三种可能的原材料价格水平状态(高价、中价、低价，分别记作 a、b、c)。产品市场状态与原材料价格水平之间是相互独立的，基准收益率为 12%。各种市场状态和原材料价格水平的发生概率如表 6.15 所示，可能的状态组合如表 6.16 所示。计算方案净现值的期望值，以及方案净现值大于等于 0 的概率。

表 6.15　各种市场状态和原材料价格水平的发生概率

产品市场状态	A	B	C
发生概率	$P_A=0.2$	$P_B=0.6$	$P_C=0.2$
原材料价格水平	a	b	c
发生概率	$P_a=0.4$	$P_b=0.4$	$P_c=0.2$

表 6.16　各种市场状态和原材料价格水平发生概率可能的状态组合

序　号	状态组合	发生概率	现金流量		净现值 NPV
			0 年	1~5 年	$i=12\%$
1	A = a		-1 000	390	
2	A = b		-1 000	450	
3	A = c		-1 000	510	
4	B = a		-1 000	310	
5	B = b		-1 000	350	
6	B = c		-1 000	390	
7	C = a		-1 000	230	
8	C = b		-1 000	250	
9	C = c		-1 000	270	

11. 某厂生产鸭嘴钳产品，售价 20 元，单位变动成本 15 元，固定成本总额 24 万元，目前生产能力为 6 万件。

(1) 求盈亏平衡点产量和销售量为 6 万件时的利润额。

(2) 该厂通过市场调查后发现该产品需求量将超过目前的生产能力，因此准备扩大生产规模。扩大生产规模后，当产量不超过 10 万件时，固定成本将增加 8 万元，单位变动成本将下降到 14.5 元，求此时的盈亏平衡点产量。

(3) 又根据市场调查，预测年销售量为 7 万件的概率为 0.2，年销售量为 8 万件的概率为 0.3，年销售量为 9 万件的概率为 0.3，年销售量为 10 万件的概率为 0.2，试计算利润期望值并分析是否应扩大生产规模(首先绘制决策树)。

12. 某工程分两期进行施工,第一期工程完工后,由于某种原因,第二期工程要半年后才能上马,这样工地上的施工机械设备就面临着是否要搬迁的问题。如果搬迁,半年后再搬回来,共需搬迁费8 000元。如果不搬迁,对工地上的设备必须采取保养性措施:当遇到天气好(概率为0.6)时,可采取一般性保养措施,所需费用3 000元。当遇到天气差,经常下雨(概率为0.4)时,若仍采取一般性保养措施,所需费用3 000元,且肯定会造成10万元经济损失;若采取特殊保养措施,需费用10 000元,则有0.8的可能性造成1 000元损失,0.2的可能性造成4 000元损失。请绘制决策树,并选择方案。

第7章

价值工程

本章导读

在综合学习了工程经济相关内容之后，如何以最大限度提高工程经济活动效益，实现提高工程经济活动的价值，基于此引入了价值工程这一概念。价值工程是一种把功能与成本、技术与经济结合起来进行技术经济评价的方法，其基本思想是以最少的费用换取所需要的功能。价值工程在工程设计和施工、产品研究开发、工业生产、企业管理等方面取得了长足的发展，产生了巨大的经济效益和社会效益。本章通过对价值工程基本概念、应用特点、提高价值的途径、工作程序与方法等的系统阐述，进一步明确了价值工程在我国推广应用的重要意义。最后以工程建设案例的形式，介绍了价值工程在实际工程中应用的具体方法。

学习目标

知识目标：

◇ 掌握价值工程、价值、功能、寿命周期成本的概念。

◇ 熟悉价值工程的特点、掌握提高产品价值的途径。

◇ 掌握价值工程（功能）分析、评价的方法。

能力与素质目标：

◇ 通过领会价值工程、价值、功能、寿命周期成本的概念，能够根据价值工程的特点提出提高产品价值的途径。

◇ 能够运用价值工程基本原理、工作程序和基本方法，在基本工程案例中实现产品优化改进、方案优选等实际问题。

◇ 能够正确选择研究对象、具备应用价值工程原理对实际项目进行分析与评价的能力。

思维导图

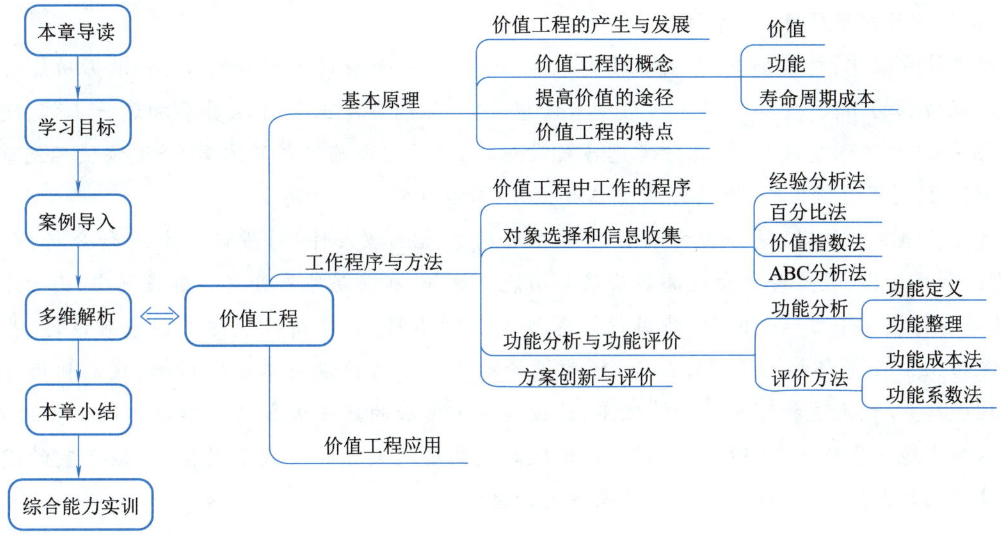

案例导入

我们在日常生活中购买商品，特别是消费品，首先要看看商品的质量，再看看要花多少钱，脑海里盘算一下，花这么多钱买一件这样质量的商品，值不值得？是否合算？如果质量很好，价钱还可以，或者质量一般，但价钱便宜，就认为值得买。也就是说，我们买一件东西时，一般要同时考虑商品的质量（功能）和价格。假定两人在不同的商店各买了一个暖壶。经比较，这两个暖壶的质量和样式可以认为完全一样，甲花了30元，而乙花了40元。在这种情况下，我们认为甲买的暖壶比乙的合算。如果两个人花同样的钱购买同样的商品，例如花15元买一斤草莓，允许挑选的话，我们肯定在同样价格的草莓中挑又大又好的，因为在相同价格下，质量高的就合算。又假如两种草莓价格不同质量也不一样，我们肯定会考虑，如果草莓价格高一些，但又大又红，那肯定会买价格高的草莓；相反，价格高了而质量似乎没有好多少，可能就买价格低的一种。

思考：以上是生活中的价值工程应用，在工程建设领域考虑价值工程原理的意义更加突出。

案例1：在某省重点技改工程设计中，运用价值分析方法进行方案优选，通过技术方法比较、经济分析和经济评价，把设计项目寿命周期成本的观念渗透到具体设计技术措施之中。该厂新建一座近10万平方米的联合工房，集制丝车间、卷接包车间、参观走廊、辅料高架库、配方高架库、办公及辅助用房于一体的综合建筑。工艺方案收集国内外有关资料，为实现某一功能提出各种各样的设想，并使其完善和具体化，进行了多种方案的经济比较，通过优化设计，改进了原不合理的工艺布局，减少了一些重复的、不必要的工序，最后确定的设计方案，是国内最先进的工艺流程，降低了工程造价近亿元，有效控制了工程成本，大大提高了企业的价值。

在总体的布置上，充分利用地势、地貌的特点，该工程建设场地东北角北面地势较低，与南面高差10米左右，利用地势的高差建设配方高架库，高架库设计为单层，层高10米，这样有机地把库房与厂房连接起来，工艺流程也顺畅，厂区内功能分区明确，人流、物流通畅，减少了填方工程量，节约了工程造价。该项目总图方案结合项目现场实际情况、场地现状进行三维空间规划与设计，同时注重设计方案的经济效果，以合理的工程造价，最大限度地满足功能需要，很好地利用了建设场地地形，使项目投资降低，经济效益显著。

在设计方案中，总结如下：①要敢于打破条条框框，不受原设计的束缚，完全根据功能定义来设想实现功能的手段，要从各种不同角度来设想；②要组织各专业设计人员参加这一工作，发挥集体的力量；③把不同想法集中，充分考虑各种设想的利弊，综合确定新的方案，并逐步使其完善。

案例2：利用价值工程，使项目投资略有上升，工程功能大幅提高。

通过价值工程活动，结合设计项目和所在地的自然地理条件，对设计成本进行分析，合理设计，有效利用资源，显然会大大提高其价值和功能。例如：在某房地产开发项目设计中，由于地基复杂、地质资料提供不准确等问题，基础设计深度与实际不符，需重新修改施工图基础设计，基础深度加深为3.5 m，局部加深达到4.2 m。修改设计后基础工程建设成本有所增加，我们利用价值工程原理进行分析，在这种深基础的情况下，建设地下室增加的建安成本约为单独建地下室的25%，而可以利用地下室作车库、地下商场等，其价值的提高远远大于建安成本的价值，地下室的建设增加了建筑面积，可以给房地产开发商带来较大的经济效益。

7.1 价值工程基本原理

7.1.1 价值工程的产生与发展

价值工程（Value Engineering，VE），又称价值分析（Value Analysis，VA），1947年产生于美国。创始人是美国通用电气公司负责物资采购工作的电气工程师麦尔斯（L. D. Miles）。战争期间，他的工作是为通用电气公司取得军工生产中的短缺材料和产品。当时材料采购困难，他认为如果得不到所需要的材料和产品，可以利用其他材料代替，同样可以获得相同的功能，于是，他就开始研究材料代替的问题。比较典型的是“石棉事件”。当时，通用电气公司需要购买的石棉板价格成倍的增长，给采购工作和财务预算带来很大困难。麦尔斯就提出一个问题，为什么要使用石棉板？它的功能是什么？原来，他们在给产品上涂料时，容易把地板弄脏，要在地板上铺一层东西。涂料的溶剂是易燃品，消防法规定要垫石棉板。由于石棉板奇缺，他们就想使用代用材料。采购员找到了一种不燃烧的纸，不仅采购容易，而且价格便宜，但有人根据消防法的规定，不同意使用代用品。经过周折，修改了消防法，才被允许代用。麦尔斯等人通过他们的实践活动，总结出一套在保证同样功能的前提下降低成本的比较完整的科学方法，当时称它为价值分析。以后价值分析内容又逐步丰富发展与完善，而至目前统称价值工程。

价值工程产生后，立即引起了美国军工部门和大企业的浓厚兴趣，以后又逐步推广到民用部门。后来，价值工程传入日本，又传到了欧洲，甚至有的国家还制定了关于价值工程的国家标准，成立了价值工程或价值分析的学会或协会，在政府技术经济部门和企业界推广应用价值工程。

我国运用价值工程是从20世纪70年代末开始的，1984年，国家经贸委将价值工程作为十八种现代化管理方法之一向全国推广，1987年，国家标准局颁布了第一个价值工程国家标准《价值工程基本术语和一般工作程序》，进一步促进了价值工程的应用和研究，标志着我国价值工程的普及、推广和应用已初步成熟和规范。

7.1.2 价值工程的概念

价值工程是以提高产品(或作业)价值和有效利用资源为目的,通过有组织的创造性工作,寻求用最低的寿命周期成本,可靠地实现使用者所需功能,以获得最佳的综合效益的一种管理技术。价值工程的对象泛指一切为获取功能而发生费用的事物,如产品、工艺、工程、服务或它们的组成部分等。价值工程的定义中,涉及价值工程的三个基本概念,即价值、功能和寿命周期成本。

1. 价值(Value)

价值工程中的价值是指研究对象所具有的功能与取得该项功能的寿命周期成本之比,即功能与费用之间的比值,可用公式表示为:

$$V = F/C \tag{7.1}$$

式中:V 为研究对象的价值;F 为研究对象的功能;C 为研究对象的成本。

上式表明,价值的大小取决于功能和费用,在成本不变的情况下,价值与功能成正比,即功能越大,价值就越大;反之亦然。在功能不变的情况下,价值与成本成反比,即成本越低,价值就越大,成本越高,价值就越低。

2. 功能(Function)

价值工程中的功能是指研究对象能够满足某种需求的一种属性,亦即某种特定效能、功能或效用。如建筑产品中住宅的功能是提供居住空间,基础的功能是承受荷载等。

价值工程通过对功能进行分门别类地分析,可以区分研究对象的必要功能和不必要功能、不足功能和过剩功能、基本功能和辅助功能、使用功能和品位功能,从而保证必要功能和基本功能,消除不必要功能和过剩功能,补充不足功能和辅助功能,并且改进研究对象的使用功能,严格按照用户的需求来设计产品。

3. 寿命周期成本(Life Cycle Cost)

价值工程的研究对象从被研究开发、设计建造、投入使用到报废的整个过程中所发生的全部费用称为寿命周期成本。一般,寿命周期可分为自然寿命和经济寿命:自然寿命是指设备从投入生产开始使用,到不能修理、修复而报废的全部经历时间;经济寿命是指设备经济上合理的使用年限,即在该期限内能使设备每年支出的使用费用最低。价值工程是以经济寿命来计算和确定研究对象的寿命周期。寿命周期与寿命周期成本关系如图 7.1 所示。

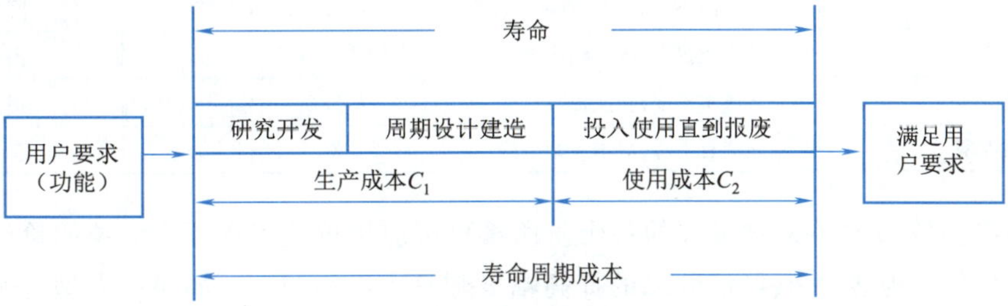

图 7.1 寿命周期与寿命周期成本关系

$$寿命周期成本(C)=生产成本(C_1)+使用成本(C_2) \tag{7.2}$$

寿命周期成本、生产成本、使用成本与产品的功能有关,具体关系如图 7.2 所示。

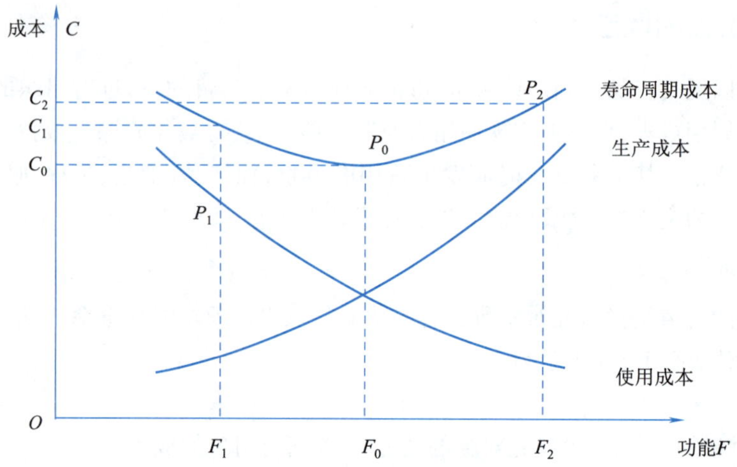

图 7.2　产品功能与成本的关系图

从图 7.2 可以看出，随着产品功能的增加，生产成本越来越高，使用成本越来越低，它们的变化规律决定了寿命周期成本随着产品功能的增加，先下降，然后上升。当产品的功能成本处于 P_1 点时，产品功能较少，此时虽然生产成本较低，但由于不能满足用户的基本需要，使用成本较高，因而寿命周期成本较高；当产品的功能成本处于 P_2 点时，虽然使用成本较低，但由于存在过剩功能，因而导致生产成本较高，同样寿命周期成本也较高；只有当产品的功能成本处于 P_0 点时，产品功能既能满足用户的需求，又使得寿命周期成本比较低，体现了比较理想的功能与成本之间的关系，亦即产品的价值比较大。

7.1.3　提高价值的途径

运用价值工程的最终目的是为了提高研究对象的价值，那么如何来提高对象的价值呢？从价值工程中价值本身的含义来看，其价值的提高主要取决于功能与成本两个因素，因此，提高对象的价值不外乎有以下五种途径，具体如表 7.1 所示。

表 7.1　提高产品价值的途径

提高价值的类型	提高价值的途径	表达公式	侧重点
双向型	功能提高，成本下降	$F\uparrow/C\downarrow=V\uparrow\uparrow$	最理想状态
节约型	功能不变，成本下降	$F\rightarrow/C\downarrow=V\uparrow$	降低成本
投资型	功能大幅提高，成本略有增加	$F\uparrow\uparrow/C\uparrow=V\uparrow$	提高功能
改进型	成本不变，功能提高	$F\uparrow/C\rightarrow=V\uparrow$	提高功能
牺牲型	功能略有下降，成本大幅下降	$F\downarrow/C\downarrow\downarrow=V\uparrow$	降低成本

需要指出的是：尽管在对象形成的各个阶段都可以应用价值工程提高对象的价值，但在不同的阶段进行价值工程活动，其经济效果的提高幅度却是大不相同的。如对于大型复杂的产品，应用价值工程的重点是在产品的研究设计阶段，一旦图纸已经设计完成并投产，产品的价值就基本决定了，这时再进行价值工程分析就变得更加复杂，不仅原来的许多工作成果要付之东流，而且改变生产工艺、设备工具等可能会造成很大的浪费，使价值工程活动的技术经济效果大大降低。因此，必须在产品的设计和研制阶段就开始价值工程活动，以取得最佳的综合经济效果。

7.1.4 价值工程的特点

价值工程作为一种现代化管理技术和思想方法,有它自己独到的特点,认识这些特点,对于更好地应用价值工程,具有重要的促进作用。其应用的主要特点有:

(1)价值工程的目标是以最低的寿命周期成本可靠地实现产品所必须具备的功能。

(2)以使用者的功能需求为出发点。以使用者的功能需求为出发点来确定物品的功能及水平是价值工程的基本前提。

(3)价值工程的核心是功能分析。对研究对象进行功能分析,一方面,可以看是否满足了用户所需求的功能,另一方面,看其是否存在不必要功能和过剩功能,进而采取有效措施来消除这些功能以及由此而多花费的成本。

(4)价值工程强调不断改革和创新。价值工程强调开拓新构思和新途径,获得新方案,创造新功能载体,从而简化产品结构,节约原材料,提高产品的技术经济效益。

(5)价值工程要求将功能定量化,即将功能转化为能够与成本直接相比的量化值。

(6)价值工程是以集体智慧开展的一项有计划、有组织、有领导的管理活动。

7.2 价值工程的工作程序与方法

7.2.1 价值工程的工作程序

价值工程的工作程序一般可分为准备、分析、创新、实施与评价四个阶段,其工作步骤就是针对产品的功能和成本提出问题、分析问题和解决问题的过程,具体如表7.2所示。

表7.2 价值工程的一般工作程序

阶段	步骤	说明	价值工程对应问题
准备阶段	1. 对象选择	应明确目标、限制条件和分析范围	价值工程的研究对象是什么? 围绕价值工程研究对象需要做哪些准备工作?
	2. 组成价值工程领导小组	一般由项目负责人、专业技术人员、熟悉价值工程的人员组成	
	3. 制定工作计划	包括具体执行人、执行日期、工作目标等	
分析阶段	4. 收集整理信息资料	此项工作应贯穿于价值工程的全过程	价值工程对象的功能是什么? 价值工程对象的成本是什么? 价值工程对象的价值是什么?
	5. 功能分析	明确功能特性要求,并绘制功能系统图	
	6. 功能评价	确定功能目标成本,确定功能改进区域	
创新阶段	7. 方案创新	提出各种不同的实现功能的方案	有无其他方法可以实现同样的功能? 新方案的成本是什么? 新方案能满足功能要求吗?
	8. 方案评价	从技术、经济和社会等方面综合评价各种方案,达到预定目标的可行性	
	9. 提案编写	将选出的方案及有关资料编写成册	
实施阶段	10. 审批	由主管部门组织进行	如何保证新方案的实施? 价值工程活动的效果如何?
	11. 实施与检查	制定实施计划、组织实施,并跟踪检查	
	12. 成果鉴定	对实施后取得的技术经济效果进行成果鉴定	

由于价值工程的应用范围广泛,其活动形式也不尽相同,因此,在实际应用中,可参照这个工作程序,根据研究对象的具体情况,考虑具体的实施步骤和方法,但其中对象选择、功能分析、功能

评价和方案创新与评价是该工作程序中的关键内容，是不能缺少的。

7.2.2　对象选择和信息资料收集

1. 对象选择

价值工程是就某个具体对象开展的有针对性的分析评价和改进，有了对象才有分析的具体内容和目标。对企业来讲，凡是为获取功能而发生费用的事物，都可以作为价值工程的研究对象，如产品、工艺、工程、服务或它们的组成部分等，但企业总不能对所有的产品、零件或工序、作业等都进行分析、研究，必须分清主次轻重，有重点、有顺序地选择每次价值工程活动的对象。

1）选择对象的原则

价值工程的对象选择是逐步缩小研究范围、寻找目标、确定主攻方向的过程。对象选择的一般原则是：在设计方面，应选择结构复杂、体积或重量大、性能差、技术落后，能源消耗高、原材料消耗大或是稀有的奇缺产品；生产制造方面，应选择产量大、工序烦琐、工艺复杂、工装落后、返修率高、废品率高、质量难以保证的产品；销售方面，应选择用户意见大、退货索赔多、竞争力差、销售量下降或市场占有率低的产品；成本方面，应选择成本高、利润低的产品或在成本构成中比重大的产品。总之，应以产量大、质量差、成本高、消耗大、结构复杂、项目重要的工程或部件作为价值工程活动的对象。在实际工作中，一般可根据企业的具体情况，有侧重地从设计、生产、工艺、销售、成本等诸方面的因素中，初步选择价值工程活动的对象。

2）选择对象的方法

（1）经验分析法。经验分析法亦称因素分析法。它是一种定性分析方法，即凭借开展价值工程活动人员的经验和智慧，根据对象选择应考虑的因素，通过主观判断确定价值工程对象的一种方法。运用该方法进行对象选择时，要对各种影响因素进行综合分析，区分开主次轻重，既要考虑需要，也要考虑可能，以保证对象选择的合理性。

该方法的优点是简便易行，考虑问题综合全面；缺点是缺乏定量分析，在工作人员经验不足的时候会影响结果的准确性。因此，它的使用必须要以工作人员具有丰富经验为前提。在目标单一、产品不多或问题简单的情况下，使用该方法进行对象选择在准确性和节约时间等方面具有较显著的优越性。同时，此法亦可与定量分析法结合应用，相互补充、验证，这样才能取得较好的效果。

（2）百分比法。百分比法是通过分析各拟选对象对两个或两个以上的技术经济指标影响程度的大小（百分比）来确定价值工程对象的方法。下面通过举例予以说明。

例 7.1　某企业有 5 种建筑产品，其各自的年成本、年利润占公司年总成本和年利润总额的百分比情况如表 7.3 所示，试用百分比法确定可能的价值工程研究对象。

表 7.3　产品成本和利润情况

产品名称	A	B	C	D	E	合计
产品年成本（万元）	465	85	45	150	55	800
产品年成本占总成本的百分比（%）	58.13	10.63	5.63	18.75	6.88	100
产品年利润（万元）	100	30	10	45	15	200
产品年利润占年利润总额的百分比（%）	50.00	15.00	5.00	22.50	7.50	100
年利润百分比/年成本百分比	0.86	1.41	0.89	1.20	1.09	/
排序	5	1	4	2	3	/

解 由表 7.3 可见，产品 A、C 应作为价值工程的重点分析对象。

百分比法的优点是当企业在一定时期要提高某些经济指标且拟选对象数目不多时，具有较强的针对性和有效性；缺点是不够系统和全面，有时为了更全面、更综合地选择对象，百分比法通常与经验分析法结合使用。

(3)价值指数法。根据价值的表达式 $V=F/C$，在产品成本已知的基础上，将产品功能定量化，就可以计算出产品价值，然后根据价值指数的大小来确定价值工程的研究对象。在应用该法选择价值工程的对象时，应当综合考虑价值指数偏离 1 的程度和改善幅度，优先选择 $V<1$ 且改进幅度大的产品或零部件。

例 7.2 某机械制造厂生产 4 种型号的挖土机，各种型号挖土机的主要技术参数及相应的成本费用如表 7.4 所示，试运用价值指数法选择价值工程研究对象。

表 7.4 挖土机主要技术参数及相应成本

产品型号	A	B	C	D
技术参数(1 000 m^3/台班)	1.45	1.59	1.42	1.52
成本费用(1 000 元/台班)	1.33	1.38	1.54	1.48
价值指数	1.09	1.15	0.92	1.03

解 价值指数计算结果如表 7.4 所示。由表 7.4 可见，挖土机 C 应作为价值工程对象。

价值指数法一般适用于产品功能单一、可计量、产品性能和生产特点可比的系列产品或零部件的价值工程对象选择。

(4)ABC 分析法。ABC 分析法是一种寻找主要因素的方法。它起源于意大利经济学家巴雷特对资本主义社会财富分布情况的分析，巴雷特发现资本主义社会的大部分财富集中在少数人的手中，以后这种方法扩展到其他领域。价值工程运用这种方法进行对象选择时，是将产品成本构成进行逐项统计，将每一种零部件占产品总成本的比重从高到低排列出来，分成 A、B、C 三类，找出少数成本比重大的零部件，作为价值工程的重点分析对象。研究对象的类别划分参考值如表 7.5 所示。

表 7.5 A、B、C 类别划分参考值

类别	数量占总数百分比	成本占总成本百分比
A 类	10% 左右	70% 左右
B 类	20% 左右	20% 左右
C 类	70% 左右	10% 左右

在进行价值分析时，A 类零部件是重点分析对象，B 类只作一般分析，C 类可以不加分析。

ABC 分析法的具体做法如下：

①将被分析的零(部)件种类按成本大小依次排列填入表中，并按排列先后编出序号。

②根据零(部)件种类计算出累计数，并求出占全部零(部)件总种类数的百分比。

③根据零(部)件成本求出其占总成本的百分比，并求出累计成本的百分比。

④根据零(部)件种类划分为 A、B、C 三类。

例 7.3 某企业经营 9 种商品，表 7.6 是商品构成和现有的成本基本情况表。为了对这些库存商品进行有效地控制和管理，该企业打算根据商品投资的大小进行分类。试应用 ABC 分析法确定可以作为价值工程分析对象的商品。

表 7.6　商品构成和现有的成本基本情况

序号	部件名称	件数	单价(元)
1	A	200	5.00
2	B	100	2.00
3	C	125	4.00
4	D	200	1.40
5	E	140	1.00
6	F	100	75.00
7	G	120	3.00
8	H	120	1.00
9	I	100	0.70

解　该企业经营的九种商品的 ABC 分类如表 7.7 所示。结果说明：A 类商品的件数之和占总件数的 8.3%，而成本之和却占总成本的 73.7%，是影响该企业的关键商品，降低成本的潜力较大，故应将 A 类商品作为价值工程的研究对象。ABC 分析图如图 7.3 所示。

表 7.7　商品成本分析表

商品编号	单价	库存量	成本金额(元)	成本金额累计(元)	占全部金额的累计比例(%)	占全部数量累计比例(%)	分类
F	75.00	100	7 500	7 500	73.7	8.3	A
A	5.00	200	1 000	8 500	83.6	24.9	B
C	4.00	125	500	9 000	88.5	35.3	
G	3.00	120	360	9 360	92.0	45.2	
D	1.40	200	280	9 640	94.8	61.8	C
B	2.00	100	200	9 840	96.8	70.1	
E	1.00	140	140	9 980	98.1	81.7	
H	1.00	120	120	10 100	99.3	91.7	
I	0.70	100	70	10 170	100	100	

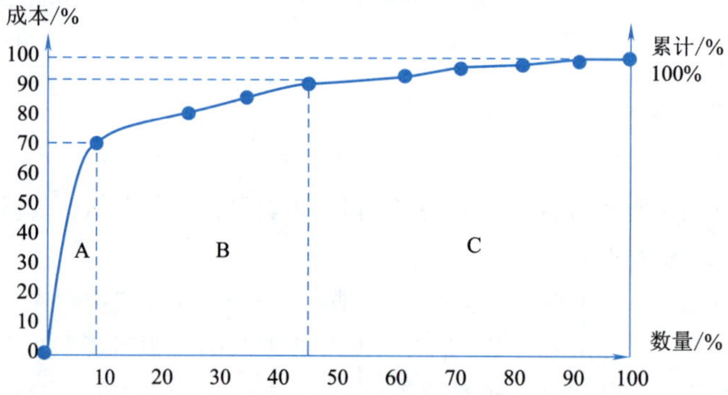

图 7.3　ABC 分析图

ABC 分析法的优点是能抓住重点，突出主要矛盾，在对复杂产品的零部件作对象选择时常用它进行主次分类。据此，价值工程分析小组可结合一定的人力、财力、时间要求和分析条件，略去“次要的多数”，抓住“关键的少数”，卓有成效地开展工作。

2. 信息资料收集

信息是一种重要的资源。信息资料的收集是价值工程实施过程中不可缺少的重要环节。一般在选择价值工程对象的同时，就应该收集有关的技术资料及经济信息，并为进行功能分析、创新方案和评价方案等步骤准备必要的资料。在一定意义上说，价值工程成果的大小很大程度上取决于能否按时、按质、按量收集到必要的信息情报。

(1)信息资料收集的内容范围包括：用户方面、市场方面、技术方面、经济方面的信息资料，以及企业的基本资料、环境保护方面的信息资料、外协方面的信息资料、政府和社会有关部门的法规及条例等方面的信息资料。

(2)信息资料收集的要求。收集信息资料是一项周密而系统的调查研究活动，有计划、有组织、有要求地收集整理，是这一活动成功的保证。信息资料的收集应该做到快、准、精、广、适。

7.2.3 功能分析与评价

1. 功能分析

功能分析作为价值工程的核心，是指为描述各功能及其相互关系而对各功能进行定性和定量的系统分析过程。功能分析包括功能定义和功能整理两部分。

1)功能定义

功能定义就是根据收集到的资料，用简洁的语言描述对象产品的效用或功能的本质的过程。通过功能定义，可以明确对象产品和劳务过程的各构成要素的功能，借以弄清产品和劳务的特性。对功能下定义的过程，实际也是为对象产品和劳务改进构思的过程，有利于方案的构思，同时也是进行功能评价的基础。

2)功能整理

功能整理是功能分析的第二个重要步骤，它是用系统的观点将已经定义了的功能加以系统化，找出各局部功能相互之间的逻辑关系，并用图表形式表达，以明确产品的功能系统，从而为功能评价和方案构思提供依据。因此，功能整理的过程就是建立功能系统图的过程。

(1)功能系统图。功能系统图是按照一定的原则方式，将定义的功能连接起来，从单个到局部、从局部到整体形成的一个完整的功能逻辑关系图。

(2)功能整理的方法。功能整理的主要任务就是建立功能系统图。因此，功能整理的方法也就是绘制功能系统图的方法，其一般步骤如下：

①编制功能卡片。

②选出基本功能或必要功能。

③明确各功能之间的关系。

④对功能定义做必要的修改、补充和取消。

⑤按照上下位关系，将经过调整、修改和补充的功能，排列成功能系统图。

以某产品达到生产要求为例，在对其功能定义的基础上，通过功能整理，得到的功能系统图如图7.4所示。

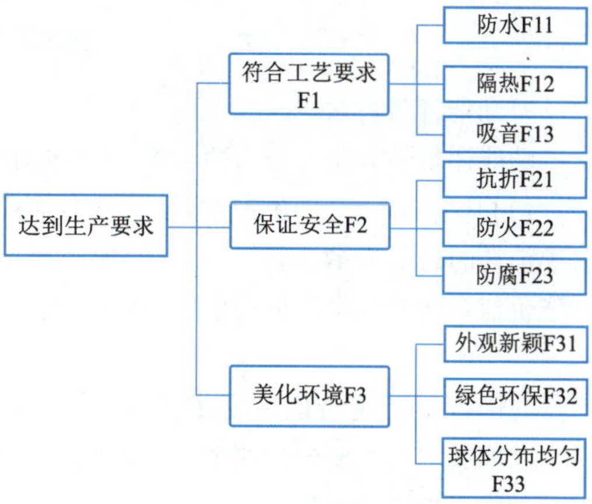

图7.4 功能系统图

2. 功能评价

1) 功能评价的含义

功能评价是在功能定义和功能整理完成之后，在已定性确定问题的基础上进一步做定量的确定，即评定功能的价值。

功能评价包括相互关联的价值评价和成本评价两个方面。

(1) 价值评价。价值评价是通过计算和分析对象的价值，分析功能与成本的合理匹配程度。价值评价的表达式为：

$$V = F/C \tag{7.3}$$

式中：C 为对象的目前成本或实际成本；F 为对象的功能评价值或目标成本；V 为对象的价值。

(2) 成本评价。成本评价是指通过核算和确定对象的实际成本与功能评价值，分析和测算成本降低期望值，从而排列出改进对象优先次序。成本评价表达式为：

$$\Delta C = C - F \tag{7.4}$$

式中：ΔC 为成本降低期望值。

一般情况下，当 ΔC 大于零时，ΔC 大者为优先改进对象。

在价值评价和成本评价中，都出现了功能评价值这个概念。在价值工程中，功能评价值是指可靠地实现用户要求功能的最低成本，它可以理解为是企业有把握，或者说应该达到的实现用户要求功能的最低成本。从企业目标的角度来看，功能评价值可以看成是企业预期的、理想的成本目标值，因此功能评价值一般又称为目标成本。据此公式(7.4)又可以写为：

$$\Delta C = C - C_{目标} \tag{7.5}$$

式中：$C_{目标}$——对象的目标成本。

2) 功能评价的步骤(见图 7.5)。

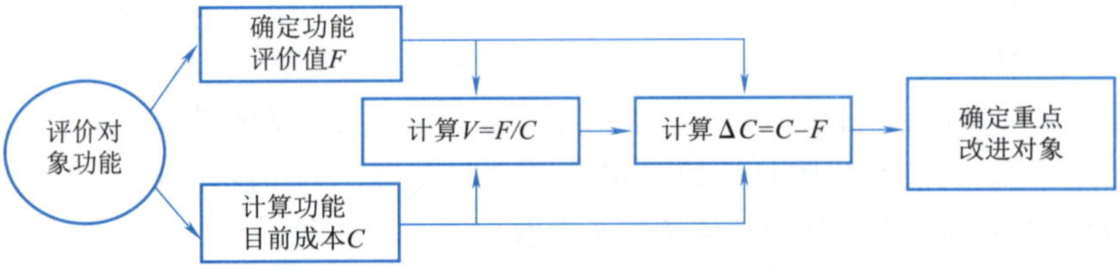

图 7.5　功能评价步骤

3) 功能评价方法

功能评价的方法可分为两大类：功能成本法与功能系数法。

(1) 功能成本法。功能成本法又称为绝对值法，是通过一定的测算方法，测定实现必要功能所必须消耗的最低成本，同时计算为实现必要功能所耗费的目前成本，经过分析、对比，求得对象的功能价值系数和成本降低期望值，从而确定价值工程的改进对象。其表达式如下：

$$V = F/C \tag{7.6}$$

式中：V 为功能价值系数；F 为功能评价值；C 为功能目前成本。

功能成本法主要包括两个工作内容，即功能目前成本的计算和功能评价值的推算，其中关键的是功能评价值的推算。

① 计算功能目前成本(C)。功能目前成本的计算与一般的传统的成本核算既有相同点，也

有不同之处。两者相同点是指它们在成本费用的构成项目上是完全相同的，如建筑产品的成本费用都是由人工费、材料费、施工机械使用费、措施费、间接费等构成；而两者的不同之处在于功能目前成本的计算是以对象的功能为单位，而传统的成本核算是以产品或零部件为单位。因此，在计算功能目前成本时，需根据传统的成本核算资料，将产品或零部件目前成本换算成功能的目前成本。

具体地讲，当一个零部件只具有一个功能时，该零部件的成本就是它本身的功能成本；当一项功能要由多个零部件共同实现时，该功能的成本就等于这些零部件的功能成本之和。当一个零部件具有多项功能或同时与多项功能有关时，就需要将零部件成本分摊给各项有关功能，至于分摊的方法和分摊的比例，可根据具体情况决定。

例 7.4 某产品具有 $F_1 \sim F_4$ 共 4 项功能，且由 4 种零部件来实现，每一零部件的成本资料如表 7.8 所示，且其对实现功能所起作用的比重经专家确定如表 7.8 所示，试计算各功能的目前成本。

表 7.8 某产品功能与成本资料表

零部件			功能			
序号	名称	成本(元)	F_1（成本比重）	F_2（成本比重）	F_3（成本比重）	F_4（成本比重）
1	甲	600	100%			
2	乙	240		40%		60%
3	丙	420	20%	40%	40%	
4	丁	675	10%	30%	40%	20%

解 根据以上计算功能目前成本的基本原理，计算结果如表 7.9 所示。

表 7.9 功能目前成本计算表

零部件			功能			
序号	名称	成本(元)	F_1（目前成本）	F_2（目前成本）	F_3（目前成本）	F_4（目前成本）
1	甲	600	600			
2	乙	240		96		144
3	丙	420	84	168	168	
4	丁	675	67.5	202.5	270	135
合计		1 935	751.5	466.5	438	279

②计算功能评价值（F）。功能评价值（目标成本），是指可靠地实现用户要求功能的最低成本，它可以理解为企业有把握，或者说应该达到的实现用户要求功能的最低成本。从企业目标的角度来看，功能评价值可以看成企业预期的、理想的成本目标值。功能评价值一般以货币的形式表达。

确定功能评价值常用的方法有：

a. 经验估算法。它是由一些有经验的专家，根据预先收集到的技术、经济情报，先初步构思出几个能实现预定功能的设想方案，并大致估算实现这些方案所需要的成本，经过分析、对比，以其中最低的成本作为功能评价值。

b. 实际调查法。这种方法是通过广泛的调查，收集具有同样功能产品的成本，从中选择功能水平相同而成本最低的产品，以这个产品的成本作为功能评价值。

c. 反推法。这种方法是根据对市场和用户的调查确定产品的价格。这种价格必须是用户承认并能够接受的，并且具有较强的竞争能力，再考虑企业的目标利润和纳税额，制订功能评价值。其计算公式如下：

$$产品功能评价值 = 产品价格 - 单位产品利税额 \tag{7.7}$$

例如，某产品根据市场情况确定售价为 10 000 元，若税率为售价的 3%，目标利润为售价的 12%，则其功能评价值应为：

$$10\ 000 \times (1 - 3\% - 12\%) = 8\ 500(元)。$$

d. 理论计算法。这种方法是利用工程上的一些计算公式和某些费用标准（如材料价格等），找出功能与成本之间的关系，从而确定功能评价值。

③计算功能价值系数（V）。根据公式（7.6）即可计算出功能价值系数。

④确定功能改进目标。功能价值系数计算出来以后，就需要进行分析与评价，进而确定功能改进目标。

例 7.5 某项目施工方案 A 的生产成本 500 万元；在相同的条件下，其他项目生产成本 450 万元。这可以表示为：

施工方案 A 功能评价值：　　450 万元

施工方案 A 功能的实际投入：　　500 万元

施工方案 A 的价值：　　450/500 = 0.9

如果施工方案 B 花费 450 万元能完成该项目施工，则：

施工方案 B 功能评价值：　　450 万元

施工方案 B 功能的实际投入：　　450 万元

施工方案 B 的价值：　　450/450 = 1

从例 7.5 可以看出，最恰当的价值应该是 1。因为满足用户要求的功能，最理想的投入是与实际投入一致。但在一般情况下往往小于 1，因为技术不断进步，“低成本”战略将日趋被重视，竞争也将更激烈。随之，同一产品的功能评价值也降低。

一般来说，采用功能成本法所计算出来的功能价值系数不外乎有以下三种结果：

①$V = 1$。此时功能评价值等于功能目前成本。这表明评价对象的功能目前成本与实现功能所必需的最低成本大致相当，说明评价对象的功能价值为最佳，一般无须改进。

②$V < 1$。此时功能目前成本大于功能评价值。表明评价对象的目前成本偏高，这时，一种可能是由于存在着过剩功能，另一种可能是功能虽无过剩，但实现功能的条件或方法不佳，以致实现该功能的成本大于功能的实际需要。这两种情况都应列入功能改进的范围，并且以剔除过剩功能及降低目前成本为改进方向。

③$V > 1$。此时功能目前成本低于功能评价值。表明评价对象的功能目前成本低于实现该功能所应投入的最低成本，从而评价对象功能不足，没有达到用户的功能要求，应适当增加成本，提高功能水平。

（2）功能系数法。功能系数法又称相对值法，是通过评定各对象功能的重要程度，用功能系数来表示其功能程度的大小，然后将评价对象的功能系数与相对应的成本系数进行比较，得出该评价对象的价值系数，从而确定改进对象，并求出该对象的成本改进期望值。其表达式如下：

$$V = FI/CI \tag{7.8}$$

式中：V 为价值系数；FI 为功能系数；CI 为成本系数。

其中，功能系数是指评价对象（如零部件等）功能在整体功能中所占的比率，又称功能评价系数、功能重要度系数等；成本系数是指评价对象的目前成本在全部成本中所占的比率。

功能系数法的特点是用分值来表达功能程度的大小，以便使系统内部功能与成本具有可比性，由于评价对象的功能水平和成本水平都用它们在总体中所占的比率来表示，这样就可以采用上面的公式方便地、定量地表达评价对象功能价值的大小，因此，在功能系数法中，采用价值系数做为评定对象功能价值的指标。

功能系数法也包括两大工作内容，即成本系数的计算和功能系数的计算。

① 成本系数的计算。成本系数可按下式计算：

$$\text{成本系数}(CI_i) = \text{第 } i \text{ 个评价对象的目前成本/全部成本} \tag{7.9}$$

② 功能系数的计算。功能系数的计算是一个定性与定量相结合的过程，其主要步骤是评定功能分值。功能分值的评定是在科学的评分原则的指导下，按用户要求应该达到的功能程度，采用适当的评分方法，评定各功能应有的分值。

功能系数的计算方法很多，如强制确定法、多比例评分法、环比评分法、逻辑流程评分法等，这里重点介绍强制确定法。

强制确定法，又称 FD 法，包括“01”法和“04”法两种方法。它是采用一定的评分规则，采用强制对比打分来评定评价对象功能系数的方法。

“01”法是将各功能一一对比，重要的得 1 分，不重要的得 0 分，然后为防止功能系数中出现零的情况，用各加 1 分的方法进行修正，最后用修正得分除以总得分即为功能系数。其计算过程如表 7.10所示。

表 7.10 “01”法功能系数计算表

功能	F_1	F_2	F_3	F_4	F_5	得分	修正得分	FI_i
F_1	×	1	1	1	0	3	4	0.27
F_2	0	×	1	1	0	2	3	0.20
F_3	0	0	×	1	0	1	2	0.13
F_4	0	0	0	×	0	0	1	0.07
F_5	1	1	1	1	×	4	5	0.33
	合计					10	15	1.00

“04”法是将各功能一一对比，规定：很重要的功能因素得 4 分，另一很不重要的功能因素得 0 分；较重要的功能因素得 3 分，另一较不重要的功能因素得 1 分；同样重要或基本同样重要时，则两个功能因素各得 2 分；自身对比不得分。最后用各功能得分除以功能总得分即为功能系数。

例 7.6 某技术方案经分析具有 5 项基本功能，现用 F_1，F_2，F_3，F_4，F_5分别来表示，经有关专家讨论对其功能的重要性达成以下共识：F_2和 F_5同样重要，F_4和 F_5同样重要，F_1相对于 F_3较重要，F_3相对于 F_4很重要。试用“04”法来确定各功能的功能系数。

解 依据题意及根据“04”法的基本原理，计算结果如表 7.11 所示。

表 7.11 "04"法功能系数计算表

功能	F_1	F_2	F_3	F_4	F_5	得分	FI_i
F_1	×	4	3	4	4	15	0.375
F_2	0	×	0	2	2	4	0.100
F_3	1	4	×	4	4	13	0.325
F_4	0	2	0	×	2	4	0.100
F_5	0	2	0	2	×	4	0.100
	合　计					40	1.000

强制确定法适用于被评价对象在功能重要程度上的差异不太大，并且评价对象子功能数目不太多的情况。

③ 价值系数(V)的计算。根据公式(7.8)即可计算出每一功能的价值系数 V_i。

④ 确定功能改进目标。功能的价值系数计算出来以后，就需要进行分析，确定功能改进目标。一般来说，采用功能系数法所计算出的功能价值系数不外乎有以下三种结果：

①$V=1$。此时评价对象的功能比重与成本比重大致平衡，匹配合理，可以认为功能的目前成本是比较合理的，无须改进。

②$V<1$。此时评价对象的成本比重大于其功能比重，表明相对于系统内的其他对象而言，目前所占的成本偏高。应将其列为改进对象，改善方向主要是降低成本。

③$V>1$。此时评价对象的成本比重小于其功能比重。出现这种结果的原因可能有三个。第一个原因是由于目前成本偏低，不能满足评价对象实现其应具有的功能的要求，致使对象功能偏低，这种情况应列为改进对象，改善方向是增加成本；第二个原因是对象目前具有的功能已经超过了其应该具有的水平，也即存在过剩功能，这种情况也应列为改进对象，改善方向是降低功能水平；最后一个原因是对象在技术、经济等方面具有某些特殊性，在客观上存在着功能很重要而需要耗费的成本却很少的情况，这种情况一般就不必列为改进对象了。

7.2.4 方案创新与评价

通过功能分析和功能评价，对价值工程对象整体及其各功能的功能价值进行了分析计算和评价，选出了价值低且成本改善期望大的作为重点改进对象。具体实现就要通过方案创新与评价来进行。

1. 方案创新

方案创新是从提高对象的功能价值出发，针对应改进的具体目标，依据已建立的功能系统图和功能目标成本，通过创造性的思维活动，提出各种不同的实现功能方案的过程。

方案创新是价值工程活动成败的关键，主要依赖于创造能力和创造思维。在价值工程中常用的方案创新的方法有以下几种：

(1) 头脑风暴法，又称 BS 法。具体做法是：采用会议的形式，组织对改进对象有较深了解的人员进行讨论、座谈（一般为 5～10 人），最后提出新的方案。讨论时：不允许批评别人的设想；欢迎自由提出尽量多的方案；欢迎在别人意见的基础上补充和完善；会议的主持者应思想活跃，知识面广，善于引导，使会议气氛融洽，能使与会者广开思路，畅所欲言；会议应有记录，以便于整理研究。

头脑风暴法的核心是：打破常规、积极思考、互相启发、集思广益。这种方法可以获得新颖、全面且富于创造性的方案，并可以防止片面和遗漏。

(2) 哥顿法，又称模糊目标法，是由美国人哥顿(Gorden)在1964年提出。这种方法的指导思想是把要研究的问题适当抽象，以利于开拓思路，在研究到新方案时，会议主持人开始并不全部摊开要解决的问题，而是只对大家作一番抽象笼统的介绍，要求大家提出各种设想，以激发出有价值的改进方案，待讨论到一定程度后才把中心议题提出来，以作进一步研究。这种方法要求会议主持人机智灵活、提问得当。提问太具体，容易限制思路；提问太抽象，则方案可能离题太远。

(3) 德尔菲法，又称专家调查法，是将要研究的方案分解为若干内容，分送各有关专家，使他们在互不商量的情况下提出各种建议和设想，经过整理分析后，归纳出若干较合理的方案，再分送给各位专家进行分析研究。如此经过几次反复后专家意见趋向一致，从而最后确定改进方案。这种方法的优点是专家互不见面，研究问题时时间充裕，没有顾虑，可以不受约束地从各种角度提出意见，缺点是花费时间较长，缺乏面对面的交谈和商议。

方案创新的方法很多，总的原则是要充分发挥有关人员的聪明才智，集思广益，多提方案，从而为方案评价创造条件。

2. 方案评价

方案评价是指对已创造出的方案从技术、经济、社会等方面进行分析、比较、论证和评价等工作的总称。其目的在于找出相对令人满意的实施方案。方案评价步骤如图7.6所示，分为概略评价与详细评价两个阶段。

(1) 概略评价，是对新构思方案进行初步研究，其目的是从众多的方案中进行粗略的筛选，以减少详细评价的工作量，使精力集中于优秀方案的评价。

(2) 详细评价，是对经过筛选后的少数方案再具体化，通过进一步的调查、研究和评价，最后选出令人满意的方案。其评价结论是方案审批的依据。

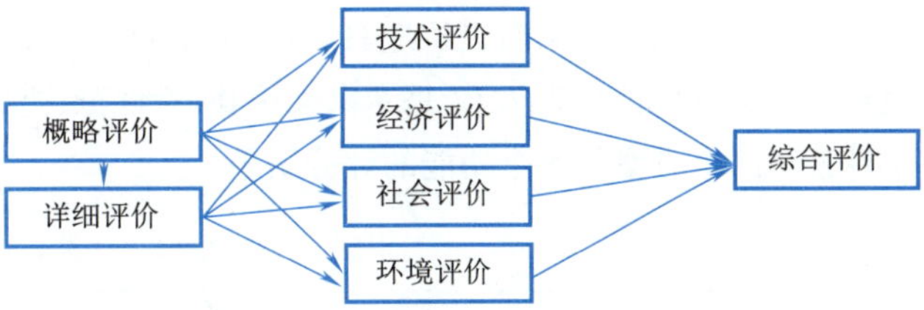

图7.6 方案评价步骤示意图

在对方案进行评价时，无论是概略评价还是详细评价，都应包括技术评价、经济评价、社会评价和环境评价四个方面。一般可先做技术评价，再分别做经济评价、社会评价和环境评价，最后做综合评价。技术评价是对方案功能的必要性及必要程度(如性能、质量、寿命等)以及实施的可能性进行分析评价；经济评价是对方案实施的经济效果(如成本、利润、节约额等)的大小进行分析评价；社会评价是对方案给国家和社会带来的影响(如环境污染、生态平衡、国民经济效益等)所进行的分析和评价；环境评价围绕环境效果进行，内容是方案对环境的影响(如污染、噪声、能源消耗等)。最后进行综合评价，选出最佳方案。

3. 方案实施与检查

通过对方案的评价，即可选出最优改进方案，经批准后，即可组织实施。为了保证方案顺利实施，应当做到四个落实，即组织落实、经费落实、物质落实、时间落实。一般来讲，组织方案实施时，首先应由单位领导指定一名实施价值工程项目的负责人，然后由他与价值工程小组其他成员一道，制订出一个具体的实施计划并付诸实施。

在方案实施过程中，应该对方案的实施情况进行检查，发现问题及时解决。方案实施完成后，要进行总结评价和验收。

4. 成果评价(鉴定)与报告

价值工程成果评价,就是将改进方案的各项技术经济指标与原设计进行比较,以考察方案所取得的综合效益。价值工程活动全部结束之后,要及时进行总结,并写出成果报告,成果报告主要应包括以下几项内容:①成果名称;②完成单位及主要参加人员;③成果简介;④技术效果;⑤经济效果或社会效果;⑥附件。

7.3 价值工程应用

某市为改善越江交通状况,对桥梁改建提出以下两个方案:

方案1:在原桥基础上加固、扩建。该方案预计投资40 000万元,建成后可通行20年。这期间每年需维护费1 000万元;每10年需进行一次大修,每次大修费用为3 000万元,运营20年后报废时没有残值。

方案2:拆除原桥,在原址修建一座新桥。该方案预计投资需要120 000万元,建成后可通行60年。这期间每年需维护费1 500万元;每20年需进行一次大修,每次大修费用为5 000万元,运营60年后报废时可回收残值5 000万元。

不考虑两方案建设期的差异,基准收益率为6%。

主管部门聘请专家对该桥应具备的功能进行了深入分析,认为应从F_1、F_2、F_3、F_4、F_5共五个方面对功能进行评价。表7.12是专家采用0~4评分方法对5个功能进行评分的部分结果,表7.13是专家对两个方案的5个功能的评分结果。

表7.12 功能评分表

功能	F_1	F_2	F_3	F_4	F_5	得分	权重
F_1		2	3	4	4		
F_2			3	4	4		
F_3				3	4		
F_4					3		
F_5							
合计							

表7.13 功能评分结果

功能	功能评分结果表	
	方案1	方案2
F_1	6	10
F_2	7	9
F_3	6	7
F_4	9	8
F_5	9	9

问题：

(1)在表7.12中计算各功能的权重(计算结果保留三位小数)。

(2)列式计算两方案的年费用(计算结果保留两位小数)。

(3)若采用价值工程方法对两方案进行评价,分别列式计算两方案的成本指数(以年费用为基础)、功能指数和价值指数,并根据计算结果确定最终应入选的方案(计算结果保留三位小数)。

(4)该桥梁未来将通过收取车辆通行费的方式收回投资和维持运营,若预计该桥梁的机动车年通行量不会少于1 500万辆。分别列式计算两个方案每辆机动车的平均最低收费额(计算结果保留两位小数)。(注:计算所需系数参见表7.14)

表7.14 计算所需系数表

n	10	20	30	40	50	60
$(P/F,6\%,n)$	0.558 4	0.311 8	0.174 1	0.097 2	0.054 3	0.030 3
$(A/P,6\%,n)$	0.135 9	0.087 2	0.072 6	0.066 5	0.063 4	0.061 9

解 (1)各功能的权重如表7.15所示。

表7.15 各功能权重计算表

功能项目	F_1	F_2	F_3	F_4	F_5	得分	功能权重
F_1	×	2	3	4	4	13	0.325
F_2	2	×	3	4	4	13	0.325
F_3	1	1	×	3	4	9	0.225
F_4	0	0	1	×	3	4	0.100
F_5	0	0	0	1	×	1	0.025
合计	/	/	/	/	/	40	1.000

(2)计算两个方案的年费用。

$AC_1 = 1\ 000 + 40\ 000(A/P,6\%,20) + 3\ 000(P/F,6\%,10)(A/P,6\%,20) = 4\ 634.08$(万元)

$AC_2 = [5\ 000(P/F,6\%,20) + 5\ 000(P/F,6\%,40)](A/P,6\%,60) + 1\ 500 + 120\ 000(A/P,6\%,60) - 5\ 000(A/F,6\%,60) = 9\ 045.21$(万元)

或：

$AC_1 = 1\ 000 + [40\ 000 + 3\ 000(P/F,6\%,10)](A/P,6\%,20) = 1\ 000 + (40\ 000 + 3\ 000 \times 0.558\ 4) \times 0.087\ 2 = 4\ 634.08$(万元)

$AC_2 = 1\ 500 + [120\ 000 + 5\ 000(P/F,6\%,20) + 5\ 000(P/F,6\%,40) - 5\ 000(P/F,6\%,60)](A/P,6\%,60) = 9\ 045.21$(万元)

(3)计算两个方案的成本指数、功能指数和价值指数。

方案1的成本指数：$4\ 634.08/(4\ 634.08 + 9\ 045.20) = 0.339$

方案2的成本指数：$9\ 045.20/(4\ 634.08 + 9\ 045.20) = 0.661$

方案1的功能得分：$6 \times 0.325 + 7 \times 0.325 + 6 \times 0.225 + 9 \times 0.100 + 9 \times 0.025 = 6.700$

方案2的功能得分：$10 \times 0.325 + 9 \times 0.325 + 7 \times 0.225 + 8 \times 0.100 + 9 \times 0.025 = 8.775$

方案1的功能指数：$6.700/(6.700 + 8.775) = 0.433$

方案 2 的功能指数：8.775/(6.700 + 8.775) = 0.567

方案 1 的价值指数：0.433/0.339 = 1.277

方案 2 的价值指数：0.567/0.661 = 0.858

因为价值指数方案 1 大于方案 2，所以应选择方案 1。

(4)方案 1 的最低收费：4 634.08/1 500 = 3.09(元/辆)

方案 2 的最低收费：9 045.20/1 500 = 6.03(元/辆)

本章小结

价值工程主要研究如何用最低寿命周期成本实现产品、作业或服务的必要功能，推广应用价值工程能够促进社会资源得到合理有效的利用。

1. 价值工程中的价值是指研究对象所具有的功能与取得该项功能的寿命周期成本之比，即功能与费用之间的比值；功能是产品能够满足某种需求的一种属性，或作业、方法等所起的作用、要达到的目的，是研究对象的某种特定效能、功能或效用；寿命周期成本是指产品从被研究开发、设计建造、投入使用到报废的整个过程中所发生的全部费用。

2. 提高对象的价值途径有五种：$F\uparrow/C\downarrow$、$F\rightarrow/C\downarrow$、$F\uparrow\uparrow/C\uparrow$、$F\uparrow/C\rightarrow$、$F\downarrow/C\downarrow\downarrow$。

3. 对象选择的方法有：经验分析法、百分比法、价值指数法、ABC 分析法等。

4. 功能分析是价值工程的核心和基本内容，包括功能定义与功能整理。

5. 功能评价的方法有功能成本法与功能系数法。功能成本法是指把实现功能的最低费用作为功能的目标成本(又称功能评价值)，以功能目标成本为基准，通过与功能现实成本之间的比较，求出两者的比值(功能的价值)和两者的差异值(改善期望值)，然后选择功能价值低、改善期望值大的功能作为评价工程活动的重点对象。功能系数法又称相对值法，是通过评定各对象功能的重要程度，用功能系数来表示其功能程度的大小，然后将评价对象的功能系数与相对应的成本系数进行比较，得出该评价对象的价值系数，从而确定改进对象，并求出该对象的成本改进期望值。

6. 方案创新是价值工程活动成败的关键，主要依赖于创造能力和创造思维。方案评价是对方案创新阶段提出的设想和方案进行概略评价与详细评价，评价内容包括技术评价、经济评价、社会评价、环境评价以及在这四者基础上的综合评价。对于评价出来的方案要通过实施与检查，考察价值活动的目标是否实现。

综合能力实训

一、选择题

1. 价值工程的目的是(　　)。

A. 以最低的生产成本实现最好的经济效益

B. 以最低的生产成本实现使用者所需的功能

C. 以最低的寿命周期成本实现使用者所需最高功能

D. 以最低的寿命周期成本可靠地实现使用者所需功能

2. 价值工程中寿命周期成本是指(　　)。

A. 生产及销售成本+使用及维修成本

B. 试验、试制成本+生产及销售成本+使用及维修成本

C. 科研、设计成本+生产及销售成本+使用及维修成本

D. 科研、设计成本+试验、试制成本+生产及销售成本+使用及维修成本

3. 某地面工程原设计造价为50万元以上,后经分析更换地面材料,既保持了原有的坚实的功能,又节省投资10万元。根据价值工程原理,该方案提高价值的途径是(　　)。

A. 功能提高,成本不变　　B. 功能不变,成本降低

C. 功能和成本都提高　　D. 功能提高,成本降低

4. 按照价值工程的工作程序,需要在分析阶段进行的工作是(　　)。

A. 对象选择和功能定义　　B. 功能定义和功能整理

C. 功能整理和方案评价　　D. 方案创造和成果评价

5. 在利用价值工程的功能成本法 $V_i=F_i/C_i$ 进行方案分析时,功能价值分析的表述错误的是(　　)。

A. 功能评价与功能实现成本相等,评价对象的价值为最佳

B. 当 $V_i<1$ 时,评价对象的实现成本偏高,而功能要求不高,存在过剩功能

C. 当 $V_i>1$ 时,功能比较重要,分配的成本较少,功能的实现成本低于功能评价值

D. 当 $V_i>1$ 时,功能的实现成本高于功能评价值

6. 某建设项目有4个设计方案,其评价指标如表7.16所示,判别最优方案为(　　)。

表7.16　评价指标

方案	甲	乙	丙	丁
功能评价总分	12.0	9.0	14.0	13.0
成本系数	0.22	0.18	0.35	0.25

A. 甲　　B. 乙　　C. 丙　　D. 丁

7. 运用价值工程优选设计方案,分析计算结果为:方案一的单方造价为1 500元,价值系数为1.13;方案二的单方造价为1 550元,价值系数为1.25;方案三的单方造价为1 300元,价值系数为0.89;方案四的单方造价分为1 320元,价值系数为1.08,则最佳方案为(　　)。

A. 方案一　　B. 方案二　　C. 方案三　　D. 方案四

8. 某单位工程由甲、乙、丙和丁四各分部工程组成,相关数据如表7.17所示,运用价值工程原理判断,应作为优先改进对象的是(　　)。

表7.17　第8题表

项目	甲	乙	丙	丁
现实成本(万元)	1 100	2 350	1 220	1 630
目标成本(万元)	1 000	2 000	1 230	1 500
功能价值	0.909	0.851	1.008	0.920

A. 甲　　B. 乙　　C. 丙　　D. 丁

9.（多选）在价值工程中，提高产品价值的途径有（　　）。

A. 产品成本不变，提高功能水平　　B. 产品功能不变，降低成本

C. 降低产品成本，提高功能水平　　D. 产品功能下降，成本提高

E. 功能小提高，成本大提高

10.（多选）价值工程的主要特点有（　　）。

A. 侧重于功能分析　　B. 着眼于寿命周期成本

C. 注重功能整理　　D. 重视方案制定

E. 有组织的经济活动

11.（多选）功能整理可以（　　）。

A. 明确功能范围　　B. 发现不足功能及过剩功能

C. 发现必要功能及多余功能　　D. 明确各功能之间的关系

E. 量化各项功能

12.（多选）价值工程准备阶段主要是工作对象的选择，明确分析研究的目标，从成本方面看，应选择的功能产品应该具有的特征是（　　）。

A. 原材料消耗高　　B. 成本高　　C. 能源消耗高　　D. 成本比重大

E. 技术指标差

二、案例分析题

1. 某住宅楼工程基础部分包含17个分项工程，每个分项工程的造价及基础部分的直接费用如表7.18所示，使用ABC分析法确定该基础工程中可作为价值工程研究对象的分项工程，要求画出ABC分析图。

表7.18　某住宅楼工程基础工程分项工程成本及数量表

分项工程名称	C20钢筋混凝土条形基础	碎石砂垫层	回填土	商品混凝土	C10混凝土垫层	排水费	C20钢筋混凝土独立基础	C10无筋混凝土条形基础	C20矩形钢筋混凝土柱
成本/元	65 234	28 995	15 462	11 005	11 003	10 546	6 095	5 703	2 812
数量/个	1	1	1	1	1	1	1	1	1

分项工程名称	M5砂浆砌筑砖基础	挖土机挖土	推土机场外运费	履带式挖土机场外运费	满堂脚手架	平整场地	槽底钎探	基础防潮层
成本/元	2 190	2 048	678	534	251	238	189	88
数量/个	1	1	1	1	1	1	1	1

2. 有A、B、C、D、E五个零部件，五个零部件功能之间的重要性关系为：A相对于B、C、D、E重要，B相对C、E重要，D比B、C、E重要，C比E重要，用0～1打分法计算各功能的权重。

3. 某产品各零部件功能重要度采用0～4评分法，评分结果如表7.19所示，在不修正各功能累计得分的前提下，各零部件的功能重要系数是多少？

表 7.19 功能重要性系数计算表

零部件名称	两两对比得分					得分	功能系数
	F_1	F_2	F_3	F_4	F_5		
F_1	×						
F_2	1	×					
F_3	3		×				
F_4	1	2	0	×			
F_5	1	2	0		×		
合计							

4. 某企业对某产品开展价值工程活动,经功能分析与功能评价得表 7.20 有关数据。经调查,产品的目标成本为 80 元。试计算各功能的价值系数、目标成本及其可能降低的额度,并确定功能改进顺序。

表 7.20 功能评价值与价值系数计算表　　单位:元

功能领域	目前成本(元)	功能重要性得分	功能系数	成本系数	价值系数	目标成本	改进值	改进顺序
F_a	18	8						
F_b	2.5	2						
F_c	26	14						
F_d	7.5	4						
F_e	22	8						
合计	76	36						

5. 某房地产公司对某开发项目征集到 4 个设计方案进行优选。有关专家从 4 个方面对不同方案的功能进行评价,并对各功能的重要性达成以下共识:F_2 和 F_3 同样重要,F_1 相对于 F_4 很重要,F_1 相对 F_2 较重要。此后各专家对该 4 个方案的功能满足程度分别打分,其结果如表 7.21 所示。

表 7.21 方案功能得分表

方案功能	方案功能得分			
	A	B	C	D
F_1	9	10	9	8
F_2	10	10	8	9
F_3	9	9	10	9
F_4	8	8	8	7

据造价工程师估算,A、B、C、D 四个方案的单方造价分别为 1 420 元/m^2、1 230 元/m^2、1 150 元/m^2、1 360 元/m^2。

问题:

(1)用 0~4 评分法计算各功能的权重。

(2)计算各方案的功能得分值、功能系数、成本系数,用价值系数法选择最佳方案。

6. 某承包商在某高层住宅楼的现浇楼板施工中，拟采用钢木组合模板体系或小钢模体系施工。经有关专家讨论，决定从模板总摊销费用（F1）、楼板浇筑质量（F2）、模板人工费（F3）、模板周转时间（F4）、模板装拆便利性（F5）五个技术经济指标对该两个方案进行评价，并采用0～1评分法对各技术经济指标的重要程度进行评分，其部分结果见表7.22，两方案各技术经济指标的得分见表7.23。

经造价工程师估算，钢木组合模板在该工程的总摊销费用为40万元，每平方米楼板的模板人工费为8.5元；小钢模在该工程的总摊销费用为50万元，每平方米楼板的模板人工费为6.8元。该住宅楼的楼板工程量为2.5万m^2。

表7.22 指标重要程度评分表

	F_1	F_2	F_3	F_4	F_5
F_1	×	0	1	1	1
F_2		×	1	1	1
F_3			×	0	1
F_4				×	1
F_5					×

表7.23 指标得分表

	钢木组合模板	小钢模
总摊销费用	10	8
楼板浇筑质量	8	10
模板人工费	8	10
模板周转时间	10	7
模板装拆便利性	10	9

问题：

（1）试确定各技术经济指标的权重。（计算结果保留三位小数）

（2）若以楼板工程的单方模板费用作为成本比较对象，试用价值指数法选择较经济的模板体系。（功能指数、成本指数、价值指数的计算结果均保留三位小数）

（3）若该承包商准备参加另一幢高层办公楼的投标，为提高竞争能力，公司决定模板总摊销费用仍按本住宅楼考虑，其他有关条件均不变。该办公楼的现浇楼板工程量至少要达到多少平方米才应采用小钢模体系？（计算结果保留两位小数）

下　篇　工程项目管理

第8章 工程项目的组织与管理

本章导读

工程项目是一个复杂的系统工程，所涉及的参与方众多，且具有投资额大、一次性等特点，因此工程项目组织与管理的优劣对实现项目目标起到了至关重要的作用，在一定程度上决定了工程项目能否顺利实施。不同的承发包模式具有不同的优缺点，建设单位需根据工程规模的大小、工程建设周期的长短、合同管理的复杂性、投资额大小、组织协调的复杂性等因素，确定合理的工程承发包模式；在此基础上选择组织工具及组织结构模式来合理部署项目组织；项目经理作为承包方在工程项目上的代表人以及项目经理部的领导，需明确其地位、职责、权利。同时，项目经理部需做好内、外部的组织协调工作，以确定工程项目的顺利开展以及预定目标的完成。通过本章的学习能深切体会到我国社会主义制度下工程制度的优越性。

学习目标

知识目标：

◇ 识记《建设工程项目管理规范》《建造师执业资格制度暂行规定》等相关政策。

◇ 了解项目经理的责、权、利和工程项目组织协调的基本原理。

◇ 掌握工程项目的承发包模式和工程项目管理组织确定的具体方法。

能力与素质目标：

◇ 具备合理选择工程承发包模式、绘制项目结构图和确定项目组织结构模式的能力。

◇ 根据工程案例背景，将项目组织管理理论与实际工程相结合，具备解决实际工程问题中关于组织管理方面问题的能力，提升理论与实际相结合的素质。

思维导图

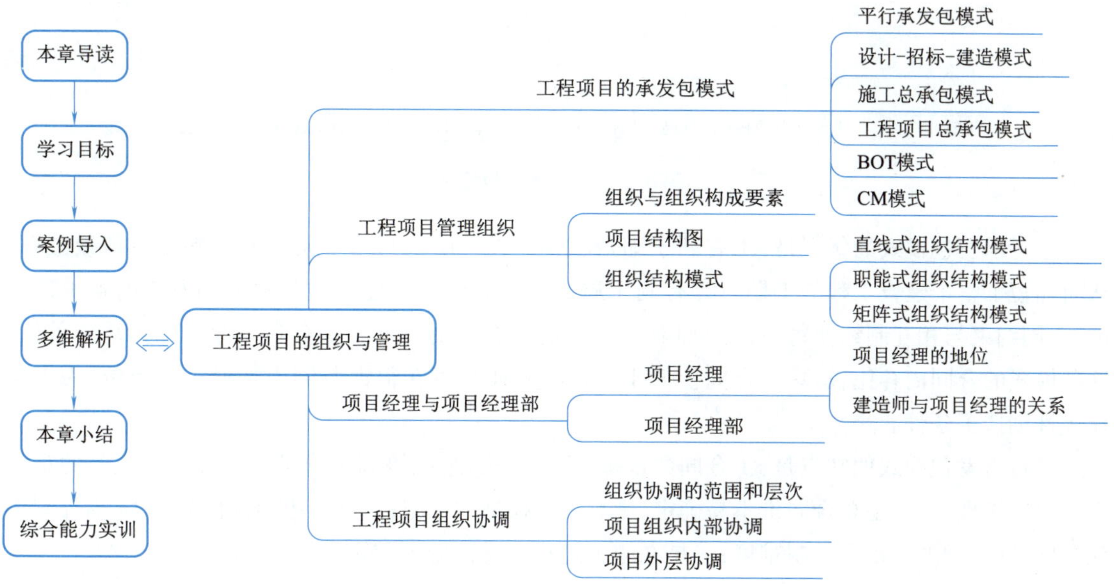

案例导入

北京某公司在新疆某地投标承包了一栋写字楼工程，钢框架结构，面积78 000 m^2，高级装修。合同规定，建筑安装工程总造价11亿元，工期为2年，质量争创结构长城杯奖和鲁班奖。拟委派项目经理，成立项目经理部进行施工项目管理。在项目管理期间，项目经理执行《建设工程项目管理规范》的各项规定。

思考：

(1)最适合该工程的项目组织结构模式是什么？说明原因。

(2)项目经理部建立执行哪些原则？其运行有哪些要求？

(3)委派项目经理的资格有什么具体要求？对其素质有什么要求？

(4)项目经理部的外部关系协调包括哪几个方面？

8.1 工程项目的承发包模式

工程项目主要涉及三大主体，即以业主为主体的发包体系，以设计、施工、供货方为主体的承包体系，以工程咨询、评估、项目管理、监理为主体的咨询体系。工程发包与承包是指发包方通过合同，委托承包方为其完成某一工程的全部或部分工作的交易行为。工程发包方一般指建设单位或工程总承包单位；工程承包方一般包括工程勘察设计单位、施工单位、工程设备供应或制造单位等。

承发包模式一般有平行承发包模式、设计-招标-建造模式、施工总承包模式、工程项目总承包模式、BOT模式、CM模式等。

8.1.1 平行承发包模式

平行承发包模式的组织方式是业主根据实际情况将工程项目分解后，由业主分别委托几家承包单位来进行建造的方式，如图 8.1 所示。对业主而言，采用该模式，将直接面对多个施工单位、多个材料设备供应单位和多个设计单位，而这些单位之间的关系是平行的，各自对业主负责。

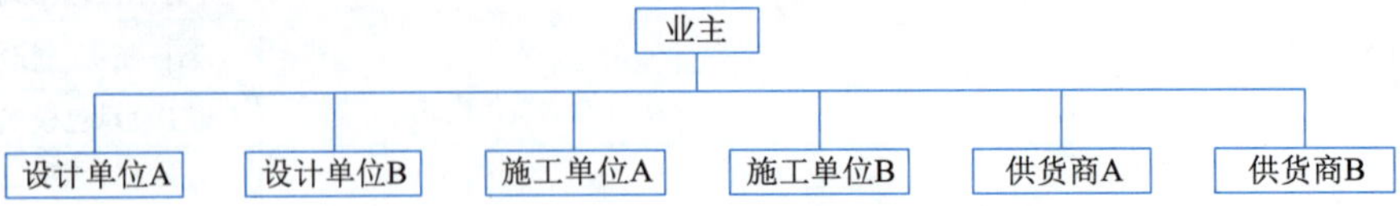

图 8.1　平行承发包模式

平行承发包模式的优点是：①有利于缩短工期。设计阶段与施工阶段有可能形成搭接关系，从而缩短了整个建设工程的工期。②有利于质量控制。整个工程经过分解分别发包给各承建单位，合同约束与相互制约使每一部门都能够较好地实现质量要求。③有利于业主选择承建单位。这种模式的合同内容比较单一、合同价值小、风险小，业主可在很大范围内选择承建单位，为提高择优性创造了条件。

平行承发包模式的缺点是：①合同数量多，管理困难，组织协调工作量大。②投资控制的难度大。主要表现在：一是总合同价不易确定，影响投资控制的实施；二是工程招标任务量大，需控制多项合同价格，增加了投资控制难度；三是在施工过程中设计变更和修改较多，导致投资增加。

8.1.2　设计－招标－建造模式

设计－招标－建造模式（Design－Bid－Build，简称 DBB 模式）在国际上比较通用，世界银行、亚洲开发银行贷款项目和采用国际咨询工程师联合会（FIDIC）的合同条件的项目均采用这种模式。在选择这种模式时，业主与咨询工程师或建筑师签订专业服务合同，委托其进行前期的各项有关工作，如进行可行性研究等，待工程项目评估立项后再进行设计。在设计阶段，设计人员除了完成设计工作外，还需要准备施工招标文件，在设计工作全部完成后，协助业主进行施工招标工作，选择确定施工总承包商，根据需要，施工总承包单位选择分包商和供应商。DBB 模式如图 8.2 所示。

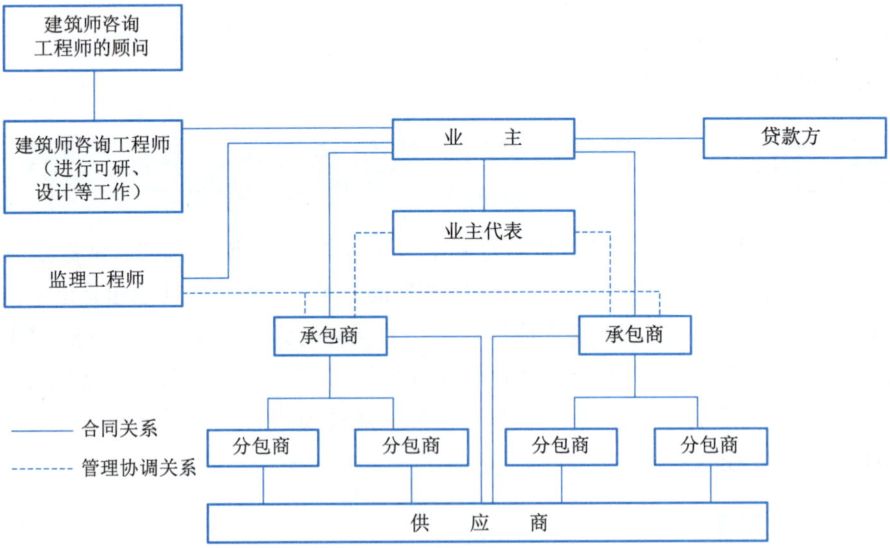

图 8.2　DBB 模式

DBB 模式的优点是：

(1)参与项目的三方即业主、设计机构、承包商在各自合同的约定下，各自行使自己的权利和义务，避免行政部门的干扰。

(2)由于这种模式应用广泛，因而各方对管理方法和有关的程序比较熟悉，业主可以自由选择咨询设计人员，对设计的要求便于控制，自由选择监理人员对项目进行监理。

(3)可采用标准合同文本，有利于合同管理和风险管理。业主通常只需要签订一份施工总承包合同，因此招标和合同管理的工作量大大减少。

DBB 模式的缺点是：

(1)该模式严格按照设计－招标－施工的程序进行，因此工程建设周期长，设计与施工脱节，两方之间缺乏有效沟通，导致在施工过程中出现问题时，得不到及时有效的解决。

(2)出现质量事故，设计方和施工方容易互相推诿责任，协调困难，容易引起纠纷和争议。

(3)在设计阶段，很多设计专业人员为追求设计效果而忽略对工程成本的控制，施工阶段的设计变更容易引起高额的工程索赔等。

(4)在施工过程中，投资容易失控，业主单位的管理成本相对较高，前期投入高，再加上项目周期长，变更时索赔的概率大。

8.1.3 施工总承包模式

业主方委托一个施工单位或由多个施工单位组成的施工联合体或施工合作体作为施工总承包单位，经业主同意，施工总承包单位可以根据需要将施工任务的一部分分包给其他符合资质的分包人。施工总承包模式如图 8.3 所示。

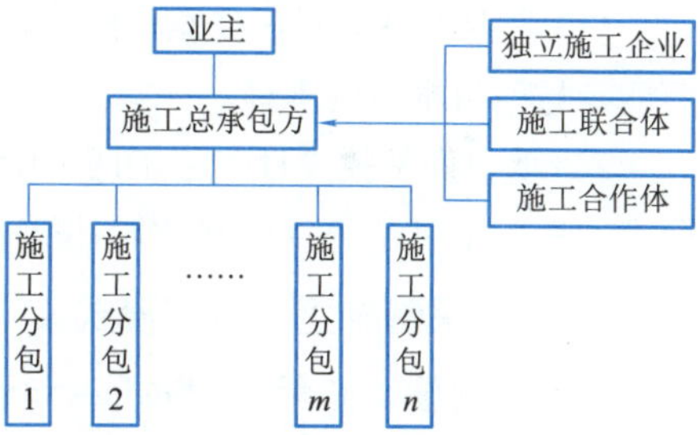

图 8.3 施工总承包模式

施工总承包模式的特点：

(1)投资控制方面。①一般以施工图设计为投标报价的基础，投标人的投标报价较有依据；②在开工前就有较明确的合同价，有利于业主的总投资控制；③若在施工过程中发生设计变更，可能会引起索赔。

(2)进度控制方面。由于一般施工图设计全部结束后，业主才进行施工总承包的招标。因此，建设周期会较长。这是施工总承包模式的最大缺点，限制了其在建设周期紧迫的建设工程项目上的应用。

(3)质量控制方面。建设工程项目质量的好坏很大程度上取决于施工总承包单位的管理水平和技术水平。

(4)合同管理方面。业主只需要进行一次招标，即与施工总承包单位签约，因此招标及合同管理工作量将会减少。

(5)组织与协调方面。由于业主只负责对施工总承包单位的管理和组织协调，因此其组织与协调工作量比平行发包会大大减少，这对业主有利。

8.1.4 工程项目总承包模式

工程项目总承包是指从事工程项目总承包的企业受业主委托，按照合同约定对工程项目的可行性研究、勘察、设计、采购、施工、试运行（竣工验收）等实行全过程或若干阶段的承包。工程总承包企业按照合同约定对承包工程项目的质量、安全、工期、造价向业主全面负责。工程总承包企业可以依法将所承包工程中的部分工作发包给具有相应资质的分包企业；分包企业按照分包合同的约定对总承包企业负责，所有的设计、施工分包工作都由总承包商对业主负责。工程项目总承包模式主要有设计－施工总承包模式和设计采购施工总承包模式。

1. 设计－施工总承包模式

设计－施工（Design－Build）总承包模式，简称 DB 模式，是 DBB 模式的一种变革。DB 模式的基本出发点是促进设计与施工的早期结合，便于充分发挥设计和施工双方的优势，提高项目的经济性。其运作方式（见图 8.4）是：业主根据项目的要求和原则选定设计－建造承包商（DB 承包人），DB 承包人可以自行完成全部设计任务和施工任务，也可以通过竞争性招标方式选择分包人，完成设计和部分施工任务。

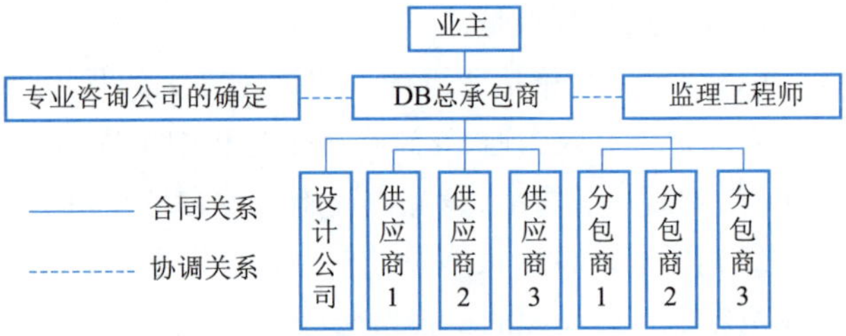

图 8.4　DB 模式

DB 模式的优点是：①项目管理实施效率高。②由于设计与施工均由承包商统筹安排，业主既能从包干报价费用和时间方面节约经费，同时，业主方的管理成本由此降低。③承包商统筹安排设计及施工。④有利于在项目设计阶段预先考虑施工安排和材料组织等施工因素，减少了由于设计错误和疏忽而引发的工程变更。

DB 模式的缺点是：

（1）业主一般不能直接参与设计分包商和施工分包商的选择，无法对工程的全过程进行控制，不能参与项目本身的管理。

（2）承包商掌控设计和施工两个阶段，从追求利润的角度而言，出现追求更大利润而降低设计要求的情况不可避免，可能会影响设计与施工的质量。

2. 设计采购施工总承包模式

设计采购施工总承包（Engineering－Procurement－Construction，EPC），是指工程总承包企业按照合同约定，承担工程项目的设计、采购、施工、试运行服务等工作，并对承包工程的质量、安全、工期、造价全面负责，如图 8.5 所示。其主要适用于：设计、施工、采购、试运行交叉，协调关系密切的项目；采购工作量大、周期长的项目；承包商拥有专利、专有技术或丰富经验的项目；业主缺乏项目管理经验，项目管理能力不足的项目。

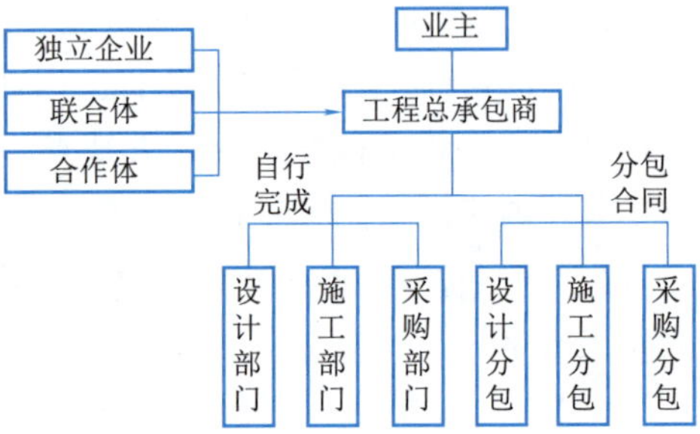

图 8.5　EPC 模式

EPC 模式的特点：

（1）承包商承担大部分风险。在 EPC 管理模式下，由于承包商的承包范围包括设计，自然就要承担设计风险。此外，在其他模式中均由业主承担的“一个有经验的承包商不可预见且无法合理防范的自然力的作用”的风险，在 EPC 模式中同样由承包商承担。业主把管理风险转移给总承包商。

(2)业主或业主代表管理工程实施。在 EPC 模式中,业主取代“工程师”的角色,通过自己或委派业主代表来管理工程的实施。但是,由于承包商承担了项目建设的大部分风险,所以此模式条件下,业主或业主代表对工程管理介入的深度不太深和不够具体。

(3)总价合同。在 EPC 模式中,业主只与总承包商签订总承包合同,这种合同与其他模式的总价合同相比,更接近于固定总价合同。

EPC 模式的优点:EPC 模式将设计、采购、施工三者结合,使整个项目在统一的框架下展开运行,有效地解决了设计与施工的衔接问题,减少了采购与施工之间的中间环节,同时也使施工中方案的实用性、技术性、安全性三者之间的矛盾得到有效且直接的解决。

EPC 模式的缺点:EPC 模式对总承包商能力要求高,而实际上,能承担 EPC 大型项目的承包商数量一般比较少。同时,承包商承担的风险较大,因此工程项目的效益、质量完全取决于 EPC 承包商的经验和水平。

8.1.5 BOT 模式

BOT(Build - Operate - Transfer)即建造 - 运营 - 移交模式,如图 8.6 所示。在这种模式下,东道国政府开放本国基础设施建设和运营市场,吸收国外资金,授给工程项目公司以特许权,由该公司负责融资和组织建设,建成后负责运营及偿还贷款,在特许期满时将工程移交给东道国政府。

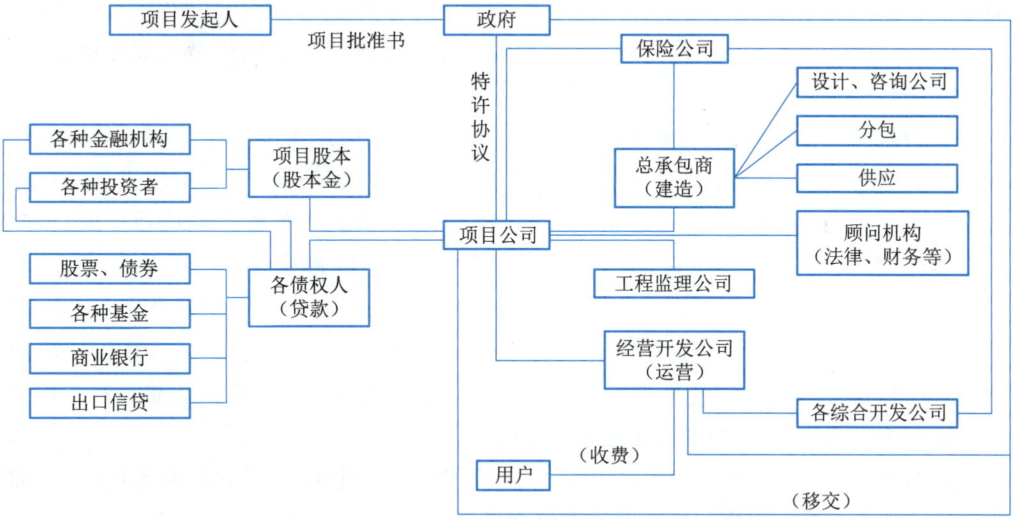

图 8.6 BOT 模式

1. BOT 模式的各参与方

(1)东道国政府。他们是工程项目的最终所有者。一般首先是国家政府邀请一些私营公司(如国外财团、公司)提交项目实施和特许建议书,再选择、谈判并达成项目建设协议。

(2)特许或私营项目公司。BOT 项目都是由一个特许或私营项目公司主办,公司一般是由施工承包商、设备供应商及维修和经营项目的公司所组成的联合体。由于 BOT 项目开发费用高,因此联合体的各个成员之间应就其各自承担的费用额达成协议。

2. BOT 模式的优缺点

BOT 模式的优点：①私人融资拓宽了投资渠道。BOT 模式在国际上已经成为基础设施建设的重要投资方式，通过民间资本筹措，使项目融资的所有责任都转移给私人企业，减少了政府主权借债和还本付息的责任。②项目风险得到分担。BOT 模式融资使政府的投资风险由投资者、贷款者及相关联合体成员等共同分担。③有利于项目协调。BOT 模式组织机构简单，所以政府部门和私人企业协调容易。④回报率明确。BOT 模式严格按照中标价实施，政府和私人企业之间利益纠纷少。⑤利于提高项目运作效率。由于项目资金投入大、周期长，民间资本为了降低风险，获得较多的利益，客观上更注重加强管理，控制造价。⑥利于引进先进管理经验。

BOT 模式的缺点：①招投标费用高。政府和私人企业之间需要经过一个长期的调查了解、谈判和磋商过程，因此项目前期过长，使招投标费用过高。②投资方和贷款人风险大。融资过程审批十分严格，花费时间长。③参与项目各方存在利益冲突，对融资造成障碍。④在项目特许经营期内，政府对项目失去控制权。

8.1.6 CM 模式

CM 模式（Construction - Management）即建设 - 管理模式，又称阶段发包方式。CM 模式的主要特征为工程项目的“边设计，边招标，边施工”。这种承发包模式特别适用于实施周期长、工期要求紧的大型复杂建设项目。CM 模式和传统的总承包方式相比，其不同之处在于不需要等全部设计完成后才开始施工招标，而是在初步设计完成以后，在工程详细设计进行过程中分阶段完成施工图纸，如基础土石方工程、上部结构工程、金属结构安装工程等均能单独成为一套分项设计文件，分批招标发包。

CM 模式在美国、加拿大、欧洲和澳大利亚等国家，广泛地应用于大型建筑项目的承发包和项目管理中。CM 模式在我国的上海证券大厦、深圳国际会议中心等建设项目中也进行了应用。采用此管理模式，业主从项目决策阶段就聘请具有工程经验的咨询人员参与到项目实施过程中，为设计专业人员（建筑师）提供施工方面的建议，并负责施工过程的管理。

CM 模式的优点：①建设周期短。这是 CM 模式的最大优点，它打破了传统的设计 - 施工关系，缩短工程从规划、设计、施工到交付业主使用的周期。②CM 经理的早期介入。CM 模式改变了传统管理模式中依靠合同调节的做法，CM 经理与设计单位是相互协调关系，CM 单位在一定程度上不是单纯按图施工，可以通过合理化建议合作完成设计。

CM 模式的缺点：①对 CM 经理的要求高。CM 经理所在单位的资质和信誉都比较高，而且是具有高素质的从业人员。②分项招标导致承包费高。

8.2 工程项目管理组织

8.2.1 组织与组织构成要素

1. 组织

“组织”一词在组织结构学中的含义是为了使系统达到特定目标而使全体参与者经分工协作而设置不同层次的权利和责任制度构成的一种组合体，如项目组织、企业组织等。可以看出，组织包含以下三方面的含义:目标是组织存在的前提;组织以分工协作为特点;组织具有一定的权利和责任制度。

“工程项目组织”是指为完成特定的工程项目任务而建立起来的,是从事工程项目具体工作的组织。该组织是在工程项目全寿命周期内临时组建的,是暂时的,只是为了完成特定的目的而成立的。

2. 组织构成要素

一般来说,组织由管理层次、管理跨度、管理部门和管理职能四大因素组成,呈上小下大的形式,四大因素密切相关、相互制约。

(1)管理层次可以分为三个层次,即决策层、中间控制层(协调层和执行层)、作业层(操作层),如图8.7所示。决策层由项目经理及其助理组成,它的任务是确定项目目标和方针;中间控制层由专业工程师组成,具体负责规划的落实、目标控制及合同实施管理;作业层由熟练的作业技能人员组成,从事操作和完成具体任务。

(2)管理跨度是指一个主管直接管理下属人员的数量。在组织中,某级管理人员的管理跨度大小直接取决于这一级管理人员所要协调的工作量。管理跨度(N)与可能存在的人际关系数(C)的关系是:

$$C=N(2^{N-1}+N-1)$$

这就是邱格纳斯公式,当$N=9$时,$C=2\ 376$,故跨度太大时,领导与下属常有应接不暇之感。因此,在组织设计时,必须强调跨度适当。

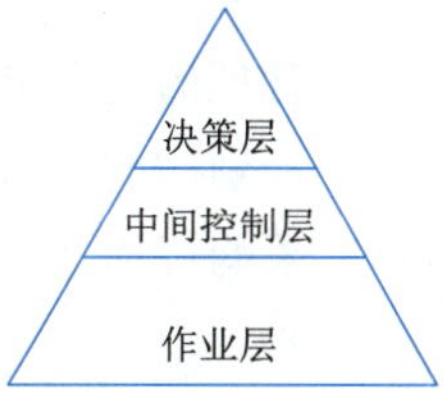

图8.7 管理层次结构图

(3)管理部门,按照类别对工作进行分组,以便使共同的工作进行协调,即部门化。组织中各部门的合理划分对发挥组织效能非常重要。

(4)管理职能,组织机构设计确定的各部门的职能,要使纵向上使指令传递、信息反馈及时,在横向上使各部门相互联系,协调一致。

8.2.2 项目结构图

项目结构图(Project Diagram,或称 WBS——Work Breakdown Structure)是一个组织工具,通过树状图的方式对一个项目的结构进行逐层分解,以反映组成该项目的所有工作任务。在项目结构图中,矩形表示工作任务,矩形框之间的连接用直线表示。

项目结构图是以实现项目最终成果所需进行的工作为分解对象,依次逐级分解,形成愈来愈详细的若干级别(层次)、类别,并以编码标识的若干大小不同的项目单元。

工程项目结构分解的方法如下:

1. 对技术系统的分解

(1)按功能区间进行分解。如一栋办公楼,工程范围包括一栋楼和楼外工程建设,可分为办公区、展览区、会议厅、停车场、交通、公共区间等。

(2)按要素进行分解。例如,一个办公区的功能面上可分为建筑、结构、给排水、供暖、通风、电气设施、办公设备、交通设备等要素。有些要素还可以进一步分解为子要素。例如,结构可分解为基础、柱、墙体、屋顶及装饰等,电气设施可分为供电系统和照明系统等。

例8.1 图8.8所示为某办公楼的项目结构图。

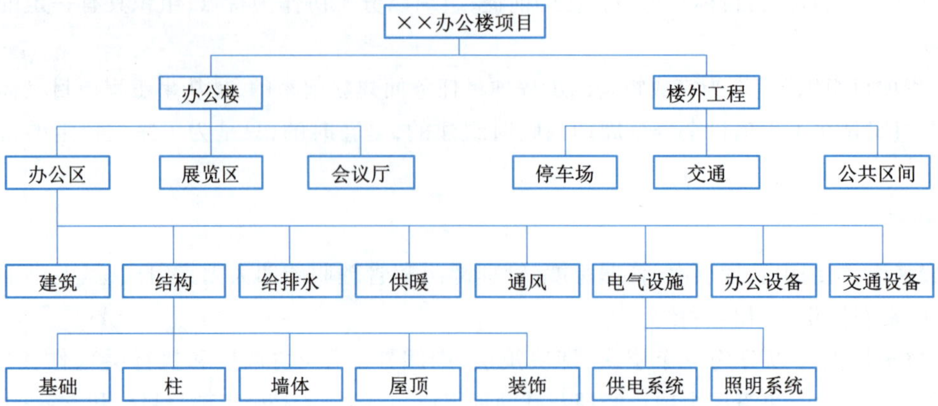

图 8.8　某办公楼的项目结构图

2. 按实施过程分解

例如，常见的建设工程项目分为如下实施过程：

设计/计划（初步设计、技术设计、施工图设计、实施计划等）；招标投标；实施准备（现场准备、技术准备、采购订货、供应等）；施工（土建、机械和电气安装、装饰工程）；试生产/验收；投产/保修；运行等。

例 8.2　某项目为一栋办公楼的建设，工程范围包括一栋楼和楼外工程建设，其分解图如图 8.9所示。

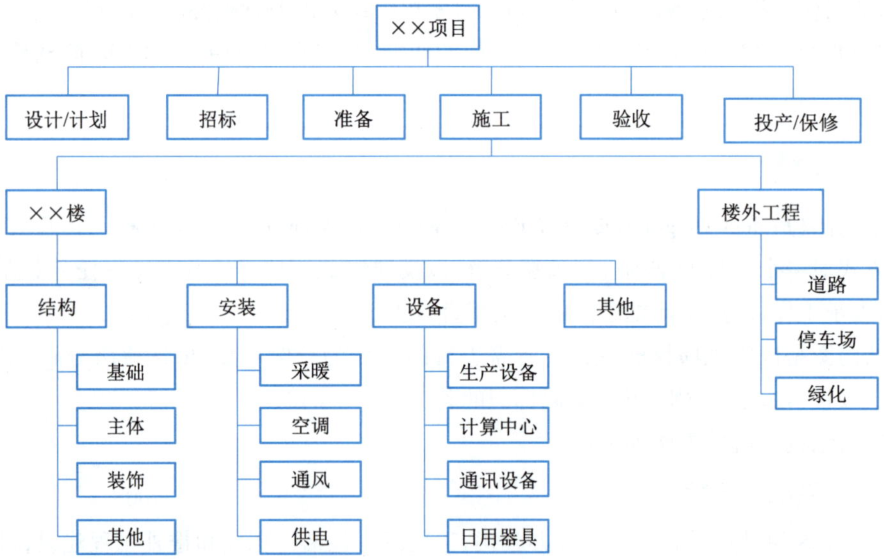

图 8.9　某办公楼工程建设分解图

同一个工程项目可有不同的项目结构分解方法，并没有统一的模式，但应结合项目的特点和参考以下原则进行：①考虑项目进展的总体部署；②考虑项目的组成；③有利于项目实施任务（设计、施工和物资采购）的发包和有利于项目实施任务的进行，并结合合同结构；④有利于项目目标的控制；⑤结合项目管理的组织结构等。

8.2.3 组织结构模式

工程项目管理组织结构一般以组织结构图的形式来表达。在组织结构图中,以方框表示各种管理职务及相应的部门,箭线表示权力的指向,通过箭线将各方框连接。

常用的组织结构模式包括直线式组织结构模式、职能式组织结构模式、矩阵式组织结构模式。

1. 直线式组织结构模式

直线式组织结构也称为线性组织结构。它没有职能机构,从组织的最高层到最底层,上下垂直领导。在直线式组织结构中,每一个工作部门只能对直接的下属部门下达工作指令,每一个工作部门也只有一个直接的上级部门。因此,每一个工作部门只有唯一一个指令源,避免了由于矛盾的指令而影响组织系统的运行。图8.10所示为直线式承包商现场项目组织结构。

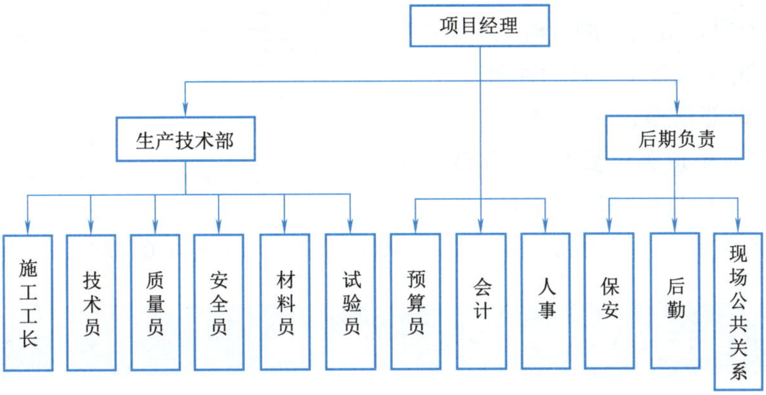

图8.10 直线式承包商现场项目组织结构

直线式组织结构的优点是:组织结构设置简单、权责分明、信息沟通快;便于统一指挥、集中管理;管理费用低。缺点是:缺乏横向协调、适应性差;没有职能机构当领导的助手,领导负担重,容易产生忙乱现象。

2. 职能式组织结构模式

职能式组织结构模式是指企业按职能划分部门,如计划、采购、生产、营销、财务、人事等职能部门,它是一种传统的组织结构形式。如图8.11所示。在职能式组织结构中,每一个职能部门可根据它的管理职位对其直接和非直接的下属工作部门下达工作指令。因此,每一个工作部门可能就会有多个指令源。

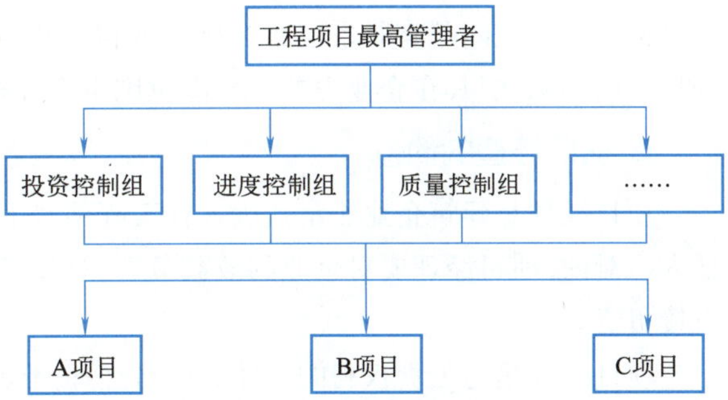

图8.11 职能式组织结构

职能组织结构的优点是:在资源利用上具有较大的灵活性,有利于提高企业技术水平,有利于协调企业的整体活动。缺点是:工作中常会出现交叉和矛盾的工作指令、责任不明,协调困难,跨部门之间的沟通难。

3. 矩阵式组织结构模式

矩阵式组织结构模式是一种较新型的组织结构模式,如图8.12所示。在矩阵式组织结构模式中，最高指挥者下设纵向和横向两种不同类型的工作部门，纵向工作部门可以是计划管理、技术管理、合同管理、财务管理和人事管理部门等，横向工作部门可以是项目部。矩阵组织结构适用于大型、复杂的组织系统。

在矩阵组织结构中，每一个纵向和横向交汇的工作，指令来源于纵向和横向两个部门，因此指令源为两个。当纵向和横向工作部门的指令发生矛盾时，由该组织系统的最高指挥者进行协调或决策。

矩阵组织结构的优点是：兼有直线和职能两种模式的优点，将职能原则和项目原则结合为一体，实现企业长期例行性管理和项目一次性管理的一致；能通过对人员的及时调配，实现以最少的人力资源完成多个项目的管理。

缺点是：结合部门多，组织内部的人际关系、业务关系、沟通渠道等较复杂，易引起信息流失或失真；项目组织成员接受项目部和职能部门的双重领导，当领导之间出现矛盾，项目组织成员将无所适从，影响工作。

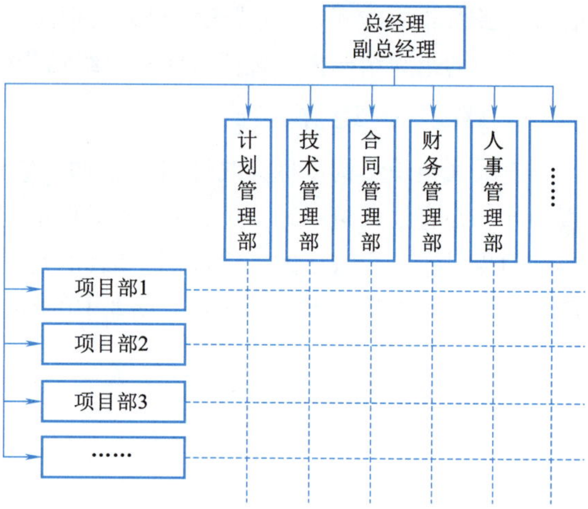

图 8.12　矩阵式组织结构

8.3　项目经理与项目经理部

8.3.1　项目经理

建筑施工企业项目经理，是指受企业法定代表人的委托，对工程项目施工过程全面负责的项目管理者，是建筑施工企业法定代表人在工程项目上的代表人。大中型项目施工的项目经理必须由取得建造师注册证书的人员担任。建造师是一种专业人士的名称，而项目经理是一个工作岗位的名称。它们之间既有联系也有区别。取得建造师执业资格的人员表示其知识和能力符合建造师执业的要求，但其在企业中的工作岗位则由企业视工作需要和安排而定。

1. 项目经理的地位

项目经理是建筑企业法定代表人在工程项目上的授权委托代理人，是项目实施阶段的第一责任人。对内，项目经理要对企业的效益负责；对外，项目经理在企业法人授权的范围内对建设单位直接负责。

项目经理是施工责权利的主体。项目经理岗位是管理岗位，所以项目经理必须把组织管理职责放在首位。

项目经理是各种信息的集散中心。在对项目进行控制的过程中，各种信息通过各种渠道汇集到项目经理，项目经理又通过各种方式对上反馈信息，对下发布信息。

项目经理是协调各方面关系的桥梁和纽带。项目实施过程中，必须和与项目有关的各个方面的组织进行协调，如建设单位、监理单位和设计单位等，有时还必须和政府部门、交通部门、各种新闻媒体等单位进行协调。

在项目运行正常的情况下，企业不应随便撤换项目经理。特殊原因要撤换项目经理时，应进行审计并按有关合同规定报告相关方。

项目经理应承担施工安全和质量的责任，要加强对企业项目经理市场行为的监督管理，对发生重大工程质量安全事故或市场违法违规行为的项目经理，必须依法予以严肃处理。

项目经理对施工承担全面管理的责任。工程项目施工应建立以项目经理为首的生产经营管理系统，实行项目经理负责制。项目经理在工程项目施工中处于中心地位，对工程项目施工负有全面管理的责任。

项目经理由于主观原因，或由于工作失误有可能承担法律责任和经济责任。政府主管部门主要追究的是法律责任，企业主要追究的是经济责任。但是，如果由于项目经理的违法行为而导致企业的损失，企业也有可能追究其法律责任。

2. 建造师与项目经理的关系

建造师的执业范围包括：担任建设工程项目施工的项目经理；从事其他施工活动的管理工作；法律、行政法规或国务院建设行政主管部门规定的其他业务。

我国的建造师分为一级建造师（Constructor）和二级建造师（Associate Constructor）。一级建造师执业资格实行统一大纲、统一命题、统一组织的考试制度，原则是每年举行一次。一级建造师执业资格考试，分综合知识与能力和专业知识与能力两部分。其中，专业知识与能力部分的考试，按照建设工程的专业要求进行。一级建造师划分为10个专业：建筑工程、公路工程、铁路工程、民航机场工程、港口与航道工程、水利水电工程、市政公用工程、通信与广电工程、矿业工程、机电工程。参加一级建造师考试合格，颁发《中华人民共和国一级建造师执业资格证书》，该证书在全国范围内有效。

取得建造师执业资格证书的人员，必须经过登记、注册后方可以建造师的名义执业。建造师注册后，有权以建造师名义担任建设工程项目施工的项目经理及从事其他施工活动的管理。

建造师执业的覆盖面较大，可涉及工程项目管理的许多方面，担任项目经理只是建造师执业中的一项；项目经理则限于企业内某一特定工程的项目管理。建造师选择工作的权利相对自主，可在社会市场上有序流动，有较大的活动空间；项目经理岗位则是企业设定的，是企业法定代表人授权或聘用的、一次性的工程项目施工管理者。

8.3.2 项目经理部

按照我国《建设工程项目管理规范》的规定，工程项目在进行施工项目管理时，应实行项目经理责任制。项目经理部是由项目经理领导，在企业法定代表人授权和职能部门的支持下按照企业的相关规定组建的、进行项目管理的一次性的组织机构。项目经理部的组织结构应根据项目的规模、结构、复杂程度、专业特点、人员素质和地域范围确定。项目经理部所制订的规章制度，应报上一级组织管理层批准。

8.4 工程项目组织协调

8.4.1 组织协调的范围和层次

项目组织协调是提高项目运行效率的重要措施，是项目成功的关键因素之一。从组织系统角度看，协调的范围可以分为对系统内部的协调和对系统外层的协调。系统内部的协调包括项目经理部内部协调、项目经理部与企业的协调以及项目经理部与作业层的协调。从项目组织的外部联系看，工程项目外层协调又可以分为近外层协调和远外层协调。近外层协调和远外层协调的主要区别是：工程项目与近外层关联单位一般有合同关系，包括直接的和间接的合同关系，如与建设单位、监理单位、设计单位、供货商、分包商和保险人等的关系；与远外层协调关联单位一般没有合同关系。但却有法律、法规和社会公德等约束的关系，如与政府、项目周边居民社区组织、环保、交通、环卫、绿化、文物、保护、消防和公安机关等单位的关系。工程项目协调的范围和层次如图 8.13 所示。

图 8.13　工程项目协调的范围和层次

8.4.2　项目组织内部协调

项目组织内部协调主要包括：项目组织内部人际关系的协调、项目组织内部组织关系的协调、项目组织内部需要关系的协调。

1. 项目组织内部人际关系的协调

为了做好项目组织内部人际关系的协调工作，应该注意以下工作：

(1) 正确对待员工，重视人的能力建设。正确对待员工是搞好项目人际关系协调的基础。项目管理者应把人既看作“社会人”，以人为本，以行为科学的理论指导协调工作，又要把人看作“能力人”，以能力为本，大力开发人力资源，营造一个能发挥创造能力的环境，充分调动人的创造能力和智力，为实现项目目标服务。

(2) 重视沟通工作。由于每个个体的地位、利益和能力不同，他们对项目目标的理解、所掌握的信息也不同，这就需要相互交流意见，统一思想认识，以保证项目目标的实现。

(3) 做好激励工作。激励是协调工作的重要内容。在项目管理中常用的方法主要有工作激励、成果激励、批评激励和教育培训激励。工作激励是通过分配恰当的工作来激发员工的内在工作热情；成果激励是指通过在正确评估工作成果的基础上给员工以合理的奖惩；批评激励是指通过批评来激发员工改造错误行为的信心和决心；教育培训激励是指利用思想教育、建设和能力培训等手段，通过提高员工的素质来激发其工作热情。

(4) 及时处理各种冲突。员工之间由于利益、观点、掌握的信息以及对事物的理解都可能存在差异，有可能引起冲突。项目管理者要及时处理好各种冲突，以减少由于冲突所造成的损失。

2. 项目组织内部组织关系的协调

组织关系协调的工作很多，但主要是解决项目组织内部的分工与协作问题，可从以下几个方面入手：①合理地设置组织机构和岗位；②明确每个机构和岗位的目标职责和合理的授权，建立合理的责权利系统；③建立规章制度，明确各机构在工作中的相互关系；④建立信息沟通制度；⑤建立良好的组织文化。

3. 项目组织内部需要关系的协调

在工程项目实施过程中，组织内部的各个部门为了完成其任务，在不同的阶段，需要各种不同的资源，如对人员的需求、材料的需求、设备的需求、能源动力的需求等。工程项目始终是在有限资源的约束条件下实施，因此搞好项目组织内部需求关系，既可以合理使用各种资源，保证工程项目建设的需要，又可以充分提高组织内部各部门的积极性，保证组织的运行效率。

8.4.3　项目外层协调

1. 与近外层关系的协调

项目近外层协调包括与建设单位、监理单位、设计单位、供货商、分包商等的关系协调。项目与近外层关联单位一般有直接的和间接的合同关系。工程项目实施的过程中，与近外层关联单位的联系相当密切，大量的工作需要互相支持和协调配合。能否如期实现项目目标，关键在于近外层协调工作做得好不好，可以说，近外层协调是所有协调工作中的重中之重。

2. 与远外层关系的协调

远外层与项目组织不存在合同关系，只是通过法律、法规和社会公德来进行约束。这之间关系的处理主要以法律、法规和社会公德为准绳，相互支持、密切配合、共同服务于项目目标。

工程项目的开展会受到政府部门及其他单位的影响，这些部门对工程项目起着一定或决定性的控制、监督、支持和帮助作用，这层关系若协调不好，工程项目实施也可能会受到影响。例如，常见的施工噪声扰民的问题，如果和周边居民协调不好，矛盾激化了会严重影响项目的正常实施。例如，项目部应按要求到建设行政主管部门办理企业安全资格认可证、安全施工许可证、项目经理安全生产资格证等手续；应办理施工现场消防安全资格认可证；到当地户籍管理部门办理劳务人员暂住手续；到当地城市管理部门办理街道临建审批手续；到当地政府质量监督管理部门办理建设工程质量监督手续等。做好远外层的协调，争取到相关部门和社团组织的理解和支持，对于顺利实现项目目标是必需的。

8.5　案例分析

【项目背景】

某超高层大厦规划总用地面积约 7 万 m^2，规划总建筑面积 31.5 万 m^2，总投资额超过 30 亿元人民币。大厦由德国某建筑设计公司和中国某建筑设计研究院联合设计。采用钢筋混凝土核心筒 + 钢框架（箱形柱 + H 型钢梁）的结构形式，围护采用玻璃幕墙。主体建筑设计高度 53 层，240 m，建成后将成为该地区的标志性建筑。

该项目在建设初期出现了严重的管理问题，总承包方、监理方和业主方相互推责、相互埋怨，一度停工。为了使项目尽快恢复正常，需要对项目进行诊断。首先进行组织诊断，即在组织方面存在哪些问题，以此作为项目摆脱困境、步入正轨的基础。

【组织诊断】

1. 项目管理现状

1）强势业主

整个现场管理以业主为中心，业主对监理存在大量的意见，例如：监理工作不到位，没有及时发现和解决问题；监理人员到现场率不高，旁站监理不够；监理签发的文件没有起到监理应有的作用；监理人员不到位，调动频繁，队伍不稳定。

2）弱势监理

监理单位认为，自身不能发挥监理作用，对业主也有很多意见，例如：对现场施工的干预多，直接安排现场施工；对参建项目管理班子干涉多，直接指挥到人；对监理正常的工作程序干扰多，影响工作开展；对监理工作的性质不了解，提出不合理要求多。

3）无能总承包单位

业主认为现场管理混乱，总承包单位什么也没有做好。

2. 存在的主要组织问题

通过对主要参与方的走访调查，对该项目的组织问题进行了诊断分析，存在的主要问题有：

（1）组织结构不明确。例如：在调研中发现，业主方项目管理人员有时候会不通过监理方或总承包方管理人员直接向施工人员下达指令，既影响了施工单位正常业务的开展，令施工单位无所适从，也不利于项目的质量控制、投资控制和进度控制。

（2）组织分工不明确。例如：在调研中发现，业主方、总承包方和监理方对各自的工作任务和管理职能定位不清晰，对于某些工作任务，如施工方案、分包商进度计划的编制、审核、实施和检查，业主方、总承包方和监理方各有什么任务和管理职能，担当何种角色，没有明确的界定，结果出现了互相埋怨、相互扯皮的现象，不利于责任的落实和工作的开展。

（3）工作流程不清晰。例如：在调研中发现，业主对于监理报送的工作流程方案没有尽快批准；分包商对于哪些方案需要报请监理批准不明确；部分项目参与单位对于工程变更的量价核定以及批准流程不明确；现场问题的处理流程也不清晰；主要工作信息流程不明确。

（4）主要岗位职责和岗位要求不明确。例如：在调研中发现，主要项目参与方的管理岗位和技术岗位都有不符合项目要求和岗位要求的人员，如施工人员的素质不高，总承包方中层管理人员的技术水平不高，业主方现场管理人员的管理水平和技术水平不高等，给项目的实施带来了隐患。

（5）各方的项目管理需要制度化、规范化。例如：在调研中发现，总承包单位的总承包管理规划和实施细则以及监理单位的监理规划等都没有具体落实，对实际工作也没有起到应有的指导作用，业主方尚没有具体的项目管理规划，因此使很多工作处于无序状态。

（6）尚需要更为良好的项目文化。目前项目尚需要建立更为良好的项目文化，各方需进行准确自我定位，高质量地完成合同内工作，进而在“项目利益高于一切”的项目文化下妥善处理各种矛盾和争端，在保证项目的利益得以实现的前提下实现自身的利益。

【组织管理的改进】

根据项目存在的主要组织问题，策划小组提出了相应的组织管理改进措施。

1. 项目组织结构的建议

建议改进后的项目组织结构如图8.14所示。

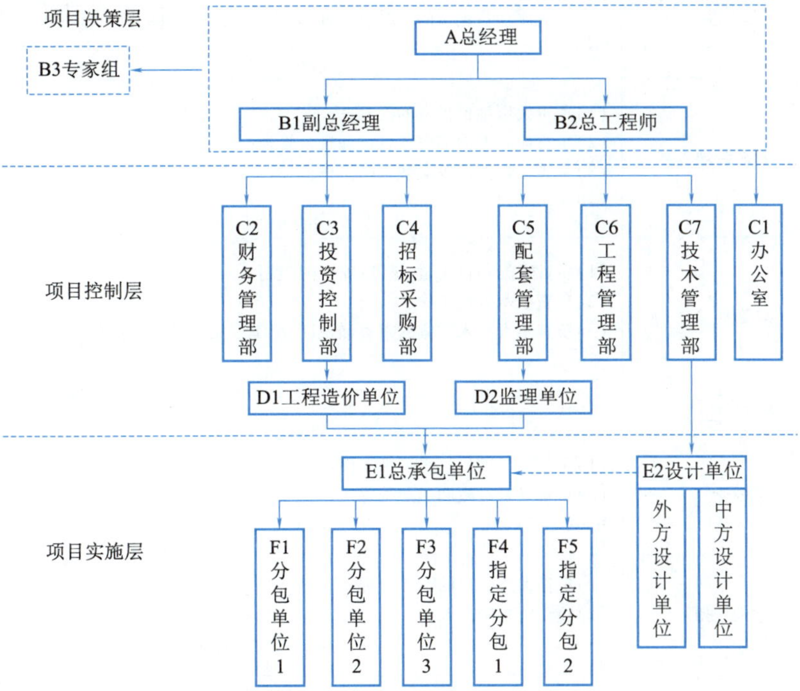

图8.14 整个项目的组织结构图

对以上整个项目的组织结构作以下几点说明：

(1)整个项目的组织分为三个层次，分别是项目决策层、项目控制层和项目实施层。不同层次的相关单位和部门，应该明确各自的工作界面和职责，各尽其职，各负其责。

(2)为了确保项目的顺利实施，建议采用直线式组织结构。同时，必须体现逐级指挥、逐级汇报的原则，要明确各个单位之间的指令关系和汇报关系。

(3)对于重要信息，建议必须采用书面形式。紧急情况下，发出的口头指令，也应该在规定时间内提供书面文件。

(4)建议业主方工程部驻现场负责协调，听取各单位安全、质量、进度的汇报。建议业主方工程部不直接向总承包单位发出指令，应该由监理方对总承包单位进行安全和质量监督。

(5)建议工程造价单位负责工程项目的投资控制，并向投资控制部汇报，工程管理部负责审核工程造价单位提交的相关报告。

(6)建议技术管理部对设计进行管理和监督。设计变更只有经技术管理部审核后，才能向施工单位发出变更通知。

2. 项目组织分工的建议

针对上述项目管理的组织结构，各部门和单位的任务分工建议如表8.1所示。

表 8.1 某超高层大厦项目任务分工表

编号	工作部门	主要任务分工
A	总经理	(1)全面负责大厦项目的建设,协调各方面的关系; (2)对大厦项目建设的总投资规划、总进度规划等目标进行决策; ……
B1	副总经理	(1)负责大厦项目投资的控制; (2)负责业主方内部财务管理和资金管理; (3)主管工程招标投标和采购工作; ……
B2	总工程师	(1)负责大厦项目质量、进度、安全的控制; (2)负责技术管理工作; (3)负责重大技术方案的审查和论证,组织专家组的工作; ……
C	公司各部门	
C1	办公室	(1)负责大厦项目信息管理工作; (2)负责日常行政和后期管理工作; ……
C2	财务管理部	(1)负责大厦项目的财务管理; (2)负责资金管理工作; ……
C3	投资控制部	(1)负责大厦项目投资的控制; (2)编制项目资金使用计划; (3)审核工程造价单位提交的各项报告; ……
……	……	……
D	业主方项目管理单位	
D1	工程造价单位	(1)代表业主方的利益,负责大厦项目的投资控制; (2)负责项目计划的编制; ……
D2	监理单位	(1)负责大厦项目施工质量、安全、进度的监控和现场的管理; (2)对工程量进行审核; ……
E	项目实施方	
E1	施工总承包单位	(1)全面组织和领导大厦项目的施工; (2)对项目的施工安全、质量、进度和现场负责; ……
E2	设计单位	(1)负责大厦项目的设计工作; (2)对设计图纸的质量、进度负责; ……
F	分包单位	由总承包单位负责管理,向总承包单位报告

本章小结

1. 合理确定工程项目的承发包模式是工程项目管理的基础。建设单位需根据工程规模的大小、工程建设周期的长短、合同管理的复杂性、投资额大小、组织协调复杂性等因素，确定合理的工程项目的承发包模式。

2. 合理的项目组织是工程项目目标得以实现的基础。项目承发包需根据工程项目的特色，合理进行项目工作任务的划分和组织结构模式的选定。项目组织的分析可通过项目结构图和组织结构图的形式表现出来。

3. 为了确保工程项目能顺利开展并按预定的目标完成，项目经理及项目经理部需按《建设工程项目管理规范》的要求，履行相应的职责，并做好内、外部的组织协调工作。

4. 通过案例分析，发现实际工程中存在的组织管理问题，并通过组织结构模式和组织分工进行组织的优化和完善。

综合能力实训

一、选择题

1. 建设工程采用设计－招标－建造模式的优点是(　　)

A. 工程建设周期短

B. 有利于建设单位的投资控制

C. 有利于建设单位的合同管理和风险管理

D. 当出现质量事故时，设计方和施工方能互相协调，不易产生纠纷和争议

2. 在施工总承包模式下，(　　)与分包人签订分包合同。

A. 施工总承包管理方　B. 业主　C. 施工总承包方　D. 监理方

3. 工程项目管理的BOT模式是指(　　)。

A. 设计－建造－运营　B. 设计－采购－建造

C. 采购－建造－移交　D. 建造－运营－移交

4. 矩阵式组织结构模式的突出特点是(　　)。

A. 增强了组织的灵活性　B. 实现了管理的专业化

C. 单一领导、权利集中　D. 机构简单、责任明确

5. 取得建造师注册证书的人员是否担任工程项目施工的项目经理，由(　　)决定。

A. 政府主管部门　B. 业主　C. 企业　D. 监理工程师

6. 某工程项目由于绩效很差，撤换了项目经理。作为新上任的项目经理，首先应该分析该项目的项目管理(　　)问题。

A. 组织　B. 管理　C. 技术　D. 经济

7. 工程项目近外层关系的协调主要依靠(　　)。

A. 近外层关系中所涉及的人员的协调能力

B. 近外层关系中双方的供求关系

C. 近外层关系中双方利益的协调达到关系协调

D. 合同方法

8.（多选）施工总承包模式从投资控制方面来看，其特点有（　　）。

A. 限制了在建设周期紧迫的建设工程项目上的应用

B. 在开工前就有较明确的合同价，有利于业主的总投资控制

C. 一般以施工图设计为投标报价的基础，投标人的投标报价较有依据

D. 建设工程项目质量的好坏很大程度上取决于施工总承包方的管理水平和技术水平

E. 若在施工过程中发生设计变更，可能会引起索赔

9.（多选）关于建设工程项目结构分解的说法，正确的有（　　）。

A. 项目结构分解应结合项目进展的总体部署

B. 项目结构分解应结合项目合同结构的特点

C. 每一个项目只能有一种项目结构分解方法

D. 项目结构分解应结合项目组织结构的特点

E. 单项工程也可进行项目结构分解

10.（多选）项目经理应履行的职责有（　　）。

A. 项目管理目标责任书中规定的职责　　B. 接受审计，处理项目经理部解体的善后工作

C. 对各类资源进行静态管理　　D. 进行授权范围内的利益分配

E. 主持或参与编制项目管理实施规划，并对项目目标进行系统管理

二、案例分析题

项目背景：D市规划建设一个大型体育中心，项目建设规划用地为650亩，总建筑面积为30万平方米。主要有以下工程：

1. 一座能容纳5万人的中心体育馆。

2. 一座能容纳4 000人的游泳馆。

3. 一座能容纳1万人的综合体育馆。

4. 行政用房、业务办公用房、锅炉水泵变电等设备用房及其他公共空间建筑。

D市体育中心要求建设周期36个月，对比项目的主要工程及其建设规模可以看出，该项目工期紧、任务重、项目管理人员任务大。因此，项目一开始，D市体育中心便利用WBS方法对项目的组织结构进行了划分，并明确了每个部门的具体职责，使得项目从开始就形成了良好的管理模式。

D市体育中心建设项目由项目总负责人总管控，对于四个子项目工程又分别设立了中心体育馆项目经理、游泳馆项目经理、综合体育馆项目经理、公共空间项目经理，每一个子项目经理下又设技术管理部、质量管理部、安全管理部、物资管理部、综合部、人力资源部、生产管理部七个部门，各个部门职责各有不同。

根据以上项目背景：

1. 绘制该项目的组织结构图。

2. 描述七个部门的职责。

第9章 工程招投标与合同管理

本章导读

为了规范招投标活动，保护国家利益、社会利益和招投标当事人的合法权益，提高经济效益、保护项目质量，我国颁布了《中华人民共和国招标投标法》《中华人民共和国招标投标法实施条例》等相关法律、法规。本章结合建设工程施工项目的特点，介绍了工程项目施工招标和投标的基本程序和主要工作。招投标工作完成之后，由于参与单位众多，签订合同的种类和数量也较多。由于篇幅所限，本章仅列举了施工承包合同的内容、计价方式以及施工合同的履行、变更。索赔是合同履行过程中经常发生的现象，直接关系到建设单位和承包单位双方的利益，学习索赔的概念及分类、掌握索赔成立的条件、程序以及索赔的计算，有利于保护合同当事人的合法权益。诚实守信是社会主义核心价值观基本内涵之一，契约精神是现代法制的灵魂。通过本章学习，熟悉与工程建设相关的法律法规和合同文本，树立契约精神、诚信精神以及对法律的敬畏心。

学习目标

知识目标：

◇ 识记《中华人民共和国招标投标法》《中华人民共和国招标投标法实施条例》《工程建设项目施工招标投标办法》等相关政策。

◇ 了解施工合同的履行，熟悉工程项目施工投标的程序、合同计价的方式及施工合同的变更、施工索赔的程序。

◇ 掌握工程项目施工招标的程序、建设工程施工承包合同的内容和施工索赔计算。

能力与素质目标：

◇ 具备分析施工招投标文件的能力，具备根据施工合同对合同主要条款进行分析和控制的能力，具备对工程变更和工程索赔事件进行合同管理的能力。

◇ 根据实际工程案例背景，将招投标知识、合同管理知识与实际工程相结合。通过分析招标文件，制定投标策略，以提高中标率；中标后，订立承发包双方平等的合同并积极履行合同，以使建设工程施工合同顺利实施，提高投资效益。因此需具备在施工过程中进行合同管理的素质。

思维导图

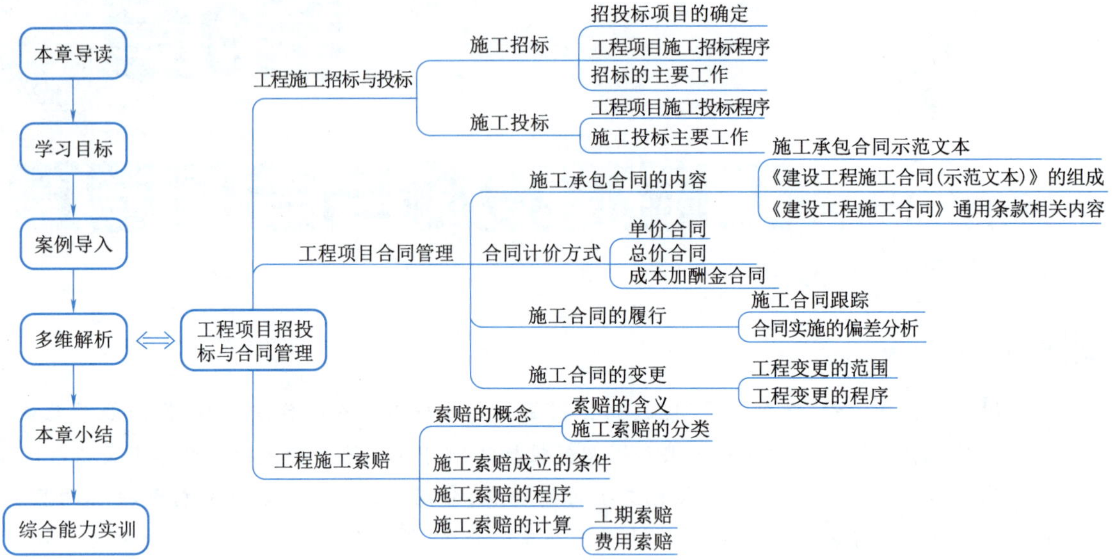

案例导入

某工程项目业主与施工单位已签订施工合同。在合同履行中陆续遇到一些问题需要进行处理。

思考：若你作为一名监理工程师，对遇到的下列问题，应提出怎样的处理意见？

(1)在施工招标文件中，按工期定额计算，工期为550天。但在施工合同中，开工日期为2019年12月15日，竣工日期为2021年7月20日，日历天数为581天，请问该项目的工期目标应为多少天，为什么？

(2)施工合同规定，业主给施工单位供应图纸7套，施工单位在施工中要求业主再提供3套图纸，增加的施工图纸的费用应由谁来支付？

(3)在基槽开挖土方完成后，施工单位未对基槽四周进行围栏防护，业主代表进入施工现场不慎掉入基坑摔伤，由此发生的医疗费用应由谁来支付，为什么？

(4)在结构施工中，施工单位需要在夜间浇筑混凝土，经业主同意并办理了有关手续。按地方政府有关规定，在23点以后一般不得施工，若有特殊情况，需要给附近居民补贴，此项费用由谁来承担？

(5)在结构施工中，由于业主供电线路事故原因，造成施工现场连续停电3天，停电后施工单位为了减少损失，经过调剂，工人尽量安排其他生产工作。但现场一台塔式起重机、两台混凝土搅拌机停止工作，施工单位在规定时间就停工情况和经济损失提出索赔报告，要求索赔工期和费用，监理工程师应如何批复？

9.1 工程施工招标与投标

9.1.1 施工招标

建设工程施工招标是指招标人率先提出工程的条件和要求,发布招标公告或直接邀请众多投标人参加投标并按规定程序从中选择中标人的行为。

1. 招投标项目的确定

《中华人民共和国招标投标法》指出,在中华人民共和国境内进行下列工程建设项目,包括项目的勘察、设计、施工、监理以及与工程建设有关的重要设备、材料等的采购,必须进行招标。具体包括以下项目:①大型基础设施、公用事业等关系社会公共利益、公众安全的项目;②全部或者部分使用国有资金投资或者国家融资的项目;③使用国际组织或者外国政府贷款、援助资金的项目。

2. 工程项目施工招标程序

按照《工程建设项目施工招标投标办法》的规定,依法必须招标的工程建设项目,应当具备下列条件才能进行施工招标:①招标人已经依法成立;②初步设计及概算应当履行审批手续的,已经批准;③有相应资金或资金来源已经落实;④有招标所需的设计图纸及技术资料。

以公开招标为例,一般应遵循以下流程,如图9.1所示。

3. 招标的主要工作

(1)选择招标方式。建设工程施工招标分为公开招标和邀请招标。

①公开招标。公开招标又称无限竞争性招标,招标人在公开媒体上发布招标公告,提出招标项目和要求,符合条件的一切法人或组织都可以参加投标竞争,都有同等竞争机会。按规定应该招标的建设工程项目,一般应采用公开招标方式。

采用公开招标方式,招标人不得以不合理的条件限制或排斥潜在的投标人。

②邀请招标。邀请招标又称有限竞争性招标,招标人事先经过考察和筛选,将投标邀请书发给三个以上(含三个)特定的法人或组织,邀请其参加投标。

《工程建设项目施工招标投标办法》规定,依法必须进行公开招标的项目,有下列情形之一的,经批准可以进行邀请招标:①项目技术复杂或有特殊要求,或者受自然地域环境限制,只有少量潜在投标人可供选择;②涉及国家安全、国家秘密或者抢险救灾,适宜招标但不宜公开招标;③采用公开招标方式的费用占项目合同金额的比例过大。

(2)招标人发布招标公告。依法必须进行招标项目的招标公告,应当通过国家指定信息网络或者其他媒介发布施工项目招标公告。招标人应当按招标公告规定的时间、地点出售招标文件或资格预审文件。自招标文件或资格预审文件出售之日起至停止出售之日止,最短不得少于5日。

(3)招标人对投标人的资格审查。资格审查是对潜在投标人进行的资格审查。资格审查时,招标人不得以不合理的条件限制、排斥潜在投标人或者投标人,不得对潜在投标人或者投标人实行歧视待遇。任何单位和个人不得以行政手段或者其他不合理方式限制投标人的数量。

通过资格预审可以使招标人了解潜在投标人的资信情况,包括财务能力、技术能力以及以往从事类似工程的施工经验,从而选择优秀的潜在投标人参加投标,降低将合同授予不合格的投标人的风险。

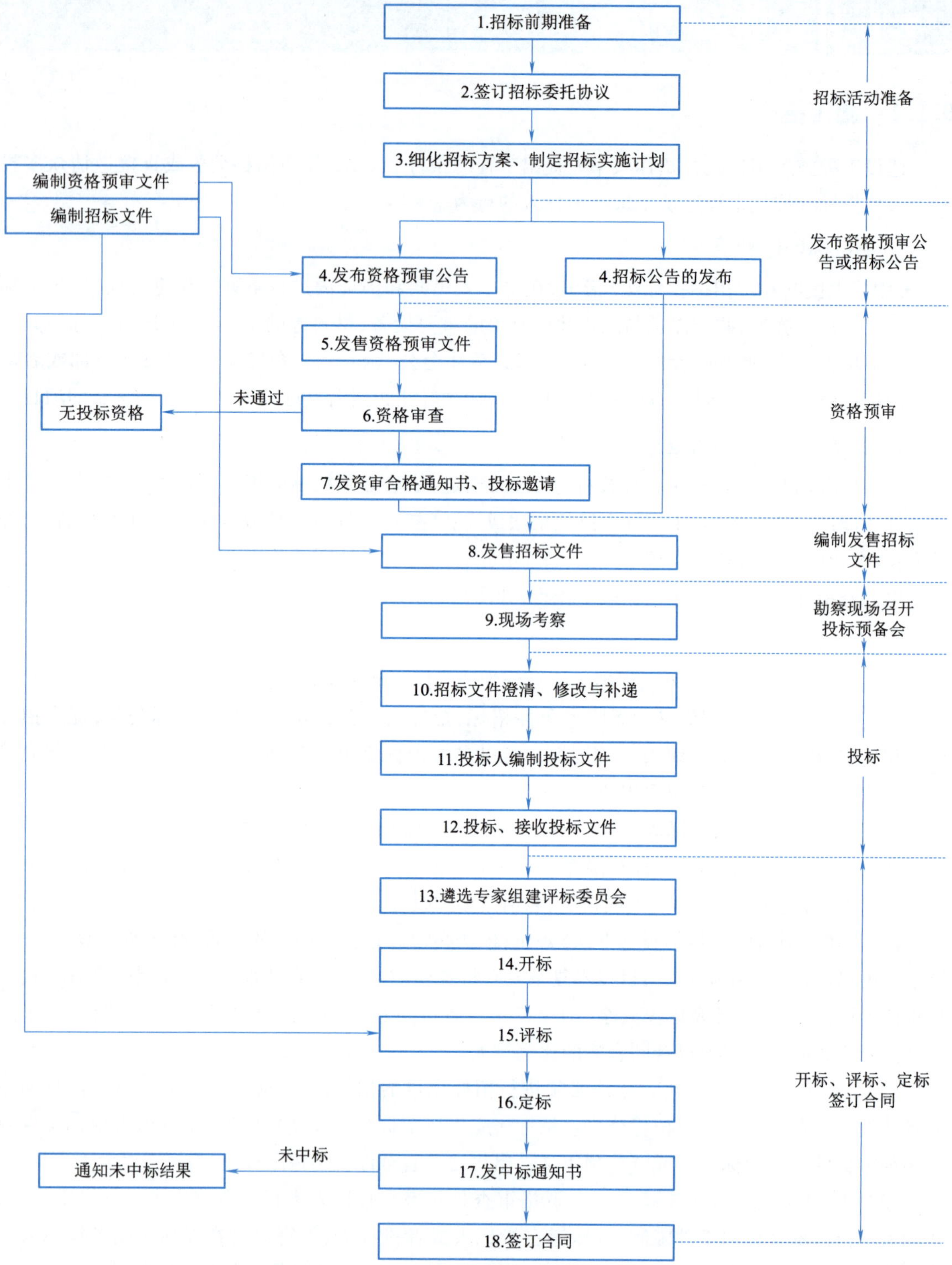

图 9.1　工程项目施工招标程序示意图

(4)招标人编制和发售招标文件。施工项目招标文件是由招标单位编制并发布的进行工程招标的纲领性、实施性文件。招标文件的内容一般包括：投标人须知、合同主要条款、投标文件格式，采用工程量清单招标的，应当提供工程量清单、技术条款、设计图纸、评标标准和方法、投标辅助材料等。

①投标人须知。投标人须知是招标文件中非常重要的部分，投标人在投标时必须仔细阅读和理解。投标人须知主要包括：总则、招标文件、投标文件、投标、开标、评标、授予合同、重新招标和不再招标、纪律和监督、需要补充的其他内容等。一般在投标人须知前有投标人须知前附表，将投标须知中的重要条款规定内容列出，投标人须知前附表如表9.1所示。

表9.1 投标人须知前附表

条款号	条款名称	编列内容
1.1.1	招标人	名　称：______ 地址：______ 联系人：______ 电话：______
1.1.2	招标代理机构	名　称：______ 地址：______ 联系人：______ 电话：______
1.1.3	项目名称	
1.1.4	建设地点	
1.2.1	资金来源	
1.2.2	出资比例	
1.2.3	资金落实情况	
1.3.1	招标范围	
1.3.2	计划工期	计划工期：______ 日历天 计划开工日期：___年___月___日 计划竣工日期：___年___月___日
1.3.3	质量要求	
1.4.1	投标人资质条件、能力和信誉	资质条件：______财务要求：______ 业绩要求：______ 信誉要求：______ 项目经理（建造师）资格：______ 其他要求：______
1.4.2	是否接受联合体投标	□不接受 □接受，应满足下列条件：______
1.5	勘察现场	□不组织 □组织，勘察时间：______ 勘察集中地点：______
1.6.1	投标预备会	□不召开 □召开，召开时间：______ 召开地点：______
1.6.2	投标人提出问题的截止时间	
1.6.3	投标人书面澄清的时间	

续表

条款号	条款名称	编列内容
1.7	分包	□不允许 □允许，分包内容要求：______________ 分包金额要求：______________ 接受分包的第三人资质要求：____________
1.8	偏离	□不允许 □允许
1.9	构成招标文件的其他材料	
1.10	投标人要求澄清招标文件的截止时间	
2.2.1	投标截止时间	___年___月___日___时___分
2.2.2	投标人确认收到招标文件澄清的时间	
2.2.3	投标人确认收到招标文件修改的时间	
2.3	构成投标文件的其他材料	
2.4	投标有效期	
2.5	投标保证金	投标保证金的形式：______________ 投标保证金的金额：______________
3.5.2	近年财务状况的年份要求	________年
3.5.3	近年完成的类似项目的年份要求	________年
3.5.5	近年发生的诉讼及仲裁情况的年份要求	________年
3.6	是否允许递交备选投标方案	□不允许 □允许
3.7.3	签字或盖章要求	
3.7.4	投标文件副本份数	________份
3.7.5	装订要求	
4.1.2	封套上写明	招标人的地址：______________________ 招标人名称：________________________ ______（项目名称）_____ 标段投标文件 在__ 年__ 月__ 日__ 时__ 分前不得开启
4.8.2	递交投标文件地点	
4.8.3	是否退还投标文件	□否 □是
5.1	开标时间和地点	开标时间：同投标截止时间 开标地点：______________________
5.2	开标程序	密封情况检查：__________________ 开标顺序：______________________
6.1.1	评标委员会的组建	评标委员会构成：____人，其中招标人代表____人，专家______人； 评标专家确定方式：______________

续表

条款号	条款名称	编列内容
7.1	是否授权评标委员会确定中标人	□是 □否,推荐的中标候选人数:__________
7.3.1	履约担保	履约担保的形式:__________ 履约担保的金额:__________
10	需要补充的其他内容	
……		

②合同主要条款。合同条款包括通用条款和专用条款。合同条件可采用《建设工程施工合同(示范文本)》中的合同条件或FIDIC(国际咨询工程师联合会)合同条件。

③投标文件格式。合同文件格式包括合同协议书、履约担保、预付款担保等格式。

④工程量清单。采用工程量清单招标的,应当提供工程量清单。工程量清单是对招投标双方都具有约束力的重要文件,是招标投标活动的重要依据。工程量清单应由具有编制能力的人员(造价工程师)和具有工程造价咨询资质并按规定的业务范围承担工程造价咨询业务的机构编制。

工程量清单的工程量是编制招标工程标底或投标报价的依据。工程量清单为投标人提供一个公开、公平、公正的竞争环境,是评标的基础,也为竣工时调整工程量、办理工程结算及工程索赔提供一个重要依据。

⑤技术条款。依据设计文件的要求,招标人应提出招标工程项目的材料、设备、施工须达到的工程建设标准、规范的要求。技术条款主要包括说明工程现场的自然条件、施工条件及本工程项目施工技术要求和采用的技术、规范等内容。

⑥设计图纸。图纸是招标文件的重要组成部分。图纸是进行施工的依据,也是进行工程管理的基础,招标人应将全部施工图纸编入招标文件,供投标人编制投标文件。图纸涉及标准图集的,招标人可列出标准图集清单,作为图纸的重要组成部分。

⑦评标标准和方法。在招标文件中要说明采用的评标标准和方法。我国采用的评标办法有综合评估法和经评审的最低投标价法。

⑧投标辅助性材料。辅助性材料内容包括投标函及投标函附录、法定代表人身份证明、授权委托书、联合体协议书、投标保证金、已标价工程量清单、施工组织设计、项目管理机构、拟分包项目情况表、资格审查资料及其他材料。

(5)招标人编制标底或招标控制价。招标人可根据项目特点决定是否编制标底。编制标底的,标底编制过程和标底在开标前必须保密。一个工程只能编制一个标底。招标项目也可以不设标底,进行无标底招标。标底只能作为评标的参考,不得以投标报价是否接近标底作为中标条件,也不得以投标报价超过标底上下浮动范围作为否决投标的条件。

招标控制价是由招标人根据有关计价规定计算的工程造价,其作用是招标人用于对招标工程发包的最高控制限价,有的地方也称拦标价。招标控制价是招标人的最高限价,如果投标人报价高于控制价会被废标。招标人设有最高投标限价的,应当在招标文件中明确最高投标限价或者最高投标限价的计算方法。招标人不得规定最低投标限价。

(6)勘察现场。招标人组织投标人勘察现场的目的在于使投标人了解工程场地和周围环境的情况，以获取投标人认为有用的信息。招标人提供的关于本合同工程的水文、地质、气象，以及料场分布、取土场、弃土场位置等参考资料，并不构成合同文件的组成部分，投标人应对自己就上述资料的解释、推论和应用负责，招标人不对投标人据此做出的判断和决策承担任何责任。

(7) 标前会议。标前会议也称为投标预备会，是招标人按投标须知规定的时间和地点召开的会议。标前会议上，招标人除了介绍工程概况外，还可以对招标文件中的某些内容加以修改或补充说明，以及对投标人书面提出的问题和会议上即席提出的问题加以解答，会议结束后，招标人应将会议纪要以书面的形式发给每一个投标人。

无论是会议纪要还是对个别投标人问题的解答，都应以书面形式发给每一个获得投标文件的投标人，但对问题的答复不需要说明问题来源。会议纪要和答复函件形成招标文件的补充文件，都是招标文件的有效组成部分。与招标文件具有同等法律效力。当补充文件与招标文件不一致时，应以补充文件为准。

(8) 招标文件的澄清或修改。招标文件的澄清或修改将在投标人须知前附表规定的投标截止时间15天前以书面形式发给所有购买招标文件的投标人。如果澄清或修改发出的时间距投标截止时间不足15天，应延长投标截止时间。

例 9.1 某依法必须进行招标的项目，招标人整理完招标文件的澄清与修改后，在投标截止时间前15日打电话要求潜在投标人前来招标人所在地进行签收和领取。在规定的时间内，有两家投标人没有到招标人所在地进行领取，其中：投标人 A 要求招标人在规定的时间内以传真方式发给其招标文件的澄清与修改，招标人及时传真给了该投标人澄清与修改的内容；投标人 B 则一直到开标前3日才来领取。开标后，投标人 A、B 分别进行了质疑与投诉，理由是招标人没有在投标前15日将招标文件的澄清与修改送达投标人，直接影响了其投标结果，要求有关行政监督部门宣布中标结果无效，并判定招标人依法重新招标。

问题：

①招标人在发出招标文件的澄清与修改环节中是否存在问题？为什么？

②投标人的投诉是否能够得到支持？为什么？

解 ①本案中，招标人在发出招标文件的澄清与修改环节中存在一些缺陷。根据《招标投标法》规定，招标人对已发出的招标文件进行必要的澄清或修改的，应当在招标文件要求提交投标文件截止时间至少15日前，以书面形式通知所有招标文件收受人。本案中，招标人在处理投标人 B 的问题上存在一些缺陷，没有按照法律规定将招标文件的澄清与修改内容采用书面形式通知投标人 B。

②投标人 A、B 要求有关行政监督部门宣布中标结果无效，并判定招标人依法重新招标的诉求不能够得到支持。按照《招标投标法实施条例》规定，投标人在知道或者应当知道其权益受到侵害之日起10日内提起书面投诉，所以行政监督部门不会受理这类投诉。

(9) 开标。开标是指招标人将所有投标人的投标文件启封揭晓。《招标投标法》中规定，开标应当在招标文件确定的提交投标文件截止时间的同一时间公开进行；开标地点应当为招标文件中预先确定的地点。投标人少于3个的，不得开标；招标人应当重新招标。

开标会议由招标人主持，邀请所有投标人参加。开标时，要当众宣读投标人名称、投标价格、有无撤标情况以及招标人认为合适的其他内容。

投标人法定代表人或授权代理人未参加开标会议的视为自动弃权。投标文件有下列情形之一的，招标人应当拒收：逾期送达；未按招标文件要求密封。

例 9.2 某投标人通过资格预审后，对招标文件进行了仔细分析，编制了投标文件，该投标人将技术标和商务标分别封装，在封口处加盖本单位公章和法定代表人签字后，在投标截止日期前1天上午将投标文件报送招标人。次日（即投标截止日当天）下午，在规定的开标时间前1小时，该投标人又递交了一份补充材料，声明将原报价降低4%。但是，招标人认为，根据国际上"一标一投"的惯例，一个投标人不得递交两份投标文件，因而拒收投标人的补充材料。开标会由市招投标办的工作人员主持，市公证处有关人员到会，各投标人代表均到场。开标前，市公证处人员对各投标人的资质进行审查，并确认所有投标文件的合法性。该项目招标程序中存在哪些问题？

解 存在以下问题：

①招标人的有关工作人员不应拒收投标人的补充文件，因为投标人在投标截止时间之前所递交的任何正式书面文件都是有效文件，都是投标文件的有效组成部分。

②根据《招标投标法》规定，开标会应由招标人主持，而不应由市招投标办工作人员主持。

③资格预审应在投标之前进行，公证处人员无权对投标人资格进行审查，其到场的作用在于确认开标的公正性和合法性（包括投标文件的合法性）。

（10）评标。开标后即进入评标阶段。

①评标委员会。《招标投标法》规定，评标由招标人依法组建的评标委员会负责。依法必须进行招标的项目，评标委员会由招标人的代表和有关技术、经济等方面的专家组成，成员人数为5人以上的单数，其中技术、经济等方面的专家不得少于成员总数的2/3。评标委员会的专家成员应当从评标专家库内相关专业的专家名单中以随机抽取方式确定，特殊招标项目可以由招标人直接确定。评标委员会成员的名单在中标结果确定前应当保密。

有下列情形之一的，评标委员会应当否决其投标：投标文件未经投标单位盖章和单位负责人签字；投标联合体没有提交共同投标协议；投标人不符合国家或者招标文件规定的资格条件；同一投标人提交两个以上不同的投标文件或者投标报价，但招标文件要求提交备选投标的除外；投标报价低于成本或者高于招标文件设定的最高投标限价；投标文件没有对招标文件的实质性要求和条件作出响应；投标人有串通投标、弄虚作假、行贿等违法行为。

②投标文件的澄清和说明。评标时，评标委员会可以要求投标人对投标文件中含义不明确的内容做必要的澄清或者说明，比如投标文件有关内容前后不一致、明显书写错误或纯属计算上的错误等，评标委员会应通知投标人做出澄清或说明，以确认其正确的内容。澄清的要求和投标人的答复均应采用书面形式，且投标人的答复必须经法定代表人或授权代表人签字，作为投标文件的组成部分。

除招标文件另有约定外，按下述原则进行修正：用数字表示的数额与用文字表示的数额不一致时，以文字数额为准；单价与工程量的乘积与总价之间不一致时，以单价为准。若单价有明显的小数点错位，应以总价为准，并修改单价。调整后的报价经投标人确认后产生约束力。

但是，投标人的澄清或说明，仅仅是对上述情形的解释和补充，不得有下列行为：超出投标文件的范围；改变或提议改变投标文件中的实质性内容。

所谓实质性内容，是指改变投标文件中的报价、技术规格或参数、主要合同条款等内容。

③评标程序。评审分为初步评审、详细评审。初步评审主要是进行符合性审查，即重点审查投标书是否实质上响应了招标文件的要求。如果投标文件实质上不响应招标文件的要求，将作无效标处理，不必进行下一阶段的评审。只有通过初步评审，被判定为合格的投标书，方可进入详细评

审，对技术标和商务标作进一步评审比较。

④评标方法。评标方法可以采用综合评估法或经评审的最低投标价。综合评估法根据招标文件中载明的标准和条件，将投标报价、技术因素、企业业绩、实力等因素的评审结果综合在一起，形成对不同投标文件质量的优劣比较，确定中标人顺序。综合评估法适用于建设规模大，履约工期较长，技术复杂，质量、工期和成本受不同施工方案影响大，工程管理要求较高的工程项目评标。

经评审的最低投标价法是先评审技术标，对技术标合格的投标文件再比较修正后的、不低于成本的投标报价，评标委员会按修正后的报价，由低向高推荐中标候选人。经评审的最低投标价法适用于具有通用技术、性能标准或招标人对性能标准没有特殊要求的招标项目。

(11)定标。招标人应根据评标委员会提出的评标报告和推荐的中标候选人确定中标人。评标委员会推荐的中标候选人应当限定在1～3人，并标明排列顺序。中标人确定后，招标人应当向中标人发出中标通知书，同时将中标结果通知所有未中标的投标人并退还他们的投标保证金或保函。

自中标通知书发出之日起30日内，招标人和中标人应按照招标文件和投标文件订立书面合同，合同的标的、价款、质量、履行期限等主要条款应当与招标文件和中标人的投标文件的内容一致。招标人和中标人不得再行订立背离合同实质性内容的其他协议。

招标文件要求中标人提交履约保证金的，中标人应当提交。履约保证金不得超过中标合同金额的10%。招标人应当自发出中标通知书之日起15日内，向有关行政监督部门提交招标投标情况的书面报告。这是国家对招投标活动所进行的监督活动之一。

9.1.2 施工投标

1. 工程项目施工投标程序

投标的工作程序应与招标程序相配合、相适应。投标工作程序如图9.2所示。

2. 施工投标主要工作

1)投标前期工作

投标前期工作包括获取投标信息与前期投标决策，即从众多招标信息中确定选取哪个作为投标对象。

2)成立投标工作机构

进行建设工程施工投标，需要建立一个强有力的组织，内行的投标工作小组是投标获得成功的根本保证。投标小组应由经营管理类人才、技术专业类人才和商务金融类人才组成。

3)参加资格预审

(1)获取资格预审文件。投标人在获取招标信息，有意向参加该工程投标时，向招标人报名申请参加资格预审，领取资格预审文件。

(2)编写资格预审申请书。领取资格预审文件后，投标申请人要认真阅读文件内容，严格按照文件要求认真如实编写资格预审申请书和提供的有关资料。

4)购买和分析招标文件

(1)购买招标文件。通过资格审查的投标人到招标公告规定的地点购买招标文件。投标人获得招标文件、图纸和有关资料后，应认真核对，无误后以书面形式予以确认。

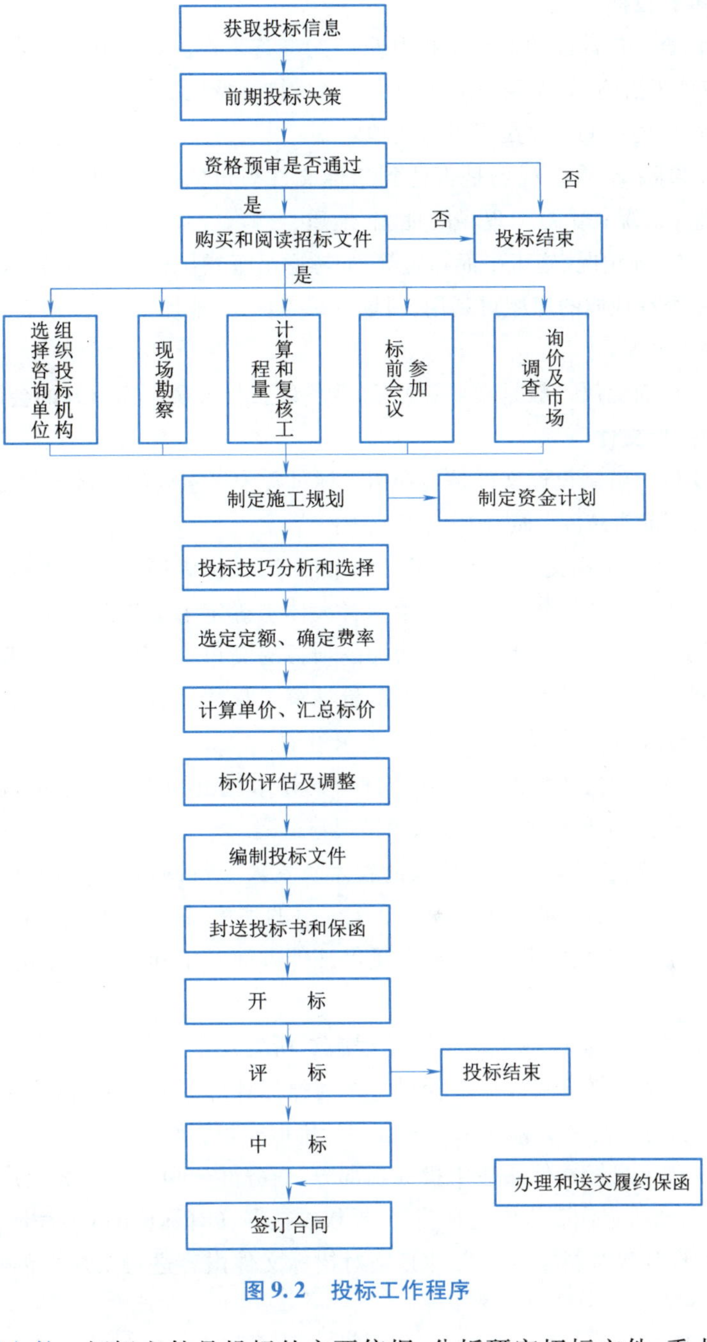

图 9.2　投标工作程序

(2)分析招标文件。招标文件是投标的主要依据，分析研究招标文件，重点应放在投标者须知、合同条件、设计图纸、工程范围、校核工程量表以及编制施工规划上。以下问题应重点弄清楚：①分清投标人的责任和报价范围，不要发生任何遗漏；②及时调查了解工程所在地工、料、机等市场价格，以免盲目估价；③弄清开、竣工日期及总工期的要求及奖罚条件，以便制订合理的施工进度计划；④弄清工程款支付条件，如有无工程预付款、结算方式、拖延付款的责任和利息支付等，以便做好资金使用计划；⑤弄清工程量清单中各个工程项目组成的内在含义，防止漏项发生。对含混不清的问题，应及时提请招标人予以澄清。

5）收集资料、准备投标

（1）投标前的调查。投标前的调查是极其重要的准备工作。如对施工地点气候的调查，针对气候情况是否采取施工措施，如需采取应在报价中考虑措施费用。

（2）现场踏勘。现场踏勘主要是指进行实地考察。主要从以下几方面调查了解：① 施工现场拆迁是否满足施工要求；② 施工现场是否达到招标文件规定的条件，现场“三通一平”（水通、电通、路通和场地平整）情况；③ 施工现场的地貌、地质、气候、交通、电力、水源等情况，有无障碍物等；④ 施工现场临时占地情况、施工平面布置等；如考虑吊车、料场、生产、生活临时设施的位置，附近有无住宿条件，是否有现成的房屋可利用，料场开采条件，其他加工条件，设备维修条件等；⑤ 业主情况和竞争对手情况等。

（3）标前会议。标前会议一般是现场踏勘后，为解答投标人疑问而召开的会议。

6）编制和提交投标文件

（1）编制投标文件。编制投标文件是整个招投标过程中最重要的一环。投标文件必须表达出投标人的全部意愿，不能有疏漏。应做好以下工作：

①复核工程量。如在招标文件中提供了工程量清单，投标者还是需要进行复核，因为这直接影响到投标报价以及中标的机会。例如，当投标者大体上确定了工程总报价以后，可适当采用投标策略如不平衡报价法，对某些工程量可能增加的项目提高单价，而对某些工程量可能减少的项目降低单价。对于单价合同，尽管是以实测工程量结算工程款，但投标人仍应根据图纸仔细核算工程量，当发现相差较大时，投标人应向招标人要求澄清。

投标人在核算工程量时，还要结合招标文件中的技术规范弄清工程量中每一细目的具体内容，避免出现在计算单位、工程量或价格方面的错误与遗漏。

②选择施工方案。施工方案应由投标人的技术负责人主持制定，主要应考虑施工方法、主要施工机具的配置、各工种劳动力的安排及现场施工人员的平衡、施工进度及分批竣工的安排、安全措施等。施工方案的制定应在技术、工期和质量保证等方面对招标人有吸引力，同时又有利于降低施工成本。

③投标计算。投标计算是投标人对招标工程施工所要发生的各种费用的计算。在进行投标计算时，必须根据招标文件复核或计算工程量。作为投标计算的必要条件，应事先确定施工方案和施工进度。此外，投标计算还必须与采用的合同计价形式相协调。

（2）提交投标文件。投标文件一般由投标函部分、商务部分和技术部分组成，包含投标函、投标书附录、投标保证金、法定代表人资格证明书、授权委托书、（有标价的）工程量清单与报价表、辅助资料表、施工组织设计等资料。投标文件必须对招标文件内容进行实质性的响应，否则被判定为无效标（按废标处理）。

7）参加开标会议

开标会应当由招标人主持，在招标文件规定的提交投标文件截止时间的同一时间公开进行。

8）接受中标通知书

中标通知书是招标人根据评标委员会评标意见确定中标人后，向中标人发出的书面通知。

9）签订合同

在中标通知书发出之日起30日内，招标人和中标人应当依照《招标投标法》和《招标投标法实施条例》的规定签订书面合同。

例 9.3 某省木材公司启动了一项工程,为员工建设住宅楼。根据相关法律规定,木材公司以公开招标的方式寻求承包人。当时,木材公司向主管部门递送招标申请的时间是5月25日,未等批准,当天就将招标文件发送出去,各投标人的投标截止时间是5月30日,但5月31日才正式开标。评标委员会由木材公司直接确定,共有7人组成,除本公司代表外,另聘有技术专家、经济专家4人,其中本系统技术专家1名、经济专家1名,外系统技术专家1名、经济专家1名。

问题:试述在招标投标过程中有何不妥之处?说明理由。

解 ①招标申请时间是5月25日,招标文件发放时间也是5月25日,不妥,应当先履行审批手续,批准后再招标。

②招标中,招标文件的发放时间是5月25日,招标文件的截止时间是5月30日,不足20日。此举违反《招标投标法》的规定:"依法必须进行招标的项目,自招标文件开始发出之日起至提交投标文件截止之日止,最短不得少于20日。"

③招标文件的截止时间是5月30日,开标却是5月31日,不是同一时间进行,违反《招标投标法》的规定:"开标应当在招标文件确定的提交投标文件截止时间的同一时间公开进行。"

④评标委员会的人员构成违反了《招标投标法》的规定:"依法必须进行招标的项目,其评标委员会由招标人的代表和有关技术、经济等方面的专家组成,成员人数在5人以上的单数,其中技术、经济等方面的专家不得少于成员总数的2/3。"

9.2 工程项目合同管理

一个工程项目的实施,涉及的建设任务很多,往往需要许多单位共同参与,这些参与单位与业主之间应该通过合同明确其承担的义务、责任及所拥有的权利。

根据合同中的任务来划分,可分为勘察合同、设计合同、施工承包合同、物资采购合同、工程监理合同、咨询合同、代理合同等。以下主要分析施工承包合同的主要内容。

9.2.1 施工承包合同的内容

1. 施工承包合同示范文本

为了指导建设工程施工合同当事人的签约行为,维护合同当事人的合法权益,住房城乡建设部和国家工商行政管理总局颁发了《建设工程施工合同(示范文本)》(GF-2017-0201)。该文本适用于房屋建筑工程、土木工程、线路管道和设备安装、装修工程等建设工程的施工承发包活动。

2.《建设工程施工合同(示范文本)》的组成

《建设工程施工合同(示范文本)》由合同协议书、通用合同条款和专用合同条款三部分组成。

(1)合同协议书。合同协议书共计13条,主要包括:工程概况、合同工期、质量标准、签约合同价和合同价格形式、项目经理、合同文件构成、承诺以及合同生效条件等重要内容,集中约定了合同当事人基本的合同权利义务。

构成施工合同文件的组成部分,除了合同协议书外,一般还包括:中标通知书;投标函及其附录;专用合同条款及其附件;通用合同条款;技术标准和要求;图纸;已标价工程量清单或预算书;其他合同文件。

在合同订立及履行过程中形成的与合同有关的文件均构成合同文件组成部分。

上述各项合同文件包括合同当事人就该项合同文件所作出的补充和修改，属于同一类内容的文件，应以最新签署的为准。

（2）通用合同条款。通用合同条款是合同当事人根据《中华人民共和国建筑法》《中华人民共和国民法典》等法律的规定，就工程建设的实施及相关事项，对合同当事人的权利义务作出的原则性约定。

通用合同条款共计20条，具体条款分别为：一般约定、发包人、承包人、监理人、工程质量、安全文明施工与环境保护、工期和进度、材料与设备、试验与检验、变更、价格调整、合同价格、计量与支付、验收和工程试车、竣工结算、缺陷责任与保修、违约、不可抗力、保险、索赔和争议解决等。

（3）专用合同条款。专用合同条款是对通用合同条款原则性约定的细化、完善、补充、修改或另行约定的条款。合同当事人可以根据不同建设工程的特点及具体情况，通过双方的谈判、协商对相应的专用合同条款进行修改补充。专用合同条款的编号应与相应的通用合同条款的编号一致。

3.《建设工程施工合同（示范文本）》通用条款相关内容

1）发包人

（1）施工现场、施工条件和基础资料的提供。

①提供施工现场。除专用合同条款另有约定外，发包人应最迟于开工日期7天前向承包人移交施工现场。

②提供施工条件。除专用合同条款另有约定外，发包人应负责提供施工所需要的条件，如：将施工用水、电力、通信线路等施工所必需的条件接至施工现场内；保证向承包人提供正常施工所需要的进入施工现场的交通条件等。

③提供基础资料。发包人应当在移交施工现场前向承包人提供施工现场及工程施工所必需的毗邻区域内供水、排水、供电、供气、供热、通信、广播电视等地下管线资料，气象和水文观测资料，地质勘察资料，相邻建筑物、构筑物和地下工程等有关基础资料，并对所提供资料的真实性、准确性和完整性负责。

④逾期提供的责任。因发包人原因未能按合同约定及时向承包人提供施工现场、施工条件、基础资料的，由发包人承担由此增加的费用和（或）延误的工期。

（2）支付合同价款。发包人应按合同约定向承包人及时支付合同价款。

（3）组织竣工验收。发包人应按合同约定及时组织竣工验收。

2）承包人

（1）承包人的一般义务。

①办理法律规定应由承包人办理的许可和批准，并将办理结果书面报送发包人留存。

②按法律规定和合同约定完成工程，并在保修期内承担保修义务。

③按法律规定和合同约定采取施工安全和环境保护措施，办理工伤保险，确保工程及人员、材料、设备和设施的安全。

④按合同约定的工作内容和施工进度要求，编制施工组织设计和施工措施计划，并对所有施工作业和施工方法的完备性和安全可靠性负责。

⑤在进行合同约定的各项工作时，不得侵害发包人与他人使用公用道路、水源、市政管网等公共设施的权利，避免对邻近的公共设施产生干扰。承包人占用或使用他人的施工场地，影响他人作业或生活的，应承担相应责任。

⑥负责施工场地及其周边环境与生态的保护工作。

⑦采取施工安全措施，确保工程及其人员、材料、设备和设施的安全，防止因工程施工造成的人身伤害和财产损失。

⑧将发包人按合同约定支付的各项价款专用于合同工程，且应及时支付其雇用人员工资，并及时向分包人支付合同价款。

⑨按照法律规定和合同约定编制竣工资料，完成竣工资料立卷及归档，并按专用合同条款约定的竣工资料的套数、内容、时间等要求移交发包人。

⑩应履行的其他义务。

(2)承包人现场查勘。承包人应对发包人提交的基础资料所做出的解释和推断负责，但因基础资料存在错误、遗漏导致承包人解释或推断失实的，由发包人承担责任。

承包人应对施工现场和施工条件进行查勘，并充分了解工程所在地的气象条件、交通条件、风俗习惯以及其他与完成合同工作有关的其他资料。因承包人未能充分查勘、了解前述情况或未能充分估计前述情况所可能产生后果的，承包人承担由此增加的费用和(或)延误的工期。

(3)分包。承包人不得将其承包的全部工程转包给第三人，或将其承包的全部工程肢解后以分包的名义转包给第三人。承包人不得将工程主体结构、关键性工作及专用合同条款中禁止分包的专业工程分包给第三人。承包人也不得以劳务分包的名义转包或违法分包工程。

按照合同约定进行分包的，承包人应确保分包人具有相应的资质和能力。工程分包不减轻或免除承包人的责任和义务，承包人和分包人就分包工程向发包人承担连带责任。

3)工程质量

(1)质量要求。

工程质量标准必须符合现行国家有关工程施工质量验收规范和标准的要求。

因发包人原因造成工程质量未达到合同约定标准的，由发包人承担由此增加的费用和(或)延误的工期，并支付承包人合理的利润。因承包人原因造成工程质量未达到合同约定标准的，发包人有权要求承包人返工直至工程质量达到合同约定的标准为止，并由承包人承担由此增加的费用和(或)延误的工期。

(2)监理人的质量检查和检验。

监理人按照法律规定和发包人授权对工程的所有部位及其施工工艺、材料和工程设备进行检查和检验。监理人的检查和检验不应影响施工正常进行。监理人的检查和检验影响施工正常进行，且经检查检验不合格的，影响正常施工的费用由承包人承担，工期不予顺延；经检查检验合格的，由此增加的费用和(或)延误的工期由发包人承担。

(3)隐蔽工程检查。

①承包人自检。承包人应当对工程隐蔽部位进行自检，并经自检确认是否具备覆盖条件。

②检查程序。工程隐蔽部位经承包人自检确认具备覆盖条件的，承包人应在共同检查前48小时书面通知监理人检查。经监理人检查确认质量符合隐蔽要求，并在验收记录上签字后，承包人才能进行覆盖。经监理人检查质量不合格的，承包人应在监理人指示的时间内完成修复，并由监

理人重新检查,由此增加的费用和(或)延误的工期由承包人承担。

③重新检查。承包人覆盖工程隐蔽部位后,发包人或监理人对质量有疑问的,可要求承包人对已覆盖的部位进行钻孔探测或揭开重新检查,承包人应遵照执行,并在检查后重新覆盖恢复原状。检查合格,由发包人承担由此增加的费用和(或)延误的工期,并支付承包人合理的利润;检查不合格,由承包人承担由此增加的费用和(或)延误的工期。

④承包人私自覆盖。承包人未通知监理人到场检查,私自将工程隐蔽部位覆盖的,监理人有权指示承包人钻孔探测或揭开检查,无论工程隐蔽部位质量是否合格,由此增加的费用和(或)延误的工期均由承包人承担。

(4)不合格工程的处理。

因承包人原因造成工程不合格的,发包人有权随时要求承包人采取补救措施,直至达到合同要求的质量标准,由此增加的费用和(或)延误的工期由承包人承担。

因发包人原因造成工程不合格的,由此增加的费用和(或)延误的工期由发包人承担,并支付承包人合理的利润。

例 9.4 某在建框架结构行政办公楼,建设单位与承包商签订了施工合同,与监理公司签订了监理合同。监理工程师发现因承包商的原因,办公室墙面装修质量没有达到合同约定验收标准。

问题:①承包商应承担什么责任?②监理工程师应如何处理?③承包商应如何处理这一质量不合格事件?

解 ①承包商承担违约责任。②监理工程师应要求承包商返工直至符合合同要求为止。③承包商应按监理工程师的要求拆除和重新施工,直至符合合同要求。由此造成的费用增加和(或)工期延误由承包人承担。

4)安全文明施工与环境保护

(1)安全生产要求。合同履行期间,合同当事人均应当遵守国家和工程所在地有关安全生产的要求。承包人应按照法律规定进行施工,开工前做好安全技术交底工作,施工过程中做好各项安全防护措施。

(2)文明施工。承包人在工程施工期间,应当采取措施保持施工现场平整,物料堆放整齐。

(3)事故处理。工程施工过程中发生事故的,承包人应立即通知监理人,监理人应立即通知发包人。发包人和承包人应立即组织人员和设备进行紧急抢救和抢修,减少人员伤亡和财产损失,防止事故扩大,并保护事故现场。

(4)承包人的安全责任。由于承包人原因在施工场地内及其毗邻地带造成的发包人、监理人以及第三者人员伤亡和财产损失,由承包人负责赔偿。

(5)环境保护。在合同履行期间,承包人应采取合理措施保护施工现场环境。对施工作业过程中可能引起的大气、水、噪声以及固体废物污染采取具体可行的防范措施。

承包人需承担因自身原因引起的环境污染侵权损害赔偿责任,由此引起纠纷而导致暂停施工的,由承包人承担增加的费用和(或)延误的工期。

5)工期和进度

(1)施工组织设计。承包人应在合同签订后14天内,但最迟不得晚于开工日期前7天,向监理人提交详细的施工组织设计,并由监理人报送发包人。

(2)施工进度计划。承包人应按照施工组织设计的约定提交详细的施工进度计划,发包人和监理人有权按照施工进度计划检查工程进度情况。当施工进度计划不符合合同要求或与工程的实际进度不一致的,承包人应向监理人提交修订的施工进度计划,并附具有关措施和相关资料,由监理人报送发包人。发包人和监理人对承包人提交的施工进度计划的确认,不能减轻或免除承包人根据法律规定和合同约定应承担的任何责任或义务。

(3) 合同工期。承发包双方必须在合同协议书中明确约定开工日期和竣工日期。监理人应在计划开工日期 7 天前向承包人发出开工通知,工期自开工通知中载明的开工日期起算。工程经竣工验收合格的,以承包人提交竣工验收申请报告之日为实际竣工日期。

(4) 工期延误。

①因发包人原因导致工期延误。在合同履行过程中,因下列情况导致工期延误和(或)费用增加的,由发包人承担由此延误的工期和(或)增加的费用,且发包人应支付承包人合理的利润:

a. 发包人未能按合同约定提供图纸或所提供图纸不符合合同约定的。

b. 发包人未能按合同约定提供施工现场、施工条件、基础资料、许可、批准等开工条件的。

c. 发包人提供的测量基准点、基准线和水准点及其书面资料存在错误或疏漏的。

d. 发包人未能在计划开工日期之日起 7 天内同意下达开工通知的。

e. 发包人未能按合同约定日期支付工程预付款、进度款或竣工结算款的。

f. 监理人未按合同约定发出指示、批准等文件的。

g. 专用合同条款中约定的其他情形。

因发包人原因未按计划开工日期开工的,发包人应按实际开工日期顺延竣工日期,确保实际工期不低于合同约定的工期总日历天数。

②因承包人原因导致工期延误。因承包人原因造成工期延误的,可以在专用合同条款中约定逾期竣工违约金的计算方法和逾期竣工违约金的上限。承包人支付逾期竣工违约金后,不免除承包人继续完成工程及修补缺陷的义务。

(5) 暂停施工。

①发包人原因引起的暂停施工。因发包人原因引起暂停施工的,监理人经发包人同意后,应及时下达暂停施工指示。发包人应承担由此增加的费用和(或)延误的工期,并支付承包人合理的利润。

②承包人原因引起的暂停施工。因承包人原因引起的暂停施工,承包人应承担由此增加的费用和(或)延误的工期。

③指示暂停施工。监理人认为有必要时,并经发包人批准后,可向承包人作出暂停施工的指示,承包人应按监理人指示暂停施工。

④紧急情况下的暂停施工。因紧急情况需暂停施工,且监理人未及时下达暂停施工指示的,承包人可先暂停施工,并及时通知监理人。监理人应在接到通知后 24 小时内发出指示,逾期未发出指示,视为同意承包人暂停施工。

⑤暂停施工后的复工。暂停施工后,发包人和承包人应采取有效措施积极消除暂停施工的影响。在工程复工前,监理人会同发包人和承包人确定因暂停施工造成的损失,并确定工程复工条件。当工程具备复工条件时,监理人应经发包人批准后向承包人发出复工通知,承包人应按照复工通知要求复工。

6) 材料和设备

(1) 发包人供应材料与工程设备。发包人供应材料、工程设备的,应在《发包人供应材料设备一览表》中明确材料、工程设备的品种、规格、型号、数量、单价、质量等级和送达地点。发包人供应的材料和工程设备使用前，由承包人负责检验，检验费用由发包人承担，不合格的不得使用。

发包人提供的材料或工程设备不符合合同要求的，承包人有权拒绝，并可要求发包人更换，由此增加的费用和(或)延误的工期由发包人承担，并支付承包人合理的利润。

(2)承包人采购材料设备。承包人采购的材料和工程设备，应在到货前24小时通知监理人检验。若材料和工程设备不符合设计或有关标准要求，承包人应在监理人要求的合理期限内将不符合设计或有关标准要求的材料、工程设备运出施工现场，并重新采购符合要求的材料、工程设备，由此增加的费用和(或)延误的工期，由承包人承担。

7)计量与支付

(1)预付款。预付款的支付按照专用合同条款约定执行，但最迟应在开工日期7天前支付。预付款应当用于材料、工程设备、施工设备的采购及临时工程的修建、施工队伍的进场等。开工后按约定，预付款在进度付款中同比例扣回。

(2)计量。工程量计量应按照合同约定的工程量计算规则、图纸及变更指示等进行计量。除专用合同条款另有约定外，工程量的计量按月进行。

承包人应于每月25日向监理人报送上月20日至当月19日已完成的工程量报告，并附具进度付款申请单、已完成工程量报表和有关资料。监理人应在收到承包人提交的工程量报告后7天内完成对承包人提交的工程量报表的审核并报送发包人，以确定当月实际完成的工程量。若监理人在收到承包人提交的工程量报表后的7天内未完成复核的，承包人提交的工程量报告中的工程量视为承包人实际完成的工程量，据此计算工程价款。

(3)工程进度款支付。工程进度款的付款周期与计量周期保持一致。承包人进度付款申请单包括下列内容：

a. 截至本次付款周期已完成工作对应的金额。

b. 根据变更条款应增加和扣减的变更金额。

c. 根据预付款条款约定应支付的预付款和扣减的返还预付款。

d. 根据质量保证金条款约定应扣减的质量保证金。

e. 根据索赔条款应增加和扣减的索赔金额。

f. 对已签发的进度款支付证书中出现错误的修正，应在本次进度付款中支付或扣除的金额。

g. 根据合同约定应增加和扣减的其他金额。

监理人应在收到承包人进度付款申请单以及相关资料后7天内完成审查并报送发包人，发包人应在收到后7天内完成审批并签发进度款支付证书。发包人应在进度款支付证书签发后14天内完成支付。

对已签发的进度款支付证书进行阶段汇总和复核时发现错误、遗漏或重复的，发包人和承包人均有权提出修正申请。经发包人和承包人同意的修正，应在下期进度款中支付或扣除。

8)验收

(1)分部分项工程验收。分部分项工程质量应符合国家有关工程施工验收规范、标准及合同约定，经承包人自检合格并具备验收条件的，承包人应提前48小时通知监理人进行验收。

(2)竣工验收。工程具备以下条件的，承包人可以申请竣工验收：除发包人同意的甩项工作和缺陷修补工作外，合同范围内的全部工程以及有关工作，包括合同要求的试验、试运行以及检验均已完成,并符合合同要求;已按合同约定编制了甩项工作和缺陷修补工作清单以及相应的施工计划;已按合同约定的内容和份数备齐竣工资料。

9)竣工结算

承包人应在工程竣工验收合格后28天内向发包人和监理人提交竣工结算申请单,并提交完整的结算资料。竣工结算申请单包括以下内容:竣工结算合同价格;发包人已支付承包人的款项;应扣留的质量保证金;发包人应支付承包人的合同价款。

10)不可抗力

不可抗力是指合同当事人在签订合同时不可预见,在合同履行过程中不可避免且不能克服的自然灾害和社会性突发事件,如地震、海啸、瘟疫、骚乱、戒严、暴动、战争等情形。

不可抗力导致的人员伤亡、财产损失、费用增加和(或)工期延误等后果,由合同当事人按以下原则承担:

a. 永久工程、已运至施工现场的材料和工程设备的损坏,以及因工程损坏造成的第三人人员伤亡和财产损失由发包人承担。

b. 承包人施工设备的损坏由承包人承担。

c. 发包人和承包人承担各自人员伤亡和财产的损失。

d. 因不可抗力影响承包人履行合同约定的义务,已经引起或将引起工期延误的,应当顺延工期,由此导致承包人停工的费用损失由发包人和承包人合理分担,停工期间必须支付的工人工资由发包人承担。

e. 因不可抗力引起或将引起工期延误,发包人要求赶工的,由此增加的赶工费用由发包人承担。

f. 承包人在停工期间按照发包人要求照管、清理和修复工程的费用由发包人承担。

不可抗力发生后,合同当事人均应采取措施尽量避免和减少损失的扩大,任何一方当事人没有采取有效措施导致损失扩大的,应对扩大的损失承担责任。

例9.5 某工程项目通过招标、投标、评标后确定A单位为中标单位。招标人于4月6日向A单位发出了中标通知书,在该项目的后续合同管理中出现了如下事件:

事件1:通过谈判,双方于5月8日签订施工合同。

事件2:合同签订两天后,发包人就所签合同的单价清单中的两个偏差单价,向承包人提出以补充协议的形式对该单价进行调整。

问题:①针对事件1,签订合同的做法是否合法?为什么?②针对事件2,发包人提出再签订补充协议以调整合同单价是否合适?为什么?

解 ①事件1:签订合同的做法不合法。

按照招标投标法规定,招标人和投标人应当自中标通知书发出之日起30日内,按招标文件和中标人的投标文件订立书面合同。而本例超过了30天才签订。

②事件2:不合适。

按规定,签订合同后,招标人和中标人不得再另行订立背离合同实质性内容的其他协议。而合同单价为合同的实质性内容,因此对合同单价再以补充协议的形式进行调整不妥。

9.2.2 合同的计价方式

施工承包合同采用的计价方式主要有三种,即单价合同、总价合同和成本加酬金合同。

1. 单价合同

单价合同是指以工程量清单及其综合单价进行合同价格计算、调整和确认的建设工程施工合同，在约定的范围内合同单价不作调整。实际支付时则根据每一个子项的实际完成工程量乘以该子项的合同单价计算该项工作的应付工程款。

单价合同又分为固定单价合同和变动单价合同。固定单价合同条件下，无论影响价格的因素产生哪些变化，都不对单价进行调整，因而对承包人而言就存在一定的风险。当采用变动单价合同时，合同双方可以约定一个估计的工程量，当实际工程量发生较大变化时可以对单价进行调整，同时还应该约定如何对单价进行调整。

2. 总价合同

总价合同是指以施工图、已标价工程量清单或预算书及有关条件进行合同价格计算、调整和确认的建设工程施工合同，在约定的范围内合同总价不作调整。

总价合同又分为固定总价合同和变动总价合同两种。固定总价合同的工程任务和内容明确，业主的要求和条件清楚，合同总价一次包死，固定不变，即不再因为环境的变化和工程量的增减而变化。在这类合同中，承包人承担了全部的工作量和价格风险。变动总价合同又称为可调总价合同，它是一种相对固定的价格，在合同执行过程中，由于政策法规、通货膨胀等原因使得所使用的工、料成本增加时，可以按照合同约定对合同总价进行相应的调整。

3. 成本加酬金合同

成本加酬金合同也称为成本补偿合同，此种合同的合同价格将按照工程的实际成本再加上一定的酬金进行计算。在合同签订时，工程实际成本往往不能确定，只能确定酬金的取值比例或者计算原则。采用这种合同，承包商不承担任何价格变化或工程量变化的风险，这些风险主要由业主承担，对业主的投资控制很不利。

9.2.3 施工合同的履行

施工合同的履行是指合同签订以后，合同中各项任务的履行要落实到具体的项目经理部或具体的项目参与人员身上，承包人作为履行合同义务的主体，必须对合同执行者（项目经理部或项目参与人）的履行情况进行跟踪、监督和控制，确保合同义务的完全履行。

1. 施工合同跟踪

施工合同跟踪有两个方面的含义：一是承包人的合同管理职能部门对合同执行者（项目经理部或项目参与人）的履行情况进行的跟踪、监督和检查；二是合同执行者（项目经理部或项目参与人）本身对合同计划的执行情况进行的跟踪、检查与对比。在合同实施过程中，两者缺一不可。

2. 合同实施的偏差分析

通过合同跟踪，可能会发现工程实际情况偏离了工程计划和工程目标，这时应该及时分析原因、采取措施、纠正偏差、避免损失。合同实施偏差分析的内容包括以下几个方面：

（1）产生偏差的原因分析。原因分析可以采用因果关系分析图、成本量差、价差等方法定性或定量地进行。

（2）合同实施偏差的责任分析。即分析产生合同偏差的原因是由谁引起的，应该由谁承担责任。责任分析必须以合同为依据，按合同规定落实双方的责任。

(3)合同实施趋势分析。针对合同实施偏差情况,应分析合同执行的结果与趋势,包括:最终的工程状况,包括总工期的延误、总成本的超支、质量标准等;承包人将承担什么样的后果,如被罚款、被清算、经营战略的影响等;最终工程经济效益(利润)水平。

9.2.4 施工合同的变更

工程变更一般是指在工程施工过程中,根据合同约定对施工的程序,工程的内容、数量、质量要求及标准等作出的变更。

1. 工程变更的范围

根据《建设工程施工合同(示范文本)》,工程变更包括设计变更和工程质量标准等其他实质性内容的变更。包括以下情形:增加或减少合同中任何工作,或追加额外的工作;取消合同中任何工作;改变合同中任何工作的质量标准或其他特性;改变工程的基线、标高、位置和尺寸;改变工程的时间安排或实施顺序。

2. 工程变更的程序

工程施工承包合同中一般都有关于工程变更的具体规定。工程变更一般按照如下程序:

(1)提出工程变更。发包人和监理人均可以提出变更。若发包人提出变更的,应通过监理人向承包人发出变更指示,变更指示应说明计划变更的工程范围和变更的内容。若监理人提出变更建议的,需要向发包人以书面形式提出变更计划,说明计划变更工程范围和变更的内容、理由,以及实施该变更对合同价格和工期的影响。发包人同意变更的,由监理人向承包人发出变更指示。发包人不同意变更的,监理人无权擅自发出变更指示。承包人收到监理人的变更指示后,方可实施变更。未经许可,承包人不得擅自对工程的任何部分进行变更。

(2)工程变更的执行。承包人收到监理人下达的变更指示后,认为不能执行,应立即提出不能执行该变更指示的理由。承包人认为可以执行变更的,应当书面说明实施该变更指示对合同价格和工期的影响,并约定变更价款。

(3)工程变更价款的确定。《建设工程施工合同(示范文本)》中约定,工程变更价款按照下列方法进行:

①已标价工程量清单或预算书有相同项目的,按照相同项目单价认定。

②已标价工程量清单或预算书中无相同项目,但有类似项目的,参照类似项目的单价认定。

③变更导致实际完成的变更工程量与已标价工程量清单或预算书中列明的该项目工程量的变化幅度超过15%的,或已标价工程量清单或预算书中无相同项目及类似项目单价的,按照合理的成本与利润构成的原则,由承发包双方协商确定变更工作的单价。

例9.6 某城市大型污水处理工程,合同主要施工项目为污水收集管网440 km,污水提升泵站36座,污水处理厂4个。项目分布在该城市的8个城区。工程承发包模式为设计采购施工总承包。承包商进场后根据现场实际情况和招标图纸,对污水管网和泵站进行了设计,最终得到业主批准后施工。业主批准后的施工图工程量为污水收集管网410 km,泵站33座。全部项目处于招标图纸所示的范围内。施工两年后,业主要求在某一城区新增加约16 km的污水收集管网和1座泵站。该区域为新建居民小区,初设时未考虑该区域。因此,招标图纸也没有该区域,该小区是否布设污水管网并不影响原管网系统的运行。

问题：①该新建小区的污水收集管网和泵站工程是属于合同内新增项目还是合同外新增项目？②由于业主最终批准的施工图所示的工程量小于招标工程量，即使该新建小区增设污水管网和1个泵站，总工程量仍然达不到招标工程量，也就是说，业主认为承包商在该城区的工程量减少了，现在要求其在另一城区增加此类项目是合同赋予他的权力。因此，新增该小区内的项目不属于变更项目。而承包商认为，由于该新建小区的污水管网超出了招标图纸范围，其部位的改变应该按变更项目处理。请问谁的理由充分？

解　①属于合同外新增项目。因为在招标时是根据招标设计图纸为依据的，工程量增减据实或总包结算，都是以这个设计图纸为依据。现在在某一城区新增加约16 km的污水收集管网和1个泵站，很明显是属于工程变更范畴。

②承包商的理由比较充分，而且变更项目的计价要按照双方签订合同中约定的方式处理，如果没有约定，需要重新谈判，三方（业主、承包商、监理工程师）签字会审。

9.3 工程施工索赔

在工程施工及管理全过程中，工程索赔是承包人和发包人保护自身正当权益、弥补工程损失的重要且有效的手段。

9.3.1 施工索赔的概念及分类

1. 施工索赔的概念

索赔是指当事人在合同实施过程中，根据法律、合同及惯例，对并非由于自己的过错，而是属于应由对方承担责任的情况造成，且实际发生了损失，向对方提出给予补偿或赔偿的权利要求。索赔的性质属于经济补偿行为，而不是惩罚。索赔是一种正当的权利要求，它是发包人和承包人之间一项正常的、大量发生而且普遍存在的合同管理业务，是一种以法律和合同为依据的、合情合理的行为。通常将承包人向发包人提出的索赔称为施工索赔，将发包人向承包人提出索赔称为反索赔。

2. 施工索赔的分类

施工索赔从不同的角度可以进行不同的分类，常见的有按索赔的目的和按索赔产生的原因进行分类。

（1）按索赔的目的分类。按索赔的目的分类，分为工期索赔和费用索赔。

①工期索赔。承包人向发包人要求延长工期，合理顺延合同工期。由于合理的工期延长，可以使承包人免于承担延误工期的罚款。

②费用索赔。承包人要求取得合理的经济补偿，即要求发包人补偿不应该由承包人承担的经济损失或额外费用。

（2）按索赔产生的原因分类。施工过程中，索赔产生的原因很多，经常引发索赔的原因有：

①发包人违约。如：没有为承包人提供合同约定的施工条件，未按照合同约定的期限和数额支付工程款等。监理人未能按照合同约定及时下达指令也视为发包人违约。

②合同文件缺陷。如合同文件不严谨甚至矛盾、合同中有遗漏或错误等。

③合同变更。如设计变更、施工方法变更、追加或者取消某些工作、合同规定的其他变更等。

④不可抗力事件。如在施工过程中遇到了经现场调查无法发现、发包人提供的资料中也未提到的、无法预料的情况，如地下水，或者国家政策、法律、法令的变更，以及战争、罢工等。

⑤监理人的指令。如监理人指令承包人进行合同外的某项工作、采取某些措施等。

⑥其他第三方原因。如业主指定的供应商违约、业主付款被银行延误等。

9.3.2 施工索赔成立的条件

只有实际发生了权利被损害并造成经济损失，承包人才能向发包人提出施工索赔。故施工索赔成立必须同时具备以下条件：①与工程项目合同相比已经造成了实际的额外费用增加或工期损失；②费用增加或工期损失由发包人过失所造成；③费用增加或工期损失这种经济损失或权利损害属于非承包人承担的风险；④承包人在工程项目合同规定的期限内提交了书面索赔意向通知和索赔报告。

9.3.3 施工索赔的程序

承包人的索赔程序大致分为以下几个阶段：

(1)索赔意向通知。在工程实施过程中发生索赔事件以后，或者承包人发现索赔机会，首先要提出索赔意向，即在合同规定时间内将索赔意向用书面形式及时通知监理人，向监理人表明索赔的愿望，这是索赔工作程序的第一步。例如，《建设工程施工合同(示范文本)》规定，承包人应在知道或应当知道索赔事件发生后28天内，向监理人递交索赔意向通知书，并说明发生索赔事件的事由；承包人未在前述28天内发出索赔意向通知书的，丧失要求追加付款和(或)延长工期的权利。

(2)索赔资料的准备。在索赔资料准备阶段，主要工作有：跟踪和调查干扰事件，掌握事件产生的详细经过；分析干扰事件产生的原因，划清各方责任、确定索赔依据；损失或损害调查分析与计算，确定工期索赔和费用索赔值；收集证据，获得充分而有效的各种证据；起草索赔文件。

(3)索赔文件的提交。提出索赔的一方应该在合同规定的时限内向对方提交正式的书面索赔文件。例如，《建设工程施工合同(示范文本)》规定：承包人应在发出索赔意向通知书后28天内，向监理人正式递交索赔报告；若索赔事件具有持续影响的，承包人应按合理时间间隔继续递交延续索赔通知；在索赔事件影响结束后28天内，承包人应向监理人递交最终索赔报告。索赔报告应详细说明索赔理由以及要求追加的付款金额和(或)延长的工期，并附必要的记录和证明材料。

(4)索赔文件的审核。对于承包人向发包人提出的索赔请求，索赔文件首先应交由监理人审核。审核的主要内容是判定索赔事件是否成立和核查承包人的索赔计算是否正确、合理。

(5)发包人审查。对于监理人的处理意见，经发包人审查和批准后，由监理人出具索赔处理结果。

(6)承包人是否接受索赔处理结果。若承包人接受索赔处理结果，索赔款项在当期进度款中进行支付；若承包人不接受索赔处理结果，则发包人和承包人可根据合同约定，选择采用协商、仲裁或诉讼的方式解决。

9.3.4 施工索赔的计算

1. 费用索赔

(1)费用索赔的组成。

费用索赔是以补偿实际损失为原则，实际损失包含直接损失和间接损失两个方面。费用索赔主要有：人工费、材料费、施工机械费、分包费用、工地管理费、利息、利润等。

(2)费用索赔的计算。

费用索赔的计算方法一般采用实际费用法、总费用法和修正的总费用法。

①实际费用法。实际费用法是计算工程索赔时最常用的一种方法。这种方法的计算原则是以承包人为某项索赔工作所支付的实际开支为依据，向业主要求费用补偿。

用实际费用法计算时，在直接费的额外费用部分的基础上，再加上应得的间接费和利润，即是承包人应得的索赔金额。

②总费用法。总费用法就是当发生多次索赔事件以后，重新计算该工程的实际总费用，实际总费用减去投标报价时的估算总费用，即为索赔金额，即：

$$索赔金额 = 实际总费用 - 投标报价估算总费用$$

这种方法只有在难以采用实际费用法时才使用。

③修正的总费用法。修正的总费用法是对总费用的改进，即在总费用计算的原则上，去掉一些不合理的因素，使其更合理。

修正后的总费用计算索赔金额为：

$$索赔金额 = 某项工作修正后的实际总费用 - 该项工作的报价费用$$

2. 工期索赔

工期索赔的计算主要有网络图分析法和比例计算法两种。

(1)网络图分析法。网络图分析法是利用进度计划的网络图，分析其关键线路。如果延误的工作为关键工作，则延误的时间为索赔的工期；如果延误的工作为非关键工作，当该工作由于延误超过时限而成为关键工作时，可以索赔延误时间与总时差的差值；若该工作延误后仍为非关键工作，则不存在工期索赔问题。可以看出，按照网络图分析得出的工期索赔值是科学合理的，容易得到认可。

(2)比例计算法。如果某干扰事件仅仅影响某单项工程、单位工程或分部分项工程的工期，要分析其对总工期的影响，可以采用比例计算法。采用比例计算法时，可以按工程量的比例进行分析。例如：某工程基础施工中出现了意外情况，导致工程量由原来的 2 800 m^3 增加到 3 500 m^3，原定工期是 40 天，则承包人可提出工期索赔值是：

$$工期索赔值 = 原工期 \times \frac{新增工程量}{原工程量} = 40 \times \frac{3\ 500 - 2\ 800}{2\ 800} = 10(天)$$

若合同规定：工程量增减 10% 为承包人应承担的风险，则工期索赔值是：

$$工期索赔值 = 40 \times \frac{3\ 500 - 2\ 800 \times 110\%}{2\ 800} = 6(天)$$

例 9.7 某基坑开挖工程，合同挖方量为 7 000 m^3，直接费单价 7.2 元/m^3，综合费率为直接费 20%。按经甲方批准施工方案及进度计划，乙方租用一台 1 m^3 的反铲挖掘机（租赁费 550 元/台班）开挖，计划 6 月 11 日开工，6 月 20 日完工。施工中发生下列事件：

事件 1：因反铲挖掘机大修，晚进场 1 日，造成人员窝工 10 个工日。

事件 2：遇到未预见的软土层，接监理工程师 6 月 15 日停工指令，进行地质复查，配合用工 15 个工日。

事件 3：6 月 19 日接监理工程师次日复工指令及开挖加深 1.5 m 的设计变更通知，增加挖方量

$1\ 400\ m^3$。

事件4:6月20日至22遇百年不遇的暴雨,开挖暂停,造成人员窝工30个工日。

事件5:6月23日修复暴雨损坏正式道路用工30工日,6月24日恢复挖掘,至6月30日完工。

问题:逐项分析上述事件,乙方能否向甲方索赔?为什么?如可索赔,可索赔工期几天?可索赔费用多少?(假设人工单价120元/工日,管理费为30%)

解 事件1:不可索赔,属承包商(乙方)的责任。

事件2:可索赔,遇未预见的地质条件,由甲方承担。可索赔工期5日(15日至19日),窝工费$15\times120\times(1+30\%)=2\ 340$(元);机械费$550\times5=2\ 750$(元)。

事件3:可索赔,因为是监理工程师指令变更设计。工程费$1\ 400\times7.2\times(1+20\%)=12\ 096$(元)。

事件4:可索赔工期,因百年不遇暴雨停工,属不可抗力,工期顺延;但不可索赔窝工费。

事件5:可索赔,修复因不可抗力造成的工程损失,由甲方承担。可索赔工期1日,人工费$30\times120\times(1+30\%)=4\ 680$(元);机械费$550\times1=550$(元)。

本章小结

1. 施工招标和施工投标是建设工程施工合同订立的必要流程。我国实行招标投标制度,有利于促进技术进步,加快建设进度,确保工程质量,降低工程造价,节约建设投资,提高投资效益。因此本章对招标、投标、开标、评标和定标等环节的工作内容进行详细地阐述。

2. 建设工程施工合同在履行过程中,由于其期限长、标的额大、影响因素多,所以需对合同中承发包的权利义务、工程材料和设备、工程质量、工期和进度、计量与计价、施工安全与环境保护、工程变更、工程索赔等内容进行约定。本章对《建设工程施工合同(示范文本)》的内容进行了详细的阐述。

3. 在建设工程施工合同的履行过程中,对于非承包人原因造成的工程量的增加或工期的延误,承包人可向发包人提出索赔。本章主要对施工索赔的条件、索赔的程序及索赔的计算等内容进行详细地阐述。

综合能力实训

一、选择题

1. 下列关于建设工程招标方式的说法中,正确的是(　　)。

A. 公开招标是指招标人以招标公告的方式邀请特定法人、其他组织投标

B. 全部或者部分使用国有资金投资或者国家融资的项目应当公开招标

C. 招标人采用邀请招标方式的,应当向三个以上不特定的法人发出投标邀请书

D. 国有资金占控股或者主导地位的依法必须进行招标的项目,受自然环境限制、只有少量潜在投标人可供选择的,可以邀请招标

2. 在施工招标程序中,发售招标文件后的下一个工作阶段是(　　)。

A. 踏勘现场　　B. 召开投标预备会　　C. 组建评标委员会　　D. 递交投标文件

3. 下列关于评标委员会的说法，正确的是(　　)。

A. 评标委员会中技术、经济等方面的专家不得少于成员总数的二分之一

B. 评标委员会成员不得要求投标人就投标文件中的技术信息和数据问题进行说明

C. 评标委员会成员可以透露对投标文件的评审和比较、中标候选人的推荐情况

D. 评标委员会成员因就职于项目主管部门而应当主动提出回避

4. 某按单价合同计价的招标工程，在评标过程中，发现某投标人的总价与单价的计算结果不一致，究其原因是投标人在计算时，将混凝土单价 300 元/m^3 误作为 30 元/m^3 的结果。对此，业主有权(　　)。

A. 以总价为准调整单价　　B. 要求投标者重新提报混凝土单价

C. 以单价为准调整总价　　D. 将该投标文件作废标处理

5. 下列关于建设工程施工合同的工期说法不正确的是(　　)。

A. 在合同协议书内应明确注明开工日期

B. 在合同协议书内应明确注明竣工日期

C. 在合同协议书内应明确合同工期总日历天数

D. 招标选择承包人的，工期总日历天数也就是招标文件要求的天数

6. 下列暂停施工的情形中，不属于承包人应当承担责任的是(　　)。

A. 由于发包人提供的设计图纸延误而造成的工程施工暂停

B. 为保障钢结构构件进场，暂停进场线路上的结构施工

C. 未及时发放劳务工工资造成的工程施工暂停

D. 迎接地方安全检查造成的工程施工暂停

7. 某建设工程项目以单价合同形式发包，在签订合同时根据估算的工程量和单价确定一个合同总价。工程完成后，实际完成的工程量乘以各项单价之和小于合同总价。根据单价合同的规定，工程款的支付应按(　　)确定。

A. 双方重新协商　　B. 实际完成的工程量乘以合同总价

C. 实际完成的工程量乘以合同单价　　D. 实际完成的工程量乘以重新协商的单价

8. 某施工现场有塔式起重机 1 台，由承包人租赁，台班单价 5 000 元/台班，租赁费为 2 000 元/台班，人工工资为 150 元/工日，窝工补贴 50 元/工日，以人工费和机械费合计为计算基础的综合费率为 30%。在施工过程中发生了如下事件：监理人对已经覆盖的隐蔽工程要求重新检查，结果合格，配合用工 10 工日，塔式起重机 1 台班。为此，承包人可向发包人索赔的费用为(　　)元。

A. 2 500　　B. 3 250　　C. 6 500　　D. 8 450

9. (多选)必须招标的建设工程项目范围包括(　　)。

A. 属于利用扶贫资金实行以工代赈，需要使用农民工的项目

B. 国家融资的项目

C. 外国政府贷款、援助资金的项目

D. 施工主要技术采用特定专利的项目

E. 大型基础设施、公用事业等关系社会公共利益、公众安全的项目

10. (多选)招标人在接收到投标人的投标文件时，应当拒收的情形有(　　)。

A. 在招标文件要求提交投标文件的截止时间后送达的投标文件

B. 逾期送达的投标文件

C. 未通过资格预审的申请人提交的投标文件

D. 不按照招标文件要求密封的投标文件

E. 经评标委员会同意修改的投标文件

11.（多选）根据《建设工程施工合同（示范文本）》（GF－2017－0201），属于发包人工作的有（　　）。

A. 向承包人提供正常施工所需的进入施工现场的交通条件

B. 保证承包人施工人员的安全和健康

C. 依据有关法律办理建设工程施工许可证

D. 负责对指定分包人的管理，并对分包人的行为负责

E. 向承包人提供施工现场的地质勘察资料

12.（多选）承包人提出建设工程施工索赔成立的必要条件是（　　）。

A. 并非自己过错而应由发包人承担的责任 B. 造成客观实际损失

C. 有事件发生的客观证据 D. 在规定的时间内按照约定程序提出

E. 有监理人的有效签认

二、案例分析题

1. 某房地产公司新建住宅楼，招标文件规定，工程为框架结构，独立基础，地上5层，工期265天，固定总价合同。至投标阶段施工图设计尚未全部完成。在此过程中发生如下事件：

事件一，施工单位中标价格为1 350万元，但是双方经过3轮艰苦谈判，最终确定合同价为1 200万元，并据此签订了施工承包合同。

事件二，在投标过程中，施工单位未到现场进行勘察，认为工程结构简单并且对施工现场、周围环境非常熟悉，另外考虑工期不到一年，市场材料价格不会发生太大变化，于是按照施工企业以往经验编制标书。

事件三，部分合同条款中规定：①施工单位按照房地产公司批准的施工组织设计组织施工，施工单位不承担因此引起的工期延误和费用增加责任；②房地产公司向施工单位提供场地的工程地质和主要管线资料，供施工单位参考使用。

问题：

（1）请分析事件一中房地产公司的做法是否正确？为什么？

（2）请分析事件二中施工单位需承担哪些风险？

（3）请分析事件三中合同条款有哪些不妥之处？应如何修改？

2. 某国有资金参股的办公楼建设工程项目，经过相关部门批准拟采用邀请招标方式进行施工招标。招标人于2021年10月8日向具备承担该项目能力的A、B、C、D、E五家投标人发出投标邀请书，其中说明，10月12～18日9～16时在该招标人办公室领取招标文件，11月8日14时为投标截止时间。该五家投标人均接受邀请，并按规定时间提交了投标文件。但投标人A在送出投标文件后发现报价估算有较严重的失误，遂赶在投标截止时间前10分钟递交了一份书面声明，撤回已提交的投标文件。

开标时，由招标人委托的市公证处人员检查投标文件的密封情况，确认无误后，由工作人员当众拆封。由于投标人A已撤回投标文件，故招标人宣布有B、C、D、E四家投标人投标，并宣读该四家投标人的投标价格、工期和其他主要内容。

评标委员会委员全部由招标人直接确定，共由7人组成，其中招标人代表2人，本系统技术专家2人、经济专家1人，外系统技术专家1人、经济专家1人。在评标过程中，评标委员会要求B、D两个投标人分别对其施工方案做详细说明，并对若干技术要点和难点提出问题，要求其提出具体、可靠的实施措施。作为评标委员的招标人代表，希望投标人B再适当考虑一下降低报价的可能性。按照招标文件中确定的综合评标标准，4个投标人综合得分从高到低的顺序依次为B、D、C、E，故评标委员会确定投标人B为中标人。投标人B为外地企业，招标人于11月20日将中标通知书以挂号信方式寄出，投标人B于11月24日收到中标通知书。由于从报价情况来看，4个投标人的报价从低到高的顺序依次为D、C、B、E。因此，从11月26日至12月21日招标人又与投标人B就合同价格进行了多次谈判，结果投标人B将价格降到略低于投标人C的报价水平，最终双方于12月22日签订了书面合同。

问题：请分析该项目的招标投标程序中有哪些不妥之处，请逐一列出并改正。

第10章 工程项目进度控制

本章导读

为确保建设工程项目进度计划的实现，项目管理的重要内容之一就是对项目进度目标进行分析和论证，通过收集资料和调查研究编制进度计划，并实时对进度计划进行跟踪检查，在与工程项目质量、费用、安全等目标协调的基础上实现工期目标。建设工程项目进度管理是在动态条件下实施的，且进度计划也时常改变，因此在工程项目实施过程中必须不断掌握进度计划的实施状况，并将实际情况与计划进行对比分析，必要时采取有效措施将进度计划不断调整使进度计划按预定的目标进行。本章主要介绍施工项目进度控制的内容和原理、进度计划的编制、流水施工原理、网络计划技术、进度计划的检查和调整以及施工项目进度控制的措施等内容。

学习目标

知识目标：

◇ 熟悉进度控制的相关概念和内容、进度控制的基本原理。

◇ 掌握流水施工的参数计算和组织方式。

◇ 重点掌握双代号网络计划及时间参数的计算，进行网络计划的检查，具备编制工程项目进度计划以及进行进度控制的能力。

◇ 掌握项目进度计划的编制与调整方法以及工程项目进度的控制措施。

能力与素质目标：

◇ 对工程项目进度控制有宏观的把握和认识。

◇ 运用流水施工基本原理，对工程项目开展流水施工组织。

◇ 能够对实际工程项目开展网络计划的具体应用，能够应用进度偏差分析方法判断实际项目的进展状况，进行进度检查、优化和调整。

思维导图

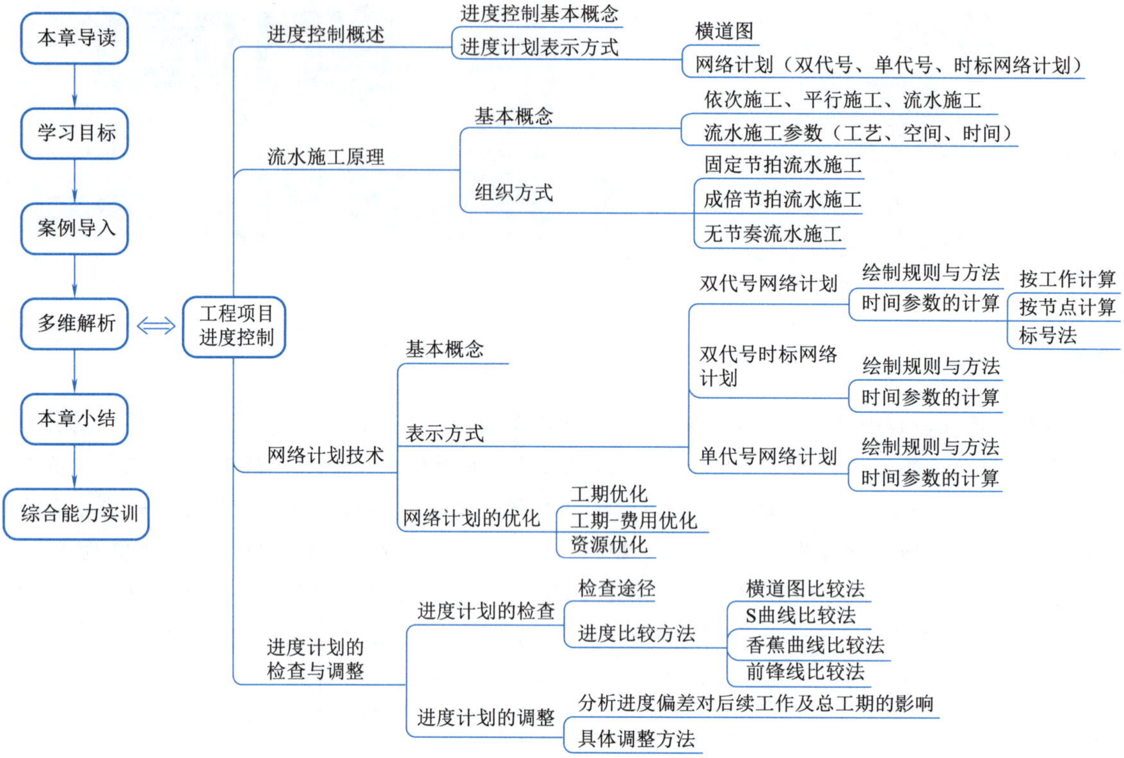

案例导入

某市粮食局拟建3个结构形式及规模大小完全相同的粮库，粮库的施工过程主要包括挖基槽、浇筑混凝土基础、墙板与屋面板吊装、防水4个过程。根据施工工艺要求，浇筑混凝土基础1周后才能进行墙板与屋面板吊装，各施工过程的流水节拍长度见下表：

施工过程	挖基槽	浇筑基础	墙板与屋面板吊装	防水
流水节拍/周	2	4	6	2

思考：

(1)如果按4个专业工作队来组织流水施工，并考虑浇筑基础与吊装墙板之间应有1周的等待时间，应如何组织？绘出其流水施工进度计划图。

(2)如果适当增加某些专业工作队数，并考虑在浇筑混凝土基础与吊装墙板之间应有1周的等待时间，应如何组织其流水施工？绘出流水施工进度计划图。

(3)利用已经完成的问题1和问题2的结果，绘制工程网络计划。

(4)对该项目绘制双代号网络图，如果在施工过程中没有按照此计划进行，将如何进行调整？有哪些方法？

10.1 工程项目进度控制概述

10.1.1 进度控制的概念

1. 施工项目进度控制

施工项目进度控制是指在施工阶段按既定的施工工期，编制出最优的施工进度计划，在该计划的执行过程中经常检查施工实际进度情况，并将其与计划进度相比较，若出现偏差，便分析产生的原因和对工期的影响程度，采取必要的调整措施，修改原计划再付诸实施，如此循环，直到工程竣工验收交付使用。施工项目进度控制的总目标是：确保施工项目工期目标的实现，或在保证施工质量和不增加施工实际成本的条件下缩短施工工期。

2. 施工进度控制的目的和任务

施工进度控制的目的是通过有效措施实现进度控制总目标。如果只重视进度计划的编制，而不重视必要的调整，则进度目标无法实现。因此，进度控制的过程就是随着工程进展不断调整进度计划的过程。

施工方进度控制的任务是依据施工任务委托合同对施工进度的要求控制施工进度，这是施工方履行合同的义务。在进度计划编制方面，施工方应视项目的特点和施工进度控制的需要，编制深度不同的控制性、指导性和实施性施工进度计划，以及按不同计划周期的施工计划等。

许多工程项目的工期要求十分紧迫，施工方的工程进度压力非常大。如果盲目赶工，难免会导致施工质量问题和施工安全问题的出现，并且会引起施工成本的增加。因此，施工进度控制不仅关系到施工进度目标能否实现，还直接关系到工程的质量和成本。在工程施工实践中，必须树立和坚持一个最基本的原则，即在确保工程质量和成本的前提下，控制工程的进度。

3. 影响工程进度的因素分析

施工项目具有规模大、工程结构与工艺技术复杂、工期长和涉及的单位多等特点，决定了施工项目的进度将受到许多因素的影响。要想有效地控制施工进度，就必须对影响进度的因素进行全面、系统地分析和预测。在工程建设过程中，常见的影响因素如下：

（1）有关单位的影响。对施工进度起决定性作用的主要是施工单位，但是业主或建设单位、设计单位、材料设备供应部门、运输部门、水电供应部门，以及政府有关部门等都可能在某些方面影响工程的施工进度。如设计单位出图不及时和设计有错误，设计有变更，是影响工期的最大因素；材料和设备不能按期供应，或质量、规格不符合要求，都将影响施工工期。

（2）施工条件的变化。施工中工程地质条件、水文地质条件与勘察设计的不符，如地质断层、溶洞、地下障碍物、软弱地基等，都可能对施工进度产生影响，造成施工临时停止或破坏。

（3）技术失误。施工单位采用技术措施不当，施工中发生技术事故；应用新技术、新材料、新工艺、新结构缺乏经验、不能保证质量等，都会影响施工进度。

（4）施工组织管理不力。劳动力、材料和施工机械调配不当等，将影响施工进度计划。

（5）意外事件的发生。施工中如果出现意外事件，包括严重自然灾害（如恶劣的气候、暴雨、高温、洪水、台风）、火灾、重大工程质量安全事故等，都会影响施工进度计划。

4. 进度控制的基本原理

工程项目进度控制的基本原理可以概况为三大系统的相互作用，即由进度计划系统、进度监测系统、进度调整系统共同构成了进度控制的基本过程，如图 10.1 所示。

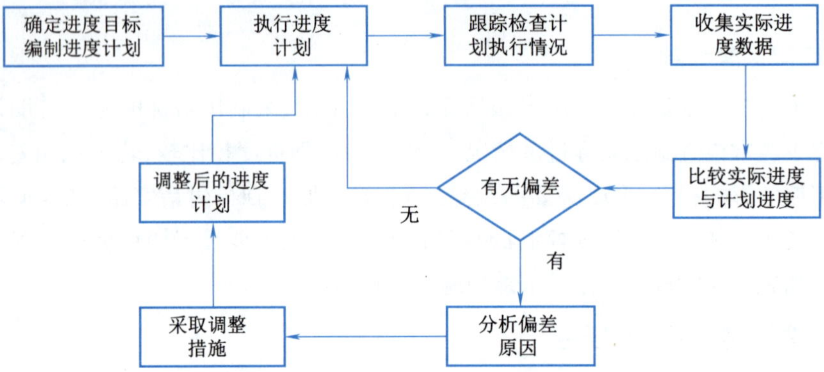

图 10.1　进度控制基本原理示意图

10.1.2　工程进度计划的表示方法

工程进度计划的表示方法有多种，常用的有横道图和网络图两种表示方法。

1. 横道图

横道图也称甘特图，包括两个基本部分，即左侧的工作名称及工作的持续时间等基本数据部分和右侧的横道线部分。图 10.2 所示即为用横道图表示的某桥梁工程施工进度计划。

序号	工作名称	持续时间（天）	进度（天）										
			5	10	15	20	25	30	35	40	45	50	55
1	施工准备	5											
2	预制梁	20											
3	运输梁	2											
4	东侧桥台基础	10											
5	东侧桥台	8											
6	东桥台后填土	5											
7	西侧桥台基础	25											
8	西侧桥台	8											
9	西桥台后填土	5											
10	架梁	7											
11	与路基连接	5											

图 10.2　某桥梁工程施工进度横道图

横道图的优点是形象、直观，并且易于编制和理解。但同时也存在下列缺点：

（1）不能明确地反映出各项工作之间错综复杂的相互关系，当某些工作的进度由于某种原因提前或者拖延时，不便于分析其他工作及总工期的影响程度，不利于建设工程进度的动态控制。

（2）不能明确地反映出影响工期的关键工作和关键线路，也无法反映费用与工期的关系，不便于进度控制人员抓住主要矛盾,不便于判别缩短工期和降低成本的有效措施。

(3)不能反映出工作所具有的机动时间,看不到计划的潜力所在,无法进行最合理的组织。

(4) 在横道计划执行过程中,对其进行调整的操作过程非常烦琐并且费时。

2. 网络计划技术

国内外实践证明,网络计划技术是用于控制建设工程进度的最有效工具。网络计划是在由箭线和节点组成表示工作流程的有向网络图上加注工作的时间参数而编制的进度计划。按箭线和节点表示的意义不同,网络计划可分为双代号网络计划和单代号网络计划。图 10.3 和图 10.4 所示为双代号网络图和单代号网络图表示的某桥梁工程的施工进度计划,与图 10.2 表达的是同一工程。与横道图相比,网络计划具有以下主要特点:

(1)网络计划能够明确表达各项工作之间的逻辑关系。

(2)通过网络计划时间参数的计算,可以找出关键线路和关键工作。

(3)通过网络计划时间参数的计算,可以明确各项工作的机动时间。

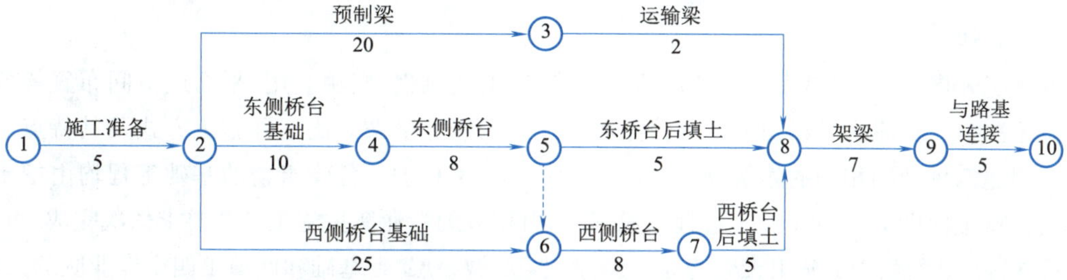

图 10.3　某桥梁工程施工进度双代号网络计划

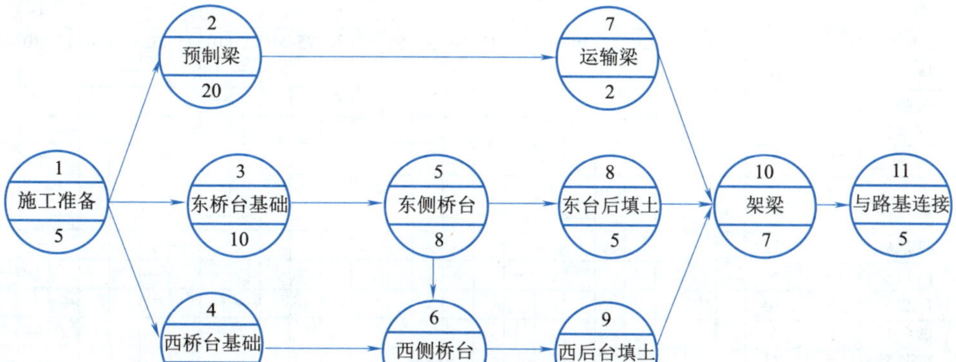

图 10.4　某桥梁工程施工进度单代号网络计划

(4)网络计划可以利用电子计算机进行计算、优化和调整。

值得说明的是,为了更好地充分利用横道图和网络图的各自优势,既能表达全面精准的逻辑关系和丰富有效的参数信息,又能像横道图那样直观易懂,我们可以通过绘制时标网络图来实现,例如图 10.5 即为图 10.2、图 10.3 和图 10.4 所表达的相同的某桥梁工程的施工进度计划的双代号时标网络图。

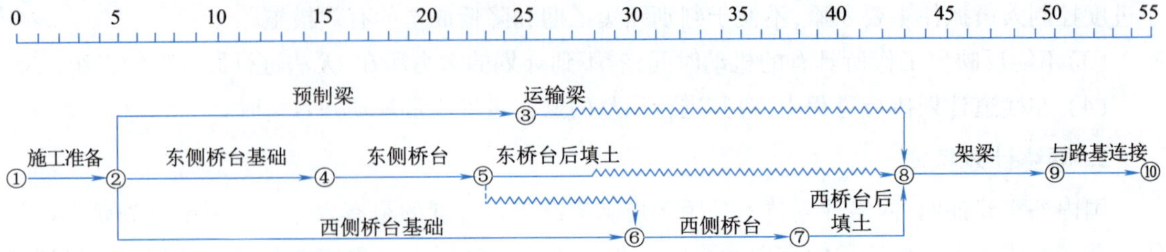

图 10.5　某桥梁工程施工进度双代号时标网络计划

10.2　流水施工原理

10.2.1　流水施工的基本概念

1. 流水施工方式

在施工开展过程中，考虑工程项目的施工特点、工艺流程、资源利用、平面或空间布置等要求，可采取依次、平行、流水等组织方式。首先通过一个工程背景来对比三种施工方式及其特点：某住宅小区拟建四栋结构相同的建筑物，其编号分别为 A、B、C、D。各建筑物的基础工程均由挖土方、做垫层、砌基础和回填土四个施工过程组成，分别由相应的专业队按施工工艺要求依次完成，每个施工过程在每栋建筑物中的施工天数均为 5 天，挖土方、做垫层、砌基础和回填土四个专业队的人数分别为 10 人、8 人、22 人和 5 人。四栋建筑物基础工程施工的三种不同组织方式如图 10.6 所示。

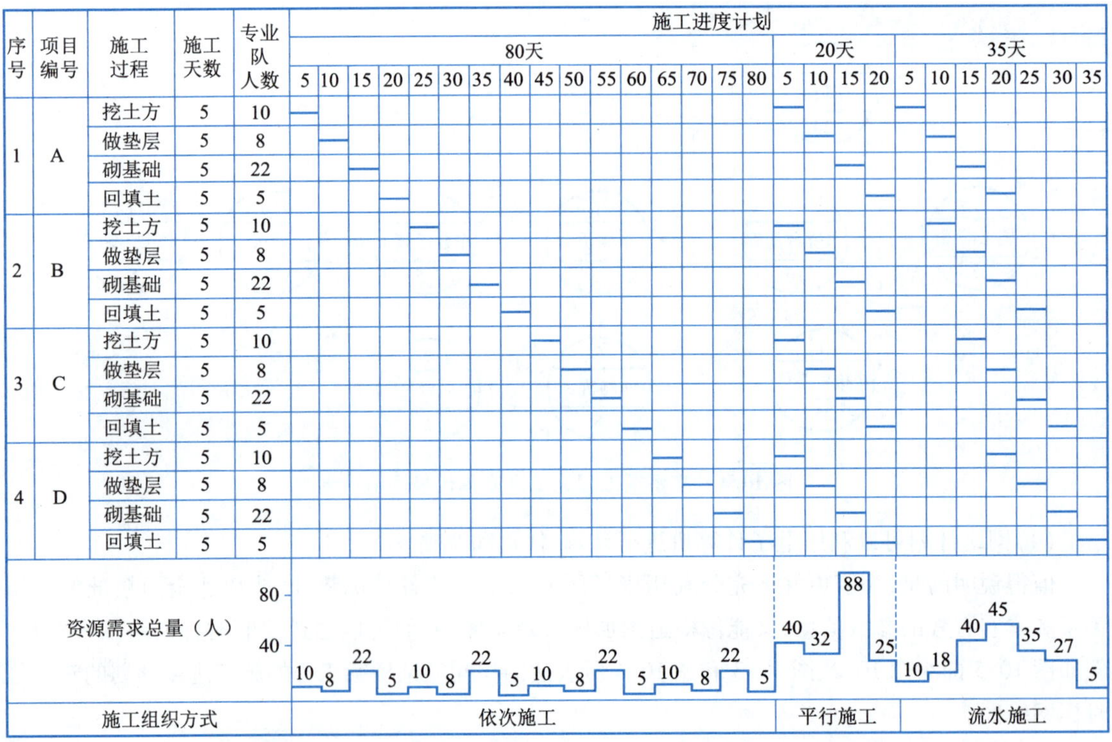

图 10.6　四栋建筑物基础工程施工的三种不同组织方式对比

流水施工方式是将拟建工程项目中的每一个施工对象分解为若干个施工过程，并按照施工过程成立相应的专业工作队，各专业队按照施工顺序依次完成各个施工对象的施工过程，同时保证施工在时间和空间上连续、均衡和有节奏地进行，使相邻两专业队能最大限度地搭接作业。这种方式的施工进度安排、总工期及劳动力需求曲线如图 10.6"流水施工"栏所示。

流水施工保证专业工作队作业的连续性和资源需求的均衡性，在工艺划分、时间排列和空间布置上统筹安排，从而对提高工程质量、降低工程造价、缩短工期有着显著的作用。具体作用可归纳为以下几个方面：

(1)施工工期比较理想。由于流水施工的连续性，减少专业工作的间隔时间，缩短工期，可使拟建工程项目尽早竣工，交付使用，发挥投资效益。

(2)有利于提高劳动生产率。由于流水施工实现专业化生产，可以保证施工机械和劳动力得到充分、合理地利用，便于改善劳动组织，改进操作方法和施工机具，提高劳动生产率。

(3)有利于提高工程质量。专业化的生产可提高工人的技术水平和熟练程度，使工程质量相应提高。

(4)有利于降低工程成本。由于工期短效率高、用人少、资源消耗均衡，可以减少现场管理费和物资消耗，实现合理储存与供应，提高项目的综合经济效益。工人技术水平和劳动生产率的提高，可以减少用工量，降低工程成本，提高利润水平。

2. 流水施工参数

流水施工参数是表达各施工过程在时间上和空间上的开展情况及相互依存关系的参数。

1)工艺参数

用以表达流水施工在施工工艺上开展顺序及其特征的参数，称为工艺参数，主要指施工过程数，用符号 n 表示。施工过程划分的数目、粗细程度应根据下列因素确定：①施工计划的性质与作用；②施工方案及工程结构；③劳动组织及劳动量大小；④施工过程内容和工作范围。

2)空间参数

用以表达流水施工在空间布置上开展状态的参数，称为空间参数，通常包括工作面和施工段。

(1)工作面是指供某专业工种的工人或施工机械进行施工的活动空间。工作面的大小，能反映安排施工人数或机械台数的多少。每个作业的工人或每台施工机械所需工作面的大小，取决于单位时间内完成的工程量和安全施工的要求。工作面确定的合理与否，直接影响专业工作队的生产效率。因此，必需合理确定工作面。

(2)将施工对象在平面或空间上划分为若干个工程量大致相等的施工段落，称为施工段或流水段。施工段的数目一般用 m 表示。划分施工段就是为了组织流水施工。一般应遵循下列原则：

①同一专业工作队在各个施工段上的劳动量应大致相等，相差幅度不宜超过 10% ~ 15% 。

②每施工段内要有足够的工作面，以保证相应数量的工人、主要生产机械的生产效率。

③施工段的界限应尽可能与结构界限(如沉降缝、伸缩缝等)相吻合，或设在对建筑结构整体性影响小的部位，以保证建筑结构的整体性。

④施工段的数目要满足合理组织流水施工的要求。施工段数目过多，会降低施工速度，延长工期；施工段数目过少，不利于充分利用工作面，可能造成窝工。

⑤对于多层建筑物，应既分施工段，又分施工层。

3)时间参数

时间参数是指用以表达流水施工在时间上开展状态的参数。时间参数主要有流水节拍、流水步距、间歇时间、平行搭接时间、流水施工工期等。

(1)流水节拍。流水节拍指从事某一施工过程的专业班组在一个施工段上工作的持续时间，通常用 t 表示。流水节拍可按下列方法确定：

①定额计算法：

$$t_j^i = \frac{Q_j^i}{S_j R_j N_j} = \frac{Q_j^i H_j}{R_j N_j} = \frac{P_j^i}{R_j N_j} \tag{10.1}$$

式中：t_j^i 为某专业工作队在第 i 施工段上完成第 j 个施工过程的流水节拍；Q_j^i 为第 j 个施工过程在第 i 个施工段上的工程量；S_j 为第 j 个施工过程人工或机械的产量定额；R_j 为第 j 个施工过程的专业施工队人数或机械数；N_j 为第 j 个施工过程的专业施工队每天工作的班次；H_j 为第 j 个施工过程人工或机械的时间定额；P_j^i 为第 j 个施工过程在第 i 个施工段上的劳动量(工日数或台班数)。

②经验估算法：对于采用新结构、新工艺、新方法和新材料等没有定额可循的工程项目，可以根据以往的施工经验估算流水节拍。

(2)流水步距。流水步距是指相邻两个专业工作队相继投入同一施工段开始工作的时间间隔，一般用 $K_{j,j+1}$ 来表示。在施工段不变的情况下，K 越大工期越长，K 越小工期越短。若有 n 个施工过程，则有 $n-1$ 个流水步距。确定流水步距时，一般应满足以下基本要求：

①各施工过程按各自流水速度施工，始终保持工艺先后顺序。

②各施工过程的专业工作队投入施工后应保持连续作业。

③相邻两个施工过程在满足连续施工的条件下，能最大限度地实现合理搭接。

(3)间歇时间。

①技术间歇时间。由于施工工艺或质量保证的要求，在相邻两个施工过程之间必须留有的时间间隔称为技术间歇时间，一般用 $G_{j,j+1}$ 表示。例如，钢筋混凝土的养护、屋面找平层干燥等。

②组织间歇时间。由于组织方面的原因，在相邻两个施工过程之间留有的时间间隔称为组织间歇时间。它主要是为对前道工序的检查验收和对下道工序的准备而考虑的，一般用 $Z_{j,j+1}$ 表示。例如，基础工程的验收、浇混凝土之前检查钢筋和预埋件并做记录等。

(4)平行搭接时间。平行搭接时间也叫提前插入时间，是指在同一施工段上，不等前一施工过程进行完，后一施工过程提前投入施工，相邻两施工过程同时在同一施工段上的工作时间，一般用 $C_{j,j+1}$ 表示。

(5)流水施工工期。流水施工工期是指从第一个专业工作队投入流水施工开始，到最后一个专业工作队完成流水施工为止的整个持续时间。流水施工工期通用计算公式如下，具体公式形式根据流水施工的组织方式不同而呈现不同表达：

$$T = \sum_{i=1}^{n-1} K_{i,i+1} + T_n \tag{10.2}$$

式中：T 为流水施工工期；$\sum_{i=1}^{n-1} K_{i,i+1}$ 为流水步距之和；T_n 为最后一个施工过程的持续时间。

10.2.2 流水施工的组织方式

1. 固定节拍流水施工

1)无间歇固定节拍流水施工

无间歇固定节拍流水施工是指同一施工过程在各施工段上的流水节拍都相等，不同施工过程之间的流水节拍也相等，并且各个施工过程之间没有技术和组织间歇时间的一种流水施工方式。

(1)无间歇固定节拍流水步距的确定。

$$K_{i,i+1}=t \tag{10.3}$$

式中：$K_{i,i+1}$ 为第 i 个施工过程和第 $i+1$ 个施工过程之间的流水步距；t 为流水节拍。

(2)无间歇固定节拍流水施工的工期计算。

$$T=\sum K_{i,i+1}+T_n=(n-1)t+mt=(m+n-1)t \tag{10.4}$$

式中：T 为流水施工工期；$\sum K_{i,i+1}$ 为流水步距之和；T_n 为最后一个施工过程的流水持续时间；m 为施工段的个数；n 为施工过程的个数；t 为流水节拍。

例 10.1 某分部工程流水施工计划包括 4 个施工过程，划分为 5 个施工段，流水节拍均为 3 天，试组织固定节拍流水施工。

解 $T=(m+n-1)t=(5+4-1)\times3=24$(天)

用横道图绘制流水进度计划，如图 10.7 所示。

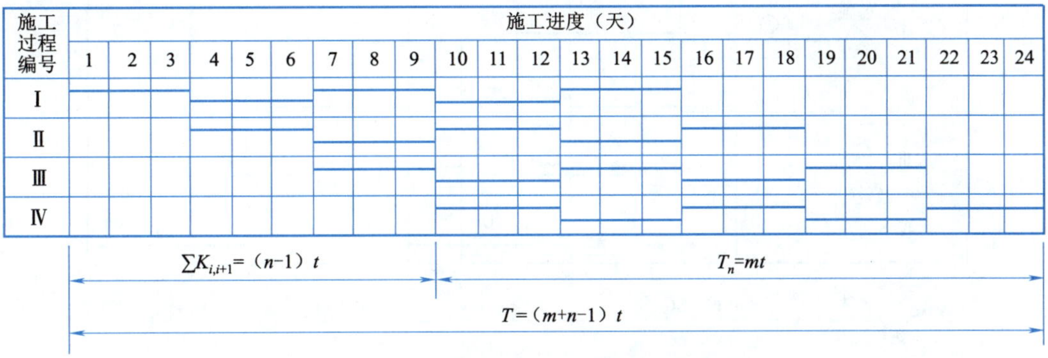

图 10.7 某工程无间歇固定节拍流水施工进度计划

2)有间歇固定节拍流水施工

对于有间歇时间的固定节拍流水施工，其流水施工工期可按公式(10.5)计算：

$$T=\sum k_{i,i+1}+T_n=(n-1)t+\sum G+\sum Z+mt$$
$$=(m+n-1)t+\sum G+\sum Z \tag{10.5}$$

例如，某分部工程流水施工计划如图 10.8 所示。

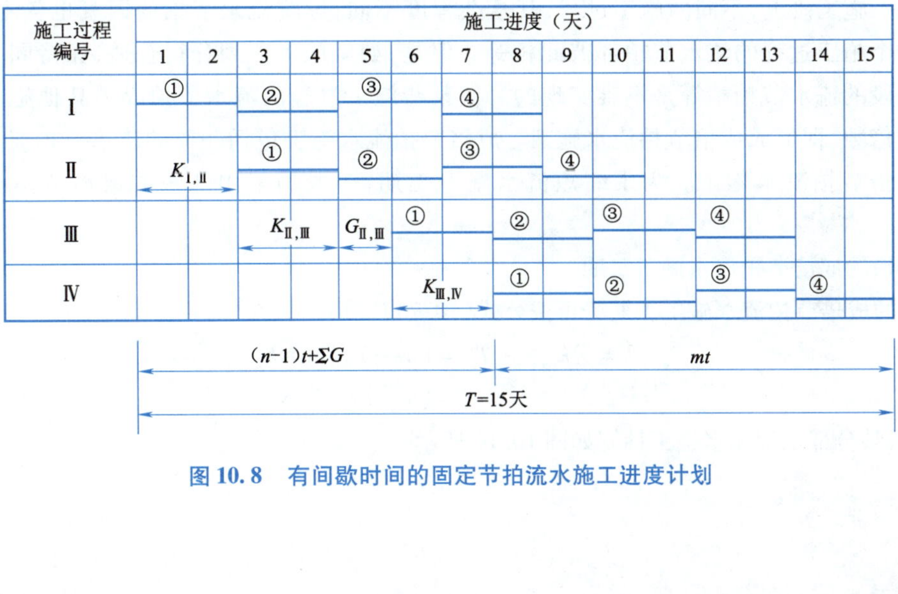

图 10.8 有间歇时间的固定节拍流水施工进度计划

在该计划中，施工过程数目 $n=4$；施工段数目 $m=4$；流水节拍 $t=2$；流水步距 $K_{\mathrm{I},\mathrm{II}}=K_{\mathrm{II},\mathrm{III}}=K_{\mathrm{III},\mathrm{IV}}=t=2$；组织间歇 $Z_{\mathrm{I},\mathrm{II}}=Z_{\mathrm{II},\mathrm{III}}=Z_{\mathrm{III},\mathrm{IV}}=0$；工艺间歇 $G_{\mathrm{I},\mathrm{II}}=G_{\mathrm{III},\mathrm{IV}}=0$；$G_{\mathrm{II},\mathrm{III}}=1$。因此，其流水施工工期为：

$$T=(m+n-1)t+\sum G+\sum Z=(4+4-1)\times 2+1+0=15(\text{天})$$

3）有平行搭接的固定节拍流水施工

对于有提前插入时间的固定节拍流水施工，其流水施工工期 T 可按公式（10.6）计算：

$$\begin{aligned}T=\sum k_{i,i+1}+T_n&=(n-1)t-\sum C+mt\\&=(m+n-1)t-\sum C\end{aligned}\tag{10.6}$$

例如，某分部工程流水施工计划如图 10.9 所示。

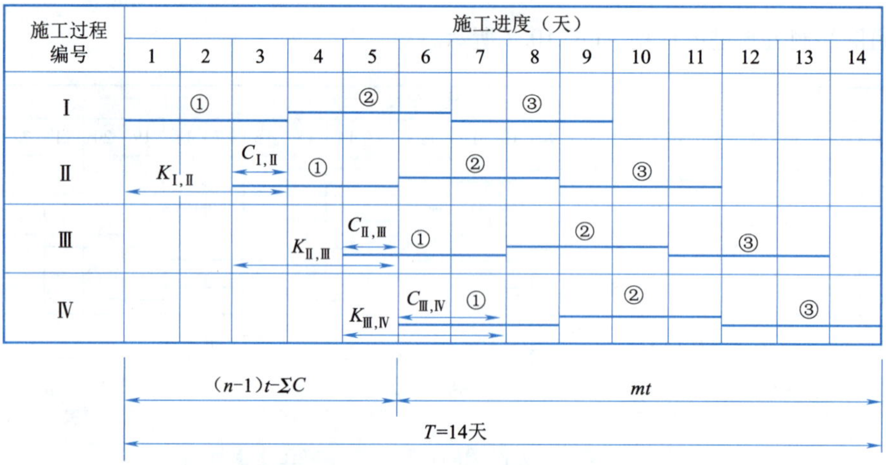

图 10.9　有平行搭接时间的固定节拍流水施工进度计划

在该计划中，施工过程数目 $n=4$；施工段数 $m=3$；流水节拍 $t=3$；流水步距 $K_{\mathrm{I},\mathrm{II}}=K_{\mathrm{II},\mathrm{III}}=K_{\mathrm{III},\mathrm{IV}}=t=3$；平行搭接时间 $C_{\mathrm{I},\mathrm{II}}=C_{\mathrm{II},\mathrm{III}}=1$，$C_{\mathrm{III},\mathrm{IV}}=2$。因此，其流水施工工期为：

$$T=(m+n-1)t-\sum C=(3+4-1)\times 3-(1+1+2)=14(\text{天})$$

2. 成倍节拍流水施工

在任一施工段上，不同的施工过程，其复杂程度不同，影响流水节拍的因素也各不相同，很难使得各个施工过程的流水节拍都彼此相等。但是，如果施工段划分得合适，保持同一施工过程各施工段的流水节拍相等是不难实现的。使某些施工过程的流水节拍成为其他施工过程流水节拍的倍数，即形成成倍节拍流水施工。成倍节拍流水施工包括一般的成倍节拍流水施工和加快的成倍节拍流水施工。为了缩短流水施工工期，一般均采用加快的成倍节拍流水施工方式。

1）加快的成倍节拍流水施工工期

加快的成倍节拍流水施工工期 T 可按公式（10.7）计算：

$$\begin{aligned}T=\sum k_{i,i+1}+T_n&=(n'-1)K+mK\\&=(m+n'-1)K\end{aligned}\tag{10.7}$$

例如，某分部工程流水施工计划如图 10.10 所示。

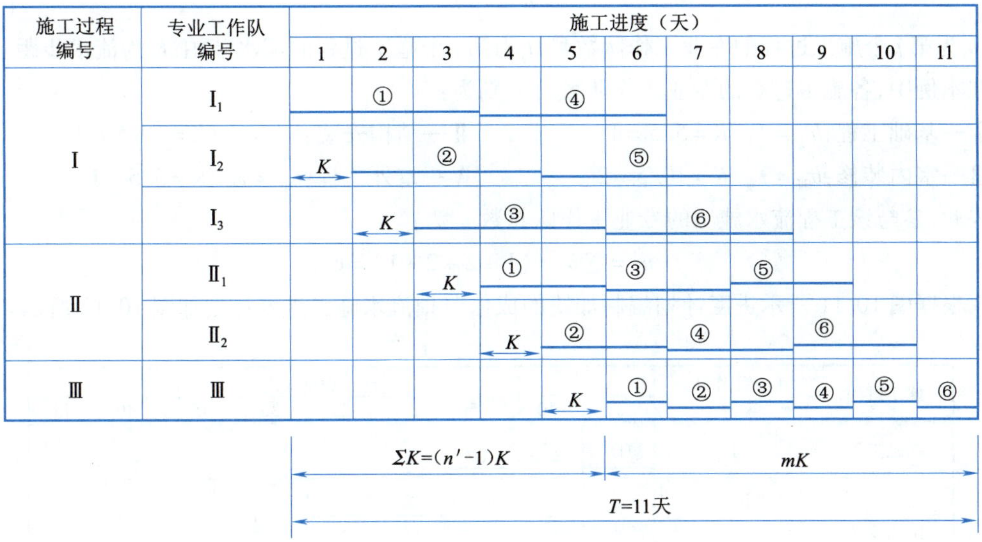

图 10.10　加快的成倍节拍流水施工进度计划

在该计划中，施工过程数目 $n=3$；专业工作队数目 $n'=6$；施工段数目 $m=6$；流水步距 $K=1$。因此，其流水施工工期为：

$$T=(m+n'-1)K=(6+6-1)\times 1=11(\text{天})$$

2）成倍节拍流水施工示例

（1）一般的成倍节拍流水施工。某建设工程由四栋楼房组成，每栋楼房为一个施工段，施工过程划分为基础工程、结构安装、室内装修和室外工程 4 项，其一般的成倍节拍流水施工进度计划如图 10.11 所示。

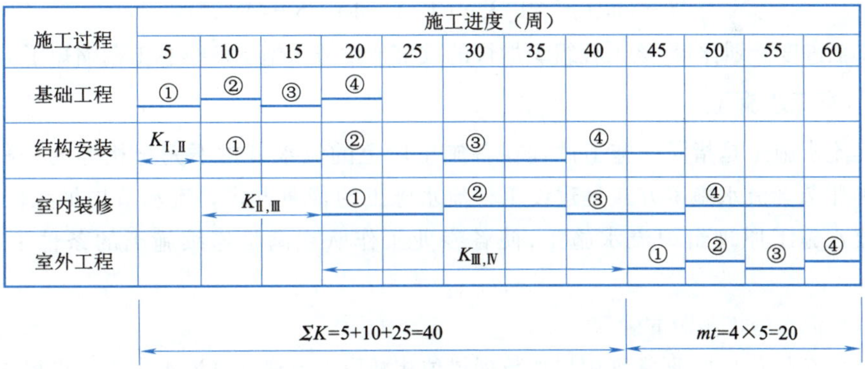

图 10.11　该工程一般的成倍节拍流水施工计划

由图 10.11 可知，如果按 4 个施工过程成立 4 个专业工作队组织流水施工，其总工期为：

$$T_0=(5+10+25)+4\times 5=60(\text{周})$$

（2）组织加快成倍节拍流水施工。为加快施工进度，可增加专业工作队，步骤如下：

①计算流水步距。流水步距等于流水节拍的最大公约数，即：

$$K=(5,10,10,5)=5$$

②确定专业工作队数目。每个施工过程成立的专业工作队数目可按公式（10.8）计：

$$b_j = t_j / K \tag{10.8}$$

式中：b_j为第j个施工过程的专业工作队数目；t_j为第j个施工过程的流水节拍；K为流水步距。

在本例中，各施工过程的专业工作队数目分别为：

Ⅰ—基础工程：$b_{Ⅰ} = t_{Ⅰ}/K = 5/5 = 1$　　Ⅱ—结构安装：$b_{Ⅱ} = t_{Ⅱ}/K = 10/5 = 2$

Ⅲ—室内装修：$b_{Ⅲ} = t_{Ⅲ}/K = 10/5 = 2$　　Ⅳ—室外工程：$b_{Ⅳ} = t_{Ⅳ}/K = 5/5 = 1$

因此，参与该工程流水施工的专业工作队总数n'为：

$$n' = \sum b_i = (1 + 2 + 2 + 1) = 6$$

③根据图10.11所示进度计划编制加快的成倍节拍流水施工进度计划如图10.12所示。

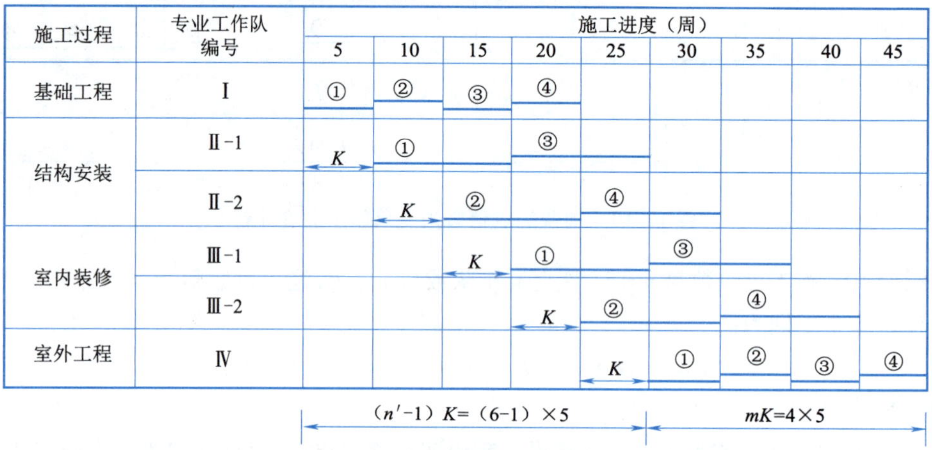

图10.12　该工程加快的成倍节拍流水施工计划

④确定流水施工工期。

$$T = (m + n' - 1)K = (4 + 6 - 1) \times 5 = 45(\text{周})$$

与原施工进度计划比较，该工程组织加快的成倍节拍流水施工使得总工期缩短了15周。

3. 无节奏流水施工

无节奏流水施工是指同一施工过程在各施工段上的流水节拍不完全相等的一种流水施工方式。这种非节奏流水施工方式是建设工程流水施工的普遍方式。流水节拍虽无任何规律，但仍可利用流水施工原理组织流水施工，使各专业工作队在满足连续施工的条件下，实现最大搭接。

1）无节奏流水施工步距的确定

在无节奏流水施工中，通常采用累加数列错位相减取大差法计算流水步距。步骤如下：

（1）对每一个施工过程在各施工段上的流水节拍依次累加，求得各施工过程的累加数列。

（2）将相邻施工过程流水节拍累加数列中的后者错后一位，相减后求得一个差数列。

（3）在差数列中取最大值，即为这两个相邻施工过程的流水步距。

例10.2　某工程由3个施工过程组成，分为4个施工段进行流水施工，其流水节拍（单位：天）如表10.1所示，试确定流水步距。

表 10.1 某工程流水节拍

施工过程	施工段			
	①	②	③	④
Ⅰ	2	3	2	1
Ⅱ	3	2	4	2
Ⅲ	3	4	2	2

解 ①求各施工过程流水节拍的累加数列：

施工过程Ⅰ：2，5，7，8；施工过程Ⅱ：3，5，9，11；施工过程Ⅲ：3，7，9，11。

②错位相减求得差数列：

Ⅰ与Ⅱ：

$$\begin{array}{rrrrr} 2, & 5, & 7, & 8 & \\ - & 3, & 5, & 9, & 11 \\ \hline 2, & 2, & 2, & -1, & -11 \end{array}$$

Ⅱ与Ⅲ：

$$\begin{array}{rrrrr} 3, & 5, & 9, & 11 & \\ - & 3, & 7, & 9, & 11 \\ \hline 3, & 2, & 2, & 2, & -11 \end{array}$$

③在差数列中取最大值求得流水步距：

施工过程Ⅰ与Ⅱ之间的流水步距：$K_{1,2}=\max[2,2,2,-1,-11]=2$（天）

施工过程Ⅱ与Ⅲ之间的流水步距：$K_{2,3}=\max[3,2,2,2,-11]=3$（天）

2）无节奏流水施工工期的确定

$$T=\sum K+T_n+\sum Z+\sum G-\sum C \tag{10.9}$$

例 10.3 某工厂需要修建 4 台设备的基础工程，施工过程包括基础开挖、基础处理和浇筑混凝土，因设备型号与基础条件等不同，各施工过程有着不同的流水节拍（单位：周），如表 10.2 所示。

表 10.2 基础工程流水节拍

施工过程	施工段			
	设备 A	设备 B	设备 C	设备 D
基础开挖	2	3	2	2
基础处理	4	4	2	3
浇筑混凝土	2	3	2	3

解 从流水节拍的特点可以看出，本工程应按无节奏流水施工方式组织施工。

①确定施工流向：A→B→C→D，施工段数目 $m=4$。

②确定施工过程数目 $n=3$，包括基础开挖、基础处理和浇筑混凝土。

③采用“累加数列错位相减取大差法”求流水步距：

$$\begin{array}{rrrrr} 2, & 5, & 7, & 9 & \\ - & 4, & 8, & 10, & 13 \\ \hline \end{array}$$

$K_{1,2}=\max[2,\ 1,\ -1,\ -1,\ -13]=2$

$$\begin{array}{rrrrr} 4, & 8, & 10, & 13 & \\ - & 2, & 5, & 7, & 10 \\ \hline \end{array}$$

$K_{2,3}=\max[4,\ 6,\ 5,\ 6,\ -10]=6$

④计算流水施工工期：

$$T=\sum K+\sum T_n=(2+6)+(2+3+2+3)=18(\text{周})$$

⑤绘制无节奏流水施工进度计划，如图 10.13 所示。

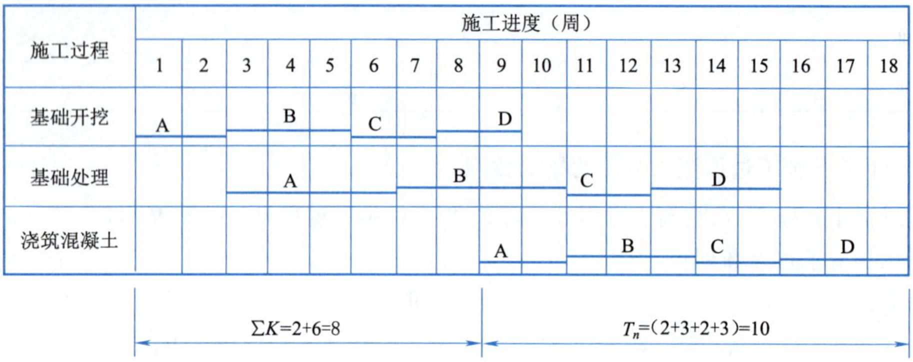

图 10.13　设备基础工程流水施工进度计划

10.3　网络计划技术

10.3.1　基本概念

1. 网络图的组成

网络图是网络计划的表达式，由节点和箭线组成，是用来表示工作流程的有向、有序网状图形。网络图中的工作是计划任务按需要粗细程度划分而成的一个子项目或子任务。工作可以是单位工程，也可以是分部工程、分项工程。一个施工过程也可以作为一项工作。在一般情况下，完成一项工作既需要消耗时间，也需要消耗劳动力、原材料、施工机具等资源。但也有一些工作只消耗时间而不消耗资源，如混凝土浇筑后的养护过程和墙面抹灰后的干燥过程等。

网络图按其节点和箭线所代表的含义不同，可分为双代号网络图和单代号网络图。双代号网络图是以箭线及其两端节点的编号表示工作，同时，节点表示工作的开始或结束以及工作之间的连接状态。单代号网络图是以节点及其编号表示工作，箭线表示工作之间的逻辑关系。网络图中工作的表示方法如图 10.14 和图 10.15所示。

在网络图中，所有节点都必须有不重复的编号，并应使每一条箭线上箭尾节点编号小于箭头节点编号。在双代号网络图中，一项工作必须有唯一的一条箭线和相应的一对不重复出现的箭尾、箭头节点编号。因此，工作名称可以用其箭尾和箭头节点编号来表示。而在单代号网络图中，一项工作必须有唯一的一个节点及相应的一个代号，工作名称可以用其节点编号来表示。

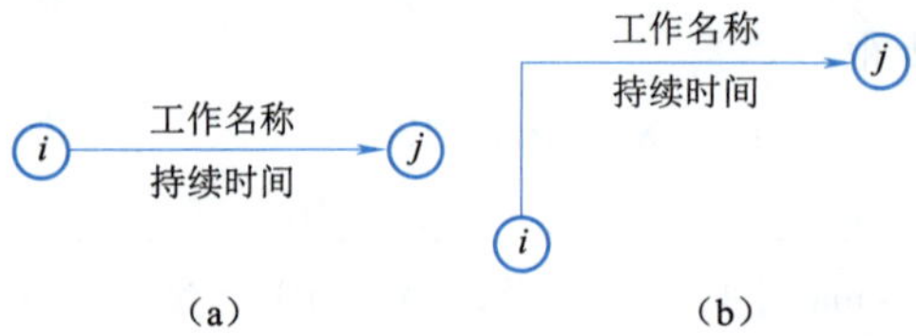

图 10.14　双代号网络图中工作的表示方法

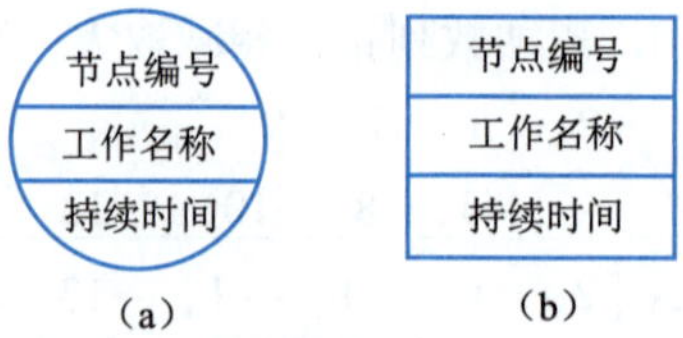

图 10.15　单代号网络图中工作的表示方法

双代号网络图中有时会存在虚箭线，虚箭线不代表实际工作，称为虚工作。虚工作既不消耗时间，也不消耗资源。虚工作主要用来表示相邻两项工作之间的逻辑关系。虚工作有以下三个作用：

（1）连接作用。虚箭线可以在表达正确的逻辑关系的前提下，把前后两个工作进行连接。

（2）区分作用。区分作用是指双代号网络图中每一项工作都必须用一条箭线和两个代号表示，若有两项工作同时开始又同时完成，绘图时应使用虚箭线来区分两个工作的代号，如图 10.16 所示。

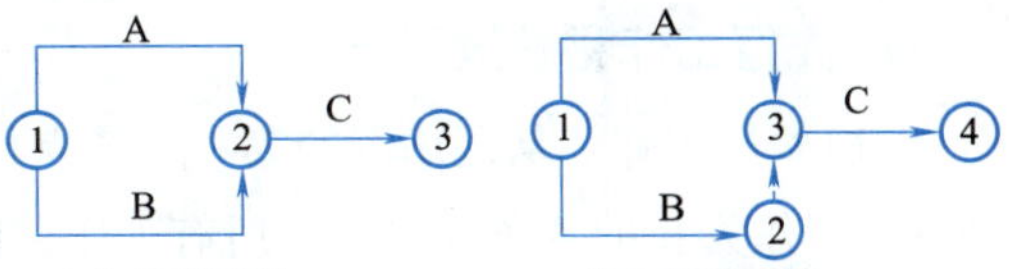

（a）错误画法　　（b）正确画法

图 10.16　虚箭线的区分作用

（3）断路作用。断路作用是用虚箭线把没有关系的工作隔开，如图 10.17 中，A（挖土）B（垫层）C（基础）D（回填土）四项工作在三个施工段流水施工。A_2 与 C_1 本来不应有关系，但在这里却有了关系（A_2 结束后 C_1 才能开始），故而产生了错误。如图 10.18 所示，在 A_2 与 C_1 之间加上一条虚线（③→⑤），则上述的错误联系就断开了（C_1 不必等 A_2 结束后就可以开始）。

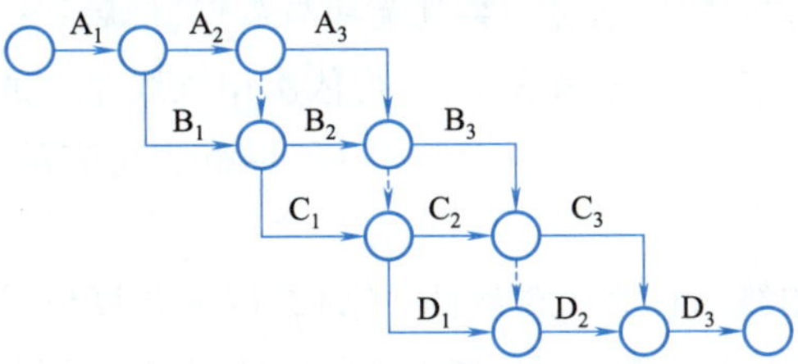

图 10.17　工作之间的错误联系

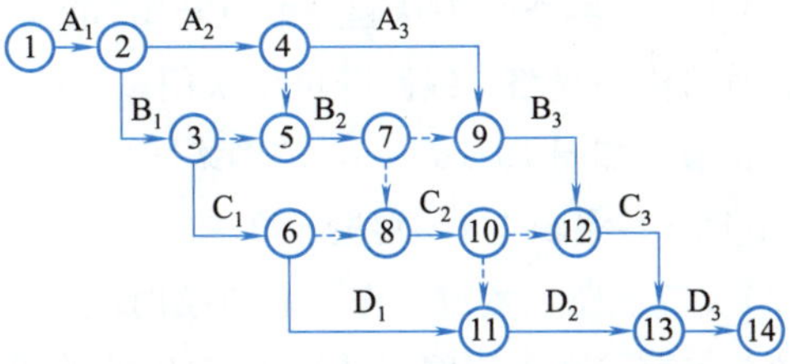

图 10.18　用虚箭线断路

在单代号网络图中，虚工作只能出现在网络图的起点节点或终点节点处。

2. 逻辑关系

网络图中工作之间相互制约或相互依赖的关系称为逻辑关系，表现为工作之间的先后顺序。

（1）工艺关系。生产性工作之间由工艺过程决定的、非生产性工作之间由工作程序决定的先后顺序关系称为工艺关系。如图 10.19 所示，支模 1、扎筋 1、混凝土 1 为工艺关系。

（2）组织关系。工作之间由于组织安排需要或资源（劳动力、施工机具等）调配需要而规定的先后顺序关系称为组织关系。如图 10.19 所示，支模 1—支模 2；扎筋 1—扎筋 2 等为组织关系。

3. 紧前工作、紧后工作和平行工作

（1）紧前工作。是指紧排在该工作之前的工作。在双代号网络图中，工作与其紧前工作之间可能有虚工作存在，如图 10.19 中，扎筋 1 和支模 2 都是扎筋 2 的紧前工作。

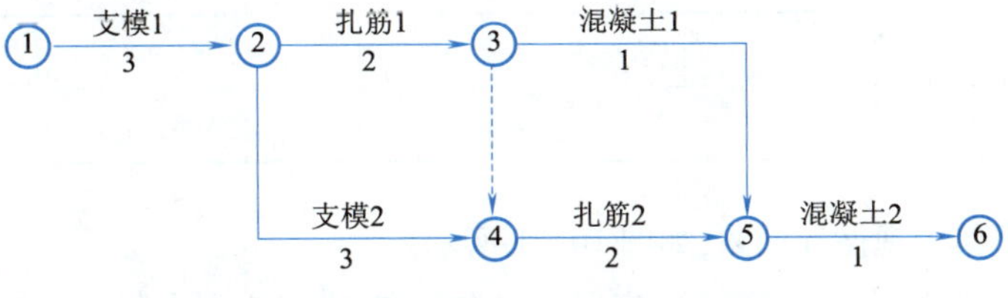

图 10.19　某混凝土工程双代号网络图

（2）紧后工作。是指紧排在该工作之后的工作。在双代号网络图中，工作与其紧后工作之间

也可能有虚工作存在，如图 10.19 中，扎筋 2 和混凝土 1 是扎筋 1 的紧后工作。

(3)平行工作。是指可以与该工作同时进行的工作，如图 10.19 中的扎筋 1 和支模 2。

以上是工作之间逻辑关系的具体表现，只要能根据工作之间的工艺关系和组织关系明确其紧前或紧后关系，即可据此绘出网络图。工作之间逻辑关系是正确绘制网络图的前提条件。

4. 先行工作和后续工作

(1)先行工作。从网络图的第一个节点(起点节点)开始，顺箭头方向经过一系列箭线与节点到达该工作为止的各条通路上的所有工作，都称为该工作的先行工作。

(2)后续工作。从该工作之后开始，顺箭头方向经过一系列箭线与节点到网络图最后一个节点(终点节点)的各条通路上的所有工作，都称为该工作的后续工作。

在工程进度控制中，后续工作是一个非常重要的概念。在工程网络计划实施过程中，如果发现某项工作进度出现拖延，则受影响的工作必然是该工作的后续工作。

5. 线路、关键线路和关键工作

(1)线路。网络图中从起点节点开始，沿箭头方向顺序通过一系列箭线与节点，最后到达终点节点的通路称为线路。线路既可依次用该线路上的节点编号来表示，也可依次用该线路上的工作名称来表示。如图 10.18 所示，该网络图中有三条线路，其中①→②→③→⑤→⑥也可表示为：支模 1→扎筋 1→混凝土 1→混凝土 2。

(2)关键线路和关键工作。总持续时间最长的线路称为关键线路，关键线路的长度就是网络计划的总工期。在工程网络计划中，关键线路可能不止一条。而且在工程网络计划实施过程中，关键线路还会发生转移。关键线路上的工作称为关键工作。在工程网络计划实施过程中，关键工作的实际进度提前或拖后，均会对总工期产生影响，因此进度控制的重点是关键工作。

10.3.2 双代号网络计划

1. 双代号网络图的绘制

在绘制双代号网络图时，一般应遵循以下基本规则：

(1)网络图必须按照已定的逻辑关系绘制。由于网络图是有向、有序的网状图形，所以其必须严格按照工作之间的逻辑关系绘制，这同时也是为保证工程质量和资源优化配置及合理使用所必需的。例如，已知逻辑关系如表 10.3 所示，若绘出网络图 10.20(a)则是错误的，因为工作 A 不是工作 D 的紧前工作。此时，可用虚箭线将工作 A 和工作 D 的联系断开，如图 10.20(b)所示。

表 10.3　逻辑关系表

工作	A	B	C	D
紧前工作	—	—	A、B	B

(2)网络图中严禁出现循环回路，如图 10.21 所示。

(3)网络图中的箭线(包括虚箭线)，应保持自左向右(有时也存在竖直)的方向。

(4)网络图中严禁出现双向箭头和无箭头的连线，如图 10.22(a)所示。

(5)网络图中严禁出现无箭尾节点和无箭头节点的箭线，如图 10.22(b)、(c)所示。

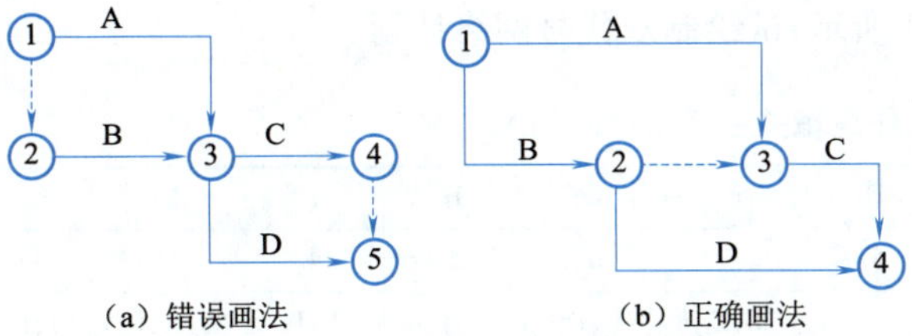

图 10.20 按表 10.3 绘制的网络图

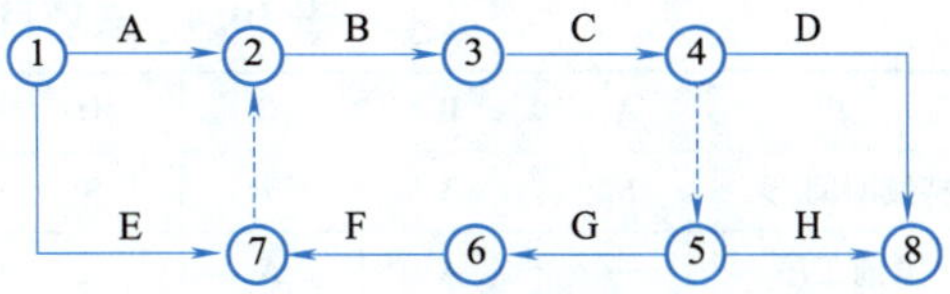

图 10.21 存在循环回路的错误网络图

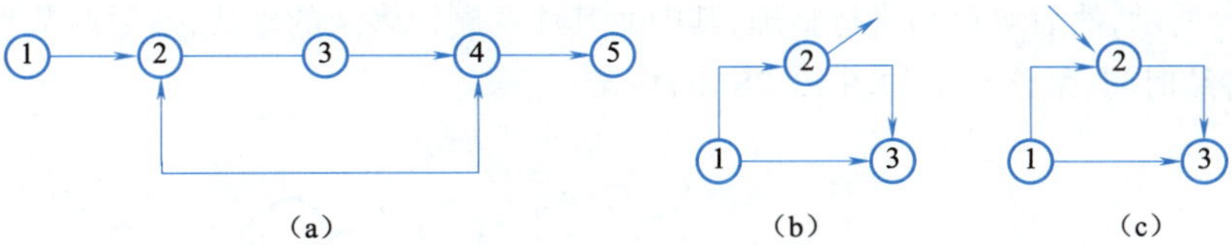

图 10.22 错误的网络图

(6)严禁在箭线上引入或引出箭线,图 10.23 即为错误的画法。

但是,当双代号网络图某些节点有多条外向箭线或多条内向箭线时,为使图形简洁,可使用母线法绘制(但应满足一项工作用一条箭线和相应的一对节点表示),如图 10.24 所示。

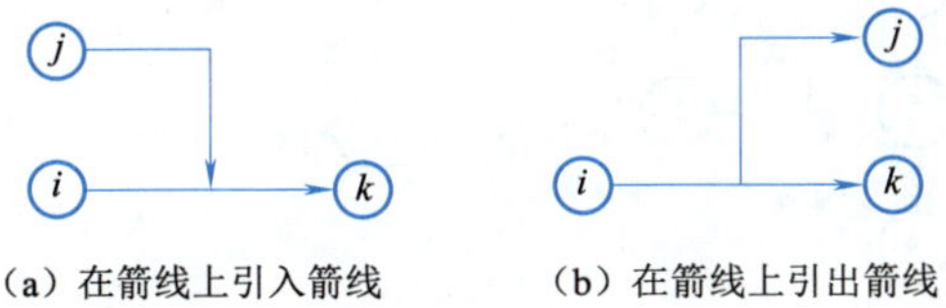

图 10.23 错误的网络图

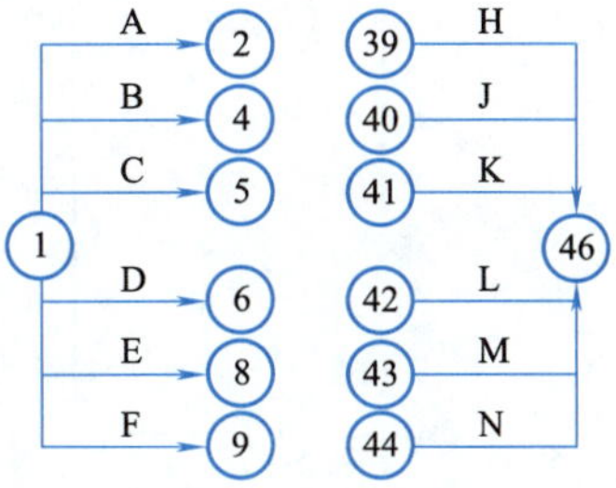

图 10.24 母线法

(7)网络图中箭线不宜交叉。当交叉不可避免时,可用过桥法或指向法,如图 10.25 所示。

(8)网络图中应只有一个起点节点和一个终点节点(多目标网络计划除外),而其他所有节点均应是中间节点。图 10.26 所示网络图中有两个起点节点①和②,两个终点节点⑦和⑧。正确画法如图 10.27 所示,即将节点①和②合并为一个起点节点,将节点⑦和⑧合并为一个终点节点。

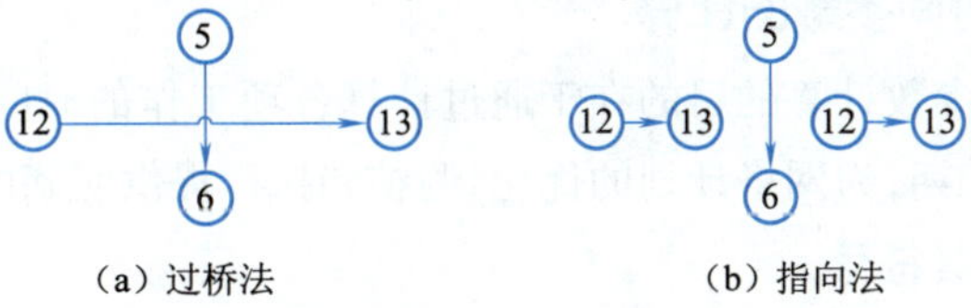

图 10.25 箭线交叉的表示方法

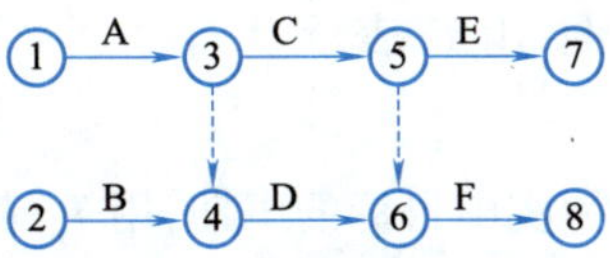

图 10.26 存在多个起点节点和多个终点节点的错误网络图

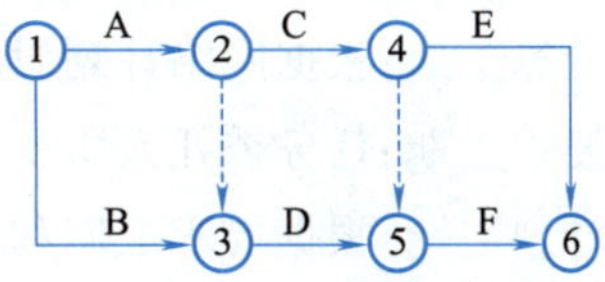

图 10.27 正确网络图

例 10.4 已知网络计划的资料如表 10.4 所示，试绘制双代号网络计划。

表 10.4 某项目工作逻辑关系及持续时间表

工序	A	B	C	D	E	F	G	H	I	J	K
持续时间/天	6	3	7	3	5	7	6	5	4	2	3
紧前工序	—	A	A	A	B	B、C	C、D	D	E、F	G、H、F	I、J

解 根据该项目工作逻辑关系，应用所学习的双代号网络计划的绘图规则，首先绘制出草图如图 10.28(a)所示，然后对草图进行整理，其中尤其注意删掉多余的虚线，最后给节点编号并标记各项工作的持续时间，最终结果如图 10.28(b)所示。

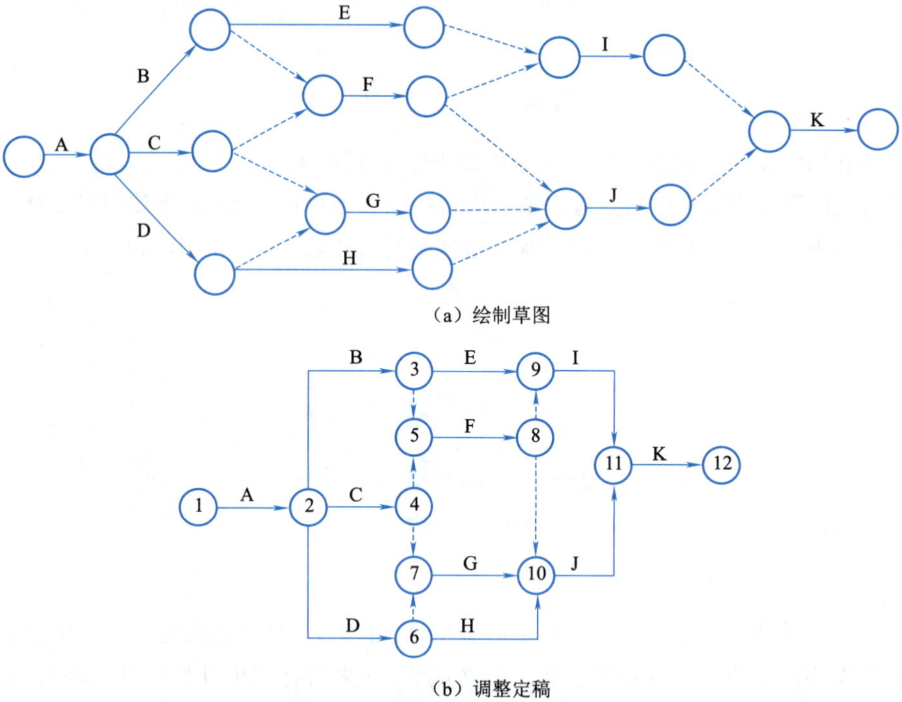

图 10.28 绘制草图和调整定稿

2. 双代号网络计划时间参数的计算

双代号网络计划时间参数计算的目的在于通过计算各项工作的时间参数，确定网络计划的关键工作、关键线路和计算工期，为网络计划的优化、调整和执行提供明确的时间参数。

1）时间参数的概念及其符号

(1) 工作持续时间(D_{i-j})。工作持续时间是一项工作从开始到完成的时间。

(2) 工期(T)。工期泛指完成任务所需要的时间，一般有以下三种：

①计算工期：根据网络计划时间参数计算出来的工期，用 T_c 表示。

②要求工期：任务委托人所要求的工期，用 T_r 表示。

③计划工期：根据要求工期和计算工期所确定的作为实施目标的工期，用 T_p 表示。

当已规定了要求工期 T_r 时，$T_p \leq T_r$。

当未规定要求工期时，可令计划工期等于计算工期，即 $T_p = T_c$。

(3)网络计划中工作的六个时间参数。

最早开始时间(ES_{i-j})，是指各紧前工作全部完成后，工作 $i-j$ 有可能开始的最早时刻。

最早完成时间(EF_{i-j})，是指在各紧前工作全部完成后，工作 $i-j$ 有可能完成的最早时刻。

最迟开始时间(LS_{i-j})，在不影响整个任务按期完成的前提下，工作 $i-j$ 必须开始的最迟时刻。

最迟完成时间(LF_{i-j})，在不影响整个任务按期完成的前提下，工作 $i-j$ 必须完成的最迟时刻。

总时差(TF_{i-j})，是指在不影响总工期的前提下，工作 $i-j$ 可以利用的机动时间。

自由时差(FF_{i-j})，是指在不影响其紧后工作最早开始时间的前提下，工作 $i-j$ 可以利用的机动时间。

从总时差和自由时差的定义可知，对于同一项工作而言，自由时差不会超过总时差。当工作的总时差为零时，其自由时差必然为零。

(4)节点最早时间和最迟时间。节点最早时间是指在双代号网络计划中，以该节点为开始节点的各项工作的最早开始时间。节点 i 的最早时间用 ET_i 表示。节点最迟时间是指在双代号网络计划中，以该节点为完成节点的各项工作的最迟完成时间。节点 j 的最迟时间用 LT_j 表示。

2)双代号网络计划时间参数的计算

(1)按工作计算法。即以网络计划中的工作为对象，直接计算各项工作的时间参数。为了简化计算，网络计划时间参数中的开始时间和完成时间都应以时间单位的终了时刻为标准。如第 2 天开始即是指第 2 天终了(下班)时刻开始，实际上是第 3 天上班时刻才开始；第 4 天完成即是指第 4 天终了(下班)时刻完成。时间参数的计算步骤如下：

①计算工作的最早开始时间和最早完成时间。工作最早时间参数受到紧前工作的约束，故其计算顺序应从起点节点开始，顺着箭线方向依次逐项计算。

以网络计划的起点节点为开始节点的工作，其最早开始时间 ES_{i-j} 为零。即

$$ES_{i-j} = 0 \tag{10.10}$$

最早完成时间 EF_{i-j} 等于最早开始时间 ES_{i-j} 加上其持续时间 D_{i-j}，即

$$EF_{i-j} = ES_{i-j} + D_{i-j} \tag{10.11}$$

其他工作的最早开始时间 $ES_{i-j}(i \neq 1)$ 等于各紧前工作的最早完成时间 EF_{h-i} 的最大值，即

$$ES_{i-j} = \max\{EF_{h-i}\} = \max\{ES_{h-i} + D_{h-i}\}\ (i \neq 1) \tag{10.12}$$

②确定计算工期。计算工期 T_c 等于以网络计划的终点节点为箭头节点的各个工作的最早完成时间 $EF_{i-n}(j=n)$ 的最大值。即

$$T_c = \max\{EF_{i-n}\} = \max\{ES_{i-n} + D_{i-n}\} \tag{10.13}$$

当无要求工期的限制时，取计划工期等于计算工期，即：$T_p = T_c$

③计算工作的最迟开始时间和最迟完成时间。工作最迟时间参数受到紧后工作的约束，故其计算顺序应从终点节点起，逆着箭线方向依次逐项计算。

以网络计划的终点节点($j=n$)为箭头节点的工作的最迟完成时间 LF_{i-n} 等于计划工期 T_p，即：

$$LF_{i-n} = T_p \tag{10.14}$$

最迟开始时间 LS_{i-j} 等于最迟完成时间 LF_{i-j} 减去其持续时间 D_{i-j}，即：

$$LS_{i-j} = LF_{i-j} - D_{i-j} \tag{10.15}$$

其他工作的最迟完成时间 $LF_{i-j}(j \neq n)$ 等于各紧后工作的最迟开始时间 LS_{j-k} 的最小值，即：

$$LF_{i-j}=\min\{LS_{j-k}\}=\min\{LF_{j-k}-D_{j-k}\} \tag{10.16}$$

④计算工作的总时差。工作的总时差 TF_{i-j} 等于其最迟开始时间 LS_{i-j} 减去最早开始时间 ES_{i-j}，或等于最迟完成时间 LF_{i-j} 减去最早完成时间 EF_{i-j}，即：

$$TF_{i-j}=LS_{i-j}-ES_{i-j}=LF_{i-j}-EF_{i-j} \tag{10.17}$$

⑤计算工作的自由时差。当工作 $i-j$ 有紧后工作 $j-k$ 时，其自由时差 FF_{i-j} 等于其紧后工作最早开始时间 ES_{j-k} 减去本工作最早完成时间 EF_{i-j} 所得之差的最小值，即

$$FF_{i-j}=\min\{ES_{j-k}-EF_{i-j}\}=\min\{ES_{j-k}-ES_{i-j}-D_{i-j}\} \tag{10.18}$$

以网络计划的终点节点($j=n$)为箭头节点的工作，其自由时差 FF_{i-n} 等于计划工期 T_p 与本工作最早完成时间 EF_{i-n} 之差，即

$$FF_{i-n}=T_p-EF_{i-n} \tag{10.19}$$

⑥确定关键工作和关键线路。网络计划中总时差最小的工作是关键工作。自始至终全部由关键工作组成的线路为关键线路，或线路上总的工作持续时间最长的线路为关键线路。网络图上的关键线路可用双线或粗线标注。

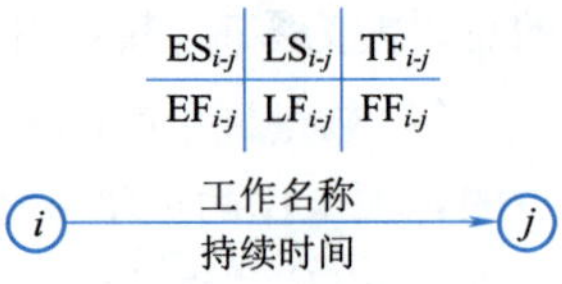

图 10.29　按工作计算法的标注内容

按工作计算法在图上计算六个时间参数，其计算结果应标注在箭线之上，如图 10.29 所示。

例 10.5　已知网络计划的资料如表 10.5 所示，试绘制双代号网络计划。若计划工期等于计算工期，按工作计算法计算各工作的六个时间参数并确定关键线路，并标注在网络计划上。

表 10.5　某网络计划工作逻辑关系及持续时间表

工序	A	B	C	D	E	F
持续时间/天	5	3	8	7	4	7
紧前工序	—	—	A	A、B	C	C、D

解　根据表 10.5 中的资料，按照网络图的绘图规则，绘制双代号网络图如图 10.30 所示。

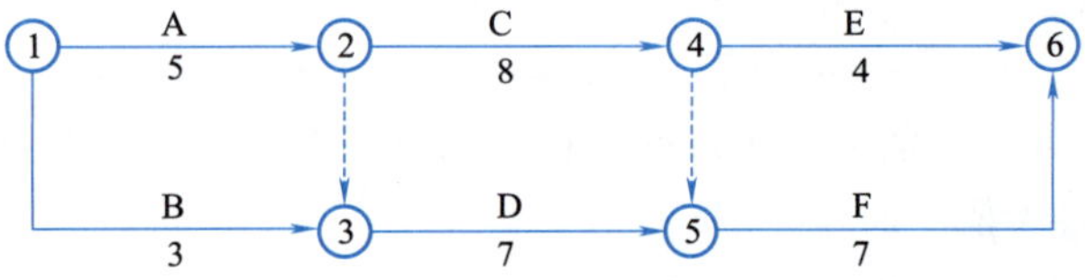

图 10.30　双代号网络计划

计算各项工作的时间参数，并将计算结果标注在箭线上方相应的位置，如图 10.31 所示。

①计算各项工作的最早开始时间和最早完成时间。从起点节点开始（①节点）开始顺着箭线方向依次逐项计算到终点节点（⑥节点）。

a. 以网络计划起点节点为开始节点的各工作的最早开始时间为零，即在本例中，工作 1－2、工作 1－3 的最早开始时间都为零，即：

$$ES_{1-2}=ES_{1-3}=0$$

b. 以网络计划起点节点为开始节点的各项工作的最早完成时间分别为：

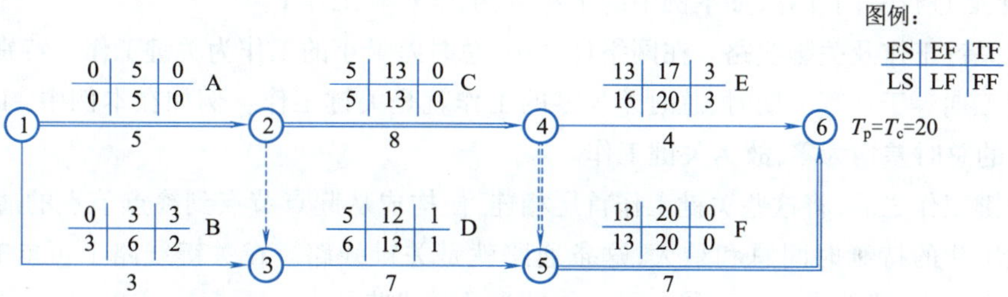

图10.31 双代号网络计划(六时标注法)

$$EF_{1-2}=ES_{1-2}+D_{1-2}=0+5=5;EF_{1-3}=ES_{1-3}+D_{1-3}=0+3=3$$

c. 计算其他各项工作的最早开始和最早完成时间。按式(10.11)和式(10.12)计算。例如在本例中,工作C和工作D的最早开始时间和最早完成时间分别为:

$$ES_{2-4}=EF_{1-2}=5;EF_{2-4}=ES_{2-4}+D_{2-4}=5+8=13;$$

$$ES_{3-5}=\max\{EF_{1-2},EF_{1-3}\}=\max\{5,3\}=5;EF_{3-5}=ES_{3-5}+D_{3-5}=5+7=12$$

②网络计划的计算工期应等于以网络计划终点节点为完成节点的工作的最早完成时间的最大值,计算工期按式(10.13)计算。本例中已知计算工期T_C等于计划工期T_P,网络的计算工期为:

$$T_C=\max\{EF_{4-6},EF_{5-6}\}=\max\{17,20\}=20$$

$$T_P=T_C=20$$

③计算各项工作的最迟开始时间和最迟完成时间。从终点节点(⑥节点)开始逆着箭线方向依次逐项计算到起点节点(①节点)。

a. 以网络计划终点节点为箭头节点的工作,其最迟完成时间等于计划工期,即工作E和工作F的最迟完成时间为:

$$LF_{4-6}=LF_{5-6}=T_P=20$$

b. 以网络计划终点节点为箭头节点的各工作,其最迟开始时间按式(10.15)计算。工作E和工作F的最迟开始时间为:

$$LS_{4-6}=LF_{4-6}-D_{4-6}=20-4=16;LS_{5-6}=LF_{5-6}-D_{5-6}=20-7=13$$

c. 其他各项工作的最迟完成时间应等于其紧后工作最迟开始时间的最小值,按式(10.16)计算。如本例中工作C和工作D的最迟完成时间分别为:

$$LF_{2-4}=\min\{LS_{4-6},LS_{5-6}\}=\min\{16,13\}=13;LF_{3-5}=LS_{5-6}=13$$

④计算各项工作的总时差。总时差按式(10.17)计算,如工作D的总时差为:

$$TF_{3-5}=LF_{3-5}-EF_{3-5}=13-12=1;TF_{3-5}=LS_{3-5}-ES_{3-5}=6-5=1$$

⑤计算各项工作的自由时差。有紧后工作的工作,其自由时差可按式(10.18)计算,如工作A和工作B的自由时差分别为:

$$FF_{1-2}=\min\{ES_{2-4}-EF_{1-}2,ES_{3-5}-EF_{1-2}\}=\min\{5-5,5-5\}=0;FF_{1-3}=ES_{3-5}-EF_{1-3}=5-3=2$$

对于无紧后工作的工作,也就是以网络计划终点节点为完成节点的工作,其自由时差按式(10.19)计算。即工作E和工作F的自由时差分别为:

$$FF_{4-6}=T_P-EF_{4-6}=20-17=3;FF_{5-6}=T_P-EF_{5-6}=20-20=0$$

需要指出的是,对于网络计划中以终点节点为完成节点的工作,其自由时差与总时差相等。此外,由于工作的自由时差是其总时差的构成部分,所以,当工作的总时差为零时,其自由时差必然为零，可不必进行专门计算，如本例中的工作 A、工作 C 和工作 F。

⑥确定关键工作及关键线路。在网络计划中，总时差最小的工作为关键工作。特别地，当网络计划的计划工期等于计算工期时，总时差为零的工作就是关键工作。例如在本例中，工作 A、工作 C 和工作 F 的总时差均为零，故为关键工作。

找出关键工作之后，将这些关键工作首尾相连，便构成从起点节点到终点节点的通路，位于该通路上各项工作的持续时间总和最大，这条通路就是关键线路。在关键线路上可能有虚工作存在。例如在本例中，线路①→②→④→⑤→⑥即为关键线路。

在上述计算过程中，是将每项工作的六个时间参数均标注在图中，故称为六时标注法。为使网络计划的图面更加简洁，还可标注两个最基本的时间参数——最早开始时间和最迟开始时间，而其他四个时间参数均可从这两个参数中导出。这种方法称为二时标注法，如图 10.32 所示。

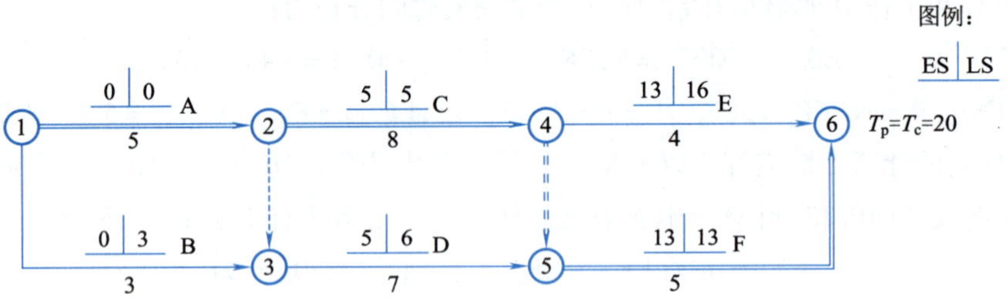

图 10.32　双代号网络计划（二时标注法）

（2）按节点计算法。所谓按节点计算法，就是先计算网络计划中各个节点的最早时间和最迟时间，再据此计算各项工作的时间参数和网络计划的计算工期。

例 10.6　下面仍以例 10.5 图 10.30 中工程案例所示双代号网络计划为例，说明按节点计算法计算时间参数的过程，其计算结果如图 10.33 所示。

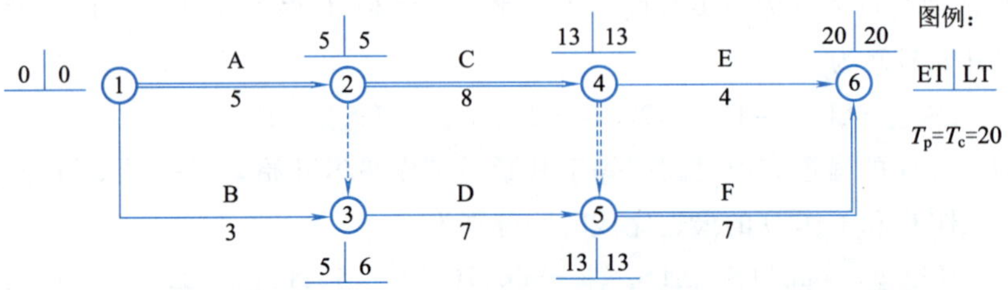

图 10.33　双代号网络计划（按节点计算法）

解　①计算节点的最早时间和最迟时间。

a. 计算节点的最早时间。从起点节点开始，顺着箭线方向依次进行。其计算步骤如下：

起点节点，如未规定最早时间，其值等于零，本例中起点节点①的最早时间为零，即：$ET_1=0$。

其他节点的最早时间应按公式（10.20）进行计算：

$$ET_j=\max\{ET_i+D_{i-j}\} \tag{10.20}$$

式中：ET_j 为工作 $i-j$ 的完成节点 j 的最早时间；ET_i 为工作 $i-j$ 的开始节点 i 的最早时间；D_{i-j} 为工作 $i-j$ 的持续时间。

本例中，节点②和节点③的最早时间分别为：

$$ET_2 = ET_1 + D_{1-2} = 0 + 5 = 5; ET_3 = \max\{ET_1 + D_{1-3}; ET_2 + D_{2-3}\} = \max\{3,5\} = 5$$

网络计划的计算工期等于网络计划终点节点的最早时间，即：

$$T_c = ET_n \tag{10.21}$$

式中：T_c 为网络计划的计算工期；ET_n 为网络计划终点节点 n 的最早时间。

本例中计算工期为：

$$T_c = ET_n = 20$$

b. 确定计划工期。在本例中，假设未规定要求工期，则其计划工期就等于计算工期，即：

$$T_P = T_C = 20$$

c. 计算节点的最迟时间。节点最迟时间的计算应从网络计划的终点节点开始，逆着箭线方向依次进行。其计算步骤如下：

网络计划终点节点的最迟时间等于网络计划的计划工期，即：

$$LT_n = T_p \tag{10.22}$$

式中：LT_n为网络计划终点节点 n 的最迟时间；T_p为网络计划的计划工期。

例如在本例中，终点节点⑥的最迟时间为：

$$LT_6 = T_P = 20$$

其他节点的最迟时间应按公式(10.23)进行计算：

$$LT_i = \min\{LT_j - D_{i-j}\} \tag{10.23}$$

式中：LT_i 为工作 $i-j$ 的开始节点 i 的最迟时间；LT_j为工作 $i-j$ 的完成节点 j 的最迟时间；D_{i-j}为工作 $i-j$ 的持续时间。

如本例中，节点⑤和节点④的最迟时间分别为：

$$LT_5 = LT_6 - D_{5-6} = 20 - 7 = 13; LT_4 = \min\{LT_5 - D_{4-5}, LT_6 - D_{4-6}\} = \min\{13 - 0, 20 - 4\} = 13$$

②根据节点的最早时间和最迟时间判定工作的六个时间参数

a. 工作的最早开始时间等于该工作开始节点的最早时间，即：

$$ES_{i-j} = ET_i \tag{10.24}$$

如本例中工作 A 和工作 D 的最早开始时间分别为：

$$ES_{1-2} = ET_1 = 0; ES_{3-5} = ET_3 = 5$$

b. 工作的最早完成时间等于该工作开始节点的最早时间与其持续时间之和，即：

$$EF_{i-j} = ET_i + D_{i-j} \tag{10.25}$$

如本例中工作 A 和工作 D 的最早完成时间分别为：

$$EF_{1-2} = ET_1 + D_{1-2} = 0 + 5 = 5; EF_{3-5} = ET_3 + D_{3-5} = 5 + 7 = 12$$

c. 工作的最迟完成时间等于该工作完成节点的最迟时间，即：

$$LF_{i-j} = LT_j \tag{10.26}$$

如本例中工作 A 和工作 D 的最迟完成时间分别为：

$$LF_{1-2} = LT_2 = 5; LF_{3-5} = LT_5 = 13$$

d. 工作的最迟开始时间等于该工作完成节点的最迟时间与其持续时间之差，即：

$$LS_{i-j} = LT_j - D_{i-j} \tag{10.27}$$

如本例中工作 A 和工作 D 的最迟开始时间分别为：

$$LS_{1-2} = LT_2 - D_{1-2} = 5 - 5 = 0; LS_{3-5} = LT_5 - D_{3-5} = 13 - 7 = 6$$

e. 工作的总时差可根据公式(10.28)得到：

$$TF_{i-j} = LF_{i-j} - EF_{i-j} = LT_j - (ET_i + D_{i-j}) = LT_j - ET_i - D_{i-j} \quad (10.28)$$

由公式(10.28)可知，工作的总时差等于该工作完成节点的最迟时间减去该工作开始节点的最早时间所得差值再减其持续时间。例如在本例中，工作 A 和工作 D 的总时差分别为：

$$TF_{1-2} = LT_2 - ET_1 - D_{1-2} = 5 - 0 - 5 = 0; TF_{3-5} = LT_5 - ET_3 - D_{3-5} = 13 - 5 - 7 = 1$$

f. 工作的自由时差计算公式为：

$$FF_{i-j} = \min\{ES_{j-k} - ES_{i-j} - D_{i-j}\} = \min\{ES_{j-k}\} - ES_{i-j} - D_{i-j} = \min\{ET_j\} - ET_i - D_{i-j} \quad (10.29)$$

工作的自由时差等于该工作完成节点的最早时间减去该工作开始节点的最早时间所得差值再减其持续时间。如本例中工作 A 和 D 的自由时差分别为：

$$FF_{1-2} = ET_2 - ET_1 - D_{1-2} = 5 - 0 - 5 = 0; FF_{3-5} = ET_5 - ET_3 - D_{3-5} = 13 - 5 - 7 = 1$$

特别需要注意的是，如果本工作与其各紧后工作之间存在虚工作时，其中的 ET_j 应为本工作紧后工作开始节点的最早时间，而不是本工作完成节点的最早时间。

③确定关键线路和关键工作。在双代号网络计划中，关键线路上的节点称为关键节点。关键工作两端的节点必为关键节点，但两端为关键节点的工作不一定是关键工作。关键节点的最迟时间与最早时间的差值最小。特别地，当计划工期等于计算工期时，关键节点的最早时间与最迟时间必然相等。例如在本例中，节点①、②、④、⑤、⑥就是关键节点。关键节点必然处在关键线路上，但因关键节点组成的线路不一定是关键线路。例如在本例中，由关键节点①、②、④、⑥组成的线路就不是关键线路。

当利用关键节点判别关键线路和关键工作时，还要满足下列判别式：

$$ET_i + D_{i-j} = ET_j \quad (10.30)$$

或

$$LT_i + D_{i-j} = LT_j \quad (10.31)$$

式中：ET_i 为工作 $i-j$ 的开始节点(关键节点) i 的最早时间；D_{i-j} 为工作 $i-j$ 的持续时间；ET_j 为工作 $i-j$ 的完成节点(关键节点) j 的最早时间；LT_i 为工作 $i-j$ 的开始节点(关键节点) i 的最迟时间；LT_j 为工作 $i-j$ 的完成节点(关键节点) j 的最迟时间。

如果两个关键节点之间的工作符合上述判别式，则该工作必然为关键工作，它应该在关键线路上。否则，该工作就不是关键工作，关键线路也就不会从此处通过。例如在本例中，工作 A、工作 C 和工作 F 均符合上述判别式，故线路①→②→④→⑤→⑥为关键线路。

(3) 标号法。标号法是一种快速寻求网络计划计算工期和关键线路的方法。标号法利用按节点计算法的基本原理，对网络计划中的每一个节点进行标号，然后利用标号值确定计算工期和关键线路。

例 10.7 下面仍以例 10.5 图 10.30 为例，说明标号法的应用。其计算结果如图 10.34 所示。

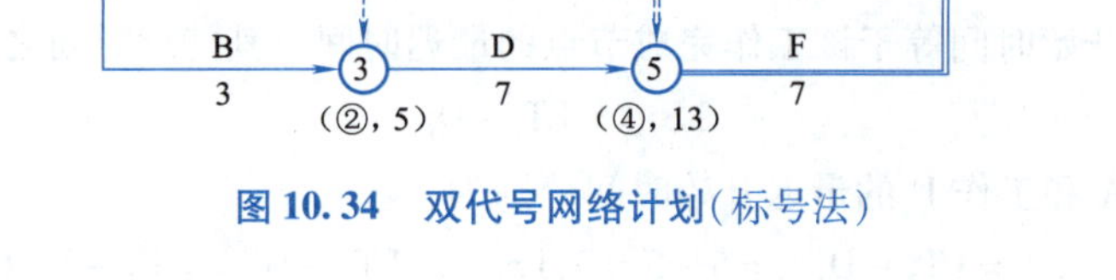

图 10.34　双代号网络计划(标号法)

①网络计划起点节点的标号值为零。例如在本例中，节点①的标号值为零，即：

$$b_1 = 0$$

②其他节点的标号值应根据公式(10.32)，按节点编号从小到大的顺序逐个进行计算：

$$b_j = \max\{b_i + D_{i-j}\} \tag{10.32}$$

式中：b_j为工作 $i-j$ 的完成节点 j 的标号值；b_i为工作 $i-j$ 的开始节点 i 的标号值；D_{i-j}为工作 $i-j$ 的持续时间。

例如在本例中，节点②、节点③和节点④的标号值分别为：

$b_2 = b_1 + D_{1-2} = 0 + 5 = 5$；$b_3 = \max\{b_1 + D_{1-3}, b_2 + D_{2-3}\} = \max\{0 + 3, 5 + 0\} = 5$；

$b_4 = b_2 + D_{2-4} = 5 + 8 = 13$

当计算出节点的标号值后，应用其标号值及其源节点对该节点进行双标号。所谓源节点，就是用来确定本节点标号值的节点。例如在本例中，节点③的标号值 5 是由节点②所确定，故节点③的源节点就是节点②。如果源节点有多个，应将所有源节点标出。

③网络计划的计算工期就是网络计划终点节点的标号值。例如在本例中，其计算工期就等于终点节点⑥的标号值 20。

④关键线路应从网络计划的终点节点开始，逆着箭线方向按源节点确定。例如在本例中，从终点节点⑥开始，逆着箭线方向按源节点可以找出关键线路为①→②→④→⑤→⑥。

10.3.3 双代号时标网络计划

1. 时标网络计划的概念

双代号时标网络计划(简称时标网络计划)以水平时间坐标为尺度表示工作时间。时标的时间单位应根据需要确定。可以是天、周、月或季度等。

在时标网络计划中，以实箭线表示工作，实箭线的水平投影长度表示该工作的持续时间；以虚箭线表示虚工作，由于虚工作的持续时间为零，故虚箭线只能垂直画；以波形线表示工作与其紧后工作之间的时间间隔(以终点节点为完成节点的工作除外，当计划工期等于计算工期时，这些工作箭线中波形线的水平投影长度表示其自由时差)。时标网络计划既具有网络计划的优点，又具有横道计划直观易懂的优点，它将网络计划的时间参数直观地表达出来。

2. 时标网络计划的编制方法

时标网络计划宜按各项工作的最早开始时间编制。为此，在编制时标网络计划时应使每一个节点和每一项工作(包括虚工作)尽量向左靠，直至不出现从右向左的逆向箭线为止。

在编制时标网络计划之前，应先按已经确定的时间单位绘制时标网络计划表。时间坐标可以标注在时标网络计划表的顶部或底部。当网络计划的规模比较大，且比较复杂时，可以在时标网络计划表的顶部和底部同时标注时间坐标。时标网络计划表如表 10.6 所示。表中部的刻度线宜为细线。为使图面清晰简洁，此线也可不画或少画。

表 10.6 时标网络计划

(时间单位)	1	2	3	4	5	6	7	8	9	10	11	12	13	14	15	16
网络计划																
(时间单位)	1	2	3	4	5	6	7	8	9	10	11	12	13	14	15	16

编制时标网络计划应先绘制无时标的草图，然后按间接绘制法或直接绘制法进行绘制。

(1)间接绘制法。间接法绘制就是先绘制出一般网络计划，计算各工作的最早时间参数，再根据最早时间参数在时标计划表上确定节点位置，用规定线形连线完成，某些工作箭线长度不足以到达该工作的完成节点时，用波形线补足。

(2)直接绘制法。根据网络计划中工作之间的逻辑关系及各工作的持续时间，不需要计算时间参数，直接在时标计划表上绘制时标网络计划。下面仍以例10.5(图10.30)中工程案例所示的网络计划为例，说明直接绘制过程。

①将网络计划的起点节点定位在时标网络计划表的起始刻度线上。节点①就是定位在时标网络计划表的起始刻度线“0”位置上。

②按工作持续时间绘制以网络计划起点节点为开始节点的工作箭线，如本例中的A、B。

③除网络计划的起点、节点外，其他节点须待所有以该节点为完成节点的工作箭线均绘出后，再定位到这些工作箭线中最迟的箭线末端。当某些工作箭线的长度不足以到达该节点时，需用波形线补足，箭头画在与该节点的连接处。在本例中，节点②定位在工作箭线A的末端，节点③需要在绘出虚箭线②→③之后定位在工作箭线B和虚箭线②→③中最迟的箭线末端，即坐标“5”的位置上。此时，工作箭线B的长度不足以到达节点③，因而用波形线补足。

④当某个节点的位置确定之后，即可绘制以该节点为开始节点的工作箭线。

⑤利用上述方法从左至右依次确定其他各个节点的位置，直至绘出网络计划的终点节点。利用上述原理确定其余节点位置，直至绘出网络计划的终点节点。在本例中，根据工作箭线E和工作箭线F确定出终点节点的位置。

本例所对应的时标网络计划如图10.35所示，图中双箭线表示的线路为关键线路。

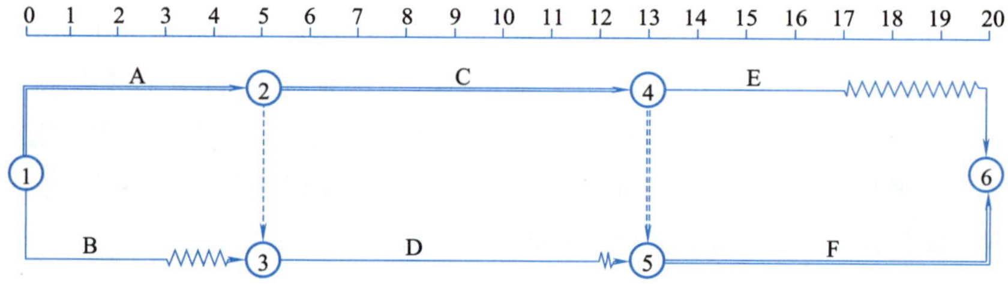

图10.35　双代号时标网络计划

在绘制时标网络计划时，特别需要注意的问题是处理好虚箭线。首先，应将虚箭线与实箭线等同看待，只是其对应工作的持续时间为零；其次，尽管其本身没有持续时间，但可能存在波形线，因此，要按规定画出波形线。在画波形线时，其垂直部分仍应画为虚线。

3. 时标网络计划工作时间参数的确定

(1)计算工期的确定。时标网络计划的计算工期，应是其终点节点与起点节点所在位置的时标值之差。例如图10.35所示的时标网络计划的计算工期为：$T_C=20-0=20$(天)。

(2)最早时间的确定。时标网络计划中，每条箭线的箭尾节点中心所对应的时标值，代表工作的最早开始时间。箭线实线部分右端或箭头节点中心对应的时标值代表工作的最早完成时间。例如图10.35中，工作C的最早开始时间和最早完成时间分别为5和13。

(3)工作自由时差值的确定。时标网络计划中,工作自由时差值等于其波形线在坐标轴上水平投影的长度。如图10.35中,工作B、工作D、工作E的自由时差分别是2、1、3天,其余工作的自由时差为0。

(4)工作总时差的计算。时标网络计划中,工作总时差应自右而左进行逐个计算。一项工作只有其紧后工作的总时差值全部计算出以后才能计算出其总时差值。

①以终点节点($j=n$)为完成节点的工作,其总时差TF_{i-n}应等于计划工期T_P与本工作最早完成时间EF_{i-n}之差,即

$$TF_{i-n}=T_P-EF_{i-n} \tag{10.33}$$

如图10.35所示,假设计划工期为20天,则工作E和工作F的总时差分别为:

$$TF_{4-6}=T_P-EF_{4-6}=20-17=3;TF_{5-6}=T_P-EF_{5-6}=20-20=0$$

②其他工作的总时差TF_{i-j}($j\neq n$)等于其诸紧后工作总时差的最小值与本工作自由时差值之和。

$$TF_{i-j}=\min\{TF_{j-k}\}+FF_{i-j} \tag{10.34}$$

例如图10.35所示,工作C和工作D的总时差分别为:

$$TF_{2-4}=\min\{TF_{4-6},TF_{5-6}\}+FF_{2-4}=\min\{3,0\}+0=0;TF_{3-5}=TF_{5-6}+FF_{3-5}=0+1=1$$

(5)工作最迟时间的计算。由于已知最早开始时间和最早结束时间,又知总时差,故其工作最迟时间可用以下公式进行计算:

$$LS_{i-j}=ES_{i-j}+TF_{i-j} \tag{10.35}$$

$$LF_{i-j}=EF_{i-j}+TF_{i-j} \tag{10.36}$$

例如图10.34中,工作D和工作F的最迟开始时间和最迟结束时间分别为:

$LS_{3-5}=ES_{3-5}+TF_{3-5}=5+1=6;LF_{3-5}=EF_{3-5}+TF_{3-5}=12+1=13;$

$LS_{5-6}=ES_{5-6}+TF_{5-6}=13+0=13;LF_{5-6}=EF_{5-6}+TF_{5-6}=20+0=20$

(6)关键线路的确定。自终点节点至起点节点逆箭线方向朝起点节点观察,自始至终不出现波形线的线路,为关键线路,例如图10.35中,①→②→④→⑤→⑥即为关键线路。关键线路一般用粗线或双线标注。

图10.35所示的时标网络计划中所确定出的时间参数结果,应与图10.31所示网络计划时间参数的计算结果完全相同。

10.3.4 单代号网络计划

单代号网络计划与双代号网络计划所表达的内容完全一致,只是对于工作和节点的表现形式不同,两者的绘图规则基本相同,主要区别在于:当网络图中有多项开始工作时,应增设一项虚拟的工作(ST)作为该网络图的起点节点;当网络图中有多项结束工作时,应增设一项虚拟的工作(FIN)作为该网络图的终点节点。

单代号网络图的绘制比双代号网络图要容易得多,不涉及用虚线所代表的虚工作,下面仍以例10.5(图10.30)中工程案例所示的双代号网络图为例,将其绘制为单代号网络图,如图10.36所示。并以图10.36所示为例,说明单代号网络计划时间参数的计算过程,计算结果如图10.37所示。

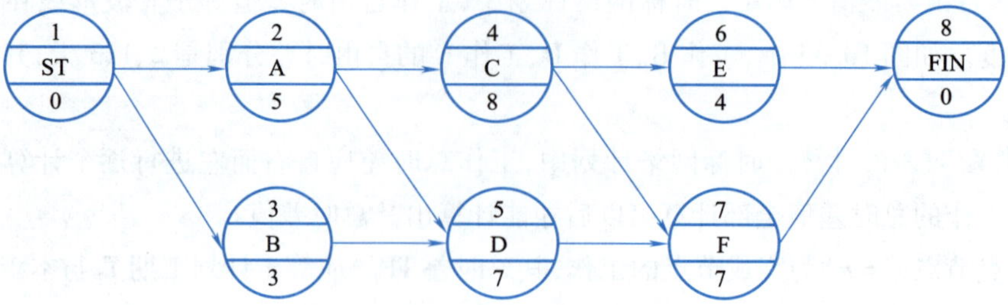

图 10.36　单代号网络计划

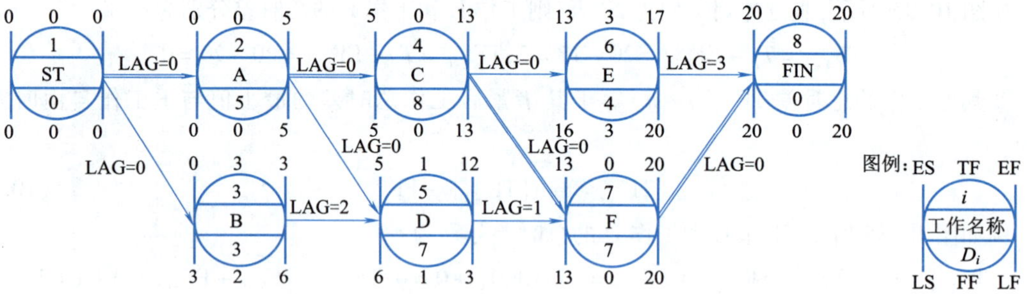

图 10.37　单代号网络计划时间步数计算结果

1. 计算工作的最早开始时间和最早完成时间

工作最早开始时间和最早完成时间的计算应从网络计划的起点节点开始，顺着箭线方向按节点编号从小到大的顺序依次进行。其计算步骤如下：

(1)网络计划起点节点所代表的工作，其最早开始时间未规定时取值为零。例如在本例中，起点节点 ST 所代表的工作(虚拟工作)的最早开始时间为零，即：

$$ES_i = 0 \tag{10.37}$$

(2)工作的最早完成时间 EF_i 等于该工作的最早开始时间 ES_i 加上其持续时间 D_i，则

$$EF_i = ES_i + D_i \tag{10.38}$$

例如在本例中，虚工作 ST、工作 A 和工作 B 的最早完成时间分别为：

$$EF_1 = ES_1 + D_1 = 0 + 0 = 0;EF_2 = ES_2 + D_2 = 0 + 5 = 5;EF_3 = ES_3 + D_3 = 0 + 3 = 3$$

(3)其他工作最早开始时间 ES_j 等于该工作的诸前工作的最早完成时间 EF_i 的最大值，即

$$ES_j = \max\{EF_i\} \tag{10.39}$$

例如在本例中，工作 C 和工作 D 的最早开始时间分别为：

$$ES_4 = EF_2 = 5;\ ES_5 = \max\{EF_2, EF_3\} = \max\{3,5\} = 5$$

(4)计算工期等于其终点节点所代表的工作的最早完成时间。本例中，其计算工期为：

$$T_C = EF_8 = 20$$

2. 计算相邻两项工作之间的时间间隔

相邻两项工作之间的时间间隔(LAG)是指其紧后工作的最早开始时间与本工作最早完成时间的差值，即：

$$LAG_{i,j} = ES_j - EF_i \tag{10.40}$$

例如在本例中,工作 A 与工作 C、工作 A 与工作 D、工作 B 与工作 D 的时间间隔为:

$LAG_{2,4} = ES_4 - EF_2 = 5 - 5 = 0$;$LAG_{2,5} = ES_5 - EF_2 = 5 - 5 = 0$; $LAG_{3,5} = ES_5 - EF_3 = 5 - 3 = 2$

3. 确定网络计划的计划工期

例如在本例中,假设未规定要求工期,则其计划工期就等于计算工期,即:

$$T_p = T_C = 20$$

4. 计算工作的总时差

从网络计划的终点节点开始,逆着箭线方向按节点编号从大到小的顺序依次进行。

(1)网络计划终点节点 n 所代表的工作的总时差应等于计划工期与计算工期之差,即:

$$TF_n = T_p - T_c \tag{10.41}$$

当计划工期等于计算工期时,该工作的总时差为零。例如在本例中,终点节点⑧所代表的工作 FIN(虚拟工作)的总时差为:

$$TF_8 = T_p - T_c = 20 - 20 = 0$$

(2)其他工作的总时差应等于本工作与其各紧后工作之间的时间间隔加该紧后工作的总时差所得之和的最小值,即:

$$TF_i = \min\{LAG_{i,j} + TF_j\} \tag{10.42}$$

例如在本例中,工作 F、工作 D 和工作 A 的总时差分别为:

$TF_7 = LAG_{7,8} + TF_8 = 0 + 0 = 0$;$TF_5 = LAG_{5,7} + TF_7 = 1 + 0 = 1$;

$TF_2 = \min\{LAG_{2,4} + TF_4, LAG_{2,5} + TF_5\} = \min\{0 + 0, 0 + 1\} = 0$

5. 计算工作的自由时差

(1)终点节点 n 所代表的工作的自由时差等于计划工期与本工作的最早完成时间之差,即:

$$FF_n = T_p - EF_n \tag{10.43}$$

例如在本例中,终点节点⑧所代表的工作 FIN(虚拟工作)的自由时差为:

$$FF_8 = T_P - EF_8 = 20 - 20 = 0$$

(2)其他工作的自由时差等于本工作与其紧后工作之间时间间隔的最小值,即:

$$FF_i = \min\{LAG_{i,j}\} \tag{10.44}$$

例如在本例中,工作 A 和工作 B 的自由时差分别为:

$$FF_2 = \min\{LAG_{2,4}, LAG_{2,5}\} = \min\{0,0\} = 0;FF_3 = LAG_{3,5} = 2$$

6. 计算工作的最迟完成时间和最迟开始时间

工作的最迟完成时间和最迟开始时间的计算可按以下两种方法进行:

1)根据总时差计算

(1)工作的最迟完成时间等于本工作的最早完成时间与其总时差之和,即:

$$LF_i = EF_i + TF_i \tag{10.45}$$

例如在本例中,工作 A 和工作 D 的最迟完成时间分别为:

$$LF_2 = EF_2 + TF_2 = 5 + 0 = 5;LF_5 = EF_5 + TF_5 = 12 + 1 = 13$$

(2)工作的最迟开始时间等于本工作的最早开始时间与其总时差之和,即:

$$LS_i = ES_i + TF_i \tag{10.46}$$

例如在本例中,工作 A 和工作 D 的最迟开始时间分别为:

$$LS_2 = ES_2 + TF_2 = 0 + 0 = 0; LS_5 = ES_5 + TF_5 = 5 + 1 = 6$$

2)根据计划工期计算

工作最迟完成时间和最迟开始时间的计算应从网络计划的终点节点开始。逆着箭线方向按节点编号从大到小的顺序依次进行。

(1)网络计划终点节点 n 所代表的工作的最迟完成时间等于该网络计划的计划工期,即:

$$LF_n = T_p \tag{10.47}$$

例如在本例中,终点节点⑧所代表的工作 FIN(虚拟工作)的最迟完成时间为:

$$LF_8 = T_p = 20$$

(2)工作的最迟开始时间等于本工作的最迟完成时间与其持续时间之差,即:

$$LS_i = LF_i - D_i \tag{10.48}$$

例如在本例中,FIN(虚拟工作)、工作 F 和工作 D 的最迟开始时间分别为:

$$LS_8 = LF_8 - D_8 = 20 - 0 = 20; LS_7 = LF_7 - D_7 = 20 - 7 = 13; LS_5 = LF_5 - D_5 = 12 - 7 = 5$$

(3)其他工作的最迟完成时间等于该工作各紧后工作最迟开始时间的最小值,即:

$$LF_i = \min\{LS_j\} \tag{10.49}$$

例如在本例中,工作 F、工作 D 和工作 A 的最迟完成时间分别为:

$$LF_7 = LS_8 = 20; LF_5 = LS_7 = 13; LF_2 = \min\{LS_4, LS_5\} = \min\{5, 6\} = 5$$

7. 确定网络计划的关键线路

(1)利用关键工作确定关键线路。如前所述,总时差最小的工作为关键工作。将这些关键工作相连,并保证相邻两项关键工作之间的时间间隔为零而构成的线路就是关键线路。

例如在本例中,由于工作 A、工作 C 和工作 F 的总时差均为零,故这些工作均为关键工作。由网络计划的起点节点①和终点节点⑧与上述三项关键工作组成的线路上,相邻两项工作之间的时间间隔全部为零,故线路①→②→④→⑦→⑧为关键线路。

(2)利用相邻两项工作之间的时间间隔确定关键线路。从网络计划的终点节点开始,逆着箭线方向依次找出相邻两项工作之间时间间隔为零的线路就是关键线路。例如在本例中,逆着箭线方向可以直接找出关键线路①→②→④→⑦→⑧,因为在这条线路上相邻两项工作之间的时间间隔均为零。在网络计划中,关键线路可以用粗箭线或双箭线标出。

10.3.5 网络计划的优化

网络计划的优化是指在一定约束条件下,按既定目标对网络计划的进行不断改进,以寻求满意方案的过程。网络计划优化包括工期优化、工期-费用优化、资源优化三类。

1. 工期优化

工期优化是指网络计划的计算工期不能满足要求工期时,通过压缩关键工作的持续时间以满足要求工期目标的过程。基本方法是在不改变网络计划中各项工作之间逻辑关系的前提下,通过压缩关键工作的持续时间来达到优化目标。在工期优化过程中,按照经济合理的原则,不能将关键工作压缩成非关键工作。此外,当工期优化过程中出现多条关键线路时,必须将各条关键线路的总持续时间压缩相同数值,否则,不能有效地缩短工期。

网络计划的工期优化可按下列步骤进行:

(1)确定初始网络计划的计算工期和关键线路。

(2)按要求工期计算应缩短的时间 ΔT:

$$\Delta T = T_c - T_r \tag{10.50}$$

式中:T_c为网络计划的计算工期;T_r为要求工期。

(3)选择应缩短持续时间的关键工作。选择压缩对象时宜在关键工作中考虑下列因素:缩短持续时间对质量和安全影响不大的工作;有充足备用资源的工作;缩短持续时间所需增加的费用最少的工作。

(4)将所选定的关键工作的持续时间压缩至最短,并重新确定计算工期和关键线路。若被压缩的工作变成非关键工作,则应延长其持续时间,使之仍为关键工作。

(5)当计算工期仍超过要求工期时,则重复上述(2)~(4),直至计算工期满足要求工期或计算工期已不能再缩短为止。

(6)当所有关键工作的持续时间都已达到其能缩短的极限而寻求不到继续缩短工期的方案,但网络计划的计算工期仍不能满足要求工期时,应对网络计划的原技术方案、组织方案进行调整,或对要求工期重新审定。

例 10.8 某工程项目双代号网络计划如图 10.38 所示,箭线下方括号外数字表示工作的正常持续时间(单位:周),括号内数字表示工作的最短持续时间,箭线上方括号内数字为该工作的优选系数,该系数综合考虑质量、安全和费用增加情况而确定。选择关键工作压缩其持续时间时,应选择优选系数最小的关键工作。若需同时压缩多个关键工作的持续时间,则应该优先选择优选系数之和最小者作为压缩对象。现该工程项目要求工期为 13 周,试对其进行优化。

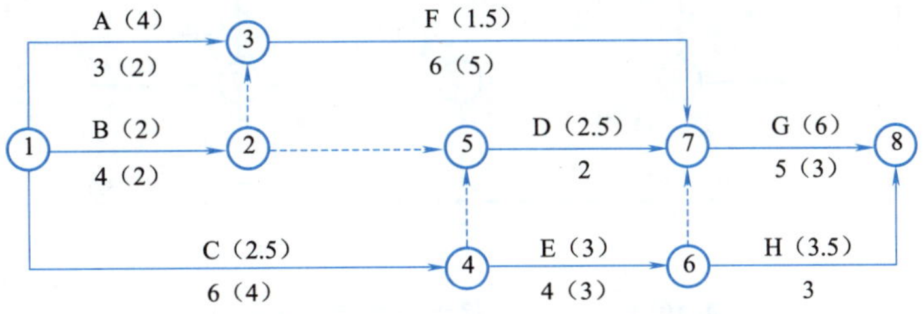

图 10.38 某工程初始网络计划图

解 ①首先根据各项工作的正常持续时间,确定计算工期和关键线路。计算工期 $T_c = 15$ 周,关键线路为有两条:①→②→③→⑦→⑧和①→④→⑥→⑦→⑧,如图 10.39 所示。应压缩时间 $\Delta T = T_c - T_r = 2$(周)。

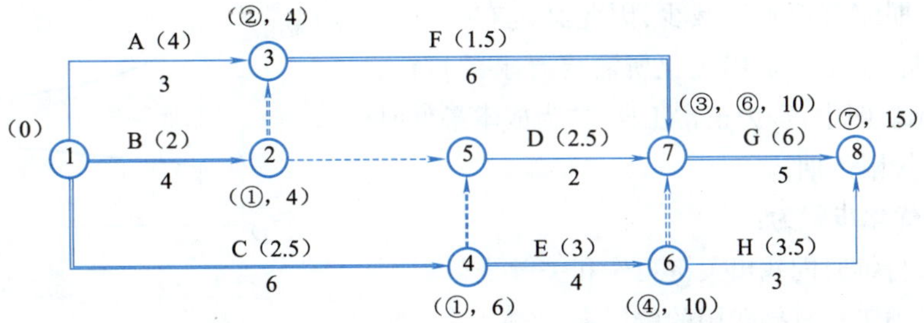

图 10.39 初始网络计划图中的关键线路

②选择可能的压缩组合，方案如下：①同时压缩工作 B 和 C，组合优选系数为 2 + 2.5 = 4.5；②同时压缩工作 B 和 E，组合优选系数为 2 + 3 = 5；③同时压缩工作 C 和 F，组合优选系数为 2.5 + 1.5 = 4；④同时压缩工作 E 和 F，组合优选系数为 3 + 1.5 = 4.5；⑤压缩工作 G，优选系数为 6。综上，第③个方案组合优选系数最小，故应选择同时压缩工作 C 和 F，将这两项工作持续时间各压缩 1 周（F 压缩至最短时间），如图 10.40 所示。压缩后计算工期 T_c = 14 周，关键线路仍为两条：①→②→③→⑦→⑧和①→④→⑥→⑦→⑧。

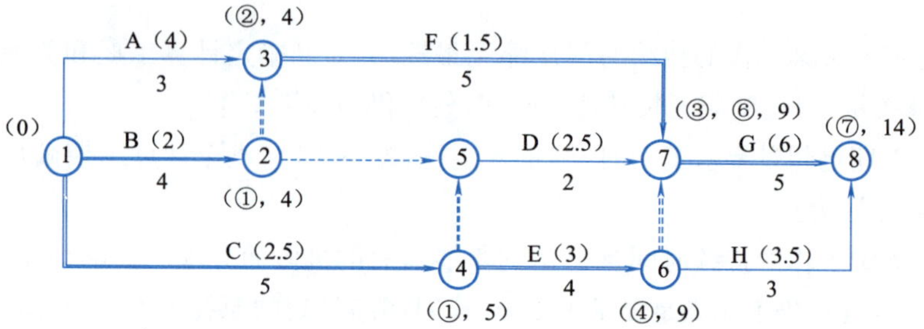

图 10.40 第一次压缩之后的网络计划图

③第一次压缩后计算工期仍大于要求工期，故需继续优化：①压缩工作 B 和 C，组合优选系数为 2 + 2.5 = 4.5；②压缩工作 B 和 E，组合优选系数为 2 + 3 = 5；③压缩工作 G，优选系数为 6。综上，选择压缩工作 B 和 C，各压缩 1 周，压缩后计算工期 T_c = 13 周，达到要求工期。优化后方案如图 10.41 所示。

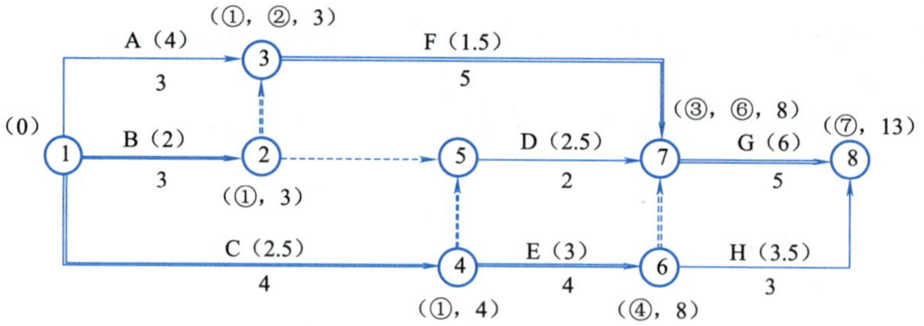

图 10.41 工期优化之后的网络计划图

2. 工期 – 费用优化

工期 – 费用优化又称为时间成本优化，是寻求最低成本时的最短工期安排，或按要求工期寻求最低成本的计划安排过程。网络计划的总费用由直接费和间接费组成。直接费随工期的缩短一般费用增加，间接费随工期缩短而费用减少，因此必定有一个总费用最低的工期，这便是费用优化所需要寻求的目标，如图 10.42 所示。图中：T_N为正常工期，T_o为成本最低时最优工期，T_L为极限工期。

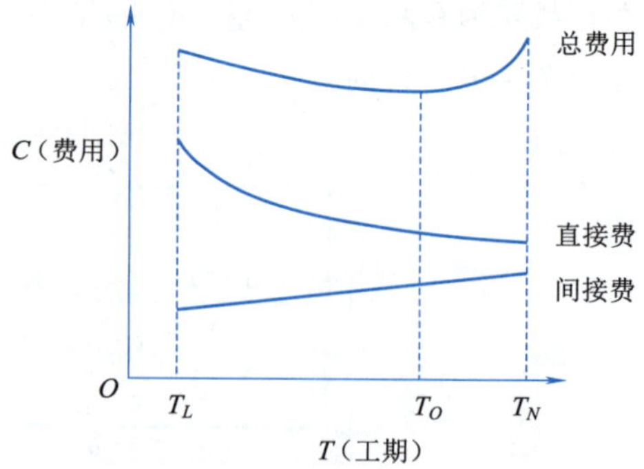

图 10.42 工程费用与时间的关系曲线

工期-费用优化步骤为：

（1）按正常持续时间找出关键工作和关键线路。

（2）计算各项工作直接费用的费用率。

（3）找出费用率最低的一项或一组关键工作。

(4)缩短找出工作的持续时间(被压缩的工作不能变为非关键工作)。

(5)计算费用的增加值(直接费增加与间接费减少之差)。

(6)费用增加值为负值时,再计算工期,找出新的关键线路。重复以上步骤,至最低一项或一组关键工作的直接费率的增加值高于间接费率的降低值为止,其前一方案即为最优方案。

例 10.9 某工程由六项工作组成,各项工作持续时间和直接费等有关参数如表 10.7 所示。已知该工程间接费变化率为 165 元/天,正常工期的间接费为 3 000 元。试编制该网络计划的工期 – 成本优化方案。

表 10.7 某工程各项工作参数汇总表

工作编号 i – j	正常工期		极限工期		直接费变化率 K_{i-j} (元/天)
	持续时间 D_{i-j} (天)	直接费 C_{i-j} (元)	持续时间 D'_{i-j} (天)	直接费 C'_{i-j} (元)	
1-2	4	800	3	950	150
1-3	6	1 250	4	1 560	155
2-4	6	1 000	5	1 160	160
3-4	7	1 070	5	1 320	125
3-5	8	900	5	1 530	210
4-5	3	1 200	2	1 400	200
合计		6 220			

解 ①计算直接费变化率,填入表 10.7 中。

②绘制出网络图计划初始方案,并计算出时间参数,如图 10.43 所示。正常工期为 T = 16 天,直接费为 6 220 元,间接费为 3 000 元,工程成本为 9 220 元。

③优化。第一次循环,如图 10.43 所示,有一条关键线路,关键工作 1-3、3-4、4-5,3-4 工作的直接费变化率最低,故将 3-4 工作压缩 2 天,此时直接费增加 125 × 2 = 250(元),间接费减少 165 × 2 = 330(元),工程成本为 9 140 元。压缩后的网络图如图 10.44 所示。

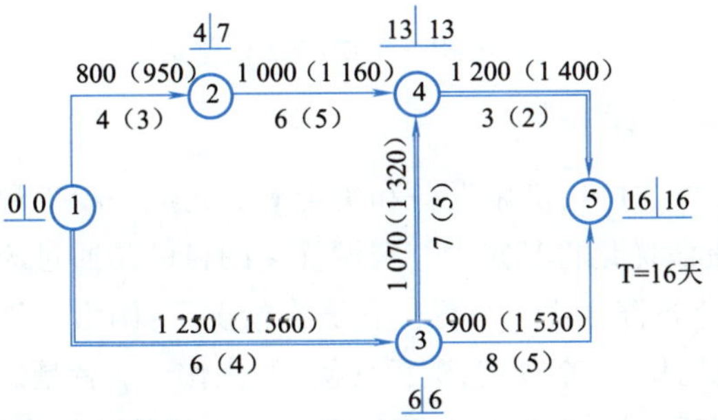

图 10.43 初始方案网络计划图

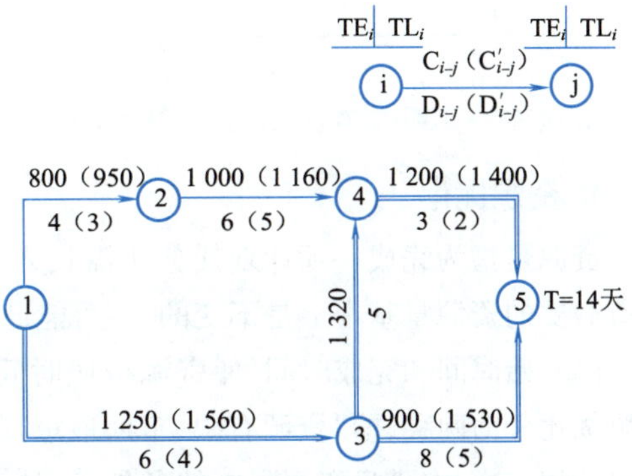

图 10.44 第一次循环后的网络计划图

第二次循环,从图 10.44 看到关键线路有两条,关键工作 1-3 直接费变化率最低,故将其压缩 1 天,此时直接费增加 155 元,间接费减少 165 元,工程成本为 9 130 元。压缩后的网络图如图 10.45 所示。

第三次循环,从图 10.45 看出,关键线路有三条,同时将关键工作 1-2、1-3 压缩 1 天,直接费增加 150 + 155 = 305(元)，间接费减少 165 元，工程成本为 9 270 元，压缩后的网络图如图 10.46 所示。

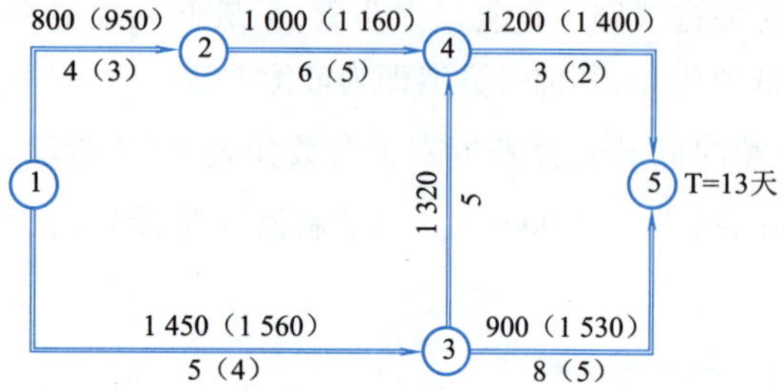

图 10.45　第二次循环后的网络计划图

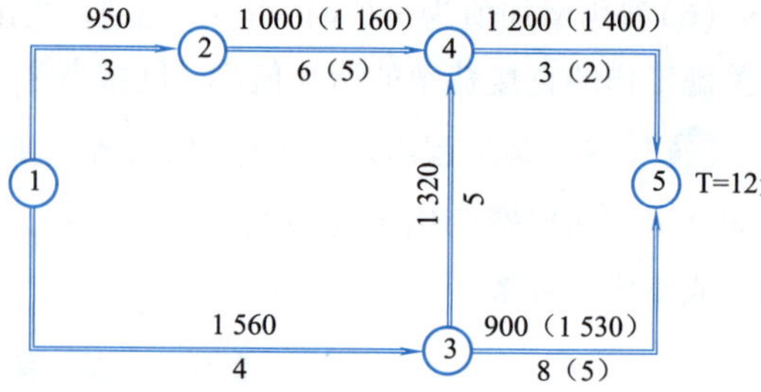

图 10.46　第三次循环后的网络计划图

第四次循环，从图 10.46 看出，关键线路有三条，同时压缩 3-5 和 4-5 工作 1 天，直接费增加 210 + 200 = 410(元)，间接费减少 165 元，工程成本为 9 515 元。压缩后的网络图如图 10.47 所示。

(4)绘出工期 - 成本曲线，如图 10.48 所示。从图中看出工程最低费用为 9 130 元，对应最佳工期T = 13 天。

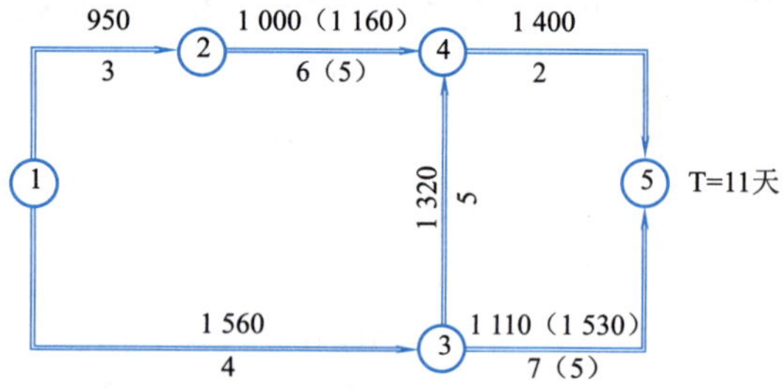

图 10.47　工期-成本优化后的网络计划图

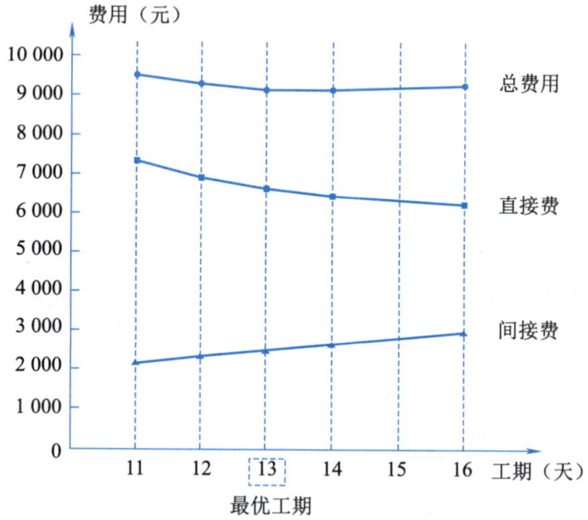

图 10.48　工期-成本优化结果

3. 资源优化

资源是指为完成一项计划任务所需投入的人力、材料、机械设备和资金等。完成一项工程任务所需要的资源量基本上是不变的，不可能通过资源优化将其减少。资源优化的目的是通过改变工作的开始时间和完成时间，使资源按照时间的分布符合优化目标。在通常情况下，网络计划的资源优化分为两种，即“资源有限，工期最短”的优化和“工期固定，资源均衡”的优化。前者是通过调整计划安排，在满足资源限制的条件下，使工期延长最少的过程；而后者是通过调整计划安排，在工期保持不变的条件下，使资源需用量尽可能均衡的过程。

1)“资源有限、工期最短”的优化

这种优化是利用工作时差，改变某些工作的最早开始时间，以满足资源限量的要求。为简化这种优化问题，假设所有工作需要的都是同样的资源，在项目建设过程中，当某种资源受到限制时，资源计划必须满足其限量进行安排。在优化过程中用到如下几个基本术语：①资源强度 R_{i-j}^{K} 指

工作 i-j 对第 K 种资源的单位时间需要的强度；②资源需要量 $R_t=\sum r_{i-j}^K$，为项目 t 时段对第 K 种资源总的需要量；③资源限量 R_a 为每单位时间提供固定的资源强度。

"资源有限、工期最短"的优化步骤为：

(1)绘制(早)时标网络及资源动态曲线。

(2)逐时段检查，当出现 $R_t>R_a$ 时，作为调整时段。

(3)对调整时段平行工作重新安排(改变某些工作的开始时间)，计算各方案工期延长值：

$$\Delta T_{m,n}=\mathrm{EF}_m+\mathrm{D}_n-\mathrm{LF}_n=\mathrm{EF}_m-(\mathrm{LF}_n-\mathrm{D}_n)=\mathrm{EF}_m-\mathrm{LS}_n \tag{10.51}$$

式中：$\Delta T_{m,n}$ 为将工作 n 安排在工作 m 之后进行时网络计划的延长值。

(4)在有资源冲突的时段中，找出所有的并行工作，并求出它们的最早完成时间和最晚开始时间，为求最小的(即延长工期最短的) $\Delta T_{m,n}$，最佳方案的公式可表示为：

$$\Delta T_{m,n}=\min\mathrm{EF}_m-\max\mathrm{LS}_n \tag{10.52}$$

因此，只要找出最小的最早完成时间值和最大的最晚开始时间值所属的工作即可。

注意：若某工作的 EF 是最小值并且 LS 为并行工作的最大值，则找次级的与之比较即可。

(5)重复以上步骤，直到满足要求为止。

例 10.10 某工程项目双代号时标网络计划如图 10.49 所示，图中箭线上方括号内数字表示该工作的资源强度。假设该施工现场每天可以供应的资源总量为 20 个单位，试确定其在满足资源限制条件下的最短工期。(单位：天)

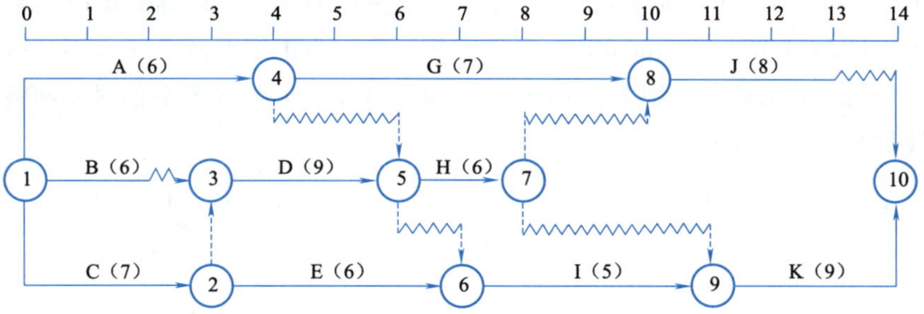

图 10.49 某工程(早)时标网络计划图

解 ①计算并绘制该时标网络计划每个单位时间的资源需要量，动态曲线如图 10.50 所示。

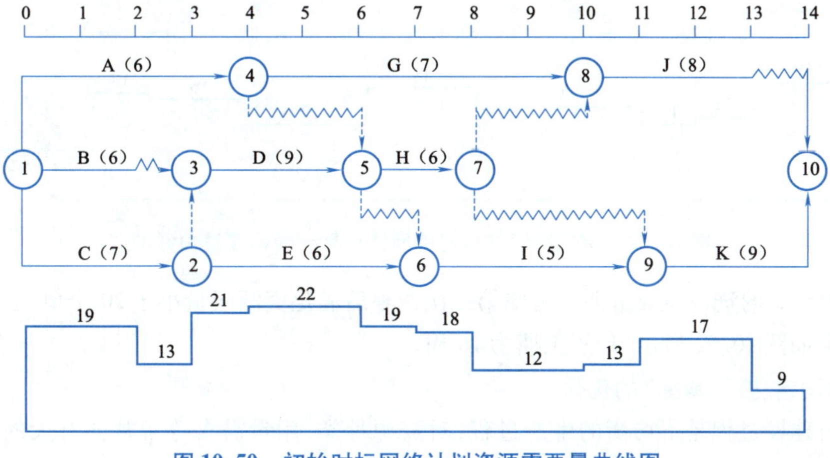

图 10.50 初始时标网络计划资源需要量曲线图

②沿时间轴向右逐个检查每个时段资源是否满足要求，本例中第4、5、6天资源超限，需进行调整。第4天的并行工作有A、D、E。由计算得知：$EF_A=4$，$EF_D=6$，$EF_E=7$，$LS_A=2$，$LS_D=4$，$LS_E=3$；$minEF_m=4$，$maxLS_n=4$，m为工作A，n为工作D。综上可知工作A→D的工期延长值最小，调整方案为：将工作D移到工作A之后。调整后的时标网络计划以及资源需要量曲线如图10.51所示。

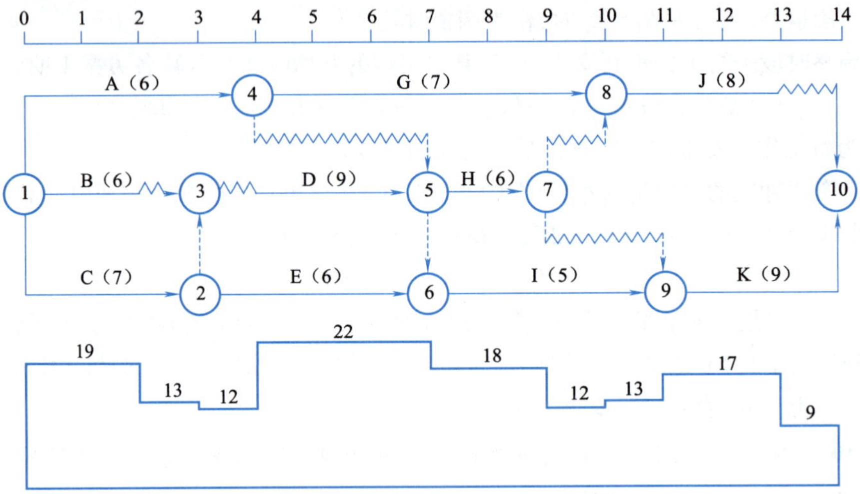

图10.51　第一次调整后时标网络计划资源需要量曲线图

③由图10.51可知第5、6、7周资源超限，并行工作为G、D、E。由计算得知：$EF_G=10$，$EF_D=6$，$EF_E=7$，$LS_G=5$，$LS_D=4$，$LS_E=3$。$minEF_m=6$，$maxLS_n=5$，m为工作D，n为工作G。综上可知工作D→G的工期延长值最小，调整方案为：将工作G移到工作D之后。调整后的时标网络计划以及资源需要量曲线如图10.52所示。

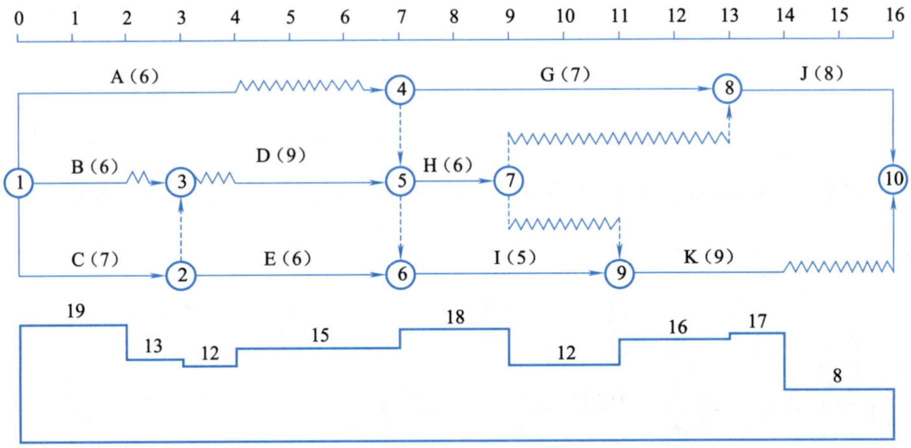

图10.52　第二次调整后时标网络计划资源需要量曲线图

④由图10.52的资源需要量曲线可知第二次调整后满足资源限量小于20个单位的要求，因此最终优化结果如图10.52所示，最短工期为16周。

2）“工期固定、资源均衡”的优化

工程项目建设过程是不均衡的生产过程，对资源种类、用量需求等常常会有大的变化。通过网络计划中非关键工作时差的利用对资源计划进行调整(削峰填谷),尽量减少资源需用量的波动,使资源连续而均衡分布。

10.4　工程项目进度计划的检查与调整

项目施工进度计划在实施过程中,由于各种条件的不断变化,需要对进度计划进行不断地检查和调整,以确保项目最终能实现工期目标。

10.4.1　进度计划的检查

对进度计划的跟踪检查途径包括:①定期收集进度报表资料;②现场实际检查工程进展情况;③定期召开现场会议;④收集数据的加工处理。将实际进度数据与计划进度数据比较,可以确定工程项目进度实际执行状况和计划目标的差距。

常用的进度比较方法有横道图、S 曲线、香蕉曲线和前锋线比较法。

1. 横道图比较法

横道图比较法是指将项目实施过程中检查实际进度收集到的数据,经加工整理后直接用横道线平行绘于原计划的横道线处,进行实际进度与计划进度的比较方法。采用横道图比较法,可以形象、直观地反映实际进度与计划进度的比较情况。

例如某工程项目基础工程的计划进度和截止到第 9 周末的实际进度如图 10.53 所示。从图中实际进度与计划进度的比较可以看出,到第 9 周末进行实际进度检查时,挖土方和做垫层两项工作已经完成;支模板按计划也应该完成,但实际只完成 75% ,任务量拖欠 25% ;绑扎钢筋按计划应该完成60% ,而实际只完成 20% ,任务量拖欠 40% 。根据各项工作的进度偏差,进度控制者可以采取相应的纠偏措施对进度计划进行调整,以确保该工程按期完成。

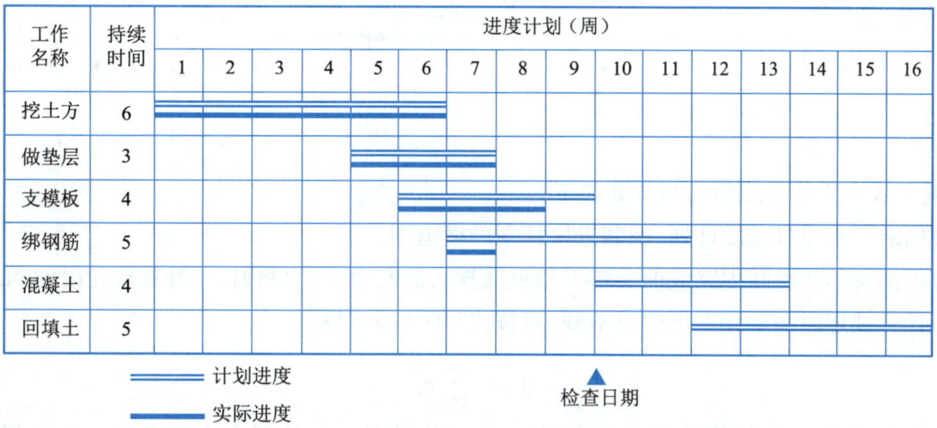

图 10.53　某基础工程实际进度与计划进度比较图

2. S 曲线比较法

S 曲线比较法是以横坐标表示进度时间、纵坐标表示累计完成工作任务量而绘制的一条按计划时间累计完成任务量的 S 曲线。然后将工程项目实施过程中各检查时间实际累计完成任务量的

S 曲线也绘制在同一坐标系中，进行实际进度与计划进度比较的一种方法。

从整个工程项目实际进展全过程看，单位时间投入的资源量一般是开始和结束时较少，中间阶段较多。与其相对应，单位时间完成的任务量也呈同样的变化规律，如图 10.54(a)所示，而随工程进展累计完成的任务量则应呈 S 形变化，如图 10.54(b)所示。具体工程示例如图 10.55 和图 10.56所示。

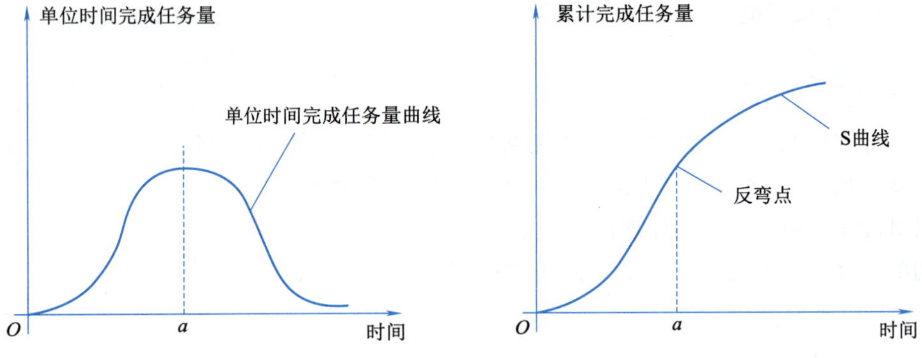

(a)　　(b)

图 10.54　时间与完成任务量关系曲线

1) S 曲线的绘制方法

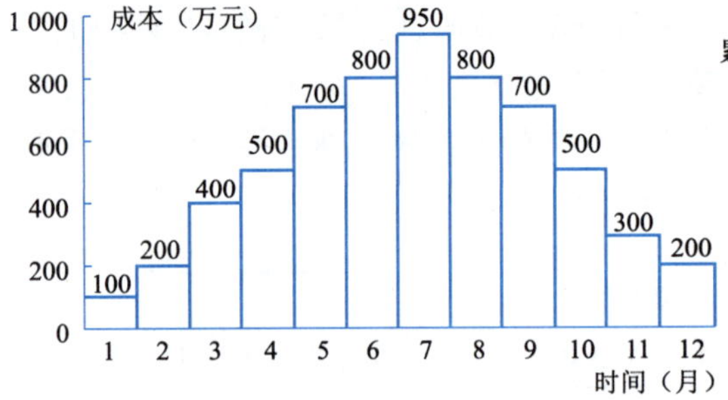

图 10.55　按时间编制成本计划

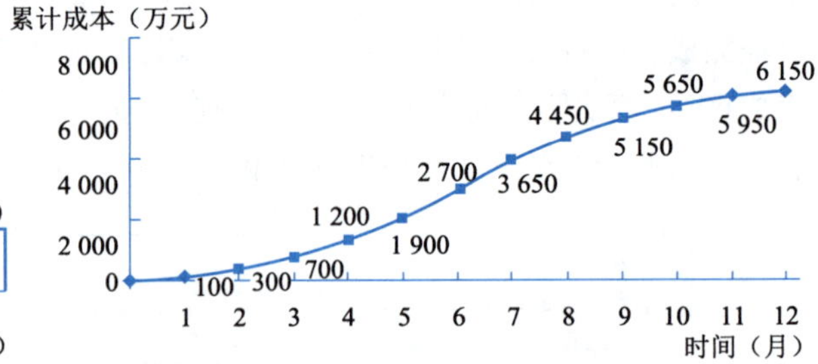

图 10.56　时间 - 成本累计曲线(S 曲线)

时间 - 成本累计曲线的绘制步骤如下：

(1)确定工程项目进度计划，编制进度计划的横道图。

(2)根据每单位时间内完成的实物工程量或投入的人力、物力和财力，计算单位时间的成本。

(3)计算规定时间累计支出的成本额，可按式(10.51)计算：

$$Q_t = \sum_{n=1}^{t} q_n \tag{10.53}$$

式中：Q_t为某时间 t 内计划累计支出成本额；q_n 为单位时间 n 的计划支出成本额；t 为某规定计划时刻。

(4)按各规定时间的 Q_t 值，绘制 S 曲线。

例 10.11　已知某施工项目的数据资料如表 10.8 所示，绘制该项目的时间 - 成本累计曲线。

表 10.8 工程数据资料表

编码	项目名称	最早开始时间	工期(月)	成本强度(万元/月)
11	场地平整	1	1	20
12	基础施工	2	3	15
13	主体工程施工	4	5	30
14	砌筑工程施工	8	3	20
15	屋面工程施工	10	2	30
16	楼地面施工	11	2	20
17	室内设施安装	11	1	30
18	室内装饰	12	1	20
19	室外装饰	12	1	10
20	其他工程		1	10

解 ①确定施工项目进度计划,编制进度计划的横道图,如图 10.57 所示。

编码	项目名称	时间(月)	成本强度(万元/月)	工程进度(月)											
				1	2	3	4	5	6	7	8	9	10	11	12
11	场地平整	1	20												
12	基础施工	3	15												
13	主体工程施工	5	30												
14	砌筑工程施工	3	20												
15	屋面工程施工	2	30												
16	楼地面施工	2	20												
17	室内设施安装	1	30												
18	室内装饰	1	20												
19	室外装饰	1	10												
20	其他工程	1	10												…

图 10.57 进度计划横道图

②在横道图上按时间编制成本计划,如图 10.58 所示。

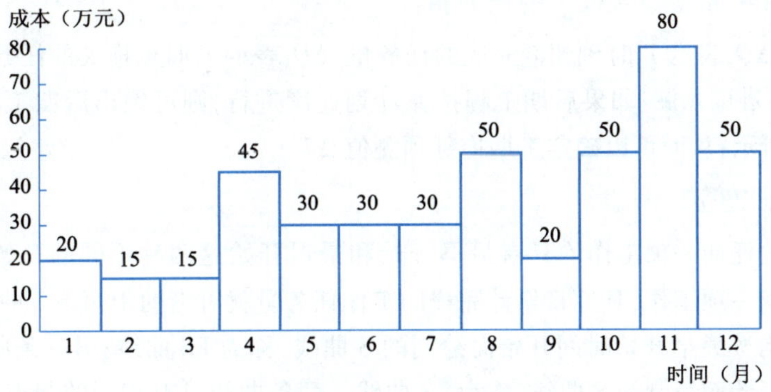

图 10.58 按月编制的成本计划

③计算规定时间 t 计划累计支出的成本额。

根据式(10.53)，可得：

$$Q_1=20, Q_2=35, Q_3=50, \cdots, Q_{10}=305, Q_{11}=385, Q_{12}=435$$

④绘制S曲线，如图10.59所示。

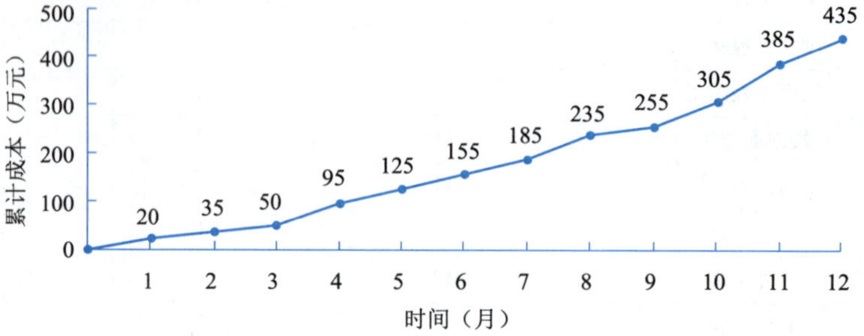

图10.59　时间－成本累计曲线(S曲线)

2)实际进度与计划进度的比较

在工程项目实施过程中，按照规定时间将检查收集到的实际累计完成任务量绘制在原计划S曲线图上，即可得到实际进度S曲线，如图10.60所示。

通过比较实际进度S曲线和计划进度S曲线，可以获得如下信息：

(1)工程项目实际进展状况：如果工程实际进展点落在计划S曲线左侧，表明此时实际进度比计划进度超前，如图10.60中的 a 点；如果工程实际进展点落在S计划曲线右侧，表明此时实际进度拖后，如图10.60中的 b 点；如果工程实际进展点正好落在计划S曲线上，则表示此时实际进度与计划进度一致。

(2)工程实际进度超前或拖后的时间：如图10.60所示，ΔT_a 表示 T_a 时刻实际进度超前的时间；ΔT_b 表示 T_b 时刻实际进度拖后的时间。

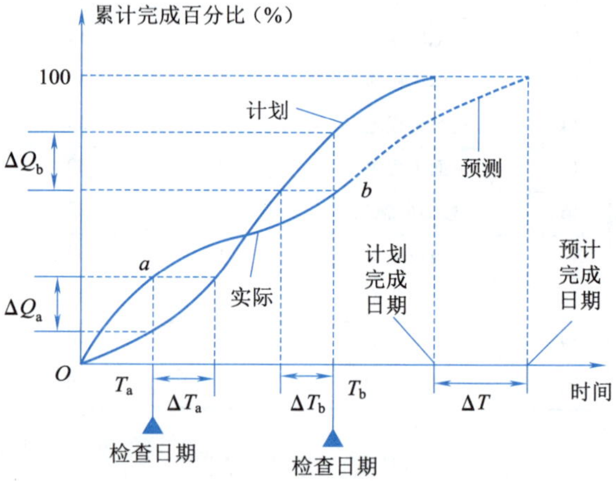

图10.60　S曲线比较图

(3)工程项目实际超额或拖欠的任务量：如图10.60所示，ΔQ_a 表示 T_a 时刻超额完成的任务量，ΔQ_b 表示 T_b 时刻拖欠的任务量。

(4)后期工程进度预测：如果后期工程按原计划速度进行，则可做出后期工程计划S曲线，如图10.60中虚线所示，从而可以确定工期拖延预测值 ΔT。

3. 香蕉曲线比较法

网络计划中的任何一项工作均具有最早开始和最迟开始这两种不同的开始时间，于是，工程网络计划中的任何一项工作，其逐日累计完成的工作任务量就可借助于两条S曲线概括表示：一条曲线是各项工作均按最早开始时间开始而绘制的S曲线，称为ES曲线；另一条曲线是各项工作均按最迟开始时间开始而绘制的S曲线，称为LS曲线。两条曲线具有相同的起点和终点，所以形成了形如香蕉的闭合曲线，故将其称为香蕉曲线，如图10.61所示。

香蕉曲线的绘制方法与S曲线相同，绘制完成的正确图形应是两条S曲线除在开始点和结束点相重合外，ES 曲线的其余各点均落在 LS 曲线的左侧。

一个科学合理的进度计划优化曲线应处于香蕉曲线所包络的区域之内，这说明实际工程进度被控制于工作的最早开始时间和最迟开始时间的要求范围之内，呈正常状态。而一旦实际进度点落在 ES 曲线的上方（左侧）或 LS 曲线的下方（右侧），则说明实际进度超前或滞后，已产生进度偏差。香蕉曲线还可用于对工程进度计划的合理安排、实际进度与计划进度的比较，以及对后续工程进度进行预测。与 S 曲线相比，它能获得更多的信息。

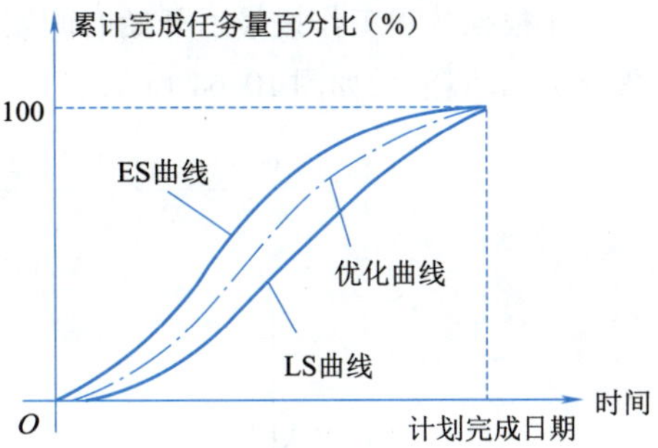

图 10.61 香蕉曲线比较图

例 10.12 某分部工程项目双代号网络计划如图 10.62 所示。图中箭线上方括号内数字表示各项工作计划完成的任务量，以劳动消耗量表示，箭线下方数字表示各项工作的持续时间（周）。假设各工作均匀速进展，即各工作每周劳动消耗量相等。试绘制香蕉曲线。

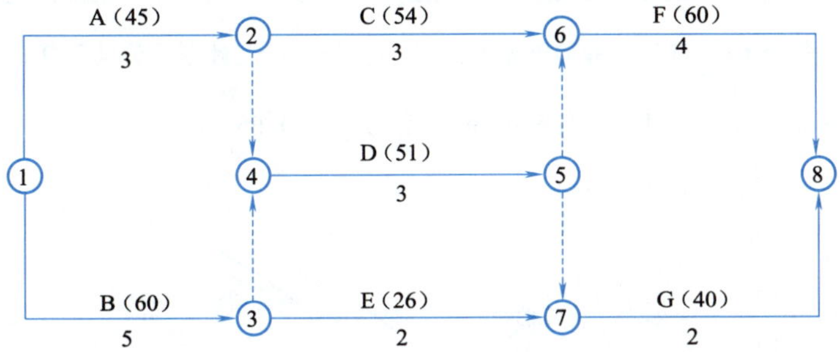

图 10.62 某分部工程项目双代号网络计划

解 ①确定各项工作每周的劳动消耗量：工作 A：45 ÷ 3 = 15；工作 B：60 ÷ 5 = 12；工作 C：54 ÷ 3 = 18；工作 D：51 ÷ 3 = 17；工作 E：26 ÷ 2 = 13；工作 F：60 ÷ 4 = 15；工作 G：40 ÷ 2 = 20。

②计算工程项目劳动消耗总量 Q：$Q = 45 + 60 + 54 + 51 + 26 + 60 + 40 = 336$。

③根据各项工作按最早开始时间安排的进度计划，确定工程项目每周计划劳动消耗量及各周累计劳动消耗量，如图 10.63 所示。

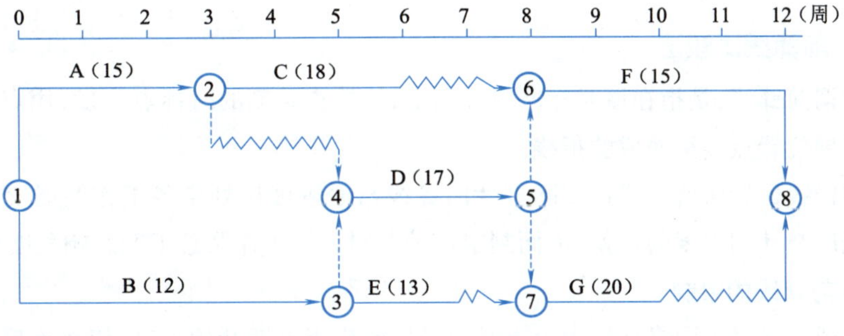

每周劳动消耗量	27	27	27	30	30	48	30	17	35	35	15	15
累计劳动消耗量	27	54	81	111	141	189	219	236	271	306	321	336

图 10.63 按工作最早开始时间（ES）安排的进度计划及劳动消耗量

④根据各项工作按最迟开始时间安排的进度计划，确定工程项目每周计划劳动消耗量及各周累计劳动消耗量，如图 10.64 所示。

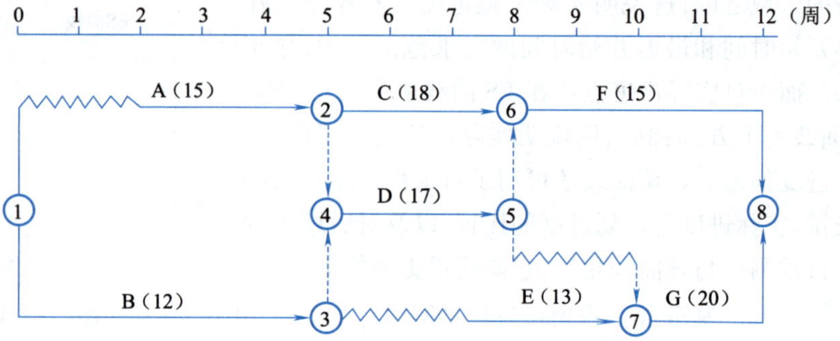

每周劳动消耗量	12	12	27	27	27	35	35	35	28	28	35	35
累计劳动消耗量	12	24	51	78	105	140	175	210	238	266	301	336

图 10.64　按工作最迟开始时间（LS）安排的进度计划及劳动消耗量

⑤分别绘制 ES 曲线和 LS 曲线，得到香蕉曲线，如图 10.65 所示。

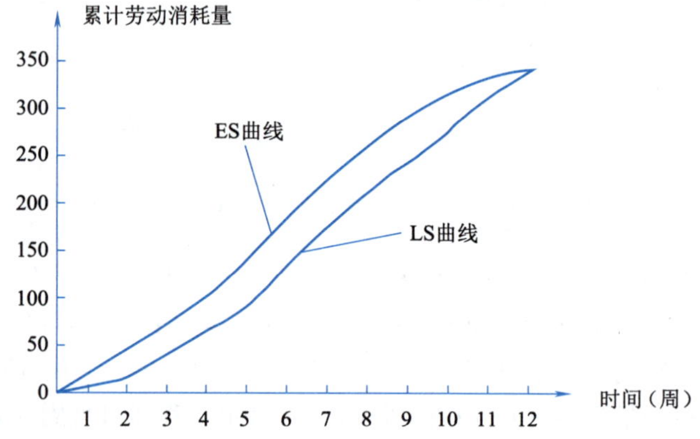

图 10.65　香蕉曲线

4. 前锋线比较法

所谓前锋线，是指在原时标网络计划上，从检查时刻的时标点出发，用点划线依次将各项工作实际进展位置点连接而成的折线。

前锋线比较法就是通过实际进度前锋线与原进度计划中各工作箭线交点的位置来判断工作实际进度与计划进度的偏差，进而判定该偏差对后续工作及总工期影响程度的一种方法。

1）前锋线的绘制

一般从早时标网络计划图上方时间坐标的检查日期开始绘制，依次连接相邻工作的实际进展位置点，最后与时间网络计划图下方坐标的检查日期相连接。

2）前锋线的比较分析

前锋线可以直观地反映出检查日期有关工作实际进度与计划进度的偏差。

（1）工作实际位置点落在检查日期的左侧，表明该工作实际进度拖后，拖后时间为二者之差。

(2)工作实际位置点与检查日期重合,表明该工作实际进度与计划进度一致。

(3)工作实际位置点落在检查日期的右侧,表明该工作实际进度超前,超前时间为二者之差。

(4)预测进度偏差对后续工作及总工期的影响。

通过实际进度与计划进度的比较确定进度偏差后,还可根据工作的自由时差和总时差预测该进度偏差对后续工作及项目总工期的影响。前锋线比较法既适用于工作实际进度与计划进度之间的局部比较,又可用来分析和预测工程项目整体进度状况。

例 **10.13** 某工程项目时标网络计划如图 10.66 所示。该计划执行到第 6 周末检查实际进度时,发现工作 A 和 B 已经全部完成,工作 D、E 分别完成计划任务量的 20% 和 50%,工作 C 尚需 3 周完成,试用前锋线法进行实际进度与计划进度的比较。

解 根据第 6 周末实际进度的检查结果绘制前锋线,如图 10.66 中点划线所示。

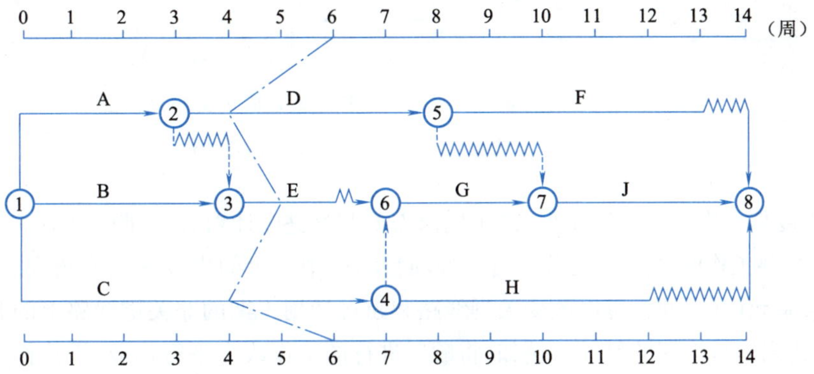

图 10.66　某工程前锋线比较图

通过比较可以看出:

①工作 D 实际进度拖后 2 周,后续工作 F 的最早开始时间推迟 2 周,使总工期延长 1 周。

②工作 E 实际进度拖后 1 周,既不影响总工期,也不影响其后续工作的正常进行。

③工作 C 实际进度拖后 2 周,将使其后续工作 G、H、J 的最早开始时间推迟 2 周。

由于工作 G、J 开始时间的推迟,从而使总工期延长 2 周。

综上所述,如果不采取措施加快进度,该工程项目的总工期将延长 2 周。

10.4.2　进度计划的调整

1. 分析进度偏差对后续工作及总工期的影响

在进度计划执行过程中,当通过实际进度与计划进度的比较,发现有进度偏差时,需要分析该偏差对后续工作及总工期的影响,从而采取相应的调整措施对原进度计划进行调整,以确保工期目标的顺利实现。进度偏差的大小及其所处的位置不同,对后续工作和总工期的影响程度是不同的,分析时需要利用总时差和自由时差的基本原理进行有层次的判别和决策。步骤为:

(1)分析出现进度偏差的工作是否为关键工作。

(2)分析进度偏差是否超过总时差。

(3)分析进度偏差是否超过自由时差。

进度偏差对后续工作及总工期影响的分析流程如图 10.67 所示。通过分析，进度控制人员可以根据进度偏差的影响程度，制订相应的纠偏措施进行调整，以获得符合实际进度情况和计划目标的新进度计划。

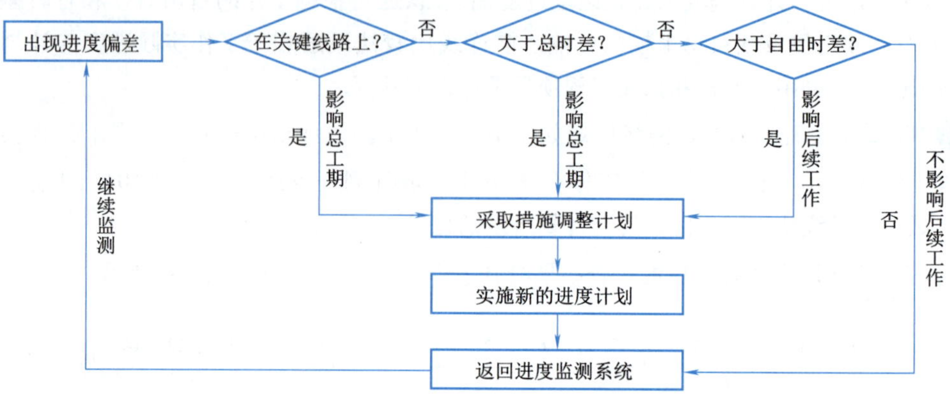

图 10.67　进度偏差对后续工作及总工期影响的分析流程图

2. 进度计划的调整方法

当实际进度偏差影响到后续工作、总工期而需要调整进度计划时，其调整方法主要有两种。

(1) 改变某些工作间的逻辑关系。当工程项目实施中产生的进度偏差影响到总工期，且有关工作的逻辑关系允许改变时，可以改变关键线路和超过计划工期的非关键线路上的有关工作之间的逻辑关系，达到缩短工期的目的。例如，将顺序进行的工作改为平行作业、搭接作业以及分段组织流水作业等，都可以有效地缩短工期。

(2) 缩短某些工作的持续时间。这种方法是不改变工程项目中各项工作之间的逻辑关系，而通过采取增加资源投入、提高劳动效率等措施来缩短某些工作的持续时间，使工程进度加快，以保证按计划工期完成该工程项目。这些被压缩持续时间的工作是位于关键线路和超过计划工期的非关键线路上的工作。同时，这些工作又是其持续时间可被压缩的工作。这种调整方法通常可以在网络图上直接进行。其调整方法视限制条件及对其后续工作的影响程度的不同而有所区别。

本章小结

1. 施工进度控制的主要流程：编制出原始进度计划，必要时可进行优化，在计划执行过程中经常检查实际进度情况，若出现偏差则分析原因和对工期的影响程度，采取必要的调整措施，修改原计划再付诸实施，如此循环，直到工程竣工验收交付使用。

2. 施工进度控制的总目标是确保施工项目工期目标的实现，或在保证施工质量和不增加施工实际成本的条件下缩短施工工期。

3. 流水施工的组织方法包括固定节拍流水施工、成倍节拍流水施工和无节奏流水施工。组织流水施工能够使施工在时间和空间上连续、均衡、有节奏地进行，为施工现场的文明施工和科学管理创造有利条件。

4. 网络计划技术能直观地反映工作之间的相互关系，使进度计划构成一个系统的整体，运用数学最优化原理揭示整个进度计划的关键工作以及巧妙地安排计划中的各项工作，实现进度计划的定量分析，使得施工进度计划自始至终在科学有效的预判和掌控之中。

5. 施工进度计划在实施过程中，由于各种条件的不断变化，对进度计划应进行不断的检查，在分析施工进度偏差及其产生原因的基础上，通过组织、技术、经济、合同等措施对原进度计划进行调整或修正，实现对施工进度的控制目标。

综合能力实训

一、选择题

1. 在拟建工程任务十分紧迫、工作面允许以及资源保证供应的条件下，可以组织(　　)。

A. 平行施工　　B. 顺序施工　　C. 流水施工　　D. 依次施工

2. 组织流水施工时，划分施工段的最根本目的是(　　)。

A. 由于施工工艺的要求　　B. 使各专业队在不同施工段进行流水施工

C. 提供工艺或组织间歇时间　　D. 可增加更多的专业工作队

3. 如果施工段不变，若流水步距越大，则工期(　　)。

A. 越小　　B. 不变　　C. 越大　　D. 不能确定

4. 划分施工段时应当遵循的原则不包括(　　)。

A. 使各施工段的工程量基本相等　　B. 使各施工过程配备的人数相等

C. 要满足工作面的限制　　D. 尽量使各专业班组能连续施工

5. 组织无节奏专业流水的关键是(　　)。

A. 计算流水节拍　　B. 确定专业队数　　C. 计算搭接时间　　D. 正确计算流水步距

6. 某分部工程有 3 个施工过程，分为 4 个施工段组织加快的成倍节拍流水施工，各施工过程的流水节拍分别为 6 天、4 天和 8 天，则该分部工程的流水施工工期是(　　)天。

A. 18　　B. 24　　C. 34　　D. 42

7. 基础工程划分为 4 个施工过程(基槽开挖、垫层、混凝土浇筑、回填土)在 5 个施工流水段组织固定节拍流水施工，流水节拍为 3 天，要求混凝土浇筑 3 天后才能进行回填土施工，其中基槽开挖与垫层施工搭接 1 天，该工程的流水施工工期为(　　)天。

A. 14　　B. 26　　C. 29　　D. 39

8. 某分项工程实物工程量为 1 500 m^2，该分项工程人工时间定额为 0.1 工日/m^2，计划每天安排 2 班，每班 5 人完成该分项工程，则在组织流水施工时其流水节拍为(　　)天。

A. 15　　B. 30　　C. 75　　D. 150

9. 某基础工程开挖与浇筑混凝土共两个施工过程在 4 个施工段组织流水施工，流水节拍的天数分别为 4、3、2、5 与 3、2、4、3，则流水步距与流水施工工期分别为(　　)。

A. 5 和 17　　B. 5 和 19　　C. 4 和 16　　D. 4 和 26

10. 如图 10.68 所示的双代号网络图中，下列说法正确的是(　　)。

A. 虚工作②－⑥是多余的

B. 虚工作④－⑤是多余的

C. 虚工作⑤-⑥是多余的

D. 所有虚工作均为必要的

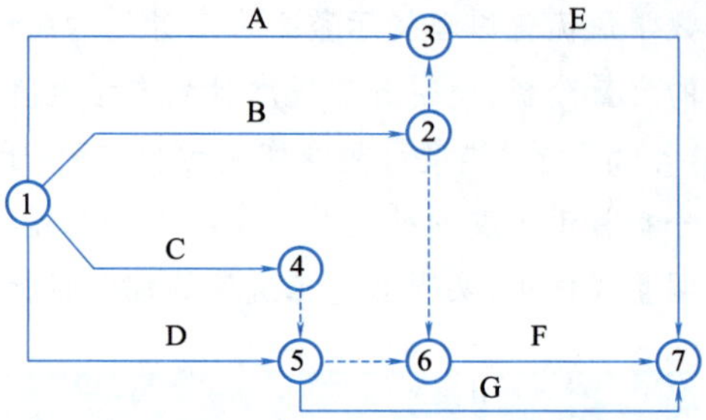

图 10.68　第 10 题图

11. 在工程网络计划中，关键工作是指网络计划中(　　)的工作。

A. 总时差为零　　B. 总时差最小

C. 自由时差为零　D. 自由时差最小

12. 某工程网络计划中，工作 M 的持续时间为 4 天，工作 M 的三项紧后工作的最迟开始时间分别为第 21 天、第 18 天和第 15 天，则工作 M 的最迟开始时间是第(　　)天。

A. 11　　B. 14　　C. 15　　D. 17

13. 某工程网络计划中，工作 E 有两项紧后工作 G 和 H，最早开始时间分别为 25 和 28，工作 E 的最早开始时间和持续时间分别为 17 和 6，则工作 E 的自由时差为(　　)。

A. 1　　B. 2　　C. 3　　D. 5

14. 某工程网络计划中，工作 E 的持续时间为 6 天，最迟完成时间为第 28 天。该工作有三项紧前工作，其最早完成时间分别为第 16、19、20 天，则工作 E 的总时差是(　　)天。

A. 1　　B. 2　　C. 3　　D. 6

15. 某工程网络计划中工作 M 的总时差和自由时差分别为 5 天和 3 天，该计划执行过程中经检查发现只有 M 的实际进度拖后 4 天，则工作 M 的实际进度(　　)。

A. 既不影响总工期，也不影响其后续工作的正常进行

B. 将其紧后工作的最早开始时间推迟 1 天，并使总工期延长 1 天

C. 不影响其后续工作的正常进行，但使总工期延长 1 天

D. 不影响总工期，但将其紧后工作的最早开始时间推迟 1 天

16. 某工程双代号时标网络计划如图 10.69 所示，如果 C、E、H 三项工作因共用一台施工机械而必须顺序施工，该机械在现场的最小闲置时间为(　　)周。

A. 4　　B. 3　　C. 2　　D. 1

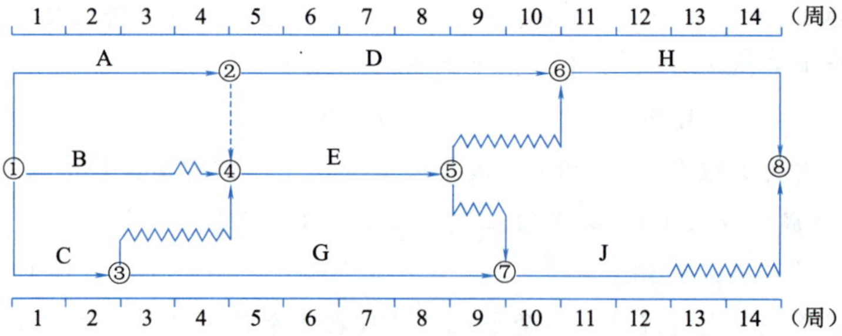

图 10.69　第 16 题图

17. 下列关于单代号网络图的说法中，正确的是(　　)。

A. 节点表示工作之间的逻辑关系　　B. 节点表示工作的开始或完成点

C. 箭线表示工作之间的逻辑关系　　D. 箭线表示工作的持续时间

18. 下列关于网络计划工期优化的说法正确的是(　　)。

A. 当出现多条关键线路时,应选择其中一条最优线路缩短其持续时间

B. 应该选择优选系数最小的非关键工作作为缩短持续时间的对象

C. 工期优化的前提是不改变各项工作之间的逻辑关系

D. 工期优化过程中须将关键工作压缩成非关键工作

19. 已知某钢筋工程每周计划完成的工程量和第1－4周实际完成的工程量如表10.9所示,则截止第4周末工程实际进展点落在计划S曲线的(　　)。

A. 左侧,表明此时实际进度拖后60 t　　B. 右侧,表明此时实际进度超前60 t

C. 左侧,表明此时实际进度超前50 t　　D. 右侧,表明此时实际进度拖后50 t

表10.9　工程量计划与实际完成情况

时间(周)	1	2	3	4	5	6	7
每周计划工程量(t)	160	210	250	260	200	160	100
每周实际工程量(t)	200	220	210	200			

20. 用来比较实际进度与计划进度的香蕉曲线法中,组成香蕉曲线的两条曲线分别是按各项工作的(　　)安排绘制的。

A. 最早开始时间和最迟开始时间　　B. 最迟开始时间和最迟完成时间

C. 最早开始时间和最早完成时间　　D. 最早开始时间和最迟完成时间

21. 在某工程进度计划执行过程中,发现某工作出现了进度偏差。经分标该偏差仅对后续工作有影响而对总工期无影响。则该偏差值应(　　)。

A. 大于总时差,小于自由时差　　B. 大于总时差,大于自由时差

C. 小于总时差,小于自由时差　　D. 小于总时差,大于自由时差

22. (多选)横道图表示工程进度计划的特点有(　　)

A. 形象、直观,但不能反映出关键工作和关键线路

B. 易于编制和理解,但调整繁琐和费时

C. 能明确反映出各项工作之间的逻辑关系和总工期

D. 能反映工程费用与工期之间的关系

E. 可通过时间参数计算,求出各项工作的机动时间

23. (多选)表达流水施工在时间安排上所处状态的参数有(　　)。

A. 流水段　B. 流水强度　C. 流水节拍　D. 流水步距　E. 流水施工工期

24. (多选)采用加快的成倍节拍流水施工方式的特点有(　　)。

A. 相邻专业工作队之间的流水步距相等　B. 不同施工过程的流水节拍成倍数关系

C. 专业工作队数等于施工过程数　　D. 流水步距等于流水节拍的最大值

E. 各专业工作队能够在施工段上连续作业

25. (多选)在双代号网络图绘制过程中要遵循一定的技术要求。下列正确的有(　　)。

A. 箭线长度原则上可以任意画　　B. 必须要有一项以上的虚工作

C. 箭尾节点的编号小于箭头节点的编号　D. 节点编号可不连接,但不允许重复

E. 一项工作只有唯一的一条箭头和相应的一个节点

26.（多选）当网络计划计划工期等于计算工期时，关于关键线路说法正确的有（　　）。

A. 双代号网络计划中由关键节点组成　　B. 双代号网络计划中没有波形线

C. 双代号网络计划中总持续时间最长　　D. 时标网络计划中没有波形线

E. 单代号搭接网络计划中相邻工作时间间隔均为零

27.（多选）双代号时标网络计划可以在图上直接显示出的内容（　　）。

A. 工作的最早开始时间　　B. 工作的总时差

C. 关键线路　　D. 工作的最迟开始时间

E. 工作的自由时差

28.（多选）某工程网络图如图 10.70 所示，图中存在的错误有（　　）。

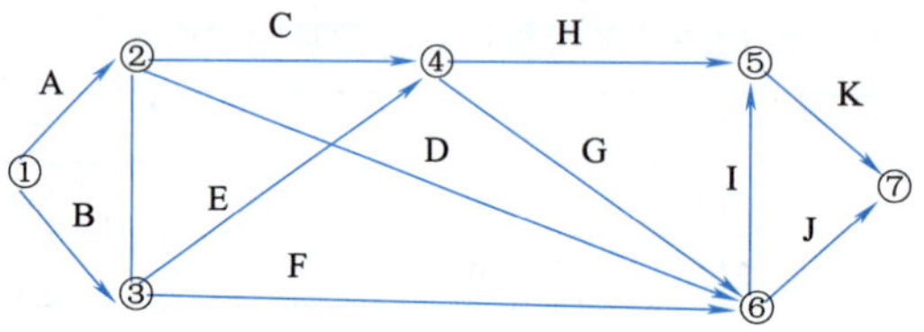

图 10.70　第 28 题图

A. 存在循环回路　　B. 存在无箭头的连线

C. 箭线交叉处理有误　　D. 存在多起点节点

E. 节点编号有误

二、案例分析题

1. 某分部工程划分为 A、B、C、D 共 4 个施工过程，施工段数 $m=6$，流水节拍 $t_a=2$ 天，$t_b=6$ 天，$t_c=4$ 天，$t_d=2$ 天。请组织成倍节拍流水并计算流水施工工期。

2. 某拟建工程由甲、乙、丙三个施工过程组成；该工程共划分为四个施工流水段，每个施工过程在各个施工流水段上的流水节拍如表 10.10 所示。按相关规范规定，施工过程乙完成后其相应施工段至少要养护 2 天才能进行下道工序。为了尽早完工，经过技术攻关，实现了施工过程乙在施工过程甲完成之前 1 天提前进入施工。

表 10.10　各施工段的流水节拍

施工过程	流水节拍（天）			
	施工一段	施工二段	施工三段	施工四段
甲	2	4	3	2
乙	3	2	3	3
丙	4	2	1	3

问题：

（1）流水施工的常用组织形式有哪些？

（2）该工程应采用何种流水施工组织形式？

（3）计算各施工过程间的流水步距和总工期。

（4）试编制该工程流水施工计划图。

3. 某工程项目工作逻辑关系如表10.11所示,请绘制双代号网络图和单代号网络图。

表10.11 第3题表

工作名称	A	B	C	D	E	F
紧前工作	–	A	A	A	B、C、D	D

4. 已知工作之间的逻辑关系如表10.12所示,试分别绘制双代号网络图和单代号网络图。

表10.12 第4题表

工作	A	B	C	D	E	G
紧前工作	—	—	—	—	B,C,D	A,B,C

5. 请根据表10.13所示的工作逻辑关系绘制双代号网络图,并按工作计算全部时间参数,标记关键线路。

表10.13 第5题表

工作名称	A	B	C	D	E	F	G
持续时间(周)	2	3	4	3	4	3	2
紧后工作	C、D	E、F	E、F	F	G	—	—

6. 某网络计划的有关资料如表10.14所示,试绘制出单代号网络计划,并在图中标出各项工作的六个时间参数及相邻两项工作之间的时间间隔。最后,用双箭线标明关键线路。

表10.14 第6题

工作	A	B	C	D	E	G
持续时间	12	10	5	7	6	4
紧前工作	—	—	—	B	B	C,D

7. 请根据表10.15中的逻辑关系,绘制双代号网络图,并采用标号法确定关键线路和计算工期。

表10.15 第7题

工作	A	B	C	E	F	G	I	J	K
持续时间(天)	5	4	10	4	6	8	3	3	2
紧前工作	—	A	A	B	B、C	C	E、F	F、G	I、J

8. 某工程经过项目监理机构批准的施工进度计划如图10.71所示(时间单位:月)。各项工作均按最早开始时间安排且匀速施工。

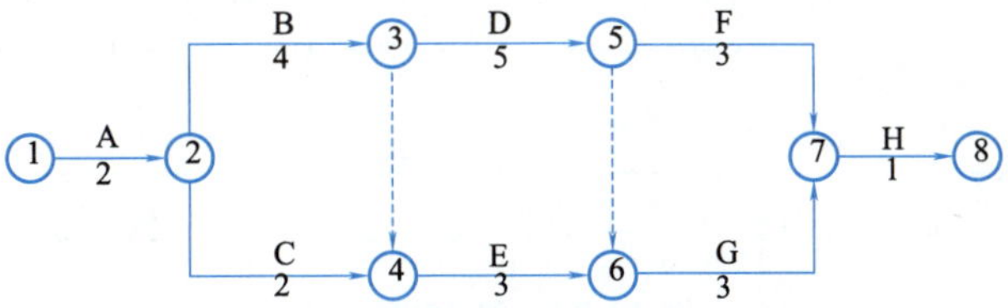

图10.71 第8题图

问题：

(1)请将图转换为按最早开始时间绘制的时标网络计划，并写出该网络计划的计算工期和关键工作。

(2)请计算工作E的总时差和自由时差，工作B的最早开始时间和最早完成时间，工作C的最迟开始时间和最迟完成时间。

9. 某公司中标的建筑工程网络计划如图10.72所示，计划工期14周，各项工作的持续时间和预算费用如表10.16所示，工程进行到第9周末，A、B、C工作已经完成，D工作已完成2周，E工作已完成3周。

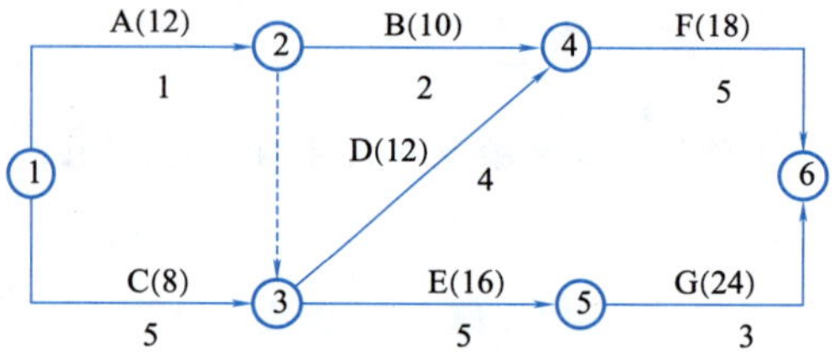

图10.72　第9题图

表10.16　某公司建筑工程网络计划表

工作名称	A	B	C	D	E	F	G	合计
持续时间(周)	1	2	5	4	5	5	3	
费用(万元)	12	10	8	12	16	18	24	100

问题：

(1)请绘制时标网络图和实际进度前锋线，并计算第九周末累计完成投资额。

(2)如果后续工作按计划进行，请分析D和E两项工作对计划工期将产生的影响。

(3)如果要保持工期不变，请问第九周后需要压缩哪些工作并说明原因。

10. 某工程项目，建设单位与施工单位按照《建设工程施工合同(示范文本)》签订施工合同，工期36个月。施工进度计划见图10.73。

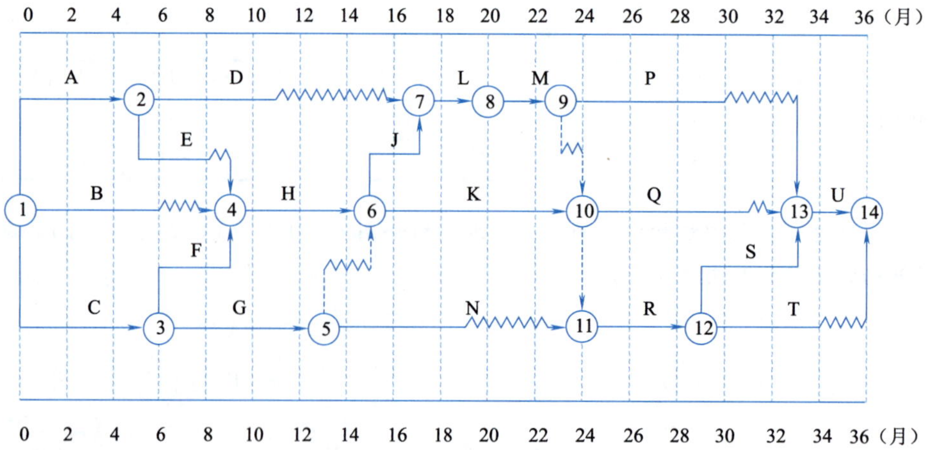

图10.73　第10题图

施工过程中发生如下事件:

事件 1:第 2 个月,施工中遇到勘察报告未提及的地下障碍物,需要补充勘察并修改设计,A 工作延误 1 个月,B 工作延误 2.5 个月,施工的机械设备闲置 15 万元,人员窝工损失 12 万元,施工单位提出工期顺延 2.5 个月,费用补偿 27 万元。

事件 2:施工至第 19 个月末,进度检查发现,L 工作拖后 3 个月,K 工作正常,N 工作拖后 4 个月。

事件 3:第 20 个月初,建设单位要求施工单位按期完成工程,施工单位计划将 R 和 S 工作组织流水施工,R 和 S 工作均分为 3 个施工段,流水节拍如表 10.17 所示。

表 10.17 第 10 题表

工作	流水节拍		
	①	②	③
R	2	2	1
S	1	1	2

问题:

(1)针对事件 1,项目监理机构应批准的工期索赔和费用索赔各为多少?说明理由。

(2)事件 1 发生之后,请指出关键线路,计算 D 工作和 G 工作的总时差和自由时差。

(3)针对事件 2,请指出 L、K、N 工作拖后对总工期的影响,说明理由。

(4)针对事件 3,计算 R 和 S 工作的流水步距、流水工期,以及该工程项目的最终完工时间,说明理由。

第11章
工程项目成本管理

本章导读

成本目标是项目管理的主要目标之一，本章所介绍的成本管理主要针对工程项目的施工阶段。项目管理者通过成本计划、成本控制、成本核算、成本分析和成本考核等工作使工程项目施工成本控制在计划目标之内。从工程投标报价开始，直至项目竣工结算完成为止，贯穿于项目实施的全过程。为了取得理想成效，施工成本控制要在保证工期和质量要求的前提下，采取相应的管理措施，包括组织措施、经济措施、技术措施和合同措施，把成本控制在计划范围之内，并进一步寻求最大限度的成本节约。本章主要介绍施工成本计划的编制、施工成本控制方法、施工成本核算原理、施工成本分析以及成本考核等内容。

学习目标

知识目标：

◇ 了解施工成本管理的基本概念，熟悉施工成本管理的主要内容和措施。

◇ 熟悉施工成本计划的编制依据和程序，掌握施工成本计划的编制方法。

◇ 熟悉施工成本控制的依据和程序，掌握赢得值法、偏差分析等成本控制的具体方法。

◇ 掌握施工成本核算、施工成本分析和考核的基本原理和具体方法。

能力与素质目标：

◇ 能够针对不同的成本计划类型，编制科学合理的施工成本计划。

◇ 能够针对具体工程背景，熟练应用赢得值法、偏差分析等方法开展科学有效的成本控制。

◇ 能够针对成本偏差，分析其产生的具体原因，采取有效的纠偏措施。

◇ 能够针对具体项目开展施工成本核算、施工成本分析和考核。

◇ 具备在保证工期和质量要求的前提下，实现成本目标并进一步寻求最大限度成本节约的综合素质。

思维导图

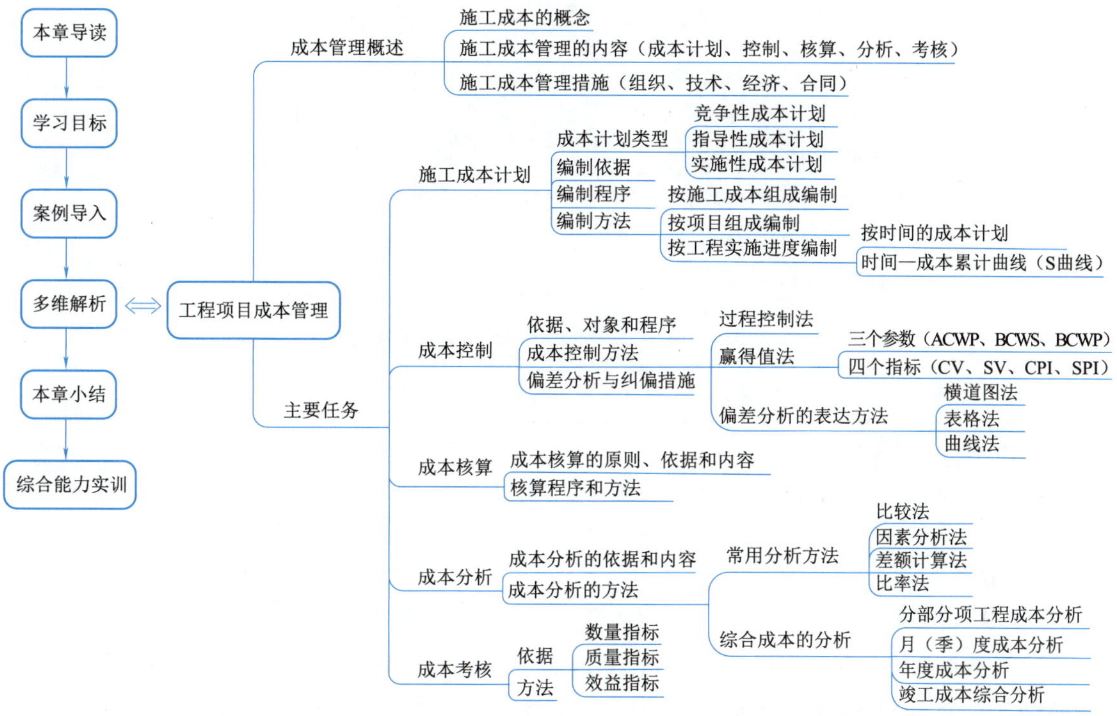

案例导入

A 公司在 2021 年 5 月 10 日通过公开竞标的方式中标某工程项目，投标报价为 16 500 万元，并于 2021 年 6 月 1 日签订了施工合同，A 公司项目经理于 6 月 3 日组织项目部人员编制了详细的施工组织设计，并确定了该项目的施工成本控制目标为 13 500 万元。在批准的混凝土结构施工组织设计中，计划施工工期为 9 个月，共有 A、B、C、D、E、F 六项工作，其逻辑关系如表 1 所示，时标网络计划如图 1 所示。各项工作每月完成的工作量均衡且相等，各项工作的计划工作量与实际工作量如表 2 所示。混凝土结构工程预算单价为 1 000 元/m^3，按月结算，项目所在地混凝土结构工程在开工后第 1 个月至第 4 个月实际单价为 1 000 元/m^3，第 5 个月至第 10 个月实际单价为 1 100 元/m^3。施工期间，因建设单位原因，工作 D 的开始时间比计划时间推迟了 1 个月，并且由于工作 D 工作量的增加使该工作的持续时间延长了 1 个月，其他工作的实际持续时间与计划时间相同。

表 1　混凝土结构工程工作逻辑关系表

工作	A	B	C	D	E	F
紧前工作	—	—	A	A、B	C	C、D
持续时间(月)	2	3	5	3	2	2

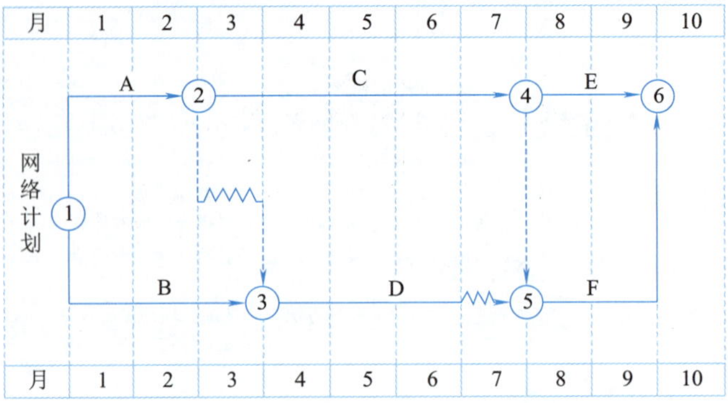

图 1　混凝土结构工程时标网络计划

表 2　计划工作量与实际工作量数据表

工作	A	B	C	D	E	F
计划工作量(m^3)	1 000	3 000	3 500	3 000	2 000	1 200
实际工作量(m^3)	1 200	3 000	3 000	4 000	2 000	1 000

问题：

(1)请根据施工成本计划的作用不同，分别判定投标报价16 500万元和施工成本控制目标13 500万元分别属于哪类成本计划？

(2)请按施工进度计划和各工作的实际进展情况计算每个月的计划工作预算费用、已完工作预算费用、已完工作实际费用及各费用的累计值，填入表3。

表 3　计算结果　　（单位：万元）

项　目	投资数据									
	1	2	3	4	5	6	7	8	9	10
每月计划工作预算费用										
累计计划工作预算费用										
每月已完工作预算费用										
累计已完工作预算费用										
每月已完工作实际费用										
累计已完工作实际费用										

(3)根据计算结果列式计算8月末的CV、SV、CPI和SPI并分析偏差情况。

(4)根据双代号时标网络图，请计算工作D的自由时差和总时差，判定工作D开始工作时间推迟1个月和实际工作时间延长1个月对总工期有何影响。

评析：在上一章工程项目进度控制中我们已经学习了时标网络计划相关知识，在此基础上，我们可以进一步研究工程项目的进度、费用综合分析控制，并轻松解决如上具体工程问题。

11.1 工程项目成本管理概述

11.1.1 工程项目施工成本的概念

施工项目成本是指建筑施工企业在以施工项目作为成本核算对象的施工过程中所耗费的生产资料转移价值和劳动者的必要劳动所创造的价值的货币形式。具体是指施工项目在施工过程中所发生的全部生产费用的总和，包括：所消耗的原材料、辅助材料、构配件等费用，周转材料的摊销费或租赁费，施工机械的使用费或租赁费，支付给生产工人的工资、奖金、工资性质的津贴等，以及进行施工组织管理所发生的全部费用支出。建设工程项目施工成本由直接成本和间接成本组成。

直接成本是指施工过程中耗费的构成工程实体或有助于工程实体形成的各项费用支出，是可以直接计入工程对象的费用，包括人工费、材料费和施工机具使用费等。间接成本是指准备施工、组织和管理施工生产的全部费用支出，是非直接用，也无法直接计入工程对象，但为进行工程施工所必须发生的费用，包括管理人员工资、办公费、差旅交通费等。

11.1.2 工程项目施工成本管理的内容

成本管理就是要在保证工期和质量满足要求的情况下，采取相应管理措施，包括组织措施、经济措施、技术措施、合同措施，把成本控制在计划范围内，并进一步寻求最大程度的成本节约。工程项目施工成本管理从工程投标报价开始，直至项目竣工结算完成为止，贯穿于项目实施的全过程。成本目标是项目管理的主要目标之一，它包括责任成本目标和计划成本目标。前者反映企业上层对施工成本目标要求的上限，后者是希望达到的指标，它能把施工成本管理在企业上层和项目经理部的运行有机地连接起来。施工成本管理的任务包括如下五个方面：

1. 成本计划

施工项目的成本计划一般由施工单位编制，是以货币形式体现工程项目在计划期内的生产费用、成本水平、成本降低率以及为降低成本所采取的主要措施和规划的书面方案。应围绕施工组织设计或相关文件进行编制，以确保对施工项目成本控制的适宜性和有效性。具体可按成本组成、项目结构和工程实施阶段进行编制，也可将几种方法结合使用。它是建立施工项目成本管理责任制、开展成本控制和核算的基础。

施工成本计划是施工项目降低成本的指导性文件，是设立目标成本的依据，即成本计划是目标成本的一种形式。所谓目标成本即项目（或企业）对未来期产品成本所规定的奋斗目标，它比已经达到的实际成本要低，但经过努力又是可以达到的。目标成本管理是现代化企业经营管理的重要组成部分，它是市场竞争的需要，是企业挖掘内部潜力，不断降低产品成本，提高企业整体工作质量的需要，是衡量企业实际成本节约或开支，考核企业在一定时期内成本管理水平高低的依据。

2. 成本控制

成本控制是对影响成本的各种因素加强管理，并采取各种有效措施，将实际发生的各种消耗和支出严格控制在成本计划范围内；通过动态监控并及时反馈，严格审查各项费用是否符合标准，计算实际成本和计划成本之间的差异并进行分析，进而采取多种措施，减少或消除损失浪费。

3. 成本核算

成本核算是利用会计核算的方法对施工过程中所发生的各种形式的费用和施工成本的核算。施工成本核算包括两个基本环节：一是按照规定的成本开支范围对施工成本进行归集和分配，计算出施工成本的实际发生额；二是根据成本核算对象，采用适当的方法，计算出该施工项目的总成本和单位成本。施工成本核算一般以单位工程为对象，但也可以按照承包工程项目的规模、工期、结构类型、施工组织和施工现场等情况，结合成本管理要求，灵活划分成本核算对象。

4. 成本分析

成本分析是在成本核算的基础上，对成本的形成过程和影响成本升降的因素进行分析，以寻求进一步降低成本的途径，包括有利偏差的挖掘和不利偏差的纠正。成本分析贯穿于成本管理的全过程，它是在成本的形成过程中，主要利用项目的成本核算资料（成本信息），与目标成本、预算成本以及类似项目的实际成本等进行比较，了解成本的变动情况；同时也要分析主要技术经济指标对成本的影响，系统地研究成本变动的因素，检查成本计划的合理性，并通过成本分析，深入研究成本变动的规律，寻找降低项目成本的途径，以便有效地进行成本控制，为实现项目成本目标创造条件。

5. 成本考核

成本考核是指在项目完成后，对项目成本形成中的各责任者，按项目成本目标责任制的有关规定，将成本的实际指标与计划、定额、预算进行对比和考核，评定施工项目成本计划的完成情况和各责任者的业绩，并以此给予相应的奖励和处罚。成本考核的目的就是充分调动每一位员工在各自施工岗位上努力完成目标成本的积极性和主动性。

11.1.3 工程项目施工成本管理的措施

1. 组织措施

组织措施是从施工成本管理的组织方面采取的措施。施工成本控制是全员的活动，如实行项目经理责任制，落实施工成本管理的组织机构和人员，明确各级施工成本管理人员的任务和职能分工、权利和责任，编制本阶段项目成本控制计划和详细的工作流程。施工成本管理不仅是专业成本管理人员的工作，各级项目管理人员都负有成本控制的责任。组织措施是其他各类措施的前提和保障，而且一般不需要增加额外的费用，运用得当可以收到良好的效果。

2. 技术措施

施工过程中降低成本的技术措施包括：进行技术经济分析，确定最佳的施工方案；结合施工方法，进行材料使用的比选，在满足功能要求的前提下，通过代用、改变配合比、使用添加剂等方法降低材料消耗的费用；确定最合适的施工机械、设备使用方案。结合项目的施工组织设计及自然地理条件，降低材料的库存成本和运输成本；先进施工技术的应用、新材料的运用、新开发机械设备的使用等。在实践中，也要避免从技术角度选定方案而忽视对其经济效果的分析论证。

技术措施不仅对解决施工成本管理过程中的技术问题是不可缺少的，而且对于施工成本管理目标偏差也有相当重要的作用。因此，运用技术纠偏措施的关键，一是要能提出多个不同的技术方案，二是要对不同的技术方案进行技术经济分析，选择最佳方案。

3. 经济措施

经济措施是最易为人们所接受和采用的措施。管理人员应编制资金使用计划，确定、分解施工成本管理目标；对施工成本管理目标进行风险分析，并制定防范性对策；对各种支出，应认真做好资金的使用计划，并在施工中严格控制各项开支；及时准确地记录、收集、整理、核算实际发生的成本；对各种变更，及时做好增减账，及时落实业主签证，及时结算工程款；通过偏差分析和未完工程预测，可发现一些潜在的问题将引起未完工程施工成本增加，对这些问题应以主动控制为出发点，及时采取防范措施。

4. 合同措施

采用合同措施控制施工成本，应贯穿整个合同周期，包括合同谈判开始到合同终结的全过程。首先是选用合适的合同结构，对各种合同结构模式进行分析、比较，在合同谈判时，要争取选用适合于工程规模、性质和特点的合同结构模式。其次，在合同的条款中应仔细考虑一切影响成本和效益的因素，特别是潜在的风险因素。通过对引起成本变动的风险因素的识别和分析，采取必要的风险对策，如通过合理的方式增加承担风险的个体数量，降低损失发生的比例，并最终使这些策略反映在合同的具体条款中。在合同执行期间，合同管理的措施既要密切关注对方合同执行的情况，以寻求合同索赔的机会，也要密切关注自己履行合同的情况，以防止被对方索赔。

11.2 施工项目成本计划

11.2.1 施工项目成本计划的类型

成本计划是在多种成本预测的基础上，经过分析、比较、论证、判断之后，以货币形式预先规定计划期内项目施工的耗费和成本所要达到的水平，并且确定各个成本项目比预计要达到水平的降低额和降低率，提出保证成本计划实施所需要的主要措施方案。对于一个施工项目而言，其成本计划是一个不断深化的过程。在这一过程的不同阶段形成深度和作用不同的成本计划，按其发挥的作用可分为三类：

1. 竞争性成本计划

竞争性成本计划是工程项目投标及签订合同阶段的估算成本计划。这类成本计划以招标文件中的合同条件、投标者须知、技术规程、设计图纸或工程量清单为依据，以有关价格条件说明为基础，结合调研和现场考察获得的情况，根据本企业的工料消耗标准、水平、价格资料和费用指标等，对本企业完成招标工程所需支出的全部费用进行估算。在投标报价过程中，虽着重考虑降低成本的途径和措施，但总体上比较粗略。

2. 指导性成本计划

指导性成本计划是选派项目经理阶段的预算成本计划，是项目经理的责任成本目标。它以合同价为依据，按照企业的预算定额标准制定预算成本计划，且一般情况下只是确定责任总成本指标。

3. 实施性成本计划

实施性成本计划是项目施工准备阶段编制的施工预算成本计划，它以项目实施方案为依据，以落实项目经理责任目标为出发点，根据企业的施工定额，通过施工预算的编制而形成的实施性施工成本计划。

以上三类成本计划互相衔接、不断深化，构成了整个工程施工成本的计划过程。其中，竞争性成本计划带有成本战略的性质，是项目投标阶段商务标的基础，而有竞争力的商务标书又是以先进合理的技术标书为支撑的。因此，它奠定了施工成本的基本框架和水平。指导性成本计划和实施性成本计划是竞争性成本计划的进一步深化，是对竞争性成本计划的战术安排。

11.2.2 施工项目成本计划的编制依据、原则和程序

1. 施工项目成本计划的编制依据

编制施工项目成本计划，需要广泛收集相关资料并进行整理，作为成本计划编制的依据。在此基础上，根据有关设计文件、工程承包合同、施工组织设计等资料，按照项目应投入的生产要素，结合各种因素变化所采取的措施，估算项目生产费用支出的总水平，进而提出项目的成本计划控制指标，确定目标总成本，并分解落实到各级部门，以便有效地进行控制。成本计划编制依据应包括下列内容：①投标报价文件；②企业定额、施工预算；③施工组织设计或施工方案；④已签订的工程合同、分包合同、结构件外加工合同等；⑤人工、材料、机械台班的市场价；⑥企业内部的材料指导价、机械台班价格、劳动力价格；⑦有关财务成本核算制度和财务历史资料；⑧施工成本预测、决策资料；⑨拟采取的降低施工成本的措施；⑩其他相关资料。

2. 施工项目成本计划的编制原则

施工成本计划的编制涉及面广、技术性较强，编制过程中要遵循以下原则：

(1)从实际出发的原则。编制成本计划必须从企业的实际情况出发，充分挖掘企业内部潜力，使降低成本指标既积极可靠，又切实可行。正确选择施工方案，合理组织施工；提高劳动生产率；改善材料供应，降低材料消耗，提高机械利用率；节约施工管理费用等。

(2)保持可比性原则。成本计划应与实际成本、前期成本保持可比性。编制计划时应注意所采用的计算方法，应与成本核算方法保持一致。只有保证成本计划的可比性，才能有效地进行成本分析，才能更好地发挥成本计划的作用。

(3)与其他计划结合的原则。成本计划要根据施工项目的生产、技术组织措施、劳动工资、材料供应等计划来编制，同时其他各种计划都应考虑适应降低成本的要求。因此，编制成本计划，必须与施工项目的其他各项计划如施工方案、生产进度、财务计划、材料供应及耗费计划等密切结合，相互配合达到平衡。

(4)先进可行的原则。成本计划既要保持先进性，又必须现实可行。否则，就会因计划指标过高或过低而使之失去应有的作用。这就要求编制成本计划必须以各种先进的技术经济定额为依据，并针对工程的具体特点，采取切实可行的技术组织措施。只有这样，才能使制订的成本计划既有科学根据，又有实现的可能，也只有这样，成本计划才能起到促进和激励的作用。

(5)统一领导、分级管理的原则。编制成本计划，采取走群众路线的工作方法，在项目经理的领导下，以财务和计划部门为中心，发动全体职工共同参与，总结降低成本的经验，找出降低成本的正确途径，使成本计划的制定和执行具有广泛的群众基础。

(6)弹性原则。编制成本计划应留有一定余地，保持计划具有一定的弹性。在工程施工过程中很可能发生一些在编制计划时所未预料的变化，尤其是材料供应、市场价格的不确定性，因此，必须充分考虑各种变化因素，预留变化余地，使计划保持一定的应变适应能力。

3. 施工项目成本计划的编制程序

编制成本计划的程序,因项目的规模大小、管理要求不同而不同,大中型项目一般采用分级编制的方式,即先由各部门提出部门成本计划,再由项目经理部汇总编制全项目的成本计划;小型项目一般采用集中编制方式,即由项目经理部先编制各部门成本计划,再汇总编制全项目的成本计划。无论采用哪种方式,其编制的基本程序如下:

(1)收集和整理资料。广泛收集资料并进行归纳整理是编制成本计划的必要步骤。所需收集的资料也即是编制成本计划的依据。此外,还应深入分析当前情况和未来的发展趋势,了解影响成本升降的各种有利和不利因素,研究如何克服不利因素和降低成本的具体措施,为编制成本计划提供丰富、具体和可靠的资料。

(2)估算计划成本,确定目标成本。对所收集到的各种资料进行整理分析,根据有关的设计、施工等计划,按照工程项目应投入的物资、材料、劳动力、机械、能源及各种设施等,结合计划期内各种因素的变化和准备采取的各种增产节约措施,进行反复测算、修订、平衡后,估算生产费用支出的总水平,进而提出全项目的成本计划控制指标,最终确定目标成本。

(3)编制成本计划草案。对大中型项目,各职能部门根据项目经理下达的成本计划指标,结合计划期的实际情况,挖掘潜力,提出降低成本的具体措施,编制各部门的成本计划和费用预算。

(4)综合平衡,编制正式的成本计划。在各职能部门上报了部门成本计划和费用预算后,项目经理部首先应结合各项技术组织措施,检查各计划和费用预算是否合理可行,并进行综合平衡,使各部门计划和费用预算之间相互协调、衔接;其次,要从全局出发,在保证企业下达的成本降低任务或本项目目标成本实现的情况下,分析研究成本计划与生产计划、劳动力计划、材料成本与物资供应计划、工资成本与工资基金计划资金计划等的相互协调平衡。经反复讨论多次综合平衡,最后确定的成本计划指标,即可作为编制成本计划的依据,项目经理部正式编制的成本计划,上报企业有关部门后即可正式下达至各职能部门执行。

11.2.3 施工项目成本计划编制方法

施工项目成本计划的关键是确定目标成本。计划的制定,需结合施工组织设计的编制过程,通过不断地优化计划方案和合理配置生产要素,进行工、料、机消耗的分析,制定一系列节约成本和挖潜措施,确定施工项目成本计划。一般情况下,施工成本计划总额应控制在目标成本的范围内,并使成本计划建立在切实可行的基础上。

施工总成本目标确定后,还需通过编制详细的实施性施工成本计划把目标成本层层分解,落实到施工过程的每个环节,有效地进行成本控制。施工成本计划的编制方式有:

1. 按施工成本组成编制

施工成本按成本组成可分解为人工费、材料费、施工机械使用费、措施项目费和企业管理费等,如图 11.1 所示,编制按施工成本组成分解的施工成本计划。

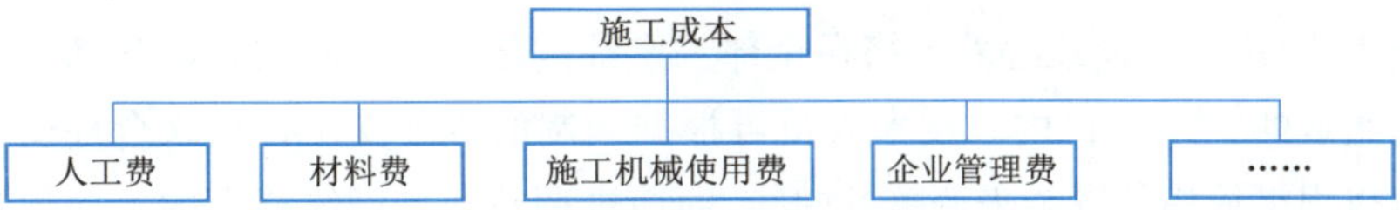

图 11.1　按施工成本组成分解

2. 按项目组成编制

大中型建设工程项目通常是由若干单项工程构成的，而每个单项工程包括了多个单位工程，每个单位工程又由若干个分部分项工程组成。因此，首先要把项目总施工成本分解到单项工程和单位工程中，再进一步分解到分部工程和分项工程中，如图 11.2 所示。

在完成施工项目成本目标分解后，接下来就要具体地分配成本，编制分项工程的成本支出计划，从而得到详细的成本计划表，如表 11.1 所示。

表 11.1　分项工程成本计划表

分项工程编码	工程内容	计量单位	工程数量	计划成本	本分项总计
(1)	(2)	(3)	(4)	(5)	(6)

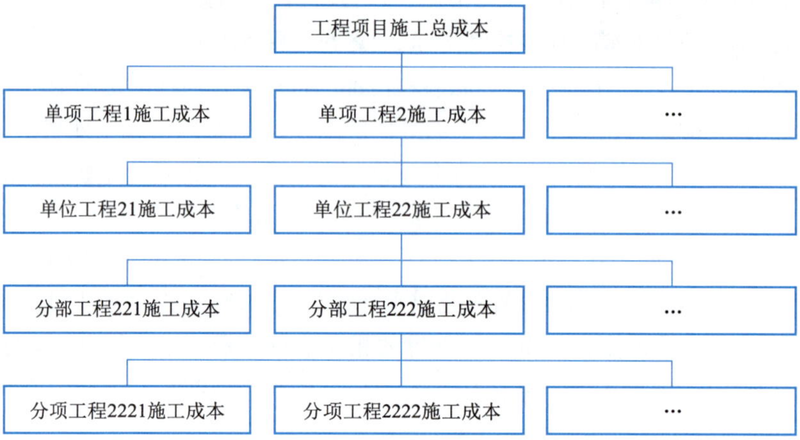

图 11.2　按项目组成分解

编制计划时，要在项目总的方面考虑总的预备费，也要在主要的分项工程中安排适当的不可预见费，避免在具体编制成本计划时，可能发现个别单位工程或工程量表中的某项内容的工程量计算有较大的出入，使原预算失实，并在项目实施过程中对其尽可能地采取一些措施。

3. 按工程实施进度编制

编制按工程实施进度的施工成本计划，通常可利用控制项目进度的网络图进一步扩充而得。即在建立网络图时，一方面确定完成各项工作所需花费的时间；另一方面确定完成这一工作的合适的施工成本支出计划。通过对施工成本目标按时间进行分解，在网络计划基础上，可获得项目进度计划的横道图，并在此基础上编制成本计划。其表示方法有两种：一是在时标网络图上编制按月的成本计划，二是利用时间 - 成本累计曲线（S 曲线）表示。

每一条 S 曲线都对应某一特定的工程进度计划。因为在进度计划的非关键线路中存在许多有时差的工序或工作，因而 S 曲线必然包络在全部工作都按最早开始时间开始和都按最迟开始时间开始的曲线所组成的“香蕉图”内。技术人员可根据编制的成本支出计划来合理安排资金，同时，技术人员也可以根据筹措的资金来调整 S 曲线，即通过调整非关键线路上的工序项目的最早或最迟开工时间，力争将实际的成本支出控制在计划的范围内。

一般而言,所有工作都按最迟开始时间开始,对节约资金贷款利息是有利的;但同时,也降低了项目按期竣工的保证率,因此项目经理必须合理地确定成本支出计划,达到既节约成本支出,又能控制项目工期的目的。在实践中,往往是将这几种方式结合起来使用,从而可以取得扬长避短的效果。例如,将按项目分解总施工成本与按施工成本构成分解总施工成本两种方式相结合,横向按施工成本构成分解,纵向按项目分解,或相反。

11.3　施工项目成本控制

11.3.1　施工项目成本控制的依据、对象和程序

1. 施工项目成本控制的依据

(1)合同文件。成本控制要以合同为依据,围绕降低工程成本这个目标,从预算收入和实际成本两方面,研究节约成本、增加收益的有效途径,以获得最大的经济效益。

(2)施工成本计划。施工成本计划是根据项目具体情况制订的成本控制方案,既包括预定的具体成本控制目标,又包括实现控制目标的措施和规划,是成本控制的指导文件。

(3)进度报告。进度报告提供了对应时间节点的工程实际完成量、工程成本实际支出情况等重要信息。成本控制工作正是通过实际情况与成本计划相比较,找出两者之间的差别,分析偏差产生的原因,从而采取措施改进以后的工作。此外,进度报告还有助于管理者及时发现工作实施中存在的隐患,并在可能造成重大损失之前采取有效措施,尽量避免损失。

(4)工程变更与索赔资料。在项目实施过程中,由于各方面的原因,工程变更很难避免,工程变更一般包括设计变更、进度计划变更、施工条件变更、技术规范与标准变更、施工次序变更、工程量变更等。一旦出现变更,工程量、工期、成本都必将发生变化,从而使得施工成本控制工作变得更加复杂和困难。因此,施工成本管理人员就应当通过对变更当中各类数据的计算、分析,随时掌握变更情况,包括已发生工程量、将要发生工程量、工期是否拖延、支付情况等重要信息,判断变更以及变更可能带来的索赔额度等。

2. 施工成本控制的对象

1) 以施工成本形成的过程作为控制对象

(1)工程投标阶段。投标的报价,确定承包合同的合同价,由此确定工程项目的收入额。

(2)施工准备阶段。应结合设计图纸的自审、会审和其他资料,编制实施性施工组织设计,通过多方案的技术经济比较,从中选择经济合理、先进可行的施工方案,编制明细而具体的成本计划,对项目成本进行事前控制。

(3)施工阶段。施工阶段要完成工程实体的建造,是各项成本实际支出的关键环节,也是控制成本支出的关键。

(4)竣工阶段。对竣工验收过程发生的费用和保修费用进行控制。

2) 以施工项目的职能部门、施工队和生产班组作为成本控制对象

控制成本的支出,必须从形成各项费用支出的主体入手进行有效控制,因此,各职能部门、施工队和生产班组作为成本控制对象,接受项目经理部主管部门的指导、监督、检查和考评。与此同

时，项目的职能部门、施工队和班组还应对自己承担的责任成本进行自我控制。

3）以分部分项工程作为项目成本的控制对象

这是最直接、最具体的控制对象。施工项目的最终完成，必须依靠分项工程、分部工程的逐渐完成而实现。因此，对分部分项工程进行控制，实际是对直接成本的控制。可通过编制施工预算提出控制措施和控制目标，然后实施。

4）以对外经济合同作为成本控制对象

施工项目的对外经济业务，都要以经济合同为纽带建立制约关系，以明确双方的权利和义务。在签订经济合同时，必须强调要将合同的数量、单价、金额控制在预算收入以内。因为，合同金额超过预算收入，就意味着成本亏损；反之，就能降低成本。

3. 施工项目成本控制的程序

（1）确定成本管理分层次目标。在工程开工之初，项目管理机构应根据公司与项目签订的项目承包合同确定项目的成本管理目标，并根据工程进度计划确定月度成本计划目标。

（2）采集成本数据，监测成本形成过程。在施工过程中定期收集反映成本支出情况的数据，并将实际发生情况与目标计划进行对比，从而保证有效控制成本的整个形成过程。

（3）找出偏差，分析原因。施工过程是一个多工种、多方位立体交叉作业的复杂活动，成本的发生和形成是很难按预定的目标进行的，因此，需要及时分析偏差产生的原因。

（4）制定对策，纠正偏差。过程控制的目的就在于不断纠正成本形成过程中的偏差，保证成本项目的发生在预定范围之内，针对产生偏差的原因及时制定对策并予以纠正。

（5）调整改进成本管理方法。用成本指标考核管理行为，用管理行为来保证成本指标。管理行为的控制程序和成本指标的控制程序是对项目成本进行过程控制的主要内容，这两个程序在实施过程中，是相互交叉、相互制约又相互联系的。图11.3所示为成本指标控制程序图。

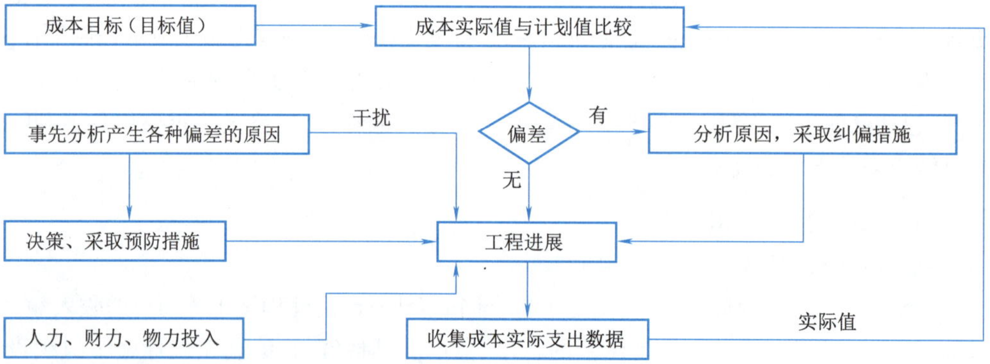

图11.3　成本指标控制程序图

11.3.2　施工项目成本控制方法

1. 成本的过程控制方法

施工阶段是控制建设工程项目成本发生的主要阶段。它通过确定成本目标并按计划成本进行施工、资源配置，对施工现场发生的各种成本费用进行有效控制，其具体的控制方法如下：

1) 人工费的控制

人工费的控制实行“量价分离”的方法,即将作业用工及零星用工按定额工日的一定比例综合确定用工数量与单价,通过劳务合同进行控制。

2) 材料费的控制

施工项目的材料物资,包括构成工程实体的主要材料和结构件,以及有助于工程实体形成的周转使用材料和低值易耗品。同样按照“量价分离”的原则,控制材料用量和材料价格。

(1)材料用量的控制。在保证符合设计要求和质量标准的前提下,合理使用材料,通过定额管理、计量控制、包干控制等手段有效控制材料物资的消耗。

(2)材料价格的控制。材料价格主要由材料采购部门控制。由于材料价格是由买价、运杂费、运输中的合理损耗等组成,因此,控制材料价格,主要是通过掌握市场信息、应用招标和询价等方式控制材料、设备的采购价格。

(3)施工机械使用费的控制。合理选择和使用施工机械设备对成本控制具有十分重要的意义,尤其是高层建筑施工,高层建筑地面以上部分的总费用中,垂直运输机械费用占 6% ~10% 。因此,在选择起重运输机械时,应根据工程特点和施工条件,选择经济适用的起重运输机械的组合方式。在使用过程中合理安排施工生产,加强机械设备的调度工作,加强现场设备的维修保养,从而减少机械设备的闲置,提高机械设备的使用效率。

(4)施工分包费用的控制。采用分包的施工项目,分包工程价格的高低,必然影响总承包商的成本。因此,施工项目成本控制的重要工作之一是对分包价格的控制。项目经理部应在确定施工方案的初期就要确定需要分包的工程范围。确定分包范围的主要因素是施工项目的专业性和项目规模。对分包费用的控制,主要是做好分包工程的询价、订立平等互利的分包合同、建立稳定的分包关系网络、加强施工验收和分包结算等工作。

2. 赢得值(挣值)法

赢得值法(Earned Value Management,EVM)作为一项先进的项目管理技术,是目前为止国际上先进的工程公司普遍采用的进行工程项目的费用、进度综合分析控制的方法。

1) 赢得值法的三个基本参数

(1)已完工作预算费用(Budgeted Cost for Work Performed,BCWP),是指在某一时间已经完成的工作(或部分工作),以批准认可的预算为标准所需要的资金总额。由于业主正是根据这个值为承包人完成的工作量支付相应的费用,也就是承包人获得的金额,故称赢得值或挣值。

$$\text{已完工作预算费用(BCWP)} = \text{已完成工作量} \times \text{预算单价} \tag{11.1}$$

(2)计划工作预算费用(Budgeted Cost for Work Scheduled,BCWS),是根据进度计划,在某一时刻应当完成的工作(或部分工作),以预算为标准所需要的资金总额。一般来说,除非合同有变更,一般 BCWS 在工程实施过程中应保持不变。

$$\text{计划工作预算费用(BCWS)} = \text{计划工作量} \times \text{预算单价} \tag{11.2}$$

(3)已完工作实际费用(Actual Cost for Work Performed,ACWP),即到某一时刻为止,完成的工作(或部分工作)所实际花费的总金额。

$$\text{已完工作实际费用(ACWP)} = \text{已完成工作量} \times \text{实际单价} \tag{11.3}$$

2) 赢得值法的四个评价指标

(1)费用偏差(Cost Variance,CV)。

费用偏差(CV)＝已完工作预算费用(BCWP)－已完工作实际费用(ACWP)　　(11.4)

当费用偏差(CV)＜0时,表示费用超支,即实际费用高于预算费用。

当费用偏差(CV)＞0时,表示费用节约,即实际费用低于预算费用。

(2)进度偏差(Schedule Variance,SV)。

进度偏差(SV)＝已完工作预算费用(BCWP)－计划工作预算费用(BCWS)　　(11.5)

当进度偏差(SV)＜0时,表示进度延误,即实际进度慢于计划进度。

当进度偏差(SV)＞0时,表示进度提前,即实际进度快于计划进度。

(3)费用绩效指数(Cost Performed Index,CPI)。

费用绩效指数(CPI)＝已完工作预算费用(BCWP)/已完工作实际费用(ACWP)　　(11.6)

当费用绩效指数(CPI)＜1时,表示费用超支,即实际费用高于预算费用。

当费用绩效指数(CPI)＞1时,表示费用节约,即实际费用低于预算费用。

(4)进度绩效指数(Schedule Performed Index,SPI)。

进度绩效指数(SPI)＝已完工作预算费用(BCWP)/计划工作预算费用(BCWS)　　(11.7)

当进度绩效指数(SPI)＜1时,表示进度延误,即实际进度比计划进度慢。

当进度绩效指数(SPI)＞1时,表示进度提前,即实际进度比计划进度快。

赢得值法中三个参数和四个评价指标的对应关系和判别结论如表11.2所示。需要指出的是,CV和SV是绝对偏差,结果很直观,有助于费用管理人员了解项目费用出现偏差的绝对数额,并以此采取一定措施,制定或调整费用支出计划和资金筹措计划,但绝对偏差有不容忽视的局限性。如同样是10万元的费用偏差,对于总费用1 000万元的项目和总费用1亿元的项目而言,其严重性显然是不同的。因此,费用(进度)偏差仅适合于同一项目作偏差分析。CPI和SPI是相对偏差,它不受项目层次的限制,也不受项目实施时间的限制,因而在同一项目或不同项目比较中均可采用。在项目的费用、进度综合控制中引入赢得值法,可以克服过去进度、费用分开控制的缺点,即当发现费用超支时,很难立即知道是由于费用超出预算,还是由于进度提前。相反,当发现费用低于预算时,也很难立即知道是由于费用节省,还是由于进度拖延。而引入赢得值法即可定量地判断进度、费用的执行效果,为采取相应措施提供更加全面客观的依据。

表11.2　赢得值法三个参数和四个评价指标汇总表

类型	指标名称	符号	计算公式	计算结果及判别
绝对指标	费用偏差	CV	已完工作预算费用(BCWP) －已完工作实际费用(ACWP)	CV＜0,实际费用＞预算费用,费用超支 CV＞0,实际费用＜预算费用,费用节约
	进度偏差	SV	已完工作预算费用(BCWP) －计划工作预算费用(BCWS)	SV＜0,实际进度＜计划进度,进度延误 SV＞0,实际进度＞计划进度,进度提前
相对指标	费用绩效指数	CPI	已完工作预算费用(BCWP) ÷已完工作实际费用(ACWP)	CPI＜1,实际费用＞预算费用,费用超支 CPI＞1,实际费用＜预算费用,费用节约
	进度绩效指数	SPI	已完工作预算费用(BCWP) ÷计划工作预算费用(BCWS)	SPI＜1,实际进度＜计划进度,进度延误 SPI＞1,实际进度＞计划进度,进度提前

例11.1　某工程施工合同约定,计划1月份开挖土方量为80 000 m^3,2月份开挖为200 000 m^3,合同单价均为76元/m^3。至第2个月底,经确认的工程实际进展情况为1月份实际开挖土方量90 000 m^3,2月份实际开挖土方量180 000 m^3,实际单价均为80元/m^3。请解答如下问题:

①请计算该工程截至 2 月底的计划工作预算费用、已完工作预算费用、已完工作实际费用。

②请计算该工程截至 2 月底的费用偏差和进度偏差，并分别对该工程项目此时的费用、进度情况进行分析判断。

③请计算该工程截至 2 月底的费用绩效指数和进度绩效指数，并分别对该工程项目此时的费用、进度情况进行分析判断。

④请结合该工程截至 2 月底的参数分析，给出相应有效的纠偏措施。

解 ①已完工作预算费用 BCWP = (90 000 + 180 000) × 76 = 2 052(万元)

计划工作预算费用 BCWS = (80 000 + 200 000) × 76 = 2 128(万元)

已完工作实际费用 ACWP = (90 000 + 180 000) × 80 = 2 160(万元)

②截至 2 月底费用偏差 CV = BCWP − ACWP = 2 052 − 2 160 = −108(万元)，说明费用超支。截至 2 月底进度偏差 SV = BCWP − BCWS = 2 052 − 2 128 = −76(万元)说明进度延误。

③截至 2 月底费用绩效指数 CPI = BCWP/ACWP = 2 052/2 160 = 0.95，故费用超支。

截至 2 月底进度绩效指数 SPI = BCWP/BCWS = 2 052/2 128 = 0.96，故进度延误。

④该工程截至 2 月底的综合状态分析为进度延误、费用超支、效率低，建议更换一批工作效率更高的人员。

3. 偏差分析的表达方法

(1) 横道图法。用横道图法进行费用偏差分析，是用不同的横道标识已完工作预算费用(BCWP)、计划工作预算费用(BCWS)和已完工作实际费用(ACWP)，横道的长度与其金额成正比，在实际工作中往往要根据拟完工程计划投资和已完工程实际投资确定已完工程计划投资后，再确定投资偏差与进度偏差。费用偏差分析的横道图如图 11.4 所示。

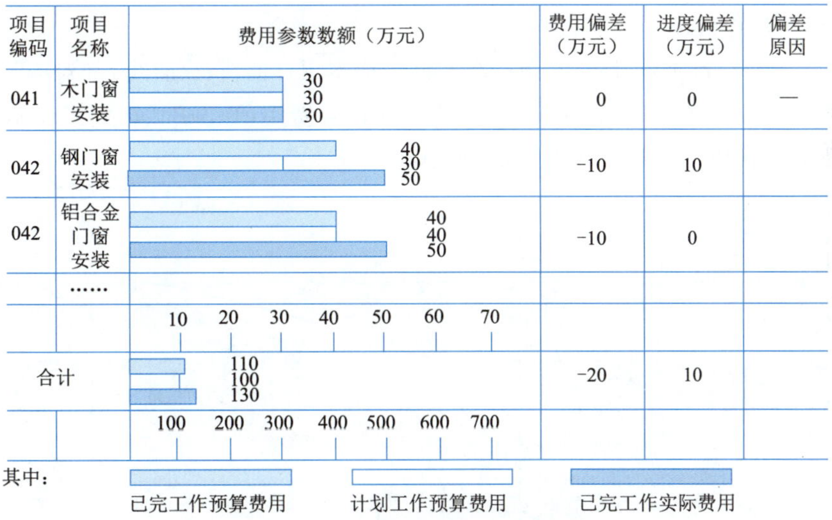

图 11.4 费用偏差分析的横道图

采用横道图法能准确表达费用的绝对偏差，能直观呈现偏差的严重程度，突出了形象、直观等优点，但缺点是反映的信息量较少。

(2) 表格法。表格法是进行偏差分析最常用的一种方法，可以根据项目的具体情况、数据来源、投资制作的要求等条件来设计表格，因而适用性较强。表格法的信息最大，可以反映各种偏差变量和指标。对全面深入地了解项目投资的实际情况非常有益；另外，表格法还便于用计算机辅助管理，提高投资控制工作的效率。投资偏差分析表如表 11.3 所示。

表 11.3　投资偏差分析表

项目编号	(1)	041	042	043
项目名称	(2)	木门窗安装	钢门窗安装	铝合金门窗安装
单位	(3)			
计划单价	(4)			
计划工程量	(5)			
计划工作预算费用(BCWS)	(6) = (4) × (5)	30	30	40
已完工程量	(7)			
已完工作预算费用(BCWP)	(8) = (4) × (7)	30	40	40
实际单价	(9)			
其他款项	(10)			
已完工作实际费用(ACWP)	(11) = (7) × (9) + (10)	30	50	50
费用局部偏差	(12) = (8) − (11)	0	−10	−10
费用绩效指数(CPI)	(13) = (8) ÷ (11)	1	0.8	0.8
费用累计偏差	(14) = ∑(12)	−20		
进度局部偏差	(15) = (8) − (6)	0	10	0
进度绩效指数(SPI)	(16) = (8) ÷ (6)	1	1.33	1
进度累计偏差	(17) = ∑(15)	10		

表格法可根据实际需要进行增减设计，包含信息量大，灵活、适用性强。同时可以反映偏差分析所需的资料，有利于费用控制人员及时采取针对性措施。此外，可借助计算机处理数据，节约人力资源投入，提升工作效率。

(3)曲线法。在项目实施过程中，每一条时间－成本累计曲线（S 曲线）都对应某一特定的工程进度计划以计划工作预算费用（BCWS）、已完工作预算费用（BCWP）、已完工作实际费用（ACWP）三个参数可以形成三条曲线，如图 11.5 所示。

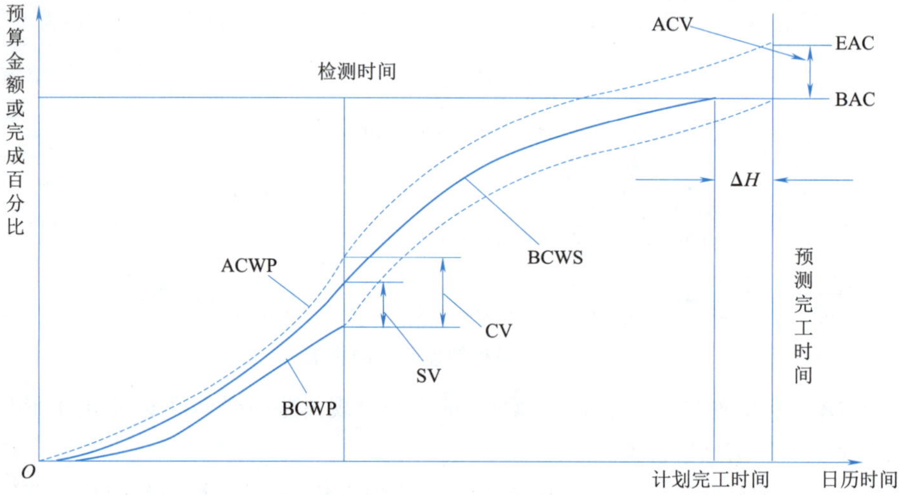

图 11.5　赢得值评价曲线图

图 11.5 中：CV = BCWP − ACWP，由于两项参数均以已完工作为计算基准，所以两项参数之差，反映项目进展的投资偏差。SV = BCWP − BCWS，由于两项参数均以预算值（计划值）作为计算基准，所以两者之差，反映项目进展的进度偏差。采用赢得值法还可以根据当前的进度、投资偏差情况，通过原因分析，对趋势进行预测，预测项目结束时的进度、投资情况。

BAC（Budget at Completion）：项目完工预算，指编计划时预计的项目完工投资。

EAC（Estimate at Completion）：预测的项目完工估算，指计划执行过程中根据当前的进度、投资偏差情况预测的项目完工总投资。

ACV（at Completion Variance）：预测项目完工时的投资偏差：

$$ACV = BAC - EAC \tag{11.8}$$

例 11.2　某工程项目施工合同于 2020 年 12 月签订，约定的合同工期为 20 个月，2021 年 1 月开始正式施工，施工单位按合同工期要求编制了混凝土结构工程施工进度时标网络图（见图 11.6），并经专业监理工程师审核批准。

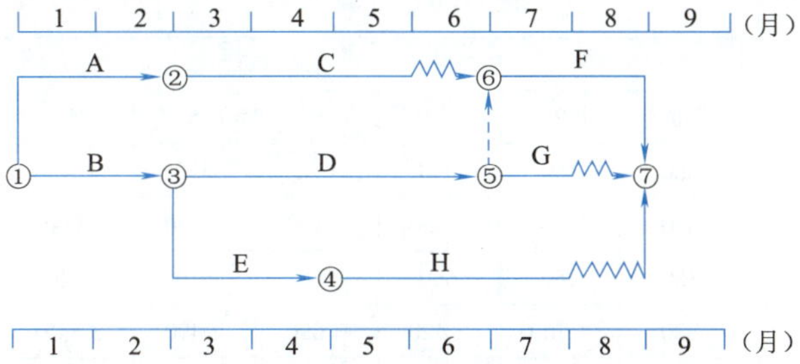

图 11.6　时标网络图

该项目的各项工作均按最早开始时间安排，且各工作每月所完成的工程量相等。各工作的计划工程量和实际工程量如表 11.4 所示。工作 D、E、F 的实际工作持续时间与计划工作持续时间相同。

合同约定，混凝土结构工程综合单价为 1 000 元/m^3，按月结算。结算价按项目所在地当月混凝土结构工程价格指数进行调整，项目实施期间各月的混凝土结构工程价格指数如表 11.5 所示。

施工期间，由于建设单位原因使工作 H 的开始时间比计划的开始时间推迟 1 个月，并由于工作 H 工程量的增加使该工作的工作持续时间延长了 1 个月。

表 11.4　计划工程量与实际工程量表

工　作	A	B	C	D	E	F	G	H
计划工程量（m^3）	8 600	9 000	5 400	10 000	5 200	6 200	1 000	3 600
实际工程量（m^3）	8 600	9 000	5 400	9 200	5 000	5 800	1 000	5 000

表 11.5　工程价格指数表

时　间	2020 年 12 月	2021 年 1 月	2021 年 2 月	2021 年 3 月	2021 年 4 月	2021 年 5 月	2021 年 6 月	2021 年 7 月	2021 年 8 月	2021 年 9 月
混凝土结构工程价格指数（%）	100	115	105	110	115	110	110	120	110	110

问题：

①请按施工进度计划编制资金使用计划（即计算每月和累计计划工作预算费用），并简要写出其步骤。计算结果填入表 11.6 中。

②计算工作 H 各月的已完工作预算费用和已完工作实际费用。

③计算混凝土结构工程已完工作预算费用和已完工作实际费用,计算结果填入表 11.6 中。

④计算 8 月末的费用偏差(CV)、进度偏差(SV)、费用绩效指数(CPI)和进度绩效指数(SPI)。

解 ①将各工作计划工程量与单价相乘后,除以该工作持续时间,得到各工作每月计划工作预算费用;再将时标网络计划中各工作分别按月纵向汇总得到每月计划工作预算费用;然后逐月累加得到各月累计计划工作预算费用。

②H 工作 6 ~ 9 月份每月完成工程量为:5 000 ÷ 4 = 1 250(m^3/月)。

H 工作 6 ~ 9 月已完工作预算费用均为:1 250 × 1 000 = 125(万元)。

H 工作已完工作实际费用:6 月份为 125 × 110% = 137.5(万元);7 月份为 125 × 120% = 150.0(万元);8 月份为 125 × 110% = 137.5(万元);9 月份为 125 × 110% = 137.5(万元)。

③计算结果见表 11.6。

表 11.6 计算结果　　单位:万元

项目	数据								
	1	2	3	4	5	6	7	8	9
每月计划工作预算费用	880	880	690	690	550	370	530	310	
累计计划工作预算费用	880	1 760	2 450	3 140	3 690	4 060	4 590	4 900	
每月已完工作预算费用	880	880	660	660	410	355	515	415	125
累计已完工作预算费用	880	1 760	2 420	3 080	3 490	3 845	4 360	4 775	4 900
每月已完工作实际费用	1 012	924	726	759	451	390.5	618	456.5	137.5
累计已完工作实际费用	1 012	1 936	2 662	3 421	3 872	4 262.5	4 880.5	5 337	5 474.5

④费用偏差(CV) = 已完工作预算费用 − 已完工作实际费用

= 4 775 − 5 337 = −562(万元) < 0,超支 562 万元。

进度偏差(SV) = 已完工作预算费用 − 计划工作预算费用

= 4 775 − 4 900 = −125(万元) < 0,进度延误 125 万元。

费用绩效指数(CPI) = 已完工作预算费用/已完工作实际费用

= 4 775/5 337 = 89.47%,费用超支 10.53%。

进度绩效指数(SPI) = 已完工作预算费用/计划工作预算费用

= 4 775/4 900 = 97.45%,进度延误 2.55%。

11.3.3 偏差原因分析与纠偏措施

1. 偏差原因分析

赢得值法在实际运用过程中,最理想的状态是 ACWP、BCWS、BCWP 三条曲线靠得很近、平稳上升,表示项目按预定目标计划前进。如果三条曲线离散度不断增加,则预示可能发生了关系到项目成败的重大问题。赢得值法确定费用和进度与原计划之间的偏离量,但没有确定产生问题的原因。项目经理部必须评价每个状况报告以找出项目没有按计划进行的原因,问题可能是很多情况造成的。经过对比分析,如果发现项目某一方面已经出现费用超支,或预计最终将会出现费用超支,则应将它提出并做进一步的原因分析。一般来说,产生费用偏差的原因有以下几种,如表 11.7所示。

表 11.7　费用偏差的原因

施工原因	设计原因	业主原因	物价上涨	客观原因
* 施工方案不当 * 施工质量问题 * 材料代用 * 赶工期 * 工期拖延 * 其他	* 设计错误 * 设计漏项 * 设计标准变化 * 设计保守 * 图纸不及时 * 其他	* 增加内容 * 投资规划不当 * 工程手续不全 * 未及时提供场地 * 组织协调不到位 * 其他	* 人工涨价 * 材料涨价 * 设备涨价 * 利率汇率变化 * 其他	* 社会因素 * 自然因素 * 基础处理 * 法规变化 * 其他

2. 纠偏措施

通常要压缩已经超支的费用而不损害其他目标是十分困难的，一般只有当给出的措施比原计划选定的措施更为有利，或使工程范围减少，或生产效率提高，成本才能降低。例如：①寻找新的、更好更省的、效率更高的设计方案；②购买部分产品，而不是采用完全由自己生产的产品；③重新选择供应商，但会产生供应风险，选择需要时间；④改变实施过程；⑤变更工程范围；⑥索赔，例如向业主、承(分)包商、供应商索赔以弥补费用超支。

表 11.8 所示为赢得值法参数分析与对应措施表。

表 11.8　赢得值法参数分析与对应措施表

序号	图形	三参数关系	分析	措施	对比
1	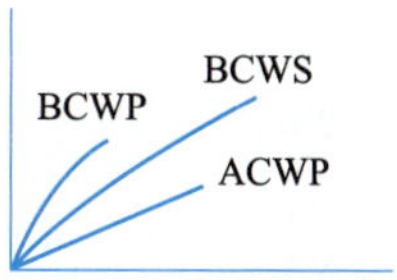	BCWP > BCWS > ACWP SV > 0　CV > 0	效率高 进度较快 投入延后	若偏离不大，维持现状	SV > 0，ACWP 位于两者中间表明进度快；ACWP 位于两者外侧表明进度较快； SV < 0，ACWP 位于两者中间表明进度慢；ACWP 位于两者外侧表明进度较慢； CV > 0，投入延后，BCWS 位于两者中间表明效率高，BCWS 位于两者外侧表明效率较高； CV < 0，投入超前，BCWS 位于两者中间表明效率低，BCWS 位于两者外侧表明效率较低
2	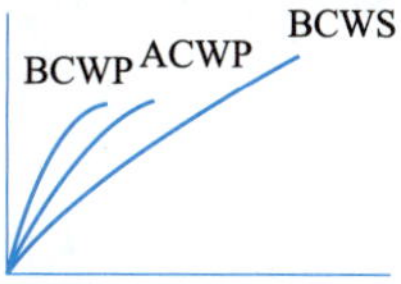	BCWP > ACWP > BCWS SV > 0　CV > 0	效率较高 进度快 投入延后	抽出部分人员，放慢进度	
3	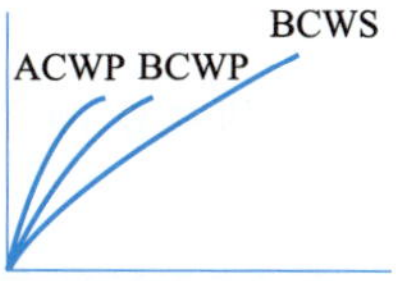	ACWP > BCWP > BCWS SV > 0　CV < 0	效率较低 进度较快 投入超前	抽出部分人员，增加少量骨干人员	
4	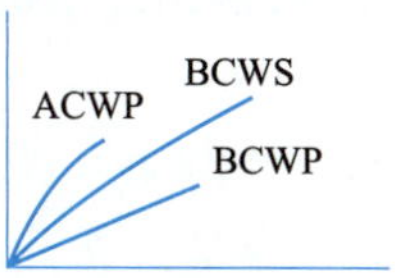	ACWP > BCWS > BCWP SV < 0　CV < 0	效率低 进度较慢 投入超前	用工作效率高的人员更换一批工作效率低的人员	
5	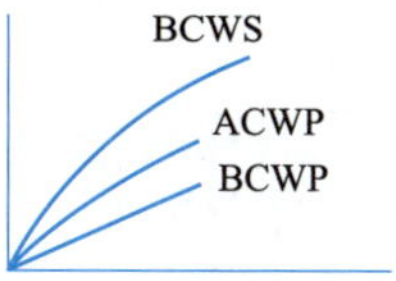	BCWS > ACWP > BCWP SV < 0　CV < 0	效率较低 进度慢 投入超前	增加高效人员投入	
6	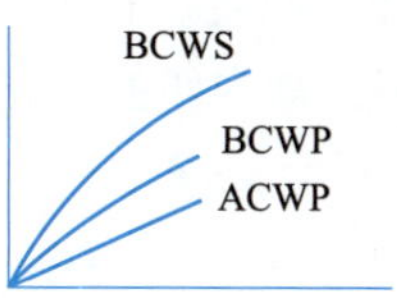	BCWS > BCWP > ACWP SV < 0　CV > 0	效率较高 进度较慢 投入延后	迅速增加人员投入	

11.4 施工项目成本核算

11.4.1 施工项目成本核算的内容

1. 成本核算的原则和依据

根据《企业会计准则第15号——建造合同》，项目成本核算应坚持形象进度、产值统计、成本归集同步的原则，即三者的取值范围应是一致的。形象进度表达的工程量、统计施工产值的工程量和实际成本归集所依据的工程量均应是相同的数值。

成本核算的依据包括：

(1)各种财产物资的收发、领退、转移、报废、清查、盘点资料。做好各项财产物资的收发、领退、清查和盘点工作，是正确计算成本的前提条件。

(2)与成本核算有关的各项原始记录和工程量统计资料。

(3)工时、材料、费用等各项内部消耗定额以及材料、结构件、作业、劳务的内部结算指导价。

2. 成本核算的内容

工程成本包括从建造合同签订开始至合同完成为止所发生的、与执行合同有关的直接费用和间接费用。直接费用是指为完成合同所发生的、可以直接计入合同成本核算对象的各项费用支出。

直接费用包括：①耗用的材料费用；②耗用的人工费用；③耗用的机械使用费；④其他直接费用，指其他可以直接计入合同成本的费用。

间接费是企业下属的施工单位或生产单位为组织和管理施工生产活动所发生的费用。

《财政部关于印发〈企业产品成本核算制度(试行)〉的通知》(财会[2013]17号)则将成本项目分为以下类别：

①直接人工，是指按国家规定支付给施工过程中直接从事建筑安装工程施工的工人以及在施工现场直接为工程制作构件和运料、配料等工人的职工薪酬。

②直接材料，是指在施工过程中所耗用的、构成工程实体的材料、结构件、机械配件和有助于工程形成的其他材料以及周转材料的租赁费和摊销等。

③机械使用费，是指施工过程中使用自有施工机械所发生的机械使用费，使用外单位施工机械的租赁费，以及按照规定支付的施工机械进出场费等。

④其他直接费用，是指施工过有中发生的材料搬运费、材料装卸保管费、燃料动力费、临时设施摊销、生产工具用具使用费、检验试验费、工程定位复测费、工程点交费、场地清理费，以及能够单独区分和可靠计量的为订立建造承包合同而发生的差旅费、投标费等费用。

⑤间接费用，是指企业各施工单位为组织和管理工程施工所发生的费用。

施工企业在核算产品成本时，就是按照成本项目来归集企业在施工生产经营过程中发生的应计入成本核算对象的各项费用。其中，属于人工费、材料费、机械使用费和其他直接费等直接成本费用，直接计入有关工程成本。间接费用可先通过费用明细科目进行归集，期末再按确定的方法分配计入工程成本核算对象的成本。

11.4.2 成本核算的程序和方法

1. 成本核算的程序

根据会计核算程序,结合工程成本发生的特点和核算的要求,工程成本核算的程序为:

(1)对所发生的费用进行审核,以确定应计入工程成本的费用和计入各项期间费用的数额。

(2)将应计入工程成本的各项费用,区分哪些应当计入本月,哪些应由其他月份负担。

(3)将每月应计入工程成本的生产费用,在各成本对象间进行分配和归集,计算各工程成本。

(4)对未完工程进行盘点,以确定本期已完工程实际成本。

(5)将已完工程成本转入工程结算成本,核算竣工工程实际成本。

2. 成本核算的方法

1)表格核算法

表格核算法是通过对施工项目内部各环节进行成本核算,以此为基础,核算单位和各部门定期采集信息,按照有关规定填制一系列的表格,完成数据比较、考核和简单的核算,形成工程项目成本的核算体系,作为支撑工程项目成本核算的平台。这种核算的优点是简便易懂,方便操作,实用性较好。缺点是精度不高,覆盖面较小,难以实现较为科学严密的审核制度。

2)会计核算法

会计核算法是建立在会计对工程项目进行全面核算的基础上,再利用收支全面核实和借贷记账法的综合特点,按照施工项目成本的收支范围和内容,进行施工项目成本核算。项目财务部门一般采用此种方法。不仅核算工程项目施工的直接成本,还要核算工程项目在施工过程中出现的债权债务、为施工生产而自购的工具、器具摊销、向发包单位的报量和收款、分包完成和分包付款等。这种核算方法的优点是科学严密,人为控制的因素较小而且核算的覆盖面较大。缺点是对核算工作人员的专业水平和工作经验都要求较高。

3)两种核算方法的综合使用

因为表格核算具有操作简单和表格格式自由等特点,因而对工程项目内各岗位成本的责任核算比较实用。施工单位除对整个企业的生产经营进行会计核算外,还应在工程项目上设成本会计,进行工程项目成本核算,以减少数据的传递,提高数据的及时性,便于与表格核算的数据接口。总的来说,用表格核算法进行工程项目施工各岗位成本的责任核算和控制,用会计核算法进行工程项目成本核算,两者互补,相得益彰,确保工程项目成本核算工作的开展。

11.5 施工项目成本分析和成本考核

11.5.1 施工项目成本分析的依据和内容

1. 施工项目成本分析的依据

施工项目成本分析的主要依据是会计核算、业务核算和统计核算所提供的资料。

(1)会计核算。会计核算主要是价值核算。会计是对一定单位的经济业务进行计量、记录、分析和检查,作出预测、参与决策、实行监督,旨在实现最优经济效益的一种管理活动。它通过设置账户、复式记账、填制和审核凭证、登记账簿、成本计算、财产清查和编制会计报表等一系列有组织有系统的方法，来记录企业的一切生产经营活动，然后据此提出一些用货币来反映的有关各种综合性经济指标的数据，如资产、负债、所有者权益、收入、费用和利润等。由于会计记录具有连续性、系统性、综合性等特点，所以它是成本分析的重要依据。

(2)业务核算。业务核算是各业务部门根据业务工作的需要而建立的核算制度，它包括原始记录和计算登记表，如单位工程及分部工程进度登记、质量登记、工效、定额计算登记、物资消耗定额记录、测试记录等。业务核算的范围比会计、统计核算广，会计和统计核算一般是对已经发生的经济活动进行核算，而业务核算还可以对尚未发生的经济活动进行核算。它的特点是，对个别的经济业务进行单项核算。例如，各种技术措施、新工艺等项目，可以核算已经完成的项目是否达到原定的目标，取得预期的效果，也可以对准备采取措施的项目进行核算和审查。业务核算的目的在于迅速取得资料，在经济活动中及时采取措施进行调整。

(3)统计核算。统计核算是利用会计核算资料和业务核算资料，把企业生产经营活动客观现状的大量数据，按统计方法加以系统整理，表明其规律性。它的计量尺度比会计宽，可以用货币计算，也可以用实物或劳动量计量。它通过全面调查和抽样调查等特有的方法，不仅能提供绝对数指标，还能提供相对数和平均数指标，可以计算当前的实际水平，确定变动速度，预测发展趋势。

2. 施工项目成本分析的内容

一般来说，施工项目成本分析的内容主要包括以下几个方面：

(1)人工费的合理性。人工费的合理性是指人工费既不过高，也不过低。如果人工费过高，就会增加工程项目的成本；而人工费过低，则工人的积极性不高，工程项目的质量就有可能得不到保证。在实行管理层和作业层分离的情况下，项目施工需要人工，由项目经理部与施工队签订劳务承包合同，明确承包范围、承包金额和双方的权利、义务。对项目经理部来说，除了按合同规定支付劳务费以外，还可能发生一些其他人工费支出，这些费用支出主要是：①因实物工程量增减而调整的人工和人工费；②定额人工以外的计日工工资；③对在进度、质量、节约、文明施工等方面作出贡献的班组和个人进行奖励的费用。

(2)材料、能源利用效果。在其他条件不变的情况下，材料、能源消耗定额的高低，直接影响材料、燃料成本的升降。材料、燃料价格的变动，也直接影响产品成本的升降。可见，材料、能源利用的效果及其价格水平是影响成本升降的重要因素。

(3)机械设备的利用效果。在租赁过程中存在着两种情况：一是按产量进行承包，并按完成产量计算费用，如土方工程，项目经理部只要按实际挖掘的土方工程量结算挖土方费用，而不必考虑挖掘机械的完好程度和利用程度；另一种是按使用时间(台班)计算机械费用的，如塔吊、搅拌机、砂浆机等，如果机械完好率差或在使用中调度不当，必然会影响机械的利用率，从而延长使用时间，增加使用费用。自有机械同样也要提高机械完好率和利用率。

11.5.2 施工项目成本分析的方法

1. 成本分析的基本方法

(1)比较法。就是通过技术经济指标的对比，检查目标的完成情况，分析产生差异的原因，进而挖掘内部潜力的方法。比较法简单易行、通俗易懂、便于掌握,应用广泛,但使用中要注意各技术经济指标的可比性。具体应用时通常有以下几种形式:

①将实际指标与目标指标对比。将实际指标与目标指标对比,检查目标完成情况,分析影响目标完成的积极因素和消极因素,以便及时采取措施,保证成本目标的实现。在进行实际指标与目标指标对比时,还应注意目标本身是否合理。如果不合理,则应调整目标,重新进行评价。

②将本期实际指标与上期实际指标对比。将本期实际指标与上期实际指标对比,可以看出各项技术经济指标的变动情况,反映施工管理水平的提高程度。

③与本行业平均水平、先进水平对比。与本行业平均水平、先进水平对比,可以反映出本项目的技术管理和经济管理与同行业的平均水平和先进水平的差异,进而采取措施赶超先进水平。

这三种对比可以在一张表中同时体现,如表 11.9 所示。

表 11.9 实际指标与上期指标、先进水平对比表 单位:万元

指标	本年计划数	上年实际数	企业先进水平	本年实际数	差异数		
					与计划比	与上年比	与先进比
水泥节约额	18	15	23	21.5	3.5	6.5	-1.5

(2)因素分析法,又称连环替代法。这种方法可用来分析各种因素对成本形成的影响程度。在进行分析时,首先要假定众多因素中的一个因素发生了变化,而其他因素不变,然后逐个替换,并分别比较其计算结果,以确定各个因素的变化对成本的影响程度。

因素分析法的计算分析步骤如下:

①确定分析对象(所分析的技术经济指标),并计算出实际数与目标数的差异。

②确定指标(因素)并排序。(排序规则是:先实物量,后价值量;先绝对值,后相对值)。

③以目标数为基础,将各因素的目标数相乘,作为分析替代的基数。

④将各个因素的实际数按照上面的排序顺序进行替换计算,并将替换后的实际数保留下来。

⑤将结果与前一次的计算结果相比较,两者的差异即为该因素对成本的影响程度。

⑥各个因素的影响程度之和,应与分析对象的总差异相等。

例 11.3 某公司承接一座钢筋混凝土框架结构的办公楼,内外墙及框架间墙采用 GZL 保温砌块。目标成本为 305 210.50 元,实际成本为 330 290.20 元,用因素分析法分析砌筑量、单价、损耗率等因素的变动对实际成本的影响程度,有关数据如表 11.10 所示,用因素分析法分析成本增加的原因。

表 11.10 砌筑工程目标成本与实际成本对比表

项目	单位	目标	实际	差额
砌筑量	千块	970	985	+15
单价	元/千块	310	332	+22
损耗率	%	1.5	1	-0.5
成本	元	305 210.50	330 290.20	+25 079.70

解 ①分析对象为 GZL 保温砌块的成本,实际成本与目标成本的差额为25 079.7元。

②该指标是由砌筑量、单价、损耗率 3 个因素组成的,排序为砌筑量、单价、损耗率。

③替代基数:$970 \times 310 \times 1.015 = 305\ 210.50$(元)。

④连环替代：

第一次替代砌筑量，以 985 替代 970：

$$985 \times 310 \times 1.015 = 309\ 930.25(\text{元})$$

第二次替代单价因素，以 332 代替 310，并保留上次替代后的值：

$$985 \times 332 \times 1.015 = 331\ 925.30(\text{元})$$

第三次替代损耗率因素，以 1.01 代替 1.015，并保留上次替代后的值：

$$985 \times 332 \times 1.01 = 330\ 290.20(\text{元})$$

⑤计算差额：

第一次替代与目标数的差额 = 309 930.25 − 305 210.50 = 4 719.75（元）

第二次替代与第一次替代的差额 = 331 925.30 − 309 930.25 = 21 995.05（元）

第三次替代与第二次替代的差额 = 330 290.20 − 331 925.30 = −1 635.10（元）

砌筑量增加使成本增加了 4 719.75 元，单价提高使成本增加了 21 995.05 元，而损耗率下降使成本减少了 1 635.10 元。

⑥各因素的影响程度之和 = 4 719.75 + 21 995.05 − 1 635.10 = 25 079.70（元），与实际成本和目标成本的总差额相等。

为了使用方便，企业也可通过运用因素分析表来呈现以上过程，具体形式如表 11.11 所示。

表 11.11　GZL 保温砌块成本变动因素分析表

顺序	连环替代计算	差异（元）	因素分析
目标数	970 × 310 × 1.015 = 305 210.50		
第一次替代	985 × 310 × 1.015 = 309 930.25	4 719.75	砌筑量增加使成本增加 4 719.75 元
第二次替代	985 × 332 × 1.015 = 331 925.30	21 995.05	单价提高使成本增加 21 995.05 元
第三次替代	985 × 332 × 1.01 = 330 290.20	1 635.10	损耗率下降使成本减少 1 635.10 元
合计	4 719.75 + 21 995.05 − 1 635.10	25 079.70	

（3）差额计算法。是因素分析法的一种简化形式，它利用各个因素的目标值与实际值的差额来计算其对成本的影响程度。

（4）比率法。是指用两个以上的指标比例进行分析的方法。它的基本特点是：先把对比分析的数值变成相对数，再观察其相互之间的关系。常用的比率法有以下几种：

①相关比率法。由于项目经济活动的各个方面是相互联系、相互依存，又相互影响，因而将两个性质不同而又相关的指标加以对比，求出比率，并以此来考察经营成果的好坏。例如：产值和工资是两个不同的概念，但它们的关系又是投入与产出的关系。在一般情况下，都希望以最少的工资支出完成最大的产值。因此，用产值工资率指标来考核人工费的支出水平，就很能说明问题。

②构成比率法。又称比重分析法或结构对比分析法。通过构成比率，可以考察成本总量的构成情况及各成本项目占成本总量的比重，同时也可看出量、本、利的比例关系（即预算成本、实际成本和降低成本的比例关系），从而为寻求降低成本的途径指明方向。

③动态比率法。就是将同类指标不同时期的数值进行对比，求出比率，以分析该项指标的发展方向和发展速度。通常采用基期指数和环比指数两种方法。

2. 综合成本的分析方法

所谓综合成本，是指涉及多种生产要素，并受多种因素影响的成本费用，如分部分项工程成本、月(季)度成本、年度成本等。由于这些成本都是随着项目施工的进展而逐步形成的,与生产经营有着密切的关系。做好上述成本的分析工作将促进项目的生产经营管理,提高项目的经济效益。

(1)分部分项工程成本分析,是施工项目成本分析的基础。分部分项工程成本分析的对象为已完成分部分项工程。分析的方法是:进行预算成本、目标成本和实际成本的"三算"对比,分别计算实际偏差和目标偏差,分析偏差产生的原因,为今后的分部分项工程成本寻求节约途径。

分部分项工程成本分析的资料来源是:预算成本来自投标报价成本,目标成本来自施工预算,实际成本来自施工任务单的实际工程量、实耗人工和限额领料单的实耗材料。

分部分项工程成本分析表的格式如表11.12所示。

表11.12 分部分项工程成本分析表

单位工程:

分部分项工程名称:________ 工程量:________ 施工班组:________ 施工日期:________

工料名称	规格	单位	单价	预算成本		目标成本		实际成本		实际与预算比较		实际与目标比较	
				数量	金额	数量	金额	数量	金额	数量	金额	数量	金额
合计													
实际与预算比较% (预算=100)													
实际与计划比较% (计划=100)													
节超原因说明													

编制单位: 成本员: 填表日期:

(2)月(季)度成本分析,是施工项目定期的、经常性的中间成本分析。对于具有一次性特点的施工项目而言,具有重要的意义。因为通过月(季)度成本分析,可以及时发现问题,以便按照成本目标指定的方向进行监督和控制,保证项目成本目标的实现。

月(季)度成本分析的依据是当月(季)的成本报表。分析的方法,通常有以下几个方面:

①通过实际成本与预算成本的对比,分析当月(季)的成本降低水平;通过累计实际成本与累计预算成本的对比,分析累计的成本降低水平,预测实现项目成本目标的前景。

②通过实际成本与目标成本的对比,分析目标成本的落实情况,以及目标管理中的问题和不足,进而采取措施,加强成本管理,保证成本目标的落实。

③通过对各成本项目的成本分析．可以了解成本总量的构成比例和成本管理的薄弱环节。

④通过主要技术经济指标的实际与目标对比,分析产量、工期、质量、"三材"节约率、机械利用率等对成本的影响。

⑤通过对技术组织措施执行效果的分析,寻求更加有效的节约途径。

⑥分析其他有利条件和不利条件对成本的影响。

(3)年度成本分析。企业成本要求一年结算一次,不得将本年成本转入下一年度。而项目成本则以项目的寿命周期为结算期,要求从开工到竣工到保修期结束连续计算,最后计算出成本总量及其盈亏。由于项目的施工周期一般较长，除进行月（季）度成本核算和分析外，还要进行年度成本的核算和分析。通过年度成本的综合分析，可以总结一年来成本管理的成绩和不足，为今后的成本管理提供经验和教训，从而可对项目成本进行更有效的管理。

（4）竣工成本的综合分析。凡是有几个单位工程而且是单独进行成本核算（即成本核算对象）的施工项目，其竣工成本分析应以各单位工程竣工成本分析资料为基础，再加上项目经理部的经营效益进行综合分析。如果施工项目只有一个成本核算对象（单位工程），就以该成本核算对象的竣工成本资料作为成本分析的依据。单位工程竣工成本分析，应包括以下三方面内容：竣工成本分析；主要资源节超对比分析；主要技术节约措施及经济效果分析。

11.5.3 施工项目成本考核的依据和方法

1. 成本考核的依据

施工项目成本考核是指在施工项目完成后，对施工成本形成中的各责任者，按施工成本目标责任制的有关规定，评定施工成本计划的完成情况和各责任者的业绩，并给予相应的奖惩。成本考核是衡量成本降低的实际成果，也是对成本指标完成情况的总结和评价。组织应根据项目成本管理制度，确定项目成本考核目的、时间、范围、对象、方式、依据、指标、组织领导、评价与奖惩原则。

成本考核的依据包括成本计划、成本控制、成本核算和成本分析的资料。成本考核的主要依据是成本计划确定的各类指标。成本计划一般包括以下三类指标：

（1）成本计划的数量指标，如：

①按子项汇总的工程项目计划总成本指标。

②按分部汇总的各单位工程（或子项目）计划成本指标。

③按人工、材料、机具等各主要生产要素划分的计划成本指标。

（2）成本计划的质量指标，如项目总成本降低率：

①设计预算成本计划降低率 = 设计预算总成本计划降低额/设计预算总成本

②责任目标成本计划降低率 = 责任目标总成本计划降低额/责任目标总成本

（3）成本计划的效益指标，如项目成本降低额：

①设计预算总成本计划降低额 = 设计预算总成本 − 计划总成本

②责任目标总成本计划降低额 = 责任目标总成本 − 计划总成本

2. 成本考核的方法

公司应以项目成本降低额、项目成本降低率作为项目管理机构成本考核的主要指标。要加强公司层对项目管理机构的指导，并充分依靠管理人员、技术人员和作业人员的经验和智慧，防止项目管理在企业内部异化为靠少数人承担风险的以包代管模式。成本考核也可分别考核公司层和项目管理机构。公司应对项目管理机构的成本和效益进行全面评价、考核与奖惩。公司层对项目管理机构进行考核与奖惩时，既要防止虚盈实亏，也要避免实际成本归集差错等的影响，使成本考核真正做到公平、公正、公开，在此基础上落实成本管理责任制的奖惩措施。通过成本考核，做到有奖有惩、赏罚分明，才能有效地调动每一位员工在各自施工岗位上努力完成目标成本的积极性，从而降低施工项目成本，提高企业的效益。

本章小结

1. 在工程项目成本管理过程中，项目管理者应在项目实施中对发生的各种成本信息进行计划、控制、核算、分析以及考核评价，确保实现工程项目施工成本的总体目标。

2. 施工成本计划是设立施工项目目标成本的依据，也是开展施工项目成本管理的基础。在项目经理的领导下，由施工单位按施工成本组成、项目组成和工程进度多个方面编制能够发挥积极作用的施工成本计划，将成本计划总额控制在目标成本的范围之内。

3. 在施工项目过程中，承包商的经济效益是通过进行成本控制实现的，成本控制在整个项目管理中具有重要的地位。应用赢得值法和偏差控制法对施工项目成本进行控制分析，能够找出成本偏差，分析原因，采取纠偏措施，协调优化成本计划，实现对施工项目成本的动态控制。

4. 施工企业对项目成本进行核算，就是归集应计入成本核算对象的各项费用，对所发生的费用进行审核，确定已完工程实际成本，并与施工预算成本和合同预算成本分别进行逐项比较分析，能够综合反映项目成本目标的执行结果。

5. 施工成本分析在成本核算的基础上，对施工成本的形成过程以及影响成本升降的因素进行分析论证，进一步寻求降低成本的途径；通过成本分析，能够看清施工成本的实质，进而加强对成本的控制、实现项目成本目标。做好施工成本的分析工作，将促进项目的生产经营管理，提高项目的经济效益。

6. 对建设工程项目成本进行考核，在于贯彻落实责权利相结合的原则，促进成本管理工作的健康发展，更好地完成建设工程项目的成本目标。

综合能力实训

一、选择题

1. 编制施工项目成本计划，关键是确定项目的(　　)。

A. 预算成本　　B. 成本构成　　C. 目标成本　　D. 实际成本

2. 施工企业在工程投标阶段编制的估算成本计划是一种(　　)成本计划。

A. 指导性　　B. 实施性　　C. 作业性　　D. 竞争性

3. 某施工承包企业将其承接的高速公路项目的目标总成本分解为桥梁、隧道、道路工程成本等子项，并编制相应的成本计划，这是按(　　)分解的。

A. 成本组成　　B. 项目组成　　C. 工程类别　　D. 工程性质

4. 工程项目施工成本管理的组织措施之一是(　　)。

A. 编制施工成本控制工作流程　　B. 制定施工方案并对其进行分析论证

C. 进行工程风险分析并制定防范性对策　　D. 防止和处理施工索赔

5. 某混凝土结构工程，合同计划价为 1 000 万元。5 月底拟完成合同计划价的 80%，实际完成合同计划价的 70%，5 月底实际结算工程款 750 万元，则 5 月底的投资偏差和进度偏差分别为(　　)。

A. 超支 100 万元、超前 50 万元　　B. 超支 50 万元、拖后 100 万元

C. 节约 50 万元、拖后 100 万元　　D. 节约 100 万元、超前 50 万元

6. 某工程主体结构混凝土工程量为 3 200 m^3，预算单价为 550 元/m^3。计划 4 个月内均衡完

成。开工后，混凝土实际采购价格为560元/m^3。施工至第2个月月底，实际累计完成混凝土工程量为1 800 m^3，则此时的进度偏差为(　　)万元。

A. 11.8　　B. 11.2　　C. 11.0　　D. −1.8

7. 关于赢得值法及其应用的说法，正确的是(　　)。

A. 赢得值法有四个基本参数和三个评价指标

B. 投资(进度)绩效指数反映的是绝对偏差

C. 投资(进度)偏差仅适合对同一项目作偏差分析

D. 进度偏差为正值，表示进度延误

8. 某土方工程，月计划工程量2 800 m^3，预算单价25元/m^3；到月末时已完工程量3 000 m^3，实际单价26元/m^3。对该项工作采用赢得值法进行偏差分析的说法，正确的是(　　)。

A. 已完工作实际费用为75 000元

B. 费用偏差为−3 000元，表明项目运行超出预算费用

C. 费用绩效指数大于1，表明项目运行超出预算费用

D. 进度绩效指数小于1，表明实际进度比计划进度拖后

9. 推行施工成本的材料费控制，主要控制的内容有(　　)。

A. 材料用量和材料价格　　B. 材料定额和材料数量标准

C. 材料数量标准和材料价格　　D. 材料价格和材料价格指数

10. 分析施工成本偏差的目的是为了有针对性地采取纠偏措施，而纠偏首先要做的工作是(　　)。

A. 确定纠偏的主要对象　　B. 分析偏差产生的原因

C. 采取适当的技术措施　　D. 采取有针对性的经济措施

11. 通过对比技术经济指标，检查目标的完成情况，分析产生差异的原因，进而挖掘降低成本的方法，属于成本控制基本方法中的(　　)。

A. 比较法　　B. 比率法　　C. 因素分析法　　D. 差额计算法

12. (多选)下列施工成本管理的措施中属于经济措施的是(　　)。

A. 编制资金使用计划

B. 及时准确记录、收集、整理、核算实际发生的成本

C. 选用最合适的施工机械

D. 编制施工成本控制工作计划

E. 使用先进、高效的机械设备

13. (多选)某项目实施过程中，绘制了图11.7所示的时间−成本累计曲线，该图反映的项目进度正确的信息有(　　)。

A. Ⅱ阶段进度慢

B. Ⅰ阶段进度慢

C. Ⅲ阶段进度慢

D. Ⅳ 阶段进度慢

E. 工程施工连续

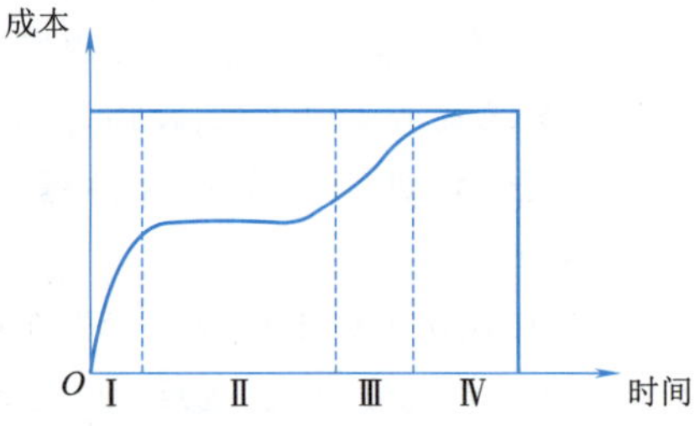

图11.7　第13题图

14. (多选)关于赢得值及相关评价指标的说法，正确的有(　　)。

A. 进度偏差为负值时，表示实际进度快于计划进度

B. 理想状态是已完工作实际费用、计划工作预算费用和以往做预算费用三条曲线靠得很近并平稳上升

C. 费用(进度)偏差适用于同一项目和不同项目比较中采用

D. 采用赢得值法可以克服进度、费用分开控制的缺点

E. 赢得值法可定量判断进度、费用的执行效果

15.(多选)某商品混凝土目标成本与实际成本对比如表 11.13 所示,关于其成本分析的说法,正确的有(　　)。

表 11.13　某商品混凝土目标成本与实际成本对比

项目	单位	目标	实际
产量	m^3	600	640
单价	元	715	755
损耗	%	4	3

A. 实际成本与目标成本的差额是 51 536 元

B. 产量增加使成本增加了 28 600 元

C. 单价提高使成本增加了 26 624 元

D. 该商品混凝土目标成本是 497 696 元

E. 损耗率下降使成本减少了 4 832 元

16.(多选)关于成本核算方法的说法,正确的有(　　)。

A. 表格核算法的基础是施工项目内部各环节的成本核算

B. 会计核算法科学严密,覆盖面较大

C. 项目财务部门一般采用表格法进行成本核算

D. 会计核算法适用于工程项目内各岗位成本的责任核算

E. 表格核算法精度不高,覆盖面较小

二、案例分析题

1. 某装饰工程公司承接一项酒店装修改造工程,前五个月各月完成费用情况如表 11.14 所示。合同总价 1 500 万元,总工期六个月。

表 11.14　前五个月各月完成费用情况

月份	计划完成工作预算费用 BCWS(万元)	已完成工作量(%)	实际发生费用 ACWP(万元)	已完成工作预算费用 BCWP(万元)
1	180	95	185	
2	220	100	205	
3	240	110	250	
4	300	105	310	
5	280	100	275	

问题:

(1)计算各月已完工程预算费用 BCWP 及五个月累计的 BCWP。

(2)计算五个月累计的计划完成工作预算费用 BCWS、已完工作实际费用 ACWP。

(3)计算五个月的费用偏差 CV、进度偏差 SV,并分析成本和进度情况。

(4)计算五个月的费用绩效指数 CPI、进度绩效指数 SPI，并分析成本和进度情况。

2. 某酒店工程项目，主体已经完工，在装饰装修分部工程施工任务中，室内装修分部工程有内墙环保壁纸、内墙环保涂料、内墙釉面砖三个分项工程，在八月份工程施工中，技术经济参数如表 11.15 所示。

表 11.15　分项工程技术经济参数情况

序号	项目名称	环保壁纸	环保涂料	釉面砖
1	预算单位成本/元	60	100	40
2	拟完成的工程量/m^2	150	30	80
3	拟完成工程计划施工成本/元			
4	已完工程量/m^2	120	30	90
5	已完成工程计划施工成本/元			
6	实际单位成本/元	55	110	45
7	已完工程实际成本/元			
8	费用偏差(CV)/元			
9	费用绩效指数(CPI)			
10	进度偏差(SV)/元			
11	进度绩效指数(SPI)			

问题：

(1)项目经理如何进行项目成本的过程控制？

(2)施工现场如何进行成本控制？

(3)施工项目成本控制的内容有哪些？

(4)判定内墙环保壁纸施工、内墙环保涂料施工、内墙釉面砖施工的成本偏差和进度偏差。

3. 某施工项目计划工期为两年，施工项目经理部针对该项目编制的施工项目成本计划的计划总成本为 800 万元(其中第一年计划总成本为 300 万元，第二年为 500 万元)。在该项目实施过程中，通过成本核算和有关成本与进度的记录得知，该项目开工后第一年末实际成本发生额 200 万元，经查阅施工项目成本计划，第一年所完成施工内容的计划成本为 180 万元。

问题：试对该项目进行成本偏差与进度偏差同步分析。

4. 某工程项目有 2 000 m^2 缸砖面层地面施工任务，交由某分包商承担，计划于 6 个月内完成，计划各工作项目单价和计划完成工作量见表 11.16 所示，该工程进行了三个月以后，发现某些工作项目实际已完成的工作量及实际单价与原计划有偏差，其数值如表 11.16 所示。

表 11.16　项目实际已完成的工作量及实际单价与原计划

工作项目名称	平整场地	室内夯填土	垫　层	缸砖面砂浆结合	踢　脚
单位	100	100	100	100	100
计划工作量(三个月)	150	20	60	100	13.55
计划单位(元/单位)	16	46	450	1520	1620
已完成工作量(三个月)	150	18	48	70	9.5
实际单价(元/单位)	16	46	450	1800	1650

问题：试计算并用表格法列出至第三个月月末时各工作的计划工作预算费用(BCWS)、已完工作预算费用(BCWP)、已完工作实际费用(ACWP)，并分析费用局部偏差值、费用绩效指数(CPI)、进度局部偏差值、进度绩效指数(SPI)，以及费用累计偏差和进度累计偏差。

第12章

工程项目质量控制

本章导读

质量是建设工程项目管理的主要控制目标之一，工程建设项目只有符合质量标准才能投入生产和交付使用，而工程质量控制是保证和提高工程质量的必要手段和方法。对于建设工程项目的质量控制，需要系统有效地应用质量管理和质量控制的基本原理和方法，通过项目实施过程中各环节质量控制的职能活动，科学预防和正确处理可能发生的工程质量事故，实现建设工程项目的质量目标。本章内容主要包括工程项目质量控制的基本原理、工程项目施工质量控制、工程质量统计分析方法、施工质量验收以及质量事故的处理。

学习目标

知识目标：

◇ 理解工程项目质量控制的内涵和基本原理。

◇ 熟悉工程项目施工质量控制的过程和方法。

◇ 熟悉施工质量验收的划分和要求，掌握对施工质量验收不合格的处理要求。

◇ 掌握施工质量事故的划分等级，熟悉施工质量事故的处理程序。

◇ 掌握常用的工程质量统计分析方法。

能力与素质目标：

◇ 能够应用质量控制的原理，分析工程质量的影响因素以及质量事故产生的原因，能够进行科学有效的处理和防范。

◇ 能够应用工程质量统计分析方法，有效开展工程项目施工质量控制。

◇ 能够按照相关程序和要求，组织工程项目施工质量验收，同时对施工质量验收不合格进行处理。

思维导图

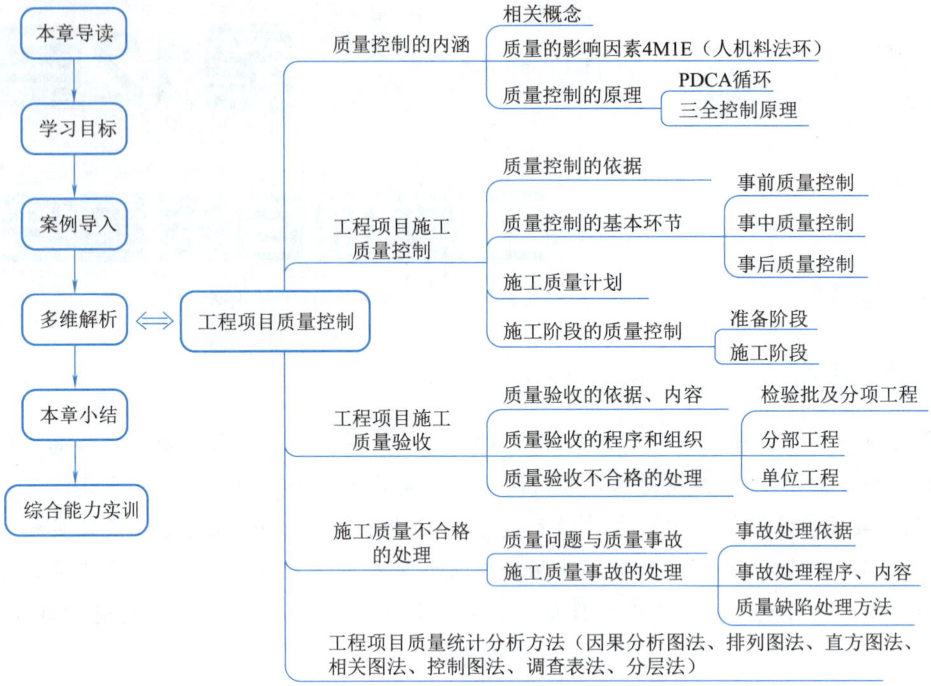

案例导入

某高速公路工程施工中，项目监理机构收集了一个月的混凝土试块强度资料，画出直方图，如下所示，已知 $T_u=31$ MPa；$T_L=23$ MPa，确定的试配强度为26.5 MPa。混凝土拌制工序的施工采用两班制。

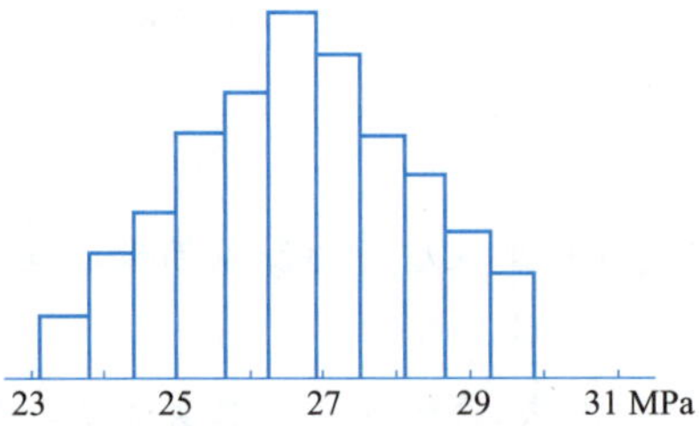

混凝土试块强度直方图

思考：

(1) 通过混凝土拌制工序直方图的分析，监理工程师对工序所处的状态可得出哪些结论？

(2) 若直方图呈双峰形，可能是什么原因造成的？

(3) 若直方图呈孤岛形，可能是什么原因造成的？

(4) 直方图有什么特点？绘制、分析和应用直方图时应注意哪些事项？

(5) 直方图有何用途？

(6) 常用的基本工具和方法中，除直方图外还有哪些？

12.1 工程项目质量控制的内涵

12.1.1 工程项目质量控制的相关概念

1. 质量和工程项目质量

根据我国国家标准《质量管理体系 基础和术语》GB/T 19000—2016 的定义，质量是指客体的一组固有特性满足要求的程度。

建设工程项目质量是指通过项目实施形成的工程实体的质量，是反映建筑工程满足法律、法规的强制性要求和合同约定的要求，包括在安全、使用功能以及在耐久性能、环境保护等方面满足要求的明显和隐含能力的特性总和。其质量特性主要体现在适用性、安全性、耐久性、可靠性、经济性及与环境的协调性六个方面。

2. 质量管理和工程项目质量管理

质量管理就是关于质量的管理，是在质量方面指挥和控制组织的协调活动，包括建立和确定质量方针和质量目标，并在质量管理体系中通过质量策划、质量保证、质量控制和质量改进等手段来实施全部质量管理职能，从而实现质量目标的所有活动。

工程项目质量管理是指在工程项目实施过程中，指挥和控制项目参与各方关于质量的相互协调的活动，是围绕着使工程项目满足质量要求，而开展的策划、组织、计划、实施、检查、监督和审核等所有管理活动的总和。项目参与各方必须调动与项目质量有关的所有人员的积极性，共同做好本职工作，才能完成项目质量管理的任务。

3. 质量控制与工程项目质量控制

质量控制是质量管理的一部分，是致力于满足质量要求的一系列相关活动，是在具体的条件下围绕着明确的质量目标，通过行动方案和资源配置的计划、实施、检查和监督，进行事前预控、事中控制和事后控制，致力于实现预定质量目标的系统过程。工程项目的质量要求主要是由业主方提出的。项目的质量目标，是业主的建设意图通过项目策划，包括项目的定义及建设规模、系统构成、使用功能和价值、规格、档次、标准等的定位策划和目标决策来确定的。项目承包方为了实现较高的顾客满意度，也可以提出更高的质量目标，满足业主方既没有明示，也不是通常隐含或必需履行的期望。

工程项目质量控制，就是在项目实施整个过程中，包括项目的勘察设计、招标采购、施工安装、竣工验收等各个阶段，项目参与各方致力于实现项目质量总目标的一系列活动。工程项目质量控制包括项目的建设、勘察、设计、施工、监理各方的质量控制活动。

4. 工程项目质量控制的目标与任务

工程项目质量控制的目标，是实现由项目决策所决定的质量目标，使项目的适用性、安全性、耐久性、可靠性、经济性及与环境的协调性等方面满足业主需要并符合国家法律、行政法规和技术标准、规范的要求。项目的质量涵盖设计质量、材料质量、设备质量、施工质量和影响项目运行或运营的环境质量等，各项质量均应符合相关的技术规范和标准的规定，满足业主方的质量要求。

工程项目质量控制的任务就是对项目的建设、勘察、设计、施工、监理单位的工程质量行为，以及涉及项目工程实体质量的设计质量、材料质量、设备质量、施工安装质量进行控制。

由于项目的质量目标最终是由项目工程实体的质量来体现，而项目工程实体的质量最终是通过施工作业过程直接形成的，设计质量、材料质量、设备质量往往也要在施工过程中进行检验，因此，施工质量控制是项目质量控制的重点。

5. 工程项目质量控制责任和义务

《中华人民共和国建筑法》和《建设工程质量管理条例》规定，建设工程项目的建设单位、勘察单位、设计单位、施工单位、工程监理单位都要依法对建设工程质量负责，尤其要突出建设单位首要责任和施工单位主体责任。下面主要介绍施工单位的质量责任和义务。

(1)施工单位对建筑工程的施工质量负责。施工单位应完善质量管理体系，建立岗位责任制度，设置质量管理机构，配备专职质量负责人，加强全面质量管理；推行工程质量安全手册制度，推进工程质量管理标准化，将质量管理要求落实到每个项目和员工；建立质量责任标识制度，对关键工序、关键部位隐蔽工程实施举牌验收，加强施工记录和验收资料管理，实现质量责任可追溯。施工单位不得转包或者违法分包工程。

(2)建设工程实行总承包的，总承包单位应当对全部建设工程质量负责；建设工程勘察、设计、施工、设备采购的一项或者多项实行总承包的，总承包单位应当对其承包的建设工程或者采购的设备的质量负责。

(3)总承包单位依法将建设工程分包给其他单位的，分包单位应当按照分包合同的约定对其分包工程的质量向总承包单位负责，总承包单位与分包单位对分包工程的质量承担连带责任。

(4)施工单位必须按照工程设计图纸和施工技术标准施工，不得擅自修改工程设计，不得偷工减料。施工单位在施工过程中发现设计文件和图纸有差错的，应当及时提出意见和建议。

(5)施工单位必须按照工程设计要求、施工技术标准和合同约定，对建筑材料、建筑构配件、设备和商品混凝土进行检验，检验应当有书面记录和专人签字；未经检验或者检验不合格的，不得使用。

(6)施工单位必须建立健全施工质量的检验制度，严格工序管理，做好隐蔽工程的质量检查和记录。隐蔽工程在隐蔽前，施工单位应当通知建设单位和建设工程质量监督机构。

(7)施工人员对涉及结构安全的试块、试件以及有关材料，应当在建设单位或者工程监理单位监督下现场取样，并送具有相应资质等级的质量检测单位进行检测。

(8)施工单位对施工中出现质量问题的工程或者竣工验收不合格的工程，应当负责返修。

(9)施工单位应当建立健全教育培训制度，加强对职工的教育培训；未经教育培训或者考核不合格的人员，不得上岗作业。

12.1.2　工程项目质量的影响因素分析

影响施工项目质量的因素主要有五大方面，即4M1E，指：人(Man)、材料(Material)、机械(Machine)、方法(Method)和环境(Environment)(简称“人、机、料、法、环”)。事前对这五方面的因素严加控制，是保证施工项目质量的关键。

(1)人的因素。在工程项目质量管理中，人的因素起决定性的作用。项目质量控制应以控制人的因素为基本出发点。影响项目质量的人的因素，包括两个方面：一是指直接履行项目质量职能的决策者、管理者和作业者个人的质量意识及质量活动能力;二是指承担项目策划、决策或实施的建设单位、勘察设计单位、咨询服务机构、工程承包企业等实体组织的质量管理体系及其管理能力。前者是个体的人,后者是群体的人。我国实行建筑业企业经营资质管理制度、市场准入制度、执业资格注册制度、作业及管理人员持证上岗制度等,从本质上说,都是对从事建设工程活动的人的素质和能力进行必要的控制。

(2)机械的因素。机械,主要指施工机械和各类工器具,包括施工过程中使用的运输设备、吊装设备、操作工具、测量仪器、计量器具以及施工安全设施等。施工机械设备是所有施工方案和工法得以实施的重要物质基础,合理选择和正确使用施工机械设备是保证项目施工质量和安全的重要条件。

(3)材料(含设备)的因素。材料包括工程材料和施工用料,又包括原材料、半成品、成品、构配件和周转材料等。各类材料是工程施工的基本物质条件,材料质量不符合要求,工程质量就不可能达到标准。这里说的设备是指工程设备,是组成工程实体的工艺设备和各类机具,如各类生产设备、装置和辅助配套的电梯、泵机,以及通风空调、消防、环保设备等,它们是工程项目的重要组成部分,其质量的优劣,直接影响到工程使用功能的发挥。所以加强对材料设备的质量控制,是保证工程质量的基础。

(4)方法的因素。方法的因素包括勘察、设计、施工所采用的技术和方法,以及工程检测、试验的技术和方法等。从某种程度上说,技术方案和工艺水平的高低,决定了项目质量的优劣。采用先进合理的技术方案和措施,按照规范进行勘察、设计、施工,必将保证项目的结构安全和满足使用功能,对组成质量因素的产品精度、强度、平整度、清洁度、耐久性等物理、化学特性等方面起到良好的推进作用。比如建设主管部门推广应用的建筑业新技术:地基基础和地下空间工程技术,钢筋与混凝土技术,模板及脚手架技术,装配式混凝土结构技术,钢结构技术,机电安装工程技术,绿色施工技术,防水技术与维护结构节能,抗震、加固与监测技术,信息化技术等,对消除质量通病、提升建设工程品质都有积极作用,收到明显的效果。

(5)环境的因素。影响项目质量的环境因素,主要包括:①自然环境因素,主要指工程地质、水文、气象条件和地下障碍物以及其他不可抗力等影响项目质量的因素;②社会环境因素,主要是指会对项目质量造成影响的各种社会环境因素;③管理环境因素,主要是指项目参建单位的质量管理体系、质量管理制度和各参建单位之间的协调等因素;④作业环境因素,主要指项目实施现场平面和空间环境条件,各种能源介质供应,施工照明、通风、安全防护设施,施工场地给水排水,以及交通运输和道路条件等因素。

12.1.3 工程项目质量控制的基本原理

1. PDCA 循环原理

工程项目的质量控制是一个持续过程,首先在提出项目质量目标的基础上,制订质量控制计划,包括实现该计划需采取的措施;然后将计划加以实施,特别要在组织上加以落实,真正将工程项目质量控制的计划措施落实到实处;在实施过程中,还要经常检查、检测,以评价检查结果与计划是否一致;最后对出现的工程质量问题进行处理,对暂时无法处理的质量问题重新进行分析,进一步采取措施加以解决。这一过程的原理称为 PDCA 循环。

PDCA 循环又称戴明循环,是按 Plan(计划)、Do(执行)、Check(检查)和 Action(处理)这样的顺序进行质量管理,并且循环不止地进行下去的科学程序,如图 12.1 所示。

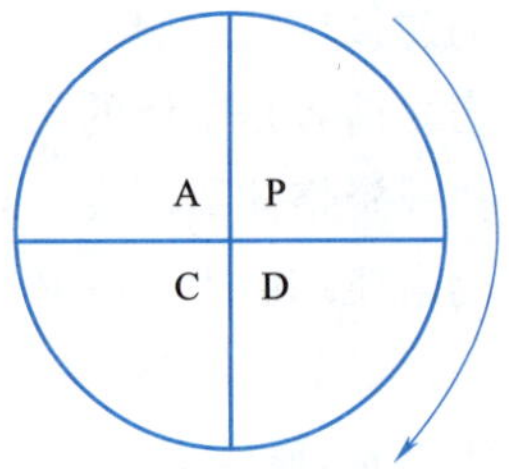

图 12.1　质量管理工作运行方式

(1)PDCA 循环的内容。PDCA 循环的内容包括四个阶段、八个步骤。

①计划阶段:

第一步:调查分析质量现状,找出存在的质量问题。

第二步:分析产生质量问题的各种原因或影响因素。

第三步:找出影响质量的主要原因或影响因素。

第四步:针对主要原因或影响因素制订改进措施计划。

②实施阶段:按制订的改进措施计划组织贯彻执行。

第五步:按计划组织实施。

③检查阶段:通过计划要求和实施结果的对比,检查计划是否得以实现。

第六步:对照计划,检查实施结果。

④处理阶段:就是对检查结果好的,给以肯定;对检查结果差的,找出原因,准备改进。

第七步:总结成功经验,制定标准。

第八步:将遗留问题转入下一个 PDCA 循环中。

(2)PDCA 循环的特点。

作为质量管理工作体系运转方式的 PDCA 循环,有以下四个特点:

①完整性。四个阶段、八个步骤一个不少地做完,才算完成了一件工作,缺少任何一个内容,都不是 PDCA 循环。

②程序性。四个阶段、八个步骤必须按次序进行,既不能颠倒着做,也不能跳跃着做。

③连续性与渐近性。计划、实施、检查、处理不间断地循环进行,这就是 PDCA 循环的连续性。每经过一个 PDCA 循环,都会使质量有所提高,即下一个 PDCA 循环是在上一个 PDCA 循环已经提高了的质量水平之上进行的。这样,PDCA 循环的连续运转,可以使得质量水平不断提高。这是 PDCA 循环的渐近性,如图 12.2(a)所示。

④系统性。PDCA 循环作为一种科学的工作程序,可应用于企业各方面的管理工作。企业有 PDCA 循环,项目经理部有 PDCA 循环,施工队、班组以及个人都有 PDCA 循环,并且下面的 PDCA 循环服从上面的 PDCA 循环,上面的 PDCA 循环指导约束下面的 PDCA 循环。企业上下形成一个大环套小环、小环保大环的 PDCA 循环系统,如图 12.2(b)所示。

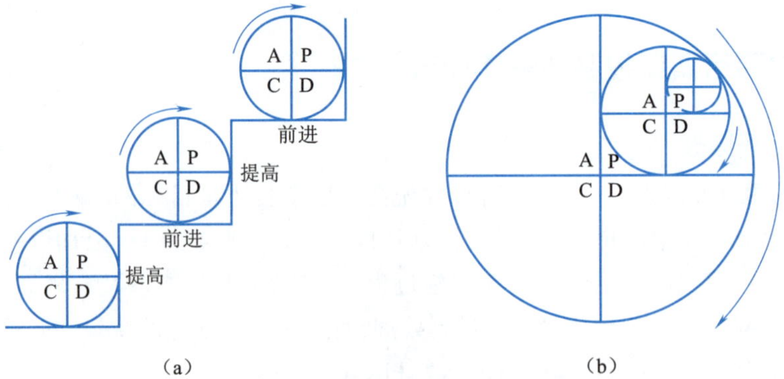

图 12.2　PDCA 循环示意图

2. 三全控制原理

工程项目质量的三全控制原理来自于全面质量管理(Total Quality Control,TQC)的思想,是指企业组织的质量管理应该做到全面、全过程和全员参与。在工程项目质量管理中应用这一原理,对工程项目的质量控制具有同样重要的理论和实践指导意义。

1)全面质量控制

工程项目质量的全面控制可以从纵、横两个方面来理解。从纵向的组织管理角度看,质量总目标的实现有赖于项目组织的上层、中层、基层乃至一线员工的通力协作,其中高层管理能否全力支持并参与起着决定性的作用。从项目各部门职能间的横向配合来看,要保证和提高工程项目质量,必须使项目组织的所有质量控制活动构成一个有效的整体。广义地说,横向的协调配合包括业主、勘察设计、施工及分包、材料设备供应、监理等相关方。从纵向看,各层次活动的侧重点不同。上层管理侧重于质量决策,制订出项目整体的质量方针、质量目标、质量政策和质量计划,并统一组织、协调各部门、各环节、各类人员的质量控制活动;中层管理则要贯彻落实领导层的质量决策,运用一定的方法找到各部门的关键、薄弱环节或必须解决的重要事项,确定本部门的目标和对策,更好地执行各自的职能;基层管理则要求每个员工都要严格地按标准、规范进行施工和生产,相互间进行分工合作,相互支持协助,开展群众合理化建议和质量管理小组活动。

2)全过程质量控制

任何产品或服务的质量,都有一个产生、形成和实现的过程。从全过程的角度看,质量产生、形成和实现的整个过程是由多个相互联系、相互影响的环节组成的,每个环节都会影响到最终的质量状况。为了保证和提高质量,就必须把质量影响的所有环节和因素控制起来。工程项目的全过程质量控制主要有项目策划与决策过程、勘察设计过程、施工采购过程、施工组织与准备过程、检测设备控制与计量过程、施工生产的检验试验过程、工程质量的评定过程、工程竣工验收与交付过程以及工程回访维修过程等诸多环节。

3)全员参与质量控制

全员参与质量控制是工程项目各方面、各部门、各环节工作质量的综合反映。其中,任何一个环节,任何一个人的工作质量都会不同程度地影响工程项目的形成质量或服务质量。因此,全员参与质量控制,才能实现工程项目的质量控制目标,形成顾客满意的产品。主要的工作包括:必须抓好全员的质量教育和培训;要制订各部门、各级、各类人员的质量责任制,明确任务和职权,各司其职,密切配合,以形成一个高效、协调、严密的质量管理工作的系统;要开展多种形式的群众性质量管理活动,充分发挥广大职工的聪明才智和当家作主的主人翁精神。

12.2 工程项目施工质量控制

12.2.1 施工质量控制的依据

工程项目施工是实现项目设计意图、形成工程实体的阶段,是最终形成项目质量和实现项目使用价值的阶段。项目施工质量控制是整个工程项目质量控制的关键和重点。

施工质量要达到的最基本要求是:通过施工形成的项目工程实体质量经检查验收合格。施工质量在合格的前提下,还应符合施工承包合同约定的要求。施工承包合同的约定具体体现了建设单位的要求和施工单位的承诺,合同的约定全面体现了对施工形成的工程实体的适用性、安全性、耐久性、可靠性、经济性与环境的协调性等六个方面质量特性的要求。

施工质量控制的依据有：

(1)共同性依据。共同性依据指适用于施工质量管理有关的、通用的、具有普遍指导意义和必须遵守的基本法规，主要包括：国家和政府有关部门颁布的与工程质量管理有关的法律法规性文件。如《中华人民共和国建筑法》、《中华人民共和国招标投标法》和《建设工程质量管理条例》等。

(2)专业技术性依据。专业技术性依据指针对不同行业、不同质量控制对象制定的专业技术规范文件，包括规范、规程、标准、规定等，如：工程建设项目质量检验评定标准，有关建筑材料、半成品和构配件质量方面的专门技术法规性文件，有关材料验收、包装和标志等方面的技术标准和规定，以及施工工艺质量等方面的技术法规性文件等。

(3)项目专用性依据。项目专用性依据指本项目的工程建设合同、勘察设计文件、设计交底及图纸会审记录、设计修改和技术变更通知，以及相关会议记录和工程联系单等。

12.2.2 施工质量控制的基本环节

施工质量控制应贯彻全面、全员、全过程质量管理的思想，运用动态控制的原理，进行施工质量的事前控制、事中控制和事后控制。其中，工作的重点应是质量的事前控制。

1. 事前质量控制

事前质量控制即在正式施工前进行的质量控制，通过编制施工质量计划，明确质量目标，制定施工方案，设置质量控制点，落实质量责任，分析可能导致质量目标偏离的各种影响因素，针对这些影响因素制定有效的预防措施，防患于未然。事前质量控制的目的是强调质量目标的计划预控以及按质量计划进行质量活动前的准备工作状态的控制。控制的重点是做好准备工作。对各项准备工作及影响质量的各因素进行控制，这是确保施工质量的先决条件。

2. 事中质量控制

事中质量控制指施工质量形成过程中，应对影响施工质量的各种因素进行全面的控制。事中质量控制包括质量活动主体的自我控制和他人监控的控制方式。自我控制是第一位的，即作业者在作业过程中对自己质量活动行为的约束和技术能力的发挥，以完成符合预订质量目标的作业任务；他人监控是对作业者的质量活动过程和结果，由来自企业内部管理者和企业外部有关方面进行监督检查，如业主、工程监理机构、政府质量监督部门等的监控。

事中质量控制的目标是确保供需质量合格，杜绝质量事故的发生；控制的关键是坚持质量标准；控制的重点是工序质量、工作质量和质量控制点的控制。

3. 事后质量控制

事后质量控制也称事后质量把关，以使不合格的工序或最终产品（单位工程或整个工程项目）不流入下一道工序、不进入市场。包括对质量活动的评价认定和对质量偏差的纠正。控制的重点是发现施工质量方面的缺陷，并通过分析提出施工质量改进的措施，保持质量处于受控状态。

以上三大环节不是互相孤立和截然分开的，它们共同构成有机的系统过程，实质上也是PDCA循环的具体化，在每一次滚动循环中不断提高，达到质量控制的持续改进。

12.2.3 施工质量计划

目前，我国除了已经建立质量管理体系的施工企业采用将施工质量计划作为一个独立文件的形式外，通常还采用在施工组织设计或施工项目管理实施规划中包含质量计划内容的形式。

施工质量计划的基本内容一般应包括：工程特点及施工条件（合同条件、法规条件和现场条件等）分析；质量总目标及其分解目标；质量管理组织机构和职责，人员及资源配置计划；确定施工工艺与操作方法的技术方案和施工组织方案；施工材料、设备等物资的质量管理及控制措施；施工质量检验、检测、试验工作的计划安排及其实施方法与检测标准；施工质量控制点及其跟踪控制的方式与要求；质量记录的要求等。其中，施工质量控制点的设置是施工质量计划的重要组成内容。施工质量控制点是施工质量控制的重点对象。

质量控制点应选择技术要求高、施工难度大、对工程质量影响大或是发生质量问题时危害大的对象进行设置。一般选择下列部位或环节作为质量控制点：对工程质量形成过程产生直接影响的关键部位、工序、环节及隐蔽工程；施工过程中的薄弱环节，或者质量不稳定的工序、部位或对象；对下道工序有较大影响的上道工序；采用新技术、新工艺、新材料的部位或环节；对施工质量无把握的、施工条件困难的或技术难度大的工序或环节；用户反馈指出的和过去有过返工的不良工序。

12.2.4 施工阶段的质量控制

1. 施工准备阶段的质量控制

1）技术准备的控制

技术准备是指各项施工准备工作在正式开展作业技术活动前，按预先计划的安排落实到位，包括配置的人员、材料机具、场所环境、通风、照明、安全设施等。技术准备控制主要内容包括：熟悉和审查施工图纸，做好设计交底和图纸会审；对项目地点的自然条件、技术经济条件进行调查分析；编制施工项目管理的实施规划并进行审查：制定施工质量控制计划，设置质量控制点，明确关键部位的质量管理点。

2）现场施工准备的质量控制

（1）计量控制。计量控制是保证工程项目质量的重要手段和方法，是施工项目开展质量管理的一项重要基础工作。施工过程中的计量工作，包括施工生产时的投料计量、施工测量、监测计量以及对项目、产品或过程的测试、检验、分析计量等。其主要任务是统一计量单位制度，组织量值传递，保证量值统一。计量控制的工作重点是：建立计量管理部门和配置计量人员；建立健全和完善计量管理的规章制度；严格按规定有效控制计量器具的使用、保管、维修和检验；监督计量过程的实施，保证计量的准确。

（2）测量控制。项目开工前编制测量控制方案，经项目技术负责人批准后实施。对相关部门提供的测量控制点应做好复核工作，经审批后进行施工测量放线，并保存测量记录。在施工过程中应对设置的测量控制点线妥善保护，不准擅自移动。同时在施工过程中必须认真进行施工测量复核工作，这是施工单位应履行的技术工作职责，其复核结果应报送监理工程师复验确认后，方能进行后续相关工序的施工。

（3）施工平面布置的控制。建设单位应按照合同约定并考虑施工单位施工的需要，事先划定并提供施工占用和使用现场的用地范围。施工单位要合理科学地使用规划好的施工场地，保证施工现场的道路畅通、材料的合理堆放、良好的防洪排水能力、通畅的给水和供电设施以及正确的机械设备的安装布置。应制定施工现场质量管理制度，并做好施工现场的质量检查记录。

(4)材料、构配件的质量控制。首先应做好采购订货的质量控制。施工单位应制订合理科学的材料、加工、运输的组织计划，掌握相应的材料信息，优选供货的厂家，建立严密的计划、调度、管理体系，确保材料的周转速率，减少材料的占用时间，确保工程的质量。其次应做好对进场材料的质量控制。工程材料的质量是工程质量的基础。凡运到施工现场的材料、半成品或构配件都应出具产品合格证及技术说明书，并按规定进行试验和检验，经抽查合格后，方能允许进入施工现场。同时应能加强材料存储和使用的质量控制，加强材料进场后的存储和使用管理，避免材料变质，以及使用规格、性能不符合要求的材料造成工程质量事故，如水泥的受潮结块、钢筋的锈蚀等。因此，施工单位既要做好对材料的合理调度，避免现场材料的大量堆积，又要做好对材料的合理堆放，并正确使用材料，同时还要在使用材料时及时检查和监督。为此，应认真做好现场材料的存储管理和重视材料的使用认证，防止错用或使用不合格的材料。

(5)机械设备质量控制。机械设备的质量控制包括工程项目设备的质量控制和施工机械设备的质量控制。根据工程特点和施工要求，对机械设备进行质量控制，是保证工程质量和施工正常进行、防止因机械设备事故导致重大质量和安全事故的重要措施。

2. 施工阶段的质量控制

施工阶段的质量控制，是在工程项目质量实际形成过程中的事中质量控制。工程项目施工是由一系列相互关联、相互制约的工序构成，因此施工质量控制必须对各道工序的作业质量进行控制。从项目管理的立场看，工序作业质量的控制，首先是作业者的自控，在施工生产要素合格的条件下，作业者能力是决定作业质量的关键；其次是来自作业者外部的各种质量检查、验收和对质量行为的监督，也是不可缺少的设防和把关的管理措施。

1)工序施工质量控制

施工过程是由一系列相互联系与制约的工序构成，工序是人、材料、机械设备、施工方法和环境因素对工程质量综合作用的过程，所以对施工过程的质量控制，必须以工序质量控制为基础和核心。因此，工序的质量控制是施工阶段质量控制的重点。只有严格控制工序质量，才能确保施工项目的实体质量。工序施工质量控制主要包括工序施工条件质量控制和工序施工效果质量控制。

2)施工作业质量的自控

施工作业质量的自控过程是由施工作业组织的成员进行的，其基本的控制程序包括：作业技术交底、作业活动的实施和施工作业质量的检验等。

(1)作业技术交底。做好技术交底是确保施工质量的重要措施之一。为此，每一分项工程开工前均应逐级进行技术交底。技术交底的内容主要包括：施工方法、质量标准和验收标准，施工中应注意的问题，可能出现意外的措施及应急方案，文明施工和安全措施要求以及成品保护等。技术交底应围绕具体施工的材料、机具、工艺、工法、施工环境、具体的管理措施等方面进行，应明确具体的步骤、方法、要求和完成的时间等。交底的形式有：书面、口头、会议、挂牌、样板、示范操作等。

(2)施工作业活动的实施。为了保证工序质量的受控，首先要对作业条件进行再确认，如对施工程序和作业工艺顺序的检查确认，然后按作业计划的程序、步骤和质量要求开展工序作业活动。

(3)施工作业质量的检验。施工作业的质量检查，是贯穿整个施工过程的最基本的质量控制活动，包括施工单位内部的工序作业质量自检、互检、专检和交接检查；以及现场监理机构的旁站检查、平行检验等。施工作业检查是施工质量验收的基础，已完检验批及分部分项工程的施工质量，必须在施工单位完成质量自检并确认合格之后，才能报请现场监理机构进行检查验收。

3) 施工作业质量的监控

(1) 施工作业质量的监控主体。为了保证项目质量,建设单位、监理单位、设计单位及政府的工程质量监督部门,在施工阶段依据法律法规和工程施工承包合同,对施工单位的质量行为和项目实体质量实施监督控制。

(2) 现场质量检查。现场质量检查的内容包括:开工前的检查,主要检查是否具备开工条件,开工后是否能够保持连续正常施工,能否保证工程质量;工序交接检查,对于重要的工序或对工程质量有重大影响的工序,应严格执行"三检"制度,即自检、互检、交接检。未经监理工程师(建设单位技术负责人)检查认可,不得进行下道工序施工;隐蔽工程的检查,施工中,凡是隐蔽工程,必须检查认证后方可进行隐蔽掩盖;停工后复工前的检查,因客观因素停工或处理质量事故等停工复工时,经检查认可后方能复工;分项分部工程完工后,应经检查认可,并签署验收记录后,才能进行下一工程项目的施工;成品保护的检查,检查成品有无保护措施以及保护措施是否有效可靠。

现场质量检查的方法主要有目测法、实测法和试验法等:

①目测法,指凭借感官进行检查,也称观感质量检验。其手段可概括为"看、摸、敲、照"4 个字。所谓看,就是根据质量标准要求进行外观检查。例如,清水墙面是否洁净,喷涂的密实度和颜色是否良好、均匀,工人的操作是否正常,内墙抹灰的大面及口角是否平直,混凝土振捣是否符合要求等。摸,就是通过触摸手感进行检查、鉴别。例如,油漆的光滑度,浆活是否牢固、不掉粉等。敲,就是运用敲击工具进行音感检查。例如,对地面工程、装饰工程中的水磨石、面砖、石材饰面等,均应进行敲击检查。照,就是通过人工光源或反射光照射,检查难以看到或光线较暗的部位。例如,管道井、电梯井等内的管线、设备安装质量,装饰吊顶内连接及设备安装质量等。

②实测法,指通过实测数据与施工规范、质量标准的要求及允许偏差值进行对照,以此判断质量是否符合要求。其手段可概括为"靠、吊、量、套"4 个字。所谓靠,就是用直尺、塞尺检查诸如地面、路面等的平整度。吊,就是利用托线板以及线锤吊线检查垂直度。例如,砌体垂直度检查、门窗的安装等。量,就是指用测量工具和计量仪表等检查断面尺寸、轴线、标高、湿度、温度等的偏差。例如,大理石板拼缝尺寸与超差数量,摊铺沥青拌和料的温度,混凝土坍落度的检测等。套,是以方尺套方,辅以塞尺检查。例如,对阴阳角的方正、踢脚线的垂直度、预制构件的方正、门窗口及构件的对角线检查等。

③试验法,指通过必要的试验手段才能对质量进行判断的检查方法。

如理化试验,工程中常用的理化试验包括物理力学性能方面的检验和化学成分及含量的测定两个方面。力学性能的检验如各种力学指标的测定,包括抗拉强度、抗压强度、抗弯强度、凝结时间、安定性、抗渗、耐磨、耐热等。化学成分及含量的测定如钢筋中的磷、硫含量,混凝土中粗骨科的活性氧化硅成分,以及耐酸、耐碱、抗腐蚀性等。此外,根据规定有时还需进行现场试验,例如,对桩或地基的静载试验、下水管道的通水试验、供热管道的压力试验、防水层的蓄水或淋水试验等。

如无损检测,利用专门的仪器仪表探测结构物、材料、设备的内部组织结构或损伤情况。常用的无损检测方法有超声波探伤、X 射线探伤、γ 射线探伤等。

4) 隐蔽工程验收和成品质量保护

凡被后续施工所覆盖的施工内容,如地基基础工程、钢筋工程、预埋管线等均属隐蔽工程。加强隐蔽工程质量验收,是施工质量控制的重要环节。

所谓成品保护,一般是指在项目施工过程中,某些部位已经完成,而其他部位还在施工,在这种情况下，施工单位必须负责对已完成部分采取妥善的措施予以保护，以免因成品缺乏保护或保护不善而造成损伤或污染，影响工程的实体质量。加强成品保护，首先要加强教育，提高全体员工的成品保护意识，同时要合理安排施工顺序，采取有效的保护措施。成品保护的措施一般有防护、包裹、覆盖、封闭等方法。

12.3 工程项目施工质量验收

12.3.1 施工质量验收的依据

工程项目质量验收是对已完工程实体的内在及外观施工质量，按规定程序检验后，确认其是否符合设计及各项验收标准的要求、是否可交付使用的一个重要环节。正确地进行工程项目的检查评定和验收，是保证工程质量的重要手段。其施工质量验收的依据如下：

（1）工程项目承包合同中有关质量的规定和要求。

（2）经批准的勘察设计文件、施工图纸、设计变更文件与图纸。

（3）施工组织设计、施工技术措施和施工说明书等施工文件。

（4）设备产品说明书、施工技术措施和施工说明书等施工文件。

（5）材料、成品、半成品、构配件的说明书和合格证等质量证明文件。

（6）工程项目质量控制各阶段的验收记录。

12.3.2 施工质量验收的内容

根据我国《建筑工程施工质量验收统一标准》（GB/T 50300—2013），工程项目质量验收包括施工过程的质量验收及竣工质量验收。施工质量验收分为检验批、分项工程、分部（子分部）工程、单位（子单位）工程的质量验收，其中检验批、分项工程、分部（子分部）工程属于过程验收，单位（子单位）工程验收属于竣工验收。

1. 检验批质量验收

检验批是指按同一的生产条件或按规定的方式汇总起来供检验用的，由一定数量样本组成的检验体。检验批是施工质量验收的最小单位，是分项工程乃至整个建筑工程质量验收的基础。检验批可根据施工、质量控制和专业验收的需要，按楼层、施工段、变形缝等进行划分。

检验批合格质量应符合下列规定：主控项目和一般项目的质量经抽样检验合格；具有完整的施工操作依据、质量验收记录。

主控项目是指建筑工程中对安全、卫生、环境保护和公众利益起决定性作用的检验项目。而除主控项目以外的检验项目都称为一般项目。

检验批的合格质量主要取决于对主控项目和一般项目的检验结果。主控项目对检验批的基本质量有决定性影响，不允许有不符要求的检验结果，即这种项目的检查具有否决权，因此必须全部符合有关专业工程验收规范的要求。而一般项目则可按专业规范的要求处理。质量控制资料反映了检验批从原材料到最终验收的各施工过程的操作依据、检查情况以及质量保证所必需的管理制度等。对其完整性的检查，实际是对过程控制的确认，这是检验批合格的前提。

2. 分项工程质量验收

分项工程的验收在检验批的基础上进行,其合格标准为:分项工程所含的检验批均应符合合格质量的规定;分项工程所含的检验批的质量记录应完整。

3. 分部(子分部)工程质量验收

分部工程的验收在其所含各分项工程验收的基础上进行,其合格标准为:分部(子分部)工程所含分项工程的质量均应验收合格;质量控制资料应完整;地基与基础、主体结构和设备安装等分部工程有关安全及功能的检验和抽样检测结果应符合有关规定;观感质量验收应符合要求。

4. 单位(子单位)工程质量验收

单位工程质量验收也称为质量竣工验收,是建筑工程投入使用前的最后一次验收,也是最重要的一次验收。其合格标准为:单位(子单位)工程所含分部(子分部)工程的质量应验收合格;质量控制资料应完整;单位(子单位)工程所含分部工程有关安全和功能的检验资料应完整;主要功能项目的抽查结果应符合相关专业质量验收规范的规定;观感质量验收应符合要求。

12.3.3 工程质量验收程序及组织

1. 检验批及分项工程

检验批及分项工程应由监理工程师(或建设单位项目技术负责人)组织施工单位专业质量检验员、专业技术负责人等进行验收。验收前,施工单位先填好"检验批及分项工程质量验收记录",并由项目专业质量检验员和项目专业技术负责人分别在检验批和分项工程质量检验记录中相关栏目签字,然后由监理工程师组织,严格按规定程序进行验收。

2. 分部工程

分部工程应由总监理工程师组织施工单位项目负责人和项目技术负责人等进行验收。

由于地基与基础分部工程情况复杂,专业性强,且关系到整个工程的安全。为保证工程质量,严格把关,要求勘察、设计单位项目负责人和施工单位技术、质量部门负责人应参加地基与基础分部工程的验收。

由于主体结构直接影响使用安全,建筑节能又直接关系到国家资源战略、可持续发展等,因此规定设计单位项目负责人和施工单位技术、质量部门负责人应参加主体结构、节能分部工程的验收。

3. 单位工程

(1)单位工程完成后,施工单位首先要依据质量标准、设计图纸等组织有关人员进行自检,并对检查结果进行评定,符合要求后向建设单位提交工程验收报告和完整的质量资料,请建设单位组织验收。

(2)建设单位收到工程验收报告后,应由建设单位(项目)负责人组织施工(含分包单位)、设计、监理等单位(项目)负责人进行单位(子单位)工程验收。

(3)单位工程有分包单位施工时,分包单位对所承担的工程项目应按标准规定的程序检查评定,总包单位应派人参加。分包工程完成后,应将工程有关资料交总包单位。

(4)当参加验收各方对工程质量验收意见不一致时,可请当地建设行政主管部门或工程质量监督机构协调处理,也可以是各方认可的咨询单位。

（5）单位工程质量验收合格后，建设单位应在规定时间内将工程竣工验收报告和有关文件，报建设行政管理部门备案。

12.3.4 施工过程质量验收不合格的处理

施工过程中的质量验收是以检验批的施工质量为最小单元。检验批质量不合格可能是由于使用的材料不合格，或施工作业质量不合格，或质量控制资料不完整等原因所致，按照《建筑工程施工质量验收统一标准》的规定，其处理方法有：

（1）经返工或返修的检验批，应重新进行验收。检验批验收时，对于主控项目不能满足验收规范规定或一般项目超过偏差限值的样本数量不符合验收规范规定时，应及时进行处理。其中，对于严重的质量缺陷应重新施工；一般的质量缺陷可通过返修、更换予以解决，允许施工单位在采取相应的措施后重新验收。如能够符合相应的专业验收规范要求，应认为该检验批合格。

（2）经有资质的检测机构检测鉴定能够达到设计要求的检验批，应予以验收。当个别检验批发现问题，难以确定能否验收时，应请具有资质的法定检测机构进行检测鉴定。当鉴定结果认为能够达到设计要求时，该检验批可以通过验收。这种情况通常出现在某检验批的材料试块强度不满足设计要求时。

（3）当检测鉴定达不到设计要求，但经原设计单位核算仍能满足结构安全和使用功能的检验批，可予以验收。一般情况下，规范标准给出了满足安全和功能的最低限度要求，而设计往往在此基础上留有一定余量。不满足设计要求和符合相应规范标准的要求，两者并不矛盾。

（4）严重质量缺陷或超过检验批范围内的缺陷，经法定检测单位检测鉴定以后，认为不能满足最低限度的安全储备和使用功能，则必须进行加固处理，虽然改变外形尺寸，但能满足安全使用要求，可按技术处理方案和协商文件进行验收，责任方承担经济责任。

（5）通过返修或加固处理后仍不能满足安全使用要求的分部工程、单位工程，严禁验收。

12.4 施工质量不合格的处理

12.4.1 工程质量问题与质量事故

根据我国国家标准《质量管理体系 基础和术语》GB/T 19000—2016/ISO 9000:2015 的定义，工程产品未满足质量要求，即为质量不合格；而与预期或规定用途有关的质量不合格，称为质量缺陷。

凡是工程质量不合格，影响使用功能或工程结构安全，造成永久质量缺陷或存在重大质量隐患，甚至直接导致工程倒塌或人身伤亡，必须进行返修、加固或报废处理，按照由此造成人员伤亡和直接经济损失的大小区分，在规定限额以下的为质量问题，在规定限额以上的为质量事故。

工程质量事故具有成因复杂、后果严重、种类繁多、往往与安全事故共生的特点，建设工程质量事故的分类有多种方法，不同专业工程类别对工程质量事故的等级划分也不尽相同。

住房和城乡建设部《关于做好房屋建筑和市政基础设施工程质量事故报告和调查处理工作的通知》（建质〔2010〕111 号）根据工程质量事故造成的人员伤亡或直接经济损失，工程质量事故分为如下 4 个等级：

（1）特别重大事故。特别重大事故是指造成 30 人以上死亡，或者 100 人以上重伤，或者 1 亿元以上直接经济损失的事故。

(2)重大事故。重大事故是指造成 10 人以上 30 人以下死亡,或者 50 人以上 100 人以下重伤,或者 5 000 万元以上 1 亿元以下直接经济损失的事故。

(3)较大事故。较大事故是指造成 3 人以上 10 人以下死亡,或者 10 人以上 50 人以下重伤,或者 1 000 万元以上 5 000 万元以下直接经济损失的事故。

(4)一般事故。一般事故是指造成 3 人以下死亡,或者 10 人以下重伤,或者 100 万元以上 1 000万元以下直接经济损失的事故。

本等级划分所称的“以上”包括本数,所称的“以下”不包括本数。

12.4.2　施工质量事故的处理

1. 施工质量事故处理的依据

(1)质量事故的实况资料。包括质量事故发生的时间、地点;质量事故状况的描述;质量事故发展变化的情况;有关质量事故的观测记录、事故现场状态的照片或录像;事故调查组调查研究所获得的第一手资料。

(2)合同文件。包括工程承包合同、设计委托合同、设备购销合同、监理合同及分包合同等。

(3)有关的技术文件和档案。设计文件、与施工有关的技术文件、档案和资料。

(4)相关的建设法规。主要有《中华人民共和国建筑法》《建设工程质量管理条例》《关于做好房屋建筑和市政基础设施工程质量事故报告和调查处理工作的通知》等与工程质量及质量事故处理有关的法规,以及勘查、设计、施工、监理等单位资质管理和从业者资格管理方面的法规、建筑市场管理方面的法规,以及相关技术标准、规范、规程和管理办法。

2. 施工质量事故处理程序

施工质量事故处理的一般程序如图 12.3 所示。

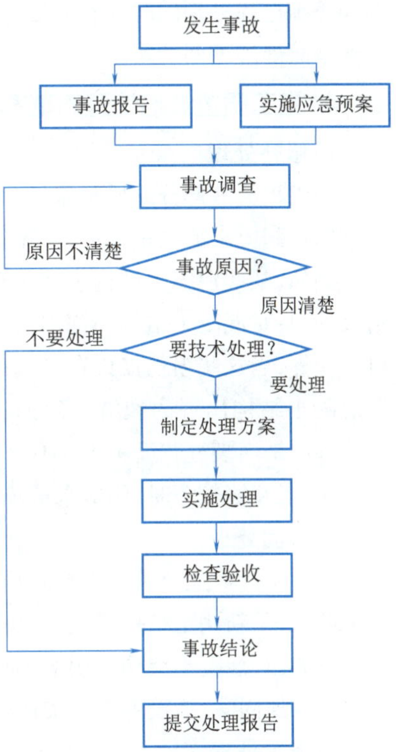

图 12.3　施工质量事故处理的一般程序

(1)事故报告。工程质量事故发生后,事故现场有关人员应当立即向工程建设单位负责人报告;工程建设负责人接到报告后,应于 1 小时内向事故发生地县级以上人民政府住房和城乡建设主管部门及有关部门报告;如果同时发生安全事故,施工单位应当立即启动生产安全事故应急救援预案,组织抢救遇险人员,采取必要措施。防止事故危害扩大和次生、衍生灾害发生。情况紧急时,事故现场有关人员可直接向事故发生地县级以上政府主管部门报告。

(2)事故调查。事故调查要按规定区分事故的大小,分别由相应级别的人民政府直接或授权委托有关部门组织事故调查组进行调查。未造成人员伤亡的一般事故,县级人民政府也可以委托事故发生单位组织事故调查组进行调查。事故调查应力求及时、客观、全面,以便为事故的分析与处理提供正确的依据。

(3)事故原因分析。原因分析要建立在事故情况调查的基础上，避免情况不明就主观推断事故的原因。特别是涉及勘察、设计、施工、材料和管理等方面的质量事故，事故的原因往往错综复杂，因此，必须对调查所得到的数据、资料进行仔细的分析，依据国家有关法律法规和工程建设标准分析事故的直接原因和间接原因，必要时组织对事故项目进行检测鉴定和专家技术论证，弃伪存真，找出造成事故的主要原因。

（4）制定事故处理的技术方案。在制定事故处理的技术方案时，应做到安全可靠、技术可行、不留隐患、经济合理、具有可操作性、满足项目的安全和使用功能要求。

（5）事故处理。事故处理的内容包括：事故的技术处理，按经过论证的技术方案进行处理，解决事故造成的质量缺陷问题；事故的责任处罚，对事故相关责任者实施行政处罚，负有事故责任的人员涉嫌犯罪的，依法追究刑事责任。

（6）事故处理的鉴定验收。事故处理的质量检查鉴定，应严格按施工验收规范和相关质量标准的规定进行，必要时还应通过实际量测、试验和仪器检测等方法获取必要的数据，以便准确地对事故处理的结果作出鉴定，形成鉴定结论。

（7）提交事故处理报告。事故处理结束后，必须尽快提交完整的事故处理报告，其内容包括：事故调查的原始资料、测试的数据；事故原因分析、论证；事故处理的依据；事故处理的方案及技术措施；实施技术处理中有关的数据、记录、资料；检查验收记录；事故处理的结论等。

3. 施工质量事故处理的基本要求

施工质量事故处理的基本要求有：质量事故的处理应达到安全可靠、不留隐患、满足生产和使用要求、施工方便、经济合理的目的；重视消除造成事故的原因，注意综合治理；正确确定处理的范围和正确选择处理的时间和方法；加强事故处理的检查验收工作，认真复查事故处理的实际情况；确保事故处理期间的安全。

4. 施工质量缺陷处理的基本方法

1）修补处理

当工程某些部分的质量未达到规定的规范、标准或设计的要求，存在一定的缺陷，但经过修补后可以达到要求的质量标准，又不影内使用功能或外观的要求，可采取修补处理的方法。

例如，某些混凝土结构表面出现蜂窝、麻面，经调查分析，该部位经修补处理后，不会影响其使用及外观；对混凝土结构局部出现的损伤，如结构受撞击、局部未振实、冻害、火灾、酸类腐蚀、碱骨料反应等，当这些损伤仅仅在结构的表面或局部，不影响其使用和外观，可进行修补处理。再例如对混凝土结构出现的裂缝，经分析研究后如果不影响结构的安全和使用时，也可采取修补处理。具体方法是当裂缝宽度不大于0.2 mm时，采用表面密封法；当裂缝宽度大于0.3 mm时，采用嵌缝密闭法；当裂缝较深时，则应采取灌浆修补的方法。

2）加固处理

主要是针对危及承载力缺陷质量事故的处理。通过对缺陷的加固处理，使建筑结构恢复或提高承载力，重新满足结构安全性、可靠性的要求，使结构能继续使用或改作其他用途。

例如，对混凝土结构常用的加固方法主要有增大截面加固法、外包角钢加固法、黏钢加固法、增设支点加固法、增设剪力墙加固法、预应力加固法等。

3）返工处理

当工程质量缺陷经过补修处理后不能满足规定的质量标准要求，或不具备补救可能性，则必须采取返工处理。

例如,某防洪堤坝填筑压实后,其压实土的干密度未达到规定值,经核算,将影响土体的稳定且不满足抗渗能力的要求,需挖除不合格土,重新填筑,进行返工处理;某公路桥梁工程预应力按规定张拉系数为1.3,而实际仅为0.8,属严重的质量缺陷,也无法修补,只能返工处理。

4)限制使用

当工程质量缺陷按修补方法处理后无法保证达到规定的使用要求和安全要求,而又无法返工处理的情况下,不得已时可做出诸如结构卸荷或减荷以及限制使用的决定。

5)不作处理

某些工程质量问题虽然达不到规定的要求或标准,但其情况不严重,对工程或结构的使用及安全影响很小,经过分析、论证、法定检测单位鉴定和设计单位等认可后可不专门作处理。一般可不作专门处理的情况有以下几种:

(1)不影响结构安全、生产工艺和使用要求的。如有的工业建筑物出现放线定位的偏差,且严重超过规范标准规定,若要纠正会造成重大经济损失,但经过分析、论证其偏差不影响生产工艺和正常使用,在外观上也无明显影响,可不作处理。

(2)后道工序可以弥补的质量缺陷。如混凝土结构表面的轻微麻面,可通过后续的抹灰、刮涂、喷涂等弥补,也可不作处理。

(3)法定工程检测单位鉴定合格的。如某检验批混凝土试块强度值不满足规范要求,强度不足,但经法定工程检测单位对混凝土实体强度进行检测后,其实际强度达到规范允许和设计要求值时,可不作处理。

(4)出现的质量缺陷,经检测鉴定达不到设计要求,但经原设计单位核算,仍能满足结构安全和使用功能的。例如,某结构构件截面尺寸不足,或材料强度不足,影响结构承载力,但按实际情况进行复核验算后仍能满足设计要求的承载力,可不进行专门处理。这种做法实际上是挖掘设计潜力或降低设计的安全系数,应谨慎处理。

6)报废处理

出现质量事故的工程,通过分析或检测,采取上述处理方法后仍不能满足规定的质量要求和标准,则必须予以报废处理。

12.5 工程项目质量统计分析方法

工程项目施工过程中存在大量的有关质量的数据,需要我们去收集、整理、分析,推断工序产品的质量状态,从而采取相应的措施,实现控制生产过程、提高项目产品质量的目的。数理统计方法就是通过一系列质量特性数据的分布规律来为工程质量管理工作服务。数据是进行质量管理的基础,"一切用数据说话",才能做出科学的判断。通过收集、整理质量数据,可以帮助我们发现、分析质量问题,以便及时采取对策措施,预防和纠正质量事故。

12.5.1 因果分析图法

因果分析图又称特性要因图、鱼刺图、树枝图。这是一种逐步深入研究和讨论质量问题的图示方法。在工程实践中,任何一种质量问题的产生,往往是多种原因造成的。这些原因有大有小,把这些原因依照大小次序分别用主干、大枝、中枝和小枝图形表示出来,逐层深入地排查可能引起质量问题的原因，最后便可一目了然地系统观察出产生问题的所有可能原因。

运用因果分析图可以帮助我们制定对策，解决工程质量上存在的问题，从而进行有的放矢地处置和管理，以达到控制质量的目的。

例 12.1 现以混凝土强度不足的质量问题为对象来阐明因果分析图的画法。

解 因果分析图的绘制步骤如下：

①确定特性。特性就是需要解决的质量问题，如混凝土强度不足放在主干箭头的前面。

②确定影响质量特性的大枝。如影响混凝土强度不足的因素主要是人、材料、机械、环境和环境五个方面。

③进一步画出中、小细枝，即找出中、小原因，如图 12.4 所示。

④最后针对影响质量的因素，有的放矢地制定对策，落实解决问题的人和时间，并以计划表的形式表示，且注明限期改正的时间。

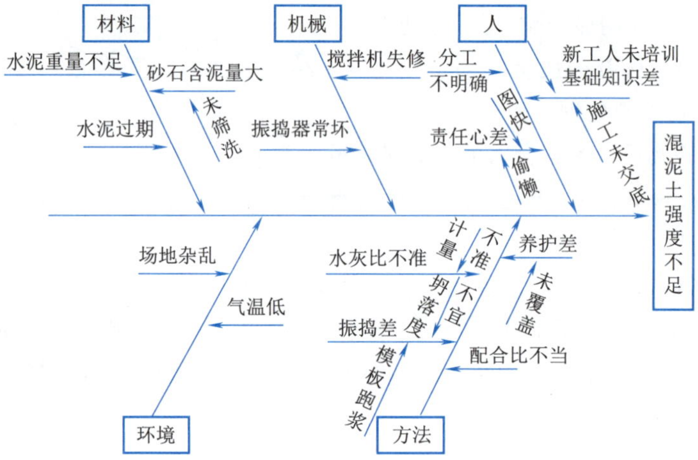

图 12.4 混凝土强度不足的因果分析图

12.5.2 排列图法

在质量管理过程中，通过抽样检查或检验试验所得到的关于质量问题、偏差、缺陷、不合格等方面的统计数据，以及造成质量问题的原因分析统计数据，均可采用排列图方法进行状况描述。它具有直观、主次分明的特点。

排列图法又叫巴氏图法或巴雷特图法，也叫主次因素分析图法。排列图有两个纵坐标，左侧纵坐标表示产品频数，即不合格产品件数；右侧纵坐标表示累计频率，即不合格产品累计百分数。图中横坐标表示影响产品质量的各个因素或项目，按影响质量程度的大小，从左到右依次排列。每个直方形的高度表示该因素影响的大小，图中曲线称为巴雷特曲线。

在排列图上，通常把曲线的累计百分数分为三级，与此相对应的因素分三类。A 类因素对应于累计频率 0 ~ 80%，是影响产品质量的主要因素，应重点管理；B 类因素对应于累计频率 80% ~ 90%，为次要因素，需次重点管理；与累计频率 90% ~ 100% 相对应的为 C 类因素，属一般影响因素，可按照常规适当加强管理。运用排列图，便于找出主次矛盾，使错综复杂的问题一目了然，有利于采取对策，加以改善。

例 12.2 表12.1表示对某项模板施工精度进行抽样检查,得到150个不合格点数的统计数据。然后按照质量特性不合格点数(频数)由大到小的顺序,重新整理为表12.2,并分别计算出累计频数和累计频率。

表12.1 不合格点统计表

序号	检查项目	不合格点数	序号	检查项目	不合格点数
1	轴线位置	1	5	平面水平度	15
2	垂直度	8	6	表面平整度	75
3	标高	4	7	预埋设施中心位置	1
4	截面尺寸	45	8	预留孔洞中心位置	1

表12.2 重新整理后的抽样检查数据

序号	项目	频数	频率(%)	累计频率(%)
1	表面平整度	75	50.0	50.0
2	截面尺寸	45	30.0	80.0
3	平面水平度	15	10.0	90.0
4	垂直度	8	5.3	95.3
5	标高	4	2.7	98.0
6	其他	3	2.0	100.0
合计		150	100	

解 根据表12.2的统计数据画排列图,如图12.5所示,并将其中累计频率0~80%区间的问题定为A类问题,即主要问题,进行重点管理;将累计频率80%~90%区间的问题定为B类问题,即次要问题,进行次重点管理;将其余累计频率在90%~100%区间的问题为C类问题,即一般问题,按照常规适当加强管理。以上方法称为ABC分类管理法。

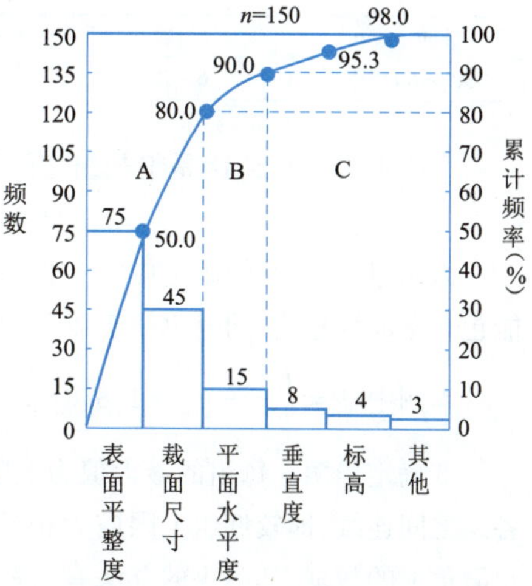

图12.5 构件尺寸不合格点排列图

12.5.3 直方图法

直方图法即频数分布直方图法,它是将收集到的质量数据进行分组整理,绘制成频数分布直方图,用以描述质量分布状态的一种分析方法,所以又称质量分布图法。

通过直方图的观察与分析,可了解产品质量的波动情况,掌握质量特性的分布规律,以便对质量状况进行分析判断。同时可通过质量数据特征值的计算,估算施工生产过程总体的不合格品率、评价过程能力等。

1. 直方图的绘制方法

(1)收集整理数据。用随机抽样的方法抽取数据,一般要求数据在50个以上。

某建筑施工工地浇筑C30混凝土,为对其抗压强度进行质量分析,共收集了50份抗压强度试验报告单,经整理,如表12.3所示。

表 12.3 数据整理表

序号	抗压强度数据					最大值	最小值
1	39.8	37.7	33.8	31.5	36.1	39.8	31.5
2	37.2	38.0	33.1	39.0	36.0	39.0	33.1
3	35.8	35.2	31.8	37.1	34.0	37.1	31.8
4	39.9	34.3	33.2	40.4	41.2	41.2	33.2
5	39.2	35.4	34.4	38.1	40.3	40.3	34.4
6	42.3	37.5	35.5	39.3	37.3	42.3	35.5
7	35.9	42.4	41.8	36.3	36.2	42.4	35.9
8	46.2	37.6	38.3	39.7	38.0	46.2	37.6
9	36.4	38.3	43.4	38.2	38.0	42.4	36.4
10	44.4	42.0	37.9	38.4	39.5	44.4	37.9

(2)计算极差 R。极差 R 是数据中最大值和最小值之差，本例中：

$$x_{max}=46.2\ \text{N/mm}^2,x_{min}=31.5\ \text{N/mm}^2,R=x_{max}-x_{min}=46.2-31.5=14.7(\text{N/mm}^2)$$

(3)对数据进行分组。包括确定组数、组距和组限。

①确定组数 k。确定组数的原则是分组的结果能正确地反映数据的分布规律。组数应根据数据多少来确定。组数过少，会掩盖数据的分布规律；组数过多，使数据过于零乱分散，也不能显示出质量分布状况。一般可参考表 12.4 的经验数值确定。本例中取 $k=8$。

表 12.4 数据分组参考值

数据总数 n	分组数 k	数据总数 n	分组数 k	数据总数 n	分组数 k
50 ~ 100 以下	6 ~ 10	100 ~ 250	7 ~ 12	250 以上	10 ~ 20

②确定组距 h，组距是组与组之间的间隔，也即一个组的范围。各组距应相等，于是有：

$$\text{极差}\approx\text{组距}\times\text{组数，即 }R\approx h\times k$$

因而组数、组距的确定应结合极差综合考虑，适当调整，还要注意数值尽量取整，使分组结果能包括全部变量值，同时也便于以后的计算分析。

本例中：$h=\dfrac{R}{k}=\dfrac{14.7}{8}=1.838\approx2(\text{N/mm}^2)$

③确定组限。每组的最大值为上限，最小值为下限，上、下限统称组限。确定组限时应注意使各组之间连续，即较低组上限应为相邻较高组下限，这样才不致使有的数据被遗漏。对恰恰处于组限值上的数据，其解决的办法有两种：一是规定每组上(或下)组限不计在该组内，而应计入相邻较高(或较低)组内；二是将组限值较原始数据精度提高半个最小测量单位。

本例采取第一种办法划分组限，即每组上限不计入该组内。

首先确定第一组下限：$x_{min}-\dfrac{h}{2}=31.5-\dfrac{2}{2}=30.5$；第一组上限：$30.5+h=30.5+2=32.5$；第二组下限 = 第一组上限 = 32.5；第二组上限：$32.5+h=32.5+2=34.5$。

以下以此类推，最高组限为 44.5 ~ 46.5，分组结果覆盖了全部数据。

(4)编制数据频数统计表。统计各组频数，频数总和应等于全部数据个数。本例频数统计结果如表 12.5 所示。

表 12.5 频数统计表

组号	组限(N/mm²)	频数统计	频数	组号	组限(N/mm²)	频数统计	频数
1	30.5 ~ 32.5	丅	2	5	38.5 ~ 40.5	正𠄟	9
2	32.5 ~ 34.5	正一	6	6	40.5 ~ 42.5	正	5
3	34.5 ~ 36.5	正正	10	7	42.5 ~ 44.5	丅	2
4	36.5 ~ 38.5	正正正	15	8	44.5 ~ 46.5	一	1
合计							50

从表 12.5 中可以看出,浇筑 C30 混凝土,50 个试块的抗压强度是各不相同的,这说明质量特性值是有波动的。但这些数据分布是有一定规律的,就是数据在一个有限范围内变化,且这种变化有一个集中趋势,即强度值在 36.5 ~ 38.5 范围内的试块最多,可把这个范围即第 4 组视为该样本质量数据的分布中心,随着强度值的逐渐增大和逐渐减小,分布数据逐渐减小。为了更直观、更形象地表现质量特征值的这种分布规律,应进一步绘制出直方图。

(5)绘制频数分布直方图。在频数分布直方图中,横坐标表示质量特性值,本例中为混凝土强度,并标出各组的组限值。根据表 12.5 可以画出以组距为底,以频数为高的 k 个直方形,便得到混凝土强度的频数分布直方图,见图 12.6。

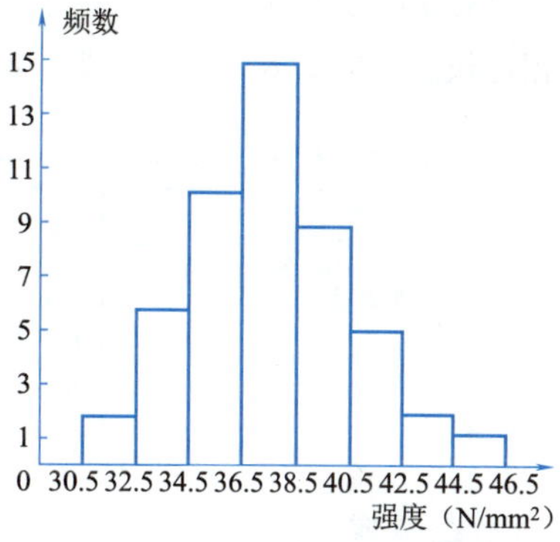

图 12.6 混凝土强度分布直方图

2. 直方图的观察与分析

(1)观察直方图的形状、判断质量分布状态。作完直方图后,首先要认真观察直方图的整体形状,看其是否属于正常型直方图。正常型直方图就是中间高,两侧低,左右接近对称的图形,如图 12.7(a)所示。出现非正常型直方图时,表明生产过程或收集数据作图有问题。这就要求进一步分析判断,找出原因,从而采取措施加以纠正。凡属非正常型直方图,其图形分布有各种不同缺陷,归纳起来一般有五种类型,如图 12.7(b) ~ (f)所示。

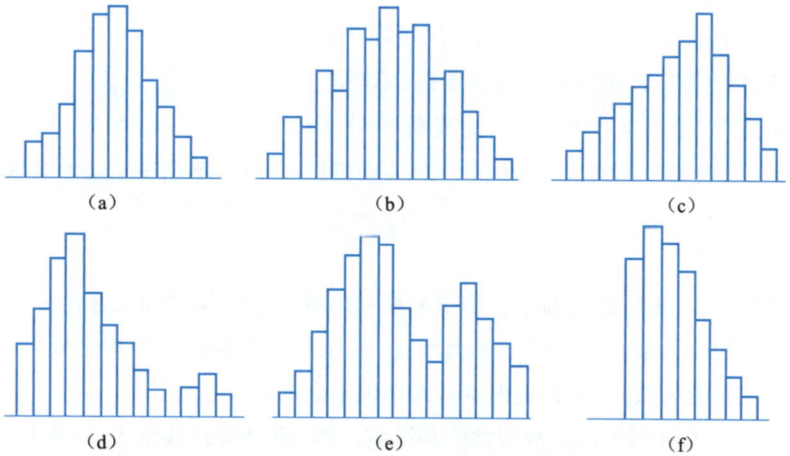

图 12.7 常见的直方图图形

(a)正常型;(b)折齿型;(c)左缓坡型;(d)孤岛型;(e)双峰型;(f)绝壁型

①折齿型：由于分组组数不当或者组距确定不当出现的直方图。

②左（右）缓坡型：主要是由于操作中对上限（或下限）控制太严造成的。

③孤岛型：是原材料发生变化，或者临时他人顶班作业造成的。

④双峰型：通常由于用两种不同工艺或设备，已有两组工人进行施工，又将两组数据混杂在一起而发生的。

⑤绝壁型：是由于数据收集不正常，可能有意识地去掉下限以下的数据，或是在检测过程中存在某种人为因素影响所造成的。

（2）频数直方图与质量标准比较。在前面分析基础上，若图形正常，再与质量标准即标准公差相比较，见图12.8。图中 B 为实际的质量特性分布，T 表示规范规定或标准公差的界限。

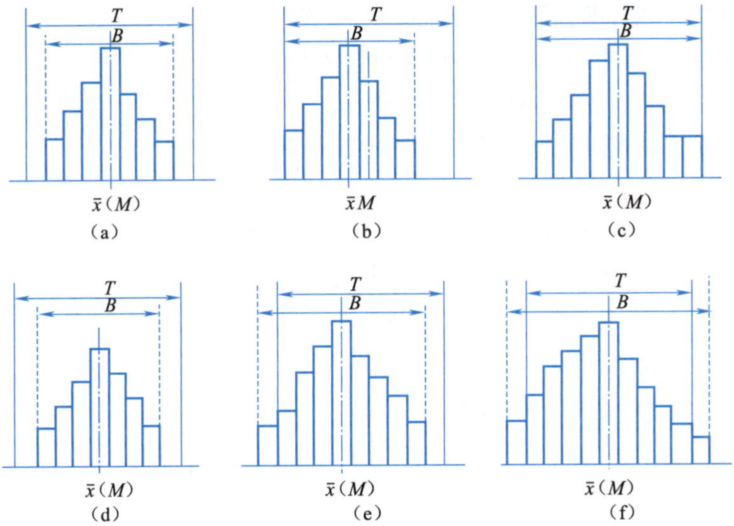

图12.8　实际分布与标准规格的比较

图（a）中，B 的中线与 T 的中线重合且 B 在 T 中间，两边均有一定余地，属理想情况。

图（b）中，B 虽未超过 T，但偏向一边，有超差即有出废品的可能，同时还有 B 与 T 中线间的距离。

图（c）中，B 与 T 的宽度相等，中线重合，属极限状态，需要调整。

图（d）中，B 过分小于 T，说明加工过于精确，不经济。

图（e）中，B 偏离 T 的中心，超过了 T 的范围，出现了废品。

图（f）中，B 实际分布范围过大，产生大量废品，说明工序能力不能满足技术要求。

12.5.4　相关图法

相关图又称散布图，在质量控制中它是用来显示两种质量数据之间关系的一种图形。质量数据之间的关系多属相关关系。一般有三种类型：一是质量特性和影响因素之间的关系；二是质量特性和质量特性之间的关系；三是影响因素和影响因素之间的关系。

我们可以用 Y 和 X 分别表示质量特性值和影响因素，通过绘制散布图，计算相关系数等，分析研究两个变量之间是否存在相关关系，以及这种关系密切程度如何，进而在相关程度密切的两个变量中，通过对其中一个变量的观察控制，去估计控制另一个变量的数值，以达到保证产品质量的目的。这种统计分析方法称为相关图法。

例 12.3 分析混凝土抗压强度和水灰比之间的关系。

解 ①收集数据。要成对地收集两种质量数据,数据不得过少,一般应大于9组。本例收集数据如表12.6所示。

表 12.6 混凝土抗压强度与水灰比统计资料

序号		1	2	3	4	5	6	7	8	9
x	水灰比(W/C)	0.4	0.45	0.48	0.5	0.55	0.6	0.65	0.7	0.75
y	强度(N/mm^2)	36.3	35.3	31.5	28.2	24.0	23.0	20.6	18.4	15.0

②绘制相关图。在直角坐标系中,一般 x 轴用来代表原因的量或较易控制的量,本例中表示水灰比,y 轴用来代表结果的量或不易控制的量,本例中表示强度。然后将数据在坐标相应的位置上描点,便得到相关图,如图12.9所示。

相关图中点的集合,反映了两种数据之间的散布状况,根据散布状况可以分析两个变量之间的关系。归纳起来,有以下六种类型,如图12.10所示。

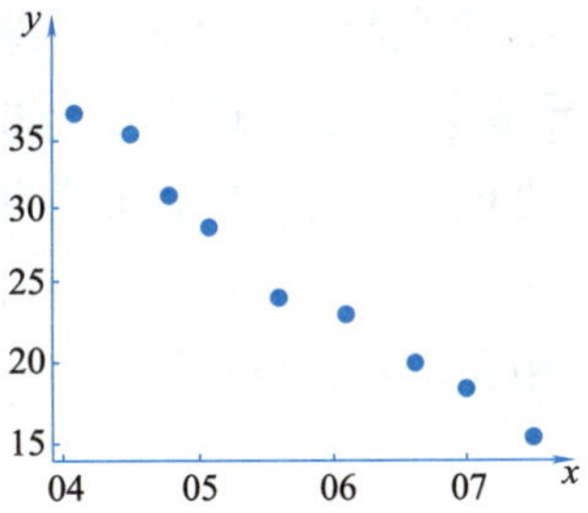

图 12.9 相关图

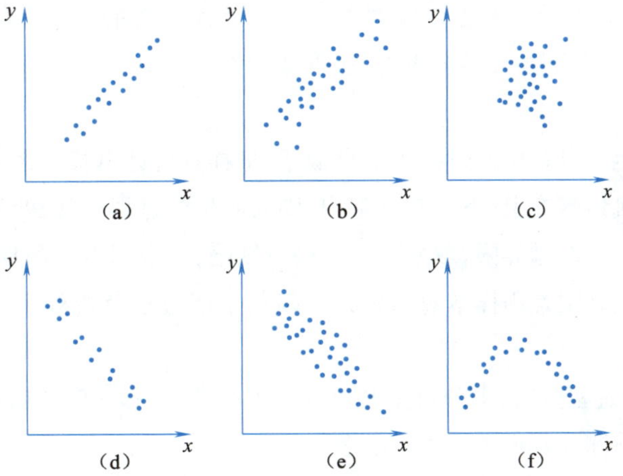

图 12.10 相关图的类型

(a)正相关;(b)弱正相关;(c)不相关;(d)负相关;(e)弱负相关;(f)非线性相关

(1)正相关:散布点基本形成由左至右向上变化的一条直线带,即随 x 增加,y 值也相应增加,说明 x 与 y 有较强的制约关系。此时,可通过对 x 的控制而有效控制 y 的变化。

(2)弱正相关:散布点形成向上较分散的直线带。随 x 值的增加,y 值也有增加趋势,但 x、y 的关系不像正相关那么明确。说明 y 除受 x 影响外,还受其他更重要的因素影响。需要进一步利用因果分析图法分析其他的影响因素。

(3)不相关:散布点形成一团或平行于 x 轴的直线带。说明 x 变化不会引起 y 的变化,或其变化无规律,分析质量原因时可排除 x 因素。

(4)负相关:散布点形成由左向右向下的一条直线带。说明 x 对 y 的影响与正相关恰恰相反。

(5)弱负相关:散布点形成由左至右向下分布的较分散的直线带。说明 x 与 y 的相关关系较弱,且变化趋势相反,应考虑寻找影响 y 的其他更重要的因素。

(6)非线性相关:散布点呈一曲线带,即在一定范围内 x 增加,y 也增加;超过这个范围 x 增加,

y 则有下降趋势，或改变变动的斜率呈曲线形态。

从图 12.10 可以看出，本例水灰比对强度影响属于负相关。初步结果是，在其他条件不变的情况下，混凝土强度随着水灰比增大有逐渐降低的趋势。

12.5.5 控制图法

控制图又称管理图，它是在直角坐标系内画有控制界限，描述生产过程中产品质量波动状态的图形。利用控制图区分质量波动原因，判明生产过程是否处于稳定状态的方法称为控制图法。

控制图的基本形式如图 12.11 所示。

横坐标为样本（子样）序号或抽样时间，纵坐标为被控制对象，即被控制的质量特性值。控制图上一般有三条线：在上面的一条虚线称为上控制界限，用符号 UCL 表示；在下面的一条虚线称为下控制界限，用符号 LCL 表示；中间的一条实线称为中心线，用符号 CL 表示。中心线标志着质量特性值分布的中心位置，上下控制界限标志着质量特性值允许波动范围。

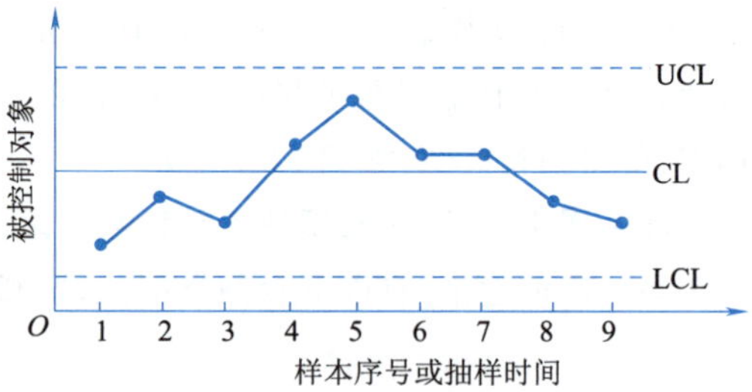

图 12.11　控制图的基本形式

在生产过程中通过抽样取得数据，把样本统计量描在图上来分析判断生产过程状态。如果质量点随机地落在上、下控制界限内，则表明生产过程正常，处于稳定状态，不会产生不合格品。如果质量点超出控制界限，或质量点排列有缺陷，则表明生产条件发生了异常变化，生产过程处于失控状态。控制图是用样本数据来分析判断生产过程是否处于稳定状态的有效工具。它的用途主要有两个：

（1）过程分析，即分析生产过程是否稳定。为此，应随机连续收集数据，绘制控制图，观察数据点分布情况并判定生产过程状态。

（2）过程控制，即控制生产过程质量状态。为此，要定时抽样取得数据，将其变为质量点描在图上，发现并及时消除生产过程中的失调现象，预防不合格品的产生。

前述排列图、直方图法是质量控制的静态分析法，反映的是质量在某一段时间里的静止状态。然而产品都是在动态的生产过程中形成的，因此，在质量控制中单用静态分析法显然是不够的，还必须有动态分析法。只有动态分析法，才能随时了解生产过程中质量的变化情况，及时采取措施，使生产处于稳定状态，起到预防出现废品的作用。控制图法就是典型的动态分析法。

12.5.6 调查表法

调查表法又称调查分析法，它是利用专门设计的统计表对质量数据进行收集、整理和粗略分析质量状态的一种方法。在质量控制活动中，利用调查表收集数据，简便灵活，便于整理，实用有效。它没有固定格式，可根据需要和具体情况，设计出不同调查表。常用的有：分项工程作业质量分布调查表；不合格项目调查表；不合格原因调查表；施工质量检查评定用调查表，例如表 12.7 所示为预制混凝土构件外观质量问题调查表。

表 12.7　预制混凝土构件外观质量问题调查表

<table>
<tr><td>产品名称</td><td colspan="2">混凝土空心板</td><td>生产班组</td><td colspan="2"></td></tr>
<tr><td>日生产总数</td><td>200 块</td><td>生产时间</td><td>年　月　日</td><td>检查时间</td><td>年　月　日</td></tr>
<tr><td>检查方式</td><td colspan="2">全数检查</td><td>检查员</td><td colspan="2"></td></tr>
<tr><td colspan="2">项目名称</td><td colspan="2">检查记录</td><td colspan="2">合计</td></tr>
<tr><td colspan="2">露筋</td><td colspan="2">正 𤴓</td><td colspan="2">9</td></tr>
<tr><td colspan="2">蜂窝</td><td colspan="2">正 正 一</td><td colspan="2">11</td></tr>
<tr><td colspan="2">孔洞</td><td colspan="2">丅</td><td colspan="2">2</td></tr>
<tr><td colspan="2">裂缝</td><td colspan="2">一</td><td colspan="2">1</td></tr>
<tr><td colspan="2">其他</td><td colspan="2">下</td><td colspan="2">3</td></tr>
<tr><td colspan="2">总计</td><td colspan="2"></td><td colspan="2">26</td></tr>
</table>

12.5.7　分层法

分层法又称分类法、成分组法，就是将收集到的质量数据，按统计分析的需要进行分门别类地整理，使之系统化，以便找到产生质量问题的原因，及时采取措施加以预防。分层方法多种多样；可按班次、日期分类；按操作者或其工龄、技术、等级分类；按施工方法分类；按设备型号、生产组织分类；按材料成分、规格、供料单位及时间分类；按工程类型分类；按合同结构等分类。

例 12.4　现以钢筋焊接质量的调查数据为例，采用分层法进行统计分析。共调查钢筋焊接点 50 个，其中不合格的有 19 个，不合格率为 $(19\div 50)\times 100\% = 38\%$。为了查清焊接不合格的原因，需要分层收集数据。据查该批钢筋由三个焊工操作，并采用两种不同型号的焊条。

解　分别按操作者分层和按供应焊条的工厂分层进行分析，结果如表 12.8 及表 12.9 所示。

表 12.8　按操作者分层合计

操作者	不合格(个)	合格(个)	不合格率(%)
甲	6	13	32
乙	3	9	25
丙	10	9	53
合计	19	31	38

表 12.9　按供应焊条工厂分层

工厂	不合格(个)	合格(个)	不合格率(%)
甲	9	14	39
乙	10	17	37
合计	19	31	38

从表中可以看出，操作工人乙的质量较好，用工厂乙的焊条质量较好。

若进一步分析，可提出综合分层表(见表 12.10)。综合分层结论是：用甲厂的焊条，采取工人乙的操作方法较好；用乙厂的焊条，应采用工人甲的操作方法。这样，可提高钢筋焊接质量。

表 12.10　综合分层焊接质量　　单位：个

操作者	质量	甲厂	乙厂	合计
甲	不合格	6	0	6
	合格	2	11	13
乙	不合格	0	3	3
	合格	5	4	9
丙	不合格	3	7	10
	合格	7	2	9
合计	不合格	9	10	19
	合格	14	17	31

本章小结

1. 施工单位对建设工程的施工质量负责，对工程项目质量控制的范围应涉及项目质量形成全过程的各个阶段，对影响项目质量的各因素进行控制，实现工程预期质量目标。

2. PDCA 循环原理和三全控制原理是进行工程项目质量管理的主要理论依据，对工程项目的质量控制具有重要的实践指导意义。

3. 施工项目的质量控制是从工序质量到分项工程质量、分部工程质量、单位工程质量的系统控制过程；也是一个由对投入原材料的质量控制开始，直到完成工程质量检验为止的全过程的系统过程。

4. 正确地进行工程项目的检查评定和验收，是保证工程质量的重要手段。《建筑工程施工质量验收统一标准》中对工程项目质量的验收主要包括施工过程的质量验收和竣工质量验收。

5. 工程质量事故分为特别重大事故、重大事故、较大事故和一般事故。加强施工项目质量管理，规范质量事故的报告、调查和处理工作，有助于实现项目的质量方针和目标。

6. 工程质量数据是进行质量控制的基础，分析质量数据能够对质量问题及时地采取控制对策与措施，能够有效地预防和纠正质量事故。

综合能力实训

一、选择题

1. 工程建设过程中，确定工程项目的质量目标应在(　　)阶段。

   A. 项目可行性研究　B. 项目决策　C. 工程设计　D. 工程施工

2. 工程建设活动中，形成工程实体质量的决定性环节在(　　)阶段。

   A. 项目决策　B. 工程设计　C. 工程施工　D. 工程竣工验收

3. 工程项目质量的三全控制原理中的“三全”是指(　　)。

   A. 全局、全过程、全员参与　B. 全局、全速、全员参与

   C. 全面、全速、全天候　D. 全面、全过程、全员参与

4. 工程项目的质量终检存在一定的局限性，因此施工质量控制应重视(　　)。

   A. 竣工预验收　B. 竣工验收　C. 过程控制　D. 事后控制

5. 施工现场混凝土坍落度试验属于现场质量检验方法中的(　　)。

   A. 目测法　B. 实测法　C. 理化试验法　D. 无损检测法

6. 质量验收的最小单位是(　　)。

   A. 检验批　B. 分项工程　C. 主控项目　D. 一般项目

7. 分项工程应由(　　)组织验收。

   A. 项目经理　B. 项目技术负责人　C. 专业监理工程师　D. 项目质量负责人

8. 工程观感质量应由(　　)确认。

   A. 总监理工程师　B. 建设单位项目负责人　C. 政府质量监督部门　D. 验收人员共同商定

9. 某钢筋混凝土结构工程的框架柱表面出现局部蜂窝麻面，经调查分析，其承载力满足设计

要求,则对该框架柱表面质量问题一般的处置方法是(　　)。

A. 加固处理　B. 修补处理　C. 返工处理　D. 不作处理

10. 对于重要的或对工程质量有重大影响的工序,应严格执行(　　)的“三检”制度。

A. 事前检查、事中检查、事后检查　B. 自检、互检、专检

C. 工序检查、分项检查、分部检查　D. 操作者自检、质量员检查、监理工程师检查

11. 关于竣工质量验收程序和组织的说法,正确的是(　　)。

A. 单位工程的分包工程完工后,总包单位应组织进行自检,并按规定的程序进行验收

B. 工程竣工质量验收由建设单位委托监理单位负责组织实施

C. 单位工程完工后,总监理工程师应组织各专业监理工程师对工程质量进行竣工预验收

D. 工程竣工报告应由监理单位提交并须经总监理工程师签署意见

12. 工程质量控制的统计分析方法中,可以用来系统整理分析某个质量问题与其产生原因之间的方法是(　　)。

A. 因果分析图法　B. 相关图法　C. 排列图法　D. 直方图法

13. 将两种不同方法或两台设备或两组工人进行生产的质量特性统计数据混在一起整理,将形成(　　)直方图。

A. 折齿型　B. 缓坡型　C. 孤岛型　D. 双峰型

14. 工程质量统计分析方法中,用来显示两种质量数据之间关系的是(　　)。

A. 因果分析图法　B. 相关图法　C. 直方图法　D. 控制图法

15. 工程施工中发生事故造成10人死亡属于(　　)事故。

A. 特别重大　B. 重大　C. 较大　D. 一般

16. (多选)有质量缺陷的结构工程,通过(　　)后满足安全使用要求可以验收。

A. 重新装修　B. 返修处理　C. 加固处理　D. 设计核算　E. 监理同意

17. (多选)建筑主体结构分部工程验收,必须参加的单位有(　　)。

A. 建设单位　B. 设计单位　C. 监理单位　D. 勘察单位　E. 基坑分包单位

18. (多选)建筑工程施工质量验收中,检验批质量验收的内容包括(　　)。

A. 质量资料　B. 主控项目　C. 一般项目　D. 允许偏差项目　E. 观感质量

二、案例分析题

1. 对一批住房的楼地面进行检查,共138个房间存在质量问题。问题的性质及相应出现的数量如表12.11所示,使用排列图对造成质量问题的原因进行分析。

表12.11　138个房间楼地面质量检查统计表

楼地面质量问题	起砂	开裂	空谷	不平整	其他	总计
不合格房间数	78	30	15	10	5	138

2. 某高校新建一栋办公楼和一栋实验楼,均为现浇钢筋混凝土框架结构。办公楼地下1层,地上11层,建筑檐高48 m;实验楼6层,建筑檐高22 m。建设单位与某施工总承包单位签订了施工总承包合同。合同约定,电梯安装工程由建设单位指定分包。

施工过程中,发生了如下事件:

事件一:办公楼电梯安装工程早于装饰装修工程施工完,提前由总监理工程师组织验收,总承包单位未参加。验收后电梯安装单位将电梯工程有关资料移交建设单位。整体工程完成时,电梯安装单位已撤场。由建设单位组织,监理、设计、总承包单位参与进行了单位工程质量验收。

事件二:在实验楼屋顶混凝土施工过程中,因西侧模板支撑系统失稳,发生局部坍塌,使东侧刚浇筑的混凝土顺斜面往西流淌,致使整个楼层模架全部失稳而相继倒塌。整个事故未造成人员死亡,重伤9人,轻伤14人,估计直接经济损失达1 400万元。事故发生后,施工单位立刻向相关部门报告事故发生情况。

问题:

(1)指出事件一中错误之处,并分别给出正确做法。

(2)事件二中,按造成损失严重程度划分,应为什么类型事故?并给出此类事故的判定标准。

3. 某工程在实施过程中发生如下事件:

事件1:监理人员巡视时发现以下情况:施工项目技术负责人兼任安全员;本工程已完工的地下一层有工人居住;正在使用的脚手架连墙件被拆除。

事件2:施工过程中,施工单位对现场拟用承重结构的钢筋完成取样后,报项目监理机构确认,监理人员确认后,通知施工单位报送检测机构。

事件3:项目监理机构收到施工单位提交的节能分部验收申请,总监理工程师组织施工单位项目负责人和项目技术负责人进行验收,并核查了以下内容:所含分项工程质量是否均验收合格;有关安全、节能、环保和主要使用功能抽样检验结果是否符合规定。

问题:

(1)针对事件1,指出施工单位的不妥之处,说明理由。

(2)指出事件2中的不妥之处,写出正确做法。

(3)针对事件3,还应有哪些人员参加验收?

4. 某车间零件加工小组分析本组加工报废的原因,并绘出如下的因果分析图,如图12.12所示。图中错误较多,请按图中所分析的原因,重新绘制一张正确的因果图(原因不必再往下细分)。

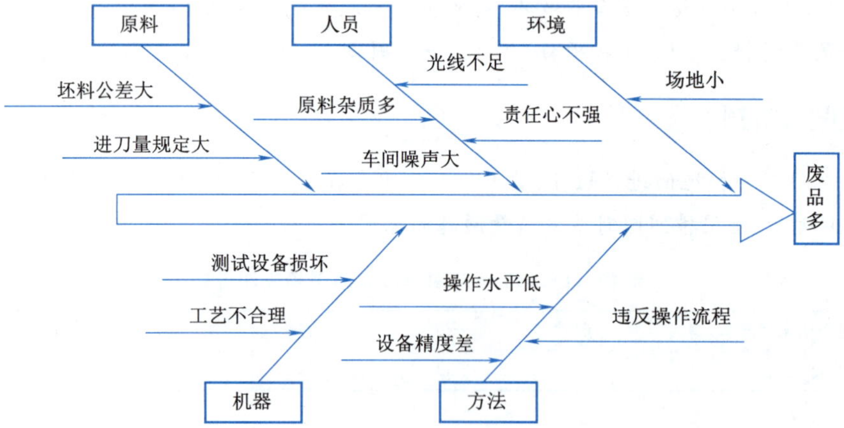

图12.12　第4题图

第13章

建设工程职业健康安全与环境管理

本章导读

《中华人民共和国安全生产法》《中华人民共和国环境保护法》等相关法律彰显了“以人为本”的理念，和社会经济的发展要与环境相协调的问题。可见在发展经济的同时，仍然需要将安全和环境问题作为我们的重要抓手，将安全和环境保护融入企业的日常文化，使其在企业的发展过程中生根、发芽、结果。基于此，本章首先介绍了建设工程安全生产管理的概念和安全生产应该贯彻的一些主要制度，通过建立各项安全生产制度，来有效规范建设工程生产行为，加强建筑安全生产管理，保护人民生命财产安全。将安全管理作为企业建设生产的文化，融入企业的血液，传承下去，需要将安全文化的建设放到重要位置。在安全事故发生后，需要明确事故的类别，明确安全事故处理的原则和程序，尽可能的将损失降到最低。此外，施工现场的文明施工及环境保护也关系到企业的可持续发展，也越来越受到重视。

学习目标

知识目标：

◇ 识记建设工程安全生产管理的概念和安全生产管理基本制度。

◇ 理解工程企业安全文化建设的重要性。

◇ 掌握职业伤亡事故的分类、安全生产事故处理的原则及程序。

◇ 掌握施工现场文明施工管理及环境保护的具体内容。

能力与素质目标：

◇ 具备能够发现、分析、研究、解决工程安全与环境管理实际问题的能力。

◇ 具备遵纪守法、保护自己和他人安全的素质。

思维导图

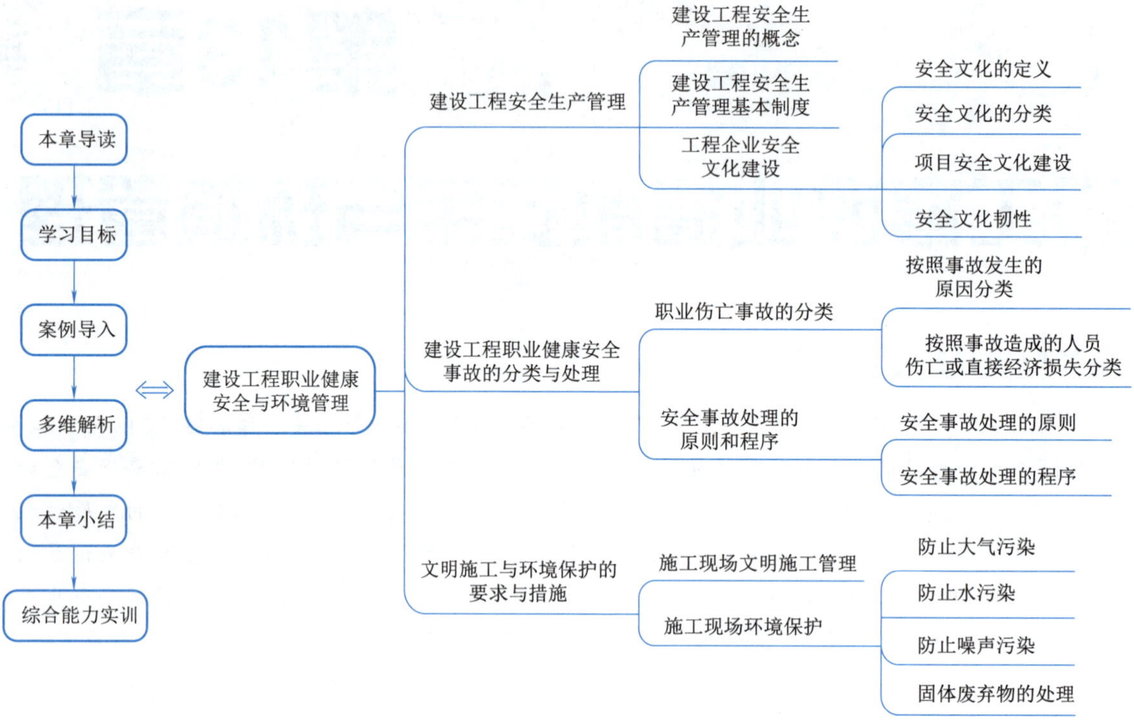

案例导入

2021 年 7 月 15 日 3 时 30 分，某区在隧道右线施工过程中，掌子面拱顶坍塌，诱发透水事故，造成 14 人死亡，直接经济损失 3 678. 677 万元。发生原因是，隧道下穿水库时遭遇富水花岗岩风化深槽，在未探明事发区域地质情况、未超前地质钻探、未超前注浆加固的情况下，不当采用矿山法台阶方式掘进开挖、小导管超前支护措施加固和过大的开挖进尺，导致右线隧道掌子面拱顶坍塌透水。泥水通过车行横通道涌入左线隧道，导致左线隧道作业人员溺亡。

事故原因：一是复杂地质条件下的隧道施工风险意识较差，施工单位在隧道暗挖施工过程中未开展涌水量动态监测，在富水段开挖前未掌握超前地质钻探探测情况，未按超前地质预报提示及时调整施工工法，开挖方式、超前支护措施和开挖进尺均不符合相关规范及设计要求，未按规范要求配备联动报警系统，导致透水后无法及时通知相关人员撤离；二是监理单位未按施工控制点及工序要求严格旁站监理，不按规定在岗履职，对施工单位未按设计要求调整施工方法、扩大开挖进尺等安全隐患未及时督促整改；三是建设单位未向施工单位提供事发区域准确、完整的地质情况，施工期间未根据规定增加超前地质钻探项目，未就水库放水事宜与水行政主管部门进行协调，未取得水行政许可擅自在水利工程管理范围和保护范围内施工；四是监管部门对重点项目、危险工程、重点环节安全监管不够细致，对下穿水库隧道施工的特殊性认识不足，缺乏有针对性的监管措施。

13.1 建设工程安全生产管理

13.1.1 建设工程安全生产管理的概念

建设工程安全生产管理，是指为保证建设工程生产安全所进行的计划、组织、指挥、协调和控制等一系列管理活动，目的在于保护职工在生产过程的安全与健康，保证国家和人民的财产不受到损失，保证建设工程生产任务的顺利完成。建设工程安全管理是对工程建设活动过程中所涉及的安全进行的管理，包括建设行政主管部门对建设活动中的安全问题所进行的行业管理和从事建设活动的主体对自己所进行的建设活动的安全生产所进行的企业管理。从事建设活动的主体所进行的安全生产管理包括建设单位对安全生产的管理、设计单位对安全生产的管理和施工单位对安全生产的管理等。

《中华人民共和国建筑法》（以下简称《建筑法》）第三十六条规定："建筑工程安全生产管理必须坚持安全第一、预防为主的方针，建立健全安全生产的责任制度和群防群治制度。"《建设工程安全生产管理条例》第三条也明确规定："建设工程安全生产管理，坚持安全第一、预防为主的方针"。2021 年修订的《中华人民共和国安全生产法》（以下简称《安全生产法》）第三条，坚持"安全第一、预防为主、综合治理"的建设工程安全生产管理方针。

13.1.2 建设工程安全生产管理基本制度

由于建设工程规模大、周期长、参与人数多、环境复杂多变，安全生产的难度很大，因此，通过建立各项制度，规范建设工程的生产行为，对于提高建设工程安全生产水平是非常重要的。现阶段正在执行的主要安全生产管理制度包括以下几点：

1. 安全生产责任制度

安全生产责任制度是建筑生产中最基本的安全管理制度，是所有安全规章制度的核心。建设工程安全生产管理这一制度是"安全第一、预防为主"方针的具体体现。它包括行业主管部门建立健全建设安全生产的监督管理体系，制定建设安全生产监督管理工作制度，组织落实各级领导分工负责的建筑安全生产责任制；参与建设活动各方的建设单位、设计单位，特别是建筑施工企业的安全生产责任制；施工现场的安全责任制等。

1）施工单位的安全生产责任

（1）施工单位的安全生产责任制度。《建筑法》规定，建筑施工企业必须依法加强对建筑安全生产的管理，执行安全生产责任制度，采取有效措施，防治伤亡和其他安全生产事故的发生。安全生产责任制度是施工单位最基本的安全管理制度，是施工单位安全生产的核心和中心环节。

①施工单位主要负责人对安全生产工作全面负责。《建筑法》规定，建筑施工企业的法定代表人对本企业的安全生产负责。《建筑工程安全生产管理条例》也规定，施工单位主要负责人依法对本单位的安全生产工作全面负责。明确施工单位主要负责的安全生产制度，是贯彻"安全第一，预防为主"方针的基本要求。不少施工安全事故表明，如果施工单位主要负责人忽视安全生产，缺乏保证生产安全的有效措施，就会给企业职工的生命安全和身体健康带来威胁，给国家和人民的财产带来损失，企业的经济效益也得不到保障。

②施工单位安全生产管理机构和专职安全生产管理人员的责任。《建筑工程安全生产管理条例》规定，施工单位应当设立安全生产管理机构，配备专职安全生产管理人员，专职安全生产管理人员负责对安全生产进行现场监督检查。发现安全事故隐患，应当及时向项目负责人和安全生产管理机构报告；对违章指挥、违章操作的，应当立即制止。安全生产管理机构是指施工单位设置的负责安全生产管理工作的独立职能部门。专职安全生产管理人员是指经建设主管部门或者其他有关部门安全生产考核合格取得安全生产考核合格证书，并在施工单位及其项目从事安全生产管理工作的专职人员。

③制定安全生产规章制度和操作规程。施工单位应根据本单位的实际情况，按照法律、法规、规章和工程建设标准强制性条文的要求，制定有关施工安全生产的具体规章制度，如安全生产责任制度、安全技术措施制度、安全检查制度，并对每一个具体工艺、工种和岗位制定具体的操作规程，形成有效的督促、检查和贯彻落实机制。施工单位对所承担的建设工程要进行定期和专项安全检查，并做好安全检查记录。

④保证本单位安全生产条件所需资金的投入。《建设工程安全生产管理条例》规定，施工单位对列入建设工程概算的安全作业环境及安全施工措施所需费用，应当用于施工安全防护用具及设施的采购和更新、安全施工措施的落实、安全生产条件的改善，不得挪作他用。

（2）施工总承包和分包单位的安全生产责任。《建筑法》规定，施工现场安全由建筑施工企业负责。实行施工总承包的，由总承包单位负责。分包单位向总承包单位负责，服从总承包单位对施工现场的安全生产管理。

①总承包单位应当承担的安全生产责任。《建筑工程安全生产管理条例》规定，总承包单位依法将建设工程分包给其他单位的，分包合同中应当明确各自的安全生产方面的权利和义务。统一组织编制建设工程生产安全应急救援预案。建设工程施工属于高风险工作，在施工现场很容易发生事故。因此，高度重视并认真编制安全事故应急救援预案，有助于加强对突发事故的处理，提高应急救援快速反应能力。一旦发生安全事故，施工总承包单位应当依法担负起及时报告的义务。

②分包单位应当承担的安全生产责任。《建筑法》规定，分包单位向总承包单位负责，服从总承包单位对施工现场的安全生产管理。《建设工程安全生产管理条例》进一步规定，分包单位应当服从总承包单位的安全生产管理，分包单位不服从管理导致生产安全事故的，由分包单位承担主要责任。

由于施工现场的情况较复杂，往往一个工地会有若干个不同的分包单位在施工，如果缺乏统一地组织和要求，极易发生安全事故。因此，分包单位要服从总承包单位对施工现场的安全生产管理，包括遵守安全生产责任制度、岗位操作要求等。

（3）施工作业人员安全生产的权利和义务。《建筑法》规定，施工建筑企业和作业人员在施工过程中，应当遵守有关安全生产的法律、法规和建筑行业安全规章、规程，不得违背指挥或者违章作业。作业人员有权对影响人身健康的作业程序和作业条件提出改进意见，有权获得安全生产所需的防护用品。作业人员对危及生命安全和人身健康的行为有权提出批评、检举和控告。

① 施工作业人员应当享有的安全生产权利：施工安全生产的知情权和建议权；施工安全防护用品的获得权；批评、检举、控告权及拒绝违章指挥权；紧急避险权；获得意外伤害保险赔偿的权利。

② 施工作业人员应当履行的安全生产义务：守法遵章和正确使用安全防护用具等的义务；接受安全生产教育培训的义务；安全事故隐患报告的制度。

2）建设单位的安全责任

(1)依法办理有关批准手续。《建筑法》规定，有下列情形之一的，建设单位按照国家有关规定办理申请批准的手续：需要临时占用规划批准范围以外场地的；可能损坏道路、管线、电力、邮电通信等公共设施的；需要临时停水、停电、中断道路交通的；需要进行爆破作业的；法律、法规规定需要办理报批手续的其他情形。

(2)向施工单位提供真实、准确和完整的有关资料。《建设工程安全生产管理条例》规定，建设单位应当向施工单位提供施工现场及毗邻区域内供水、排水、供电、供气、供热、通信、广播电视等地下管线资料，气象和水文观测资料，相邻建筑物和构筑物、地下工程的有关资料，并保证资料的真实、准确和完整。

(3)不得提出违法要求和随意压缩合同工期。

(4)编制工程概算时应当确定建设工程安全费用。

(5)不得要求购买、租赁和使用不符合安全施工要求的用具设备等。

(6)申领施工许可证时应当提供有关安全施工措施的资料。

建设单位在领取施工许可证时，应当提供有关安全施工措施的资料，一般包括：工程中标通知书，工程施工合同，施工现场总平面布置图，临时设施规划方案和已经搭建的情况，施工现场安全防护设施搭设（设置）计划，施工进度计划，安全措施费用计划，专项安全施工组织设计（方案、措施），拟进入施工现场使用的施工起重机械设备（塔式起重机、物料提升机、外用电梯）的型号、数量，工程项目负责人、安全管理人员及特种作业人员持证上岗情况，建设单位安全监督人员名册、工程监理单位人员名册，以及其他应交的材料。

3）勘察、设计单位的安全责任

工程勘察是工程建设的先行官。工程勘察成果是建设工程项目规划、选址、设计的重要依据，也是保证施工安全的重要因素和前提条件。因此，勘察单位应当按照法律、法规和工程建设强制性标准进行勘察，提供的勘察文件应当真实、准确，满足建设工程安全生产的需要。勘察单位在进行勘察作业时，应当严格执行操作规程，采取措施保证各类管线、设施和周边建筑物、构筑物的安全。工程设计是工程建设的灵魂。在建设工程项目确定后，工程设计就成为工程建设中最重要、最关键的环节，对安全起着重要的作用。

(1)按照法律、法规和工程建设强制性标准进行设计。

(2)提出防范生产安全事故的指导意见和措施建议。设计单位应当考虑施工安全操作和防护的需要，对涉及施工安全的重点部位和环节在设计文件中注明，并对防范生产安全事故提出指导意见。采用新结构、新材料、新工艺的建设工程和特殊结构的建设工程，设计单位应当在设计中提出保障施工作业人员安全和预防生产安全事故的措施建议。

(3)对设计成果承担责任。设计单位和注册建筑师、注册结构工程师等注册执业人员应当对其设计负责。

4）工程监理单位的安全责任

(1)对安全技术措施或专项施工方案进行审查。工程监理单位对安全技术措施和专项施工方案进行审查，审查的重点在是否符合工程建设强制性标准；对于达不到强制性标准的，应当要求施工单位进行补充完善。

(2)依法对施工安全事故隐患进行处理。工程监理单位在实施监理的过程中，发现存在安全事故隐患的，应当要求施工单位整改；情况严重的，应当要求施工单位暂时停止施工，并及时报告建设单位。施工单位拒不整改或不停止施工的，工程监理单位应当及时向有关主管部门报告。

(3)对建设工程安全生产承担监理责任。

2. 安全生产许可证制度

《安全生产许可证条例》规定国家对建筑施工企业实施安全生产许可证制度。其目的是为了严格规范安全生产条件，进一步加强安全生产监督管理，防止和减少生产安全事故。《安全生产许可证条例》规定，对国家矿山企业、建筑施工企业和危险化学品、烟花爆竹、民用爆破器材生产企业实行安全生产许可制度。企业未取得安全生产许可证的，不得从事生产活动。

国务院建设主管部门负责中央管理的建筑施工企业安全生产许可证的颁发和管理；其他企业由省、自治区、直辖市人民政府建设主管部门进行颁发和管理，并接受国务院建设主管部门的指导和监督。安全生产许可证的有效期为3年。安全生产许可证有效期满需要延期的，企业应当于期满前3个月向原安全生产许可证颁发管理机关办理延期手续。企业在安全生产许可证有效期内，严格遵守有关安全生产的法律法规，未发生死亡事故的，安全生产许可证有效期届满时，经原安全生产许可证颁发管理机关同意，不再审查，安全生产许可证有效期延期3年。企业不得转让、冒用安全生产许可证或者使用伪造的安全生产许可证。

3. 群防群治制度

群防群治制度是职工群众进行安全预防和治理工作的一种制度，是在建筑安全生产中，充分发挥广大职工的积极性，加强监督检查工作的群众性，以预防和治理建筑生产中的伤亡事故。它是群众路线在安全生产工作中的具体体现，也是企业进行民主管理的重要内容。这一制度要求建筑企业职工在施工中应当遵守有关法律、法规和建筑行业安全规章、操作规程，不得违章作业，对于危及人民群众身体健康和生命财产安全的行为有提出批评、检举和控告的权利。

4. 安全生产教育培训制度

近年来，我国建筑业发展较快，从事建筑施工的人员增加较多，其中不少人员文化素质偏低，更缺乏有关保证施工安全的专门知识。建筑施工企业中有相当一批职工没有经过建筑安全生产知识的教育培训，不懂安全知识、不熟悉安全操作规范，这也是造成建筑工程安全事故时常发生的原因之一。为了依法加强对建筑企业职工的安全生产教育，保证生产安全，《建筑法》第四十六条对此作了专门规定："建筑施工企业应当建立健全劳动安全生产教育培训制度，加强对职工安全生产的教育培训；未经安全生产教育培训的人员，不得上岗作业。"

(1)施工单位三类管理人员的考核。《建筑工程安全生产管理条例》规定，施工单位的主要负责人、项目负责人、专职安全生产管理人员应当经建筑行政主管部门或其他部门考核合格后方可任职。

(2)每年至少进行一次全员安全生产教育培训。施工单位应当建立健全安全生产教育培训制度，制定教育培训计划，落实教育培训组织和经费，根据实际需要，对不同人员、不同岗位和不同工种进行因人、因材施教。安全教育主要包括安全思想教育、安全知识教育、安全技能教育、安全法制教育和事故案例教育等。

(3)进入新的岗位或新的施工现场前的安全生产培训。

(4)采用新技术、新工艺、新设备、新材料前的安全生产教育培训。

(5)特种作业人员的安全培训考核。特种作业是指容易发生事故,对操作者本人、他人的安全健康及设备、设施的安全可能造成重大危害的作业。特种作业人员必须经过专门的安全生产培训,取得特种作业操作资格证书后,方可上岗作业。

根据《特种作业人员安全技术培训考核管理规定》,特种作业的范围包括电工作业、焊接与热切割作业、高处作业、制冷与空调作业、煤矿安全作业、金属非金属矿山安全作业、石油天然气安全作业等。

5. 安全生产检查制度

安全生产检查制度是上级管理部门或企业自身对安全生产状况进行定期或不定期检查的制度。通过检查可以及时发现问题,查出隐患,从而采取有效措施,堵塞漏洞,把事故消灭在萌芽状态,做到防患于未然,这也是贯彻“预防为主”方针的具体体现。通过检查,还可总结出好的经验加以推广,为进一步搞好安全工作打下基础。安全生产检查制度是安全生产的有力保障。

6. 伤亡事故处理报告制度

《建筑法》第五十一条规定:“施工中发生事故时,建筑施工企业应当采取紧急措施减少人员伤亡和事故损失,并按照国家有关规定及时向有关部门报告。”通过对事故的严肃处理,可以总结出教训,为制定规程、规章提供第一手素材,做到亡羊补牢。

7. 安全责任追究制度

《建筑法》第七章法律责任中,规定了建设单位、设计单位、施工单位、监理单位,由于没有履行职责造成人员伤亡和事故损失的,视情节给予相应处理。情节严重的,责令停业整顿,降低资质等级或吊销资质证书,构成犯罪的,依法追究刑事责任。

8. 特种作业人员持证上岗制度

《建设工程安全生产管理条例》第二十五条规定:垂直运输机械作业人员、安装拆卸工、爆破作业人员、起重信号工、登高架设作业人员等特种作业人员,必须按照国家有关规定经过专门的安全作业培训,并取得特种作业操作资格证书后,方可上岗作业。

特种作业人员必须按照国家有关规定经过专门的安全作业培训,并取得特种作业操作资格证书后,方可上岗作业。专门的安全作业培训,是指由有关主管部门组织的专门针对特种作业人员的培训,也就是特种作业人员在独立上岗作业前,必须进行与本工种相适应的、专门的安全技术理论学习和实际操作训练。经培训考核合格,取得特种作业操作资格证书后,才能上岗作业。特种作业操作资格证书在全国范围内有效,离开特种作业岗位一定时间后,应当按照规定重新进行实际操作考核,经确认合格后方可上岗作业。对于未经培训考核,即从事特种作业的,《建设工程安全生产管理条例》第六十二条规定了行政处罚;造成重大安全事故,构成犯罪的,对直接责任人员,依照刑法的有关规定追究刑事责任。

特种作业操作证由安全监管总局统一式样、标准及编号。特种作业操作证有效期为6年,在全国范围内有效。特种作业操作证每3年复审1次。特种作业人员在特种作业操作证有效期内,连续从事本工种10年以上,严格遵守有关安全生产法律法规的,经原考核发证机关或者从业所在地考核发证机关同意,特种作业操作证的复审时间可以延长至每6年1次。特种作业操作证申请复审或者延期复审前,特种作业人员应当参加必要的安全培训并考试合格。安全培训时间不少于8个学时,主要培训法律、法规、标准、事故案例和有关新工艺、新技术、新装备等知识。

9. 专项方案专家论证制度

依据《建设工程安全生产管理条例》第二十六条的规定：施工单位应在施工组织设计中编制安全技术措施和施工现场临时用电方案，对下列达到一定规模的危险性较大的分部分项工程编制专项施工方案，并附具安全验算结果，经施工单位技术负责人、总监理工程师签字后实施，由专职安全生产管理人员进行现场监督，包括：①基坑支护与降水工程；②土方开挖工程；③模板工程；④起重吊装工程；⑤脚手架工程；⑥拆除、爆破工程；⑦国务院建筑行政主管部门或其他有关部门规定的其他危险性较大的工程。对以上所列工程中涉及深基坑、地下暗挖工程、高大模板工程的专项施工方案，施工单位还应组织专家进行论证、审查。

10. 施工起重机械使用登记制度

《建设工程安全生产管理条例》第三十五条规定："施工单位应当自施工起重机械和整体提升脚手架、模板等自升式架设设施验收合格之日起30日内，向建设行政主管部门或者其他有关部门登记。登记标志应当置于或者附着于该设备的显著位置。"这是对施工起重机械的使用进行监督和管理的一项重要制度，能够有效防止不合格机械和设施投入使用；监管部门应当对登记的施工起重机械建立相关档案，及时更新，加强监管，减少生产安全事故的发生。施工单位应当将标志置于显著位置，便于使用者监督，保证施工起重机械的安全使用。

11. "三同时"制度

"三同时"制度是指凡是我国境内新建、改建、扩建的基本建设项目（工程）、技术改建项目（工程）和引进的建设项目，其安全生产设施必须符合国家规定的标准，必须与主体工程同时设计、同时施工、同时投入生产和使用。安全生产设施主要是指安全技术方面的设施、职业卫生方面的设施、生产辅助性设施。

《中华人民共和国劳动法》第五十三条规定："新建、改建、扩建工程的劳动安全卫生设施必须与主体工程同时设计、同时施工、同时投入生产和使用。"

《中华人民共和国安全生产法》第三十一条规定："生产经营单位新建、改建、扩建工程项目的安全设施，必须与主体工程同时设计、同时施工、同时投入生产和使用。安全设施投资应当纳入建设项目概算。"

12. 安全预评价制度

安全预评价是在建设工程项目前期，应用安全评价的原理和方法对工程项目的危险性、危害性进行预测性评价。开展安全预评价工作，是贯彻落实"安全第一，预防为主"方针的重要手段，是企业实施科学化、规范化安全管理的工作基础。科学、系统地开展安全评价工作，不仅直接起到了消除危险有害因素、减少事故发生的作用，有利于全面提高企业的安全管理水平，而且有利于系统地、有针对性地加强对不安全状况的治理、改造，最大限度地降低安全生产风险。

13. 工伤和意外伤害保险制度

根据《建筑法》第四十八条规定，生产经营单位必须依法参加工伤保险，为从业人员缴纳保险费，国家鼓励生产经营单位为从事危险作业的人员投保意外伤害保险。

14. 注册安全工程师制度

《中华人民共和国安全生产法》确立了注册安全工程师制度，并从两个方面加以推进：一是危险物品的生产、储存单位以及矿山、金属冶炼单位应当有注册安全工程师从事安全生产管理工作,鼓励其他单位聘用注册安全工程师;二是建立注册安全工程师按专业分类管理制度,授权国务院人力资源和社会保障部门、安全生产监督管理等部门制定具体实施办法。

15. 安全检查制度

工程项目安全检查的目的是为了清除隐患、防止事故、改善劳动条件及提高员工安全生产意识,是安全控制工作的一项重要内容。通过安全检查可以发现工程中的危险因素,以便有计划地采取措施,保证安全生产。施工项目的安全检查应由项目经理组织,定期进行。

(1)安全检查的主要类型:①全面安全检查;②经常性安全检查;③专业或专职安全管理人员的专业安全检查;④季节性安全检查;⑤节假日安全检查;⑥要害部门重点安全检查。

(2)安全检查的主要内容:

①查思想。检查企业领导和员工对安全生产方针的认识程度、对建立健全安全生产管理和安全生产规章制度的重视程度、对安全检查中发现的安全问题或安全隐患的处理态度等。

②查管理。主要检查安全生产管理是否有效、安全生产管理和规章制度是否得到落实。

③查隐患。主要检查生产作业现场是否符合安全生产要求,检查人员应深入作业现场,检查工人的劳动条件,卫生设施,安全通道,零部件的存放,防护设施状况,电气设备、压力容器、化学用品的储存,粉尘及有毒有害作业部位点的达标情况,车间内的通风照明设施,个人劳动防护用品的使用是否符合规定等。要特别注意对一些要害部位和设备加强检查,如锅炉房、变电所,以及各种剧毒、易燃、易爆等场所。

④查整改。主要检查对过去提出的安全问题和发生安全生产事故及安全隐患后是否采取了安全技术措施和安全管理措施,以及进行整改的效果如何。

⑤查事故处理。检查对伤亡事故是否及时报告,对责任人是否已经做出严肃处理。必须成立一个适应安全检查工作需要的检查组,配备适当的人力物力。检查结束后应编写安全检查报告,说明已达标项目、未达标项目、存在问题、原因分析,给出纠正和预防措施的建议。

13.1.3　工程企业安全文化建设

1. 安全文化的定义

一个组织的安全文化是个人和集体的价值观、态度、能力和行为方式的综合产物,它决定于健康安全管理上的承诺、工作作风和精通程度。我国的安全文化发展起源于20世纪90年代,安全文化的研究与实践范围先后按“核工业领域的安全文化→高危行业的安全文化→一般企事业单位的安全文化→大众安全文化”逐步延展。

2. 安全文化分类

安全文化分类方式多样,可以按文化主体、文化所涉及的人群对象、文化内涵等分类。以建设工程为对象,根据文化内涵把文化分为表层、中层和深层安全文化。表层安全文化主要是可见之于形、闻之于声的安全文化现象,如厂容厂貌、厂风厂纪、安全文明生产环境与秩序等;中层安全文化主要是指安全管理体制,包括企业的组织机构、管理网络、部门分工及安全生产规章与制度等;深层安全文化主要指沉淀于企业及职工心灵中的安全思想意识,如安全思维方式、安全行为准则、安全道德观、安全美学观、安全价值观等。在安全文化建设中,三个层次必须循序渐进,不能急于求成，否则很容易事倍功半。

3. 项目安全文化建设

1）安全文化建设

安全文化建设是一项长期而复杂的任务，文化的落地更是一项复杂的系统工程，需要长期努力并深入实践，安全文化才能被广大职工所接受，但是由于项目施工周期短，使得安全文化难以深入。安全技术培训和安全文化培训是安全教育培训的两个重要组成部分，也是确保企业安全生产工作的关键要素。诸多企业对于安全文化的培训力度不足，其培训形式单一，方法落后，学员主观参与度较差，培训目标不明确，偏离企业安全文化建设的本质。开展企业安全文化建设的主要途径：

（1）构建安全文化理念体系，提高职工安全文化素质，结合行业特点、实际、岗位状况以及本企业的文化传统，提炼富有特色、内涵深刻、易于记忆、便于理解、为职工所认同的安全文化理念并形成体系。

（2）构建安全文化制度体系，把安全文化融入企业管理全过程。安全制度文化是企业安全生产的运作保障机制，是企业安全理念文化的物化体现。

（3）构建安全文化行为体系，培养良好的安全行为规范。企业要从实际出发，从提高教育效果入手，不断探索喜闻乐见的安全教育新模式，使安全教育工作落实到全员。

（4）构建安全文化物质体系，创造良好的工作环境。一方面要加大安全投入，加强现场管理，积极改善工作环境和条件，建立科学的预警和救援体系；另一方面要依托企业文化建设系统，建立安全文化的理念识别系统、视觉识别系统和行为识别系统，营造良好工作环境氛围，为安全生产工作提供有力支撑。

2）安全文化建设的作用

（1）全员安全文化素养提升是解决企业安全生产内涵的根本因素，是提高安全生产的关键，企业安全文化缺陷会使企业安全风险增大。

（2）在“新工科”理念的背景下，尤其提倡专业领域的实用性、交叉性及综合性，以“安全文化培养融入安全技术培训的理念”开展跨界培训工作，是提升安全文化培训的创新性尝试。

（3）国内诸多专家和学者都对安全文化给予了充分肯定，安全文化的作用能通过对人的观念、道德、伦理、态度、情感、品行等深层次的人文因素的强化，利用领导、教育、宣传、奖惩、创建群体氛围等手段，不断提高人的安全素质，改进其安全意识和行为，从而使人们从被动转变成自觉，主动按安全要求采取行动。

3）安全文化建设问题

（1）文化素质相对较低，安全文化难以被认可。目前，项目基本采用“项目部 + 劳务协作队伍或专业分包队伍”的形式，工人相对文化程度不高，且参差不齐，对安全的理解与认知也是差别很大，文化落实方式方法不对，甚至导致部分工人反感与抵触。

（2）安全文化理念，意在用安全文化引领每一位员工从内心认同项目安全文化价值观，激发员工“关注安全、关爱生命”的本能意识，达到从“我要安全、我会安全”到“我能安全”的思想转变。

（3）不少企业对于安全教育培训的理解片面，认为安全技术培训是安全教育培训的主体，却常常忽略安全文化的培养。

4. 安全文化韧性

韧性也可被称为韧性工程,韧性工程被认为是传统安全管理中的替代方法,定义之一为系统在事故发生前或事故发生后自动调整其功能,使其能够在预期和意外情况下继续工作的内在能力。韧性工程背后的基本理念表明,在资源有限及不可预测的世界中,组织主动管理安全风险,并通过预测(Anticipating)、监控(Monitoring)、响应(Responding)和学习(Learning) 过程创建安全性。韧性工程理论以四种韧性过程为基础,韧性工程可以作为开发和实施韧性安全文化实践的理论基础,在工作环境中提高其安全绩效。韧性安全文化旨在实现持续的高安全性能,其特点是安全性能的持续改进以及在复杂系统中创建预见、识别和预测安全风险变化的能力。

13.2 建设工程职业健康安全事故的分类与处理

13.2.1 职业伤亡事故的分类

职业健康安全事故分为两大类型:职业伤亡事故与职业病。职业伤亡事故是指因生产过程及工作原因或者与其相关的其他原因造成的伤亡事故。职业病是指劳动者在职业活动中,因接触粉尘、放射性物质和其他有毒、有害物质等因素而引起的疾病。这里主要介绍职业伤亡事故。

1. 按照事故发生的原因分类

《企业职工伤亡事故分类》(GB 6441—1986)把事故分为 20 类,与建筑业有关的有以下 12 类:

(1)物体打击:指落物、滚石、锤击、碎裂崩块、碰伤等伤害,包括因爆炸而引起的物体打击。

(2)车辆伤害:包括挤、压、撞、倾覆等。

(3)机具伤害:包括绞、碾、碰、割、戳等。

(4)起重伤害:指起重设备或操作过程中所引起的伤害。

(5)触电:包括雷击伤害。

(6)灼烫:火焰引起的烧伤、高温物体引起的烫伤、强酸(碱)引起的灼伤、放射线引起的皮肤损伤。

(7)火灾:在火灾时造成的人体烧伤、窒息、中毒等。

(8)高处坠落:包括从架子、屋架上坠落以及从平地坠入地坑等。

(9)坍塌:包括建筑物、堆置物、土石方倒塌等。

(10)火药爆炸:指火药的生产、运输、储藏过程中发生的爆炸事故。

(11)中毒和窒息:指煤气、油气、沥青、化学、一氧化碳中毒等。

(12)其他伤害:扭伤、跌伤、野兽咬伤等。

2. 按事故造成的人员伤亡或者直接经济损失分类

依据 2007 年 6 月 1 日起实施的《生产安全事故报告和调查处理条例》规定,按生产安全事故造成的人员伤亡或者直接经济损失,事故分为:

(1)特别重大事故,是指造成 30 人以上死亡,或者 100 人以上重伤(包括急性工业中毒,下同),或者 1 亿元以上直接经济损失的事故。

(2)重大事故,是指造成 10 人以上 30 人以下死亡,或者 50 人以上 100 人以下重伤,或者 5 000

万元以上1亿元以下直接经济损失的事故。

(3)较大事故，是指造成3人以上10人以下死亡，或者10人以上50人以下重伤，或者1 000万元以上5 000万元以下直接经济损失的事故。

(4)一般事故，是指造成3人以下死亡，或者10人以下重伤，或者1 000万元以下直接经济损失的事故。

注：以上含本数，以下不含本数。

13.2.2 安全事故处理的原则和程序

1. 安全事故处理的原则

安全事故处理必须坚持“事故原因未查清不放过，责任人员未处理不放过，有关人员未受到教育不放过，整改措施未落实不放过”的“四不放过”原则。

2. 安全事故处理的程序

(1)按规定向有关事故部门报告事故情况。事故发生后，事故现场有关人员应立即向本单位负责人报告；单位负责人接到报告后，应于1小时内向事故发生地县级以上人民政府安全生产监督管理部门和负有安全生产监督管理职责的有关部门报告，并有组织、有指挥地抢救伤员、排除险情；应当防止人为或自然因素的破坏，便于事故原因的调查。各个行业的建设施工中出现了安全事故，都应向建设行政主管部门报告。对于专业工程的施工中出现生产安全事故的，还需要向有关行业主管部门报告。紧急情况时，事故现场有关人员可以直接向事故发生地县级以上人民政府安全生产监督管理部门和负有安全生产监督管理职责的有关部门报告。应急管理部门和负有安全生产监督管理职责的有关部门接到事故报告后，应按照下列规定上报事故情况：

①特别重大事故、重大事故逐级上报至国务院安全生产监督管理部门和负有安全生产监督管理职能的有关部门。

②较大事故逐级上报至省、自治区、直辖市人民政府安全生产监督管理部门和负有安全生产监督管理职能的有关部门。

③一般事故上报至设区的市级人民政府安全生产监督管理部门和负有安全生产监督管理职能的有关部门。

必要时，安全生产监督管理部门和负有安全生产监督管理职能的有关部门可以越级上报事故情况。安全生产监督管理部门和负有安全生产监督管理职责的有关部门依照前款规定上报事故情况，应同时报告本级人民政府。安全生产监督管理部门和负有安全生产监督管理职能的有关部门逐级上报事故情况，每级上报的时间不得超过2小时，事故报告出现新情况的，应当及时补报。

(2)组织调查组，开展事故调查。特别重大事故由国务院或者国务院授权有关部门组织事故调查组进行调查。重大事故、较大事故、一般事故分别由事故发生地省级人民政府、设区的市级人民政府、县级人民政府负责调查。未造成人员伤亡的一般事故，县级人民政府也可以委托事故发生单位组织事故调查组进行调查。

(3)现场勘查。事故发生后，调查组要迅速到现场，并及时、全面、准确、客观的勘察。

(4)分析事故原因。通过调查分析，查明事故经过、事故原因，确定事故的直接责任者、间接责任者和主要责任者。

(5)制定预防措施。根据事故原因分析，制定防止类似事故再次发生的预防措施。

(6)提交事故调查报告。事故调查组自事故发生之日起60日内提交事故调查报告,特殊情况下可适当延长,但延长的期限最长不超过60天。事故调查报告应包括以下内容:①事故发生单位概况;②事故发生经过和事故救援情况;③事故造成的人员伤亡和直接经济损失;④事故发生的原因和事故的性质;⑤事故责任认定以及事故责任者的处理建议(不是处罚措施);⑥事故防范和整改措施。

(7)事故的审理和结案。重大事故、较大事故、一般事故,负责事故调查的自收到事故调查报告之日起15日内作出批复;特别重大事故,30日内作出批复。特殊情况可延长,但最多不超过30天。有关机关应该按照人民政府的批复,依照法律、行政法规规定的权限和程序,对事故发生单位和有关人员进行行政处罚,对负有事故责任的国家工作人员进行处分。事故发生单位应当按照负责事故调查的人民政府的批复,对本单位负有事故责任的人员进行处理。事故调查处理的文件记录应长期完整地保存。

13.3 文明施工与环境保护的要求和措施

13.3.1 施工现场文明施工管理

文明施工是指保持施工现场良好的作业环境、卫生环境和工作秩序,是保护环境的一项重要措施。依据我国相关标准,施工要求主要包括现场围挡、封闭管理、施工场地、材料堆放、现场住宿、现场防火、治安综合治理、施工现场标牌、生活设施、保健急救、社区服务11项内容。

13.3.2 施工现场环境保护

建设工程项目必须满足有关环境保护法律法规的要求,在施工过程中注意环境保护,对企业发展、员工健康和社会文明有重要意义。环境保护是按照法律法规、各级主管部门和企业的要求,保护和改善作业现场的环境,控制现场的各种粉尘、废水、废气、固体废弃物、噪声、震动等对环境的污染和危害。环境保护是文明施工的重要内容之一。

建设工程项目对环境保护的基本要求要符合《中华人民共和国环境保护法》和《中华人民共和国环境影响评价法》的要求。工程建设过程中的污染主要包括对施工场界内的污染和对周围环境的污染,前者防治属于职业健康问题,后者防治是环境保护问题。施工现场环境保护是要最大程度避免施工垃圾、污水以及噪声对环境产生污染,主要措施涉及大气污染防治、水污染防治、噪声污染防治、固体废弃物处理及文明施工措施等。《建设工程项目管理规范》要求施工项目部按《环境管理系列标准》建立项目环境监控体系,不断反馈监控信息,并采取整改措施。

1. 防止大气污染

大气污染物包括气体状态和粒子状态两种。气体状态污染物如二氧化硫、氮氧化物、一氧化碳、碳氢化合物、机动车尾气等;粒子状态污染物主要是降尘和飘尘,飘尘又称为可吸入颗粒,随呼吸进入人体肺脏,危害健康。具体防治措施:

(1)建筑垃圾、渣土应在指定地点堆放,每日进行治理。高层或多层施工垃圾及废弃物应采用密闭式串筒或其他措施清理搬运。

(2)水泥等粉细散装材料,应尽量库内存放,如露天存放应严密遮盖,卸运时要减少扬尘。

(3)现场道路面层可采用焦渣、混凝土等减少道路扬尘的材料，并随时修复损坏的路面以减少浮土。

(4)无符合规定装置时不得在现场熔化沥青和焚烧油毡、油漆及其他会产生有毒有害烟尘和恶臭气味的废弃物，禁止将有毒有害废弃物作土方回填。

(5)运输车辆不得超载，运输工程土方、建筑渣土或其他散装材料，不得超过槽帮上沿，车辆出场前，应将车辆槽帮和车轮冲洗干净，防止带泥土车辆驶出现场，遗撒渣土在路途中。

(6)现场搅拌设备，应搭设封闭式围挡及安装喷雾除尘装置。

(7)现场要制定洒水降尘制度，配备洒水设备、设专人负责和及时清理浮土。

(8)大城市市区的建设工程已不容许搅拌混凝土。在容许设置搅拌站的工地，应将搅拌站封闭严密，大灶应选用消烟节能回风炉灶，使烟尘降至允许排放范围为止。

(9)拆除建筑物时，应配合洒水，减少扬尘污染。

2. 防止水污染

施工过程中水污染的防治措施为：

(1)施工现场泥浆和污水未经处理不得直接排入城市排水设施和河流、湖泊、池塘，凡需进行混凝土、砂浆等搅拌作业的现场，必须设置沉淀池，排放的废水要排入沉淀池内经两次沉淀后，方可排入市政污水管线或回收用于洒水降尘。

(2)凡进行现制水磨石作业产生的污水，必须控制污水流向，防止蔓延，并在合理位置设沉淀池，经沉淀后方可排入污水管线。

(3)现场食堂污水要设置简易有效的隔油池，定期掏油，污水排放要经过隔油池。

(4)现场要设置专用的油漆和油料库，油库地面和墙面要做防渗漏的特殊处理，使用和保管要专人负责，防止油料泡、冒、滴、漏，污染水体。

(5)禁止有毒有害废弃物用作土方回填，以免污染地下水和环境。

3. 防止噪声污染

现场应遵照《建筑施工场界环境噪声排放标准》(GB 12523—2011)(见表 13.1)制定降噪制度及措施；在居民和单位密集区域进行爆破、打桩等施工作业，要按规定申请批准，向受影响范围居民和单位通报说明作业计划、影响范围、程度及有关措施等情况，同时，要严格控制作业时间，建立施工不扰民措施；现场强噪声机械，如搅拌机、电锯、电刨、砂轮机等要设置封闭的机械棚，以减少强噪声扩散；能产生强噪声的成品、半成品加工和制作作业应放在工厂、车间完成，以减少现场噪声污染；加强现场管理，杜绝人为敲打、尖叫、野蛮装卸噪声等现象，最大限度减少噪声扰民。

表 13.1　建筑施工场界噪声排放标准【dB(A)】

昼间	夜间
70	55

注：①夜间噪声最大声级超过限值的幅度不得高于 15 dB(A)；②当场界距噪声敏感建筑物较近，其室外不满足测量条件时，可在噪声敏感建筑物室内测量，并将表 13.1 中相应的限值减 10 dB(A)作为评价依据。

4. 固体废弃物的处理

建设工程施工工地上常见的固体废物有建筑渣土、废弃的散装大宗建筑材料、生活垃圾、设备材料等的包装材料、粪便等。固体废弃物的主要处理方法是：回收利用，减量化处理，焚烧，稳定和固化,填埋。如粉煤灰的应用就是回收利用,利用废钢铁作炼钢原料等;减量化处理是对已产生的固体废弃物分选、破碎、压实浓缩、脱水等,减少最终处置量;焚烧处理适于不宜直接填埋处置的废物,同时要注意避免对大气二次污染;稳定和固化是利用水泥、沥青等胶结材料,将松散的废物胶结包裹,减少有害物质向外迁移、扩散;填埋是将无害化、减量化处理的废物残渣集中到填埋场填埋,要尽量与环境隔离,并保持废物的稳定性和长期安全性。

本章小结

1. 安全生产管理是建设主体各方共同的责任。通过建立各项制度,规范建设工程的生产行为,对于提高建设工程安全生产水平是非常重要的。本章介绍了15个安全生产管理制度,在安全管理工作中应当去践行这些制度。制度是约束,企业文化也是约束,相得益彰,应该重视企业文化的建设,让这只无形的手在安全生产中发挥更大的价值。

2. 职业伤亡事故与职业病都是职业健康安全事故。我们要会运用所学的知识去预防事故的发生,采取有效的措施去处理事故、控制事故的发展,保护人民的生命和财产安全。

3. 文明施工和环境保护共同影响了施工的过程,明确文明施工的要求,从而做到文明施工,领悟环境保护的内涵,明确环境保护的四个方面——大气、水、噪声和固体废弃物,采取有效的措施保护环境,建造美丽家园。

综合能力实训

一、选择题:

1. 某县一建筑工地发生生产重大安全事故,则事故调查组应由(　　)负责组织。

A. 事故发生地省级人民政府　　B. 国务院安全生产监督管理部门

C. 事故发生单位　　D. 事故发生地县级人民政府

2. 职业健康与环境管理的目的(　　)。

A. 保护生产者和使用者的健康与安全,以及保护生态环境

B. 保护能源和资源

C. 控制作业现场各种废弃物的污染与危害

D. 控制影响工作人员及其他人员的安全与健康

3. 利用水泥、沥青等胶结材料,将松散的废物包裹起来,减少有害物质从废物中向外迁徙、扩散,使得废物对环境的污染减少。此做法属于固体废物(　　)的处理。

A. 填埋　　B. 稳定和固化　　C. 压实浓缩　　D. 减量化

4. 发生建设工程重大安全事故时,负责事故调查的人民政府应当自收到调查报告起(　　)日内作出批复。

A. 30　　B. 15　　C. 45　　D. 60

5. 所有安全生产管理制度的核心是(　　)。

A. 安全生产检查制度　　B. 安全生产教育制度

C. 安全生产责任制度　　D. 安全措施计划制度

6.（多选）根据《建设工程安全生产管理条例》，下列分部分项工程中，应当组织专家进行施工方案论证的有（　　）。

A. 深基坑工程　B. 地下暗挖工程　C. 脚手架工程　D. 高大模板工程　E. 爆破工程

7.（多选）建设工程职业健康安全事故处理原则为（　　）。

A. 事故原因不清楚不放过　　B. 事故责任者和员工没有受到教育不放过

C. 事故责任者没有理不放过　　D. 没有制定防范措施也不放过

E. 事故主要责任人不开除不放过

8.（多选）"三同时"制度是指凡是我国境内新建、改建、扩建的基本建设项目（工程），技术改建项目（工程）和引进的建设项目，其安全生产设施必须符合国家规定的标准，必须与主体工程（　　）。

A. 同时招标　B. 同时开工　C. 同时设计　D. 同时施工　E. 同时投入生产和使用

9.（多选）固体废弃物的主要处理方法有（　　）。

A. 回收利用　　B. 减量化处理

C. 稳定和固化技术　　D. 焚烧技术和填埋

E. 不能焚烧只能填埋

10.（多选）在某市中心施工的工程，施工单位采取的下列环境保护措施，正确的有（　　）。

A. 用餐人数在100人以上的施工现场临时食堂，设置简易有效的隔油池

B. 施工现场水磨石作业产生的污水，分批排入市政污水管网

C. 严格控制施工作业时间，晚间作业不超过22时，早晨作业不早于6时

D. 拆除建筑物时，应配合洒水，减少扬尘污染

E. 高层或多层施工垃圾及废弃物应沿着建筑物临边推撒到楼下

二、案例分析题

1. 某工业厂房施工项目，主体三层，钢筋混凝土结构，独立基础，建筑面积24 000 m^2，在施工过程中出现墙面平整度差、混凝土强度等级不达标、混凝土墙面蜂窝麻面等多项质量问题。此外，一层大厅层高9 m，在一层大厅顶板混凝土浇筑施工时，由于满堂脚手架横向支撑不够，造成整体失稳坍塌，事故造成2人死亡、5人重伤、直接经济损失高达2 000万元。事故发生后，事故现场有关人员立即向本单位负责人进行了报告，单位负责人接到报告后，于2小时内向事故发生地县级以上人民政府安全生产监督管理部门和负有安全生产监督管理职责的有关部门进行了报告，并及时有组织、有指挥地抢救伤员、排除险情。安全生产监督管理部门接到该事故报告后，逐级上报至设区的市级人民政府安全生产监督管理部门和负有安全生产监督管理职能的有关部门。

问题：

（1）请结合工程实践，说明现场质量检查的方法主要有哪些，并判断本案例中所涉及的混凝土强度检查应采用哪种方法。

（2）根据《生产安全事故报告和调查处理条例》的相关规定，请分析本工程脚手架坍塌事故属于生产安全事故的哪一个等级。

（3）请分析本工程脚手架坍塌安全事故处理程序中存在哪些不妥之处，并给出正确做法。

2. 某科技综合楼，地下 2 层，地上 30 层，附属裙房大厅建筑面积 1 000 m^2，高度 20 m，框架剪力墙结构，业主委托监理单位进行工程监理。工程于 2018 年 9 月开工建设，由于基础工程为深基坑，项目经理部按照设计文件和施工技术标准编制了深基坑支护专项施工组织方案，经项目经理签字后组织施工。在裙房顶板混凝土浇筑时，脚手架失稳坍塌，8 名作业人员被埋，造成 1 人死亡、5 名重伤、4 人轻伤。经调查，造成事故的原因是因为脚手架无扫地杆并缺少十字撑，导致横向支撑力不足而失稳坍塌，脚手架未编制安全专项施工方案，实施时监理单位也未提出异议。

问题：

(1)深基坑工程实施过程中，施工单位存在哪些违法行为？正确的处理程序应该是什么？

(2)分析脚手架失稳坍塌安全事故，根据《建设工程安全生产管理条例》，分析脚手架工程安全专项施工方案如何审批实施，监理单位在该安全事故中存在哪些工作失误。

3. 某商务中心高层建筑，总建筑面积约 15 万平方米，地下 2 层，地上 22 层。业主与施工单位签订了施工总承包合同，并委托监理单位进行工程监理。开工前，施工单位进行了三级安全教育。在地下桩基施工中，由于是深基坑工程，项目经理部按照设计文件和施工技术标准编制了基坑支护及降水工程专项施工组织方案，经项目经理签字后组织施工。同时，项目经理安排负责质量检查的人员兼任安全工作。当土方开挖至坑底设计标高时，监理工程师发现基坑四周地表出现大量裂纹，坑边部分土石有滑落现象，即向现场作业人员发出口头通知，要求停止施工，撤离相关作业人员。但施工作业人员担心拖延施工进度，对监理通知不予理睬，继续施工。随后，基坑发生大面积坍塌，基坑下 5 名作业人员被埋，造成 2 人死亡、2 人重伤、1 人轻伤。事故发生后，县级人民政府委托事故发生单位成立事故调查组，尽快查明事故原因。

问题：

(1)本案中，施工单位有哪些违法行为？

(2)依据《生产安全事故报告和调查处理条例》规定的事故等级划分标准，本事故属于哪一类型的事故？说明理由。

(3)针对本事故所进行的调查安排是否存在问题？如有请改正。

附 录

附表1　复利系数表($i=5\%$)

n	$(F/P,i,n)$	$(P/F,i,n)$	$(F/A,i,n)$	$(A/F,i,n)$	$(P/A,i,n)$	$(A/P,i,n)$
1	1.050 0	0.952 4	1.000 0	1.000 0	0.952 4	1.050 0
2	1.102 5	0.907 0	2.050 0	0.487 8	1.859 4	0.537 8
3	1.157 6	0.863 8	3.152 5	0.317 2	2.723 2	0.367 2
4	1.215 5	0.822 7	4.310 1	0.232 0	3.546 0	0.282 0
5	1.276 3	0.783 5	5.525 6	0.181 0	4.329 5	0.231 0
6	1.340 1	0.746 2	6.801 9	0.147 0	5.075 7	0.197 0
7	1.407 1	0.710 7	8.142 0	0.122 8	5.786 4	0.172 8
8	1.477 5	0.676 8	9.549 1	0.104 7	6.463 2	0.154 7
9	1.551 3	0.644 6	11.026 6	0.090 7	7.107 8	0.140 7
10	1.628 9	0.613 9	12.577 9	0.079 5	7.721 7	0.129 5
11	1.710 3	0.584 7	14.206 8	0.070 4	8.306 4	0.120 4
12	1.795 9	0.556 8	15.917 1	0.062 8	8.863 3	0.112 8
13	1.885 6	0.530 3	17.713 0	0.056 5	9.393 6	0.106 5
14	1.979 9	0.505 1	19.598 6	0.051 0	9.898 6	0.101 0
15	2.078 9	0.481 0	21.578 6	0.046 3	10.379 7	0.096 3
16	2.182 9	0.458 1	23.657 5	0.042 3	10.837 8	0.092 3
17	2.292 0	0.436 3	25.840 4	0.038 7	11.274 1	0.088 7
18	2.406 6	0.415 5	28.132 4	0.035 5	11.689 6	0.085 5
19	2.527 0	0.395 7	30.539 0	0.032 7	12.085 3	0.082 7
20	2.653 3	0.376 9	33.066 0	0.030 2	12.462 2	0.080 2
21	2.786 0	0.358 9	35.719 3	0.028 0	12.821 2	0.078 0
22	2.925 3	0.341 8	38.505 2	0.026 0	13.163 0	0.076 0
23	3.071 5	0.325 6	41.430 5	0.024 1	13.488 6	0.074 1
24	3.225 1	0.310 1	44.502 0	0.022 5	13.798 6	0.072 5
25	3.386 4	0.295 3	47.727 1	0.021 0	14.093 9	0.071 0
26	3.555 7	0.281 2	51.113 5	0.019 6	14.375 2	0.069 6
27	3.733 5	0.267 8	54.669 1	0.018 3	14.643 0	0.068 3
28	3.920 1	0.255 1	58.402 6	0.017 1	14.898 1	0.067 1
29	4.116 1	0.242 9	62.322 7	0.016 0	15.141 1	0.066 0
30	4.321 9	0.231 4	66.438 8	0.015 1	15.372 5	0.065 1
31	4.538 0	0.220 4	70.760 8	0.014 1	15.592 8	0.064 1
32	4.764 9	0.209 9	75.298 8	0.013 3	15.802 7	0.063 3
33	5.003 2	0.199 9	80.063 8	0.012 5	16.002 5	0.062 5
34	5.253 3	0.190 4	85.067 0	0.011 8	16.192 9	0.061 8
35	5.516 0	0.181 3	90.320 3	0.011 1	16.374 2	0.061 1
40	7.040 0	0.142 0	120.799 8	0.008 3	17.159 1	0.058 3
45	8.985 0	0.111 3	159.700 2	0.006 3	17.774 1	0.056 3
50	11.467 4	0.087 2	209.348 0	0.004 8	18.255 9	0.054 8

附表2 复利系数表($i=6\%$)

n	$(F/P,i,n)$	$(P/F,i,n)$	$(F/A,i,n)$	$(A/F,i,n)$	$(P/A,i,n)$	$(A/P,i,n)$
1	1.060 0	0.943 4	1.000 0	1.000 0	0.943 4	1.060 0
2	1.123 6	0.890 0	2.060 0	0.485 4	1.833 4	0.545 4
3	1.191 0	0.839 6	3.183 6	0.314 1	2.673 0	0.374 1
4	1.262 5	0.792 1	4.374 6	0.228 6	3.465 1	0.288 6
5	1.338 2	0.747 3	5.637 1	0.177 4	4.212 4	0.237 4
6	1.418 5	0.705 0	6.975 3	0.143 4	4.917 3	0.203 4
7	1.503 6	0.665 1	8.393 8	0.119 1	5.582 4	0.179 1
8	1.593 8	0.627 4	9.897 5	0.101 0	6.209 8	0.161 0
9	1.689 5	0.591 9	11.491 3	0.087 0	6.801 7	0.147 0
10	1.790 8	0.558 4	13.180 8	0.075 9	7.360 1	0.135 9
11	1.898 3	0.526 8	14.971 6	0.066 8	7.886 9	0.126 8
12	2.012 2	0.497 0	16.869 9	0.059 3	8.383 8	0.119 3
13	2.132 9	0.468 8	18.882 1	0.053 0	8.852 7	0.113 0
14	2.260 9	0.442 3	21.015 1	0.047 6	9.295 0	0.107 6
15	2.396 6	0.417 3	23.276 0	0.043 0	9.712 2	0.103 0
16	2.540 4	0.393 6	25.672 5	0.039 0	10.105 9	0.099 0
17	2.692 8	0.371 4	28.212 9	0.035 4	10.477 3	0.095 4
18	2.854 3	0.350 3	30.905 7	0.032 4	10.827 6	0.092 4
19	3.025 6	0.330 5	33.760 0	0.029 6	11.158 1	0.089 6
20	3.207 1	0.311 8	36.785 6	0.027 2	11.469 9	0.087 2
21	3.399 6	0.294 2	39.992 7	0.025 0	11.764 1	0.085 0
22	3.603 5	0.277 5	43.392 3	0.023 0	12.041 6	0.083 0
23	3.819 7	0.261 8	46.995 8	0.021 3	12.303 4	0.081 3
24	4.048 9	0.247 0	50.815 6	0.019 7	12.550 4	0.079 7
25	4.291 9	0.233 0	54.864 5	0.018 2	12.783 4	0.078 2
26	4.549 4	0.219 8	59.156 4	0.016 9	13.003 2	0.076 9
27	4.822 3	0.207 4	63.705 8	0.015 7	13.210 5	0.075 7
28	5.111 7	0.195 6	68.528 1	0.014 6	13.406 2	0.074 6
29	5.418 4	0.184 6	73.639 8	0.013 6	13.590 7	0.073 6
30	5.743 5	0.174 1	79.058 2	0.012 6	13.764 8	0.072 6
31	6.088 1	0.164 3	84.801 7	0.011 8	13.929 1	0.071 8
32	6.453 4	0.155 0	90.889 8	0.011 0	14.084 0	0.071 0
33	6.840 6	0.146 2	97.343 2	0.010 3	14.230 2	0.070 3
34	7.251 0	0.137 9	104.183 8	0.009 6	14.368 1	0.069 6
35	7.686 1	0.130 1	111.434 8	0.009 0	14.498 2	0.069 0
40	10.285 7	0.097 2	154.762 0	0.006 5	15.046 3	0.066 5
45	13.764 6	0.072 7	212.743 5	0.004 7	15.455 8	0.064 7
50	18.420 2	0.054 3	290.335 9	0.003 4	15.761 9	0.063 4

附表3　复利系数表（$i=7\%$）

n	$(F/P,i,n)$	$(P/F,i,n)$	$(F/A,i,n)$	$(A/F,i,n)$	$(P/A,i,n)$	$(A/P,i,n)$
1	1.070 0	0.934 6	1.000 0	1.000 0	0.934 6	1.070 0
2	1.144 9	0.873 4	2.070 0	0.483 1	1.808 0	0.553 1
3	1.225 0	0.816 3	3.214 9	0.311 1	2.624 3	0.381 1
4	1.310 8	V0.762 9	4.439 9	0.225 2	3.387 2	0.295 2
5	1.402 6	0.713 0	5.750 7	0.173 9	4.100 2	0.243 9
6	1.500 7	0.666 3	7.153 3	0.139 8	4.766 5	0.209 8
7	1.605 8	0.622 7	8.654 0	0.115 6	5.389 3	0.185 6
8	1.718 2	0.582 0	10.259 8	0.097 5	5.971 3	0.167 5
9	1.838 5	0.543 9	11.978 0	0.083 5	6.515 2	0.153 5
10	1.967 2	0.508 3	13.816 4	0.072 4	7.023 6	0.142 4
11	2.104 9	0.475 1	15.783 6	0.063 4	7.498 7	0.133 4
12	2.252 2	0.444 0	17.888 5	0.055 9	7.942 7	0.125 9
13	2.409 8	0.415 0	20.140 6	0.049 7	8.357 7	0.119 7
14	2.578 5	0.387 8	22.550 5	0.044 3	8.745 5	0.114 3
15	2.759 0	0.362 4	25.129 0	0.039 8	9.107 9	0.109 8
16	2.952 2	0.338 7	27.888 1	0.035 9	9.446 6	0.105 9
17	3.158 8	0.316 6	30.840 2	0.032 4	9.763 2	0.102 4
18	3.379 9	0.295 9	33.999 0	0.029 4	10.059 1	0.099 4
19	3.616 5	0.276 5	37.379 0	0.026 8	10.335 6	0.096 8
20	3.869 7	0.258 4	40.995 5	0.024 4	10.594 0	0.094 4
21	4.140 6	0.241 5	44.865 2	0.022 3	10.835 5	0.092 3
22	4.430 4	0.225 7	49.005 7	0.020 4	11.061 2	0.090 4
23	4.740 5	0.210 9	53.436 1	0.018 7	11.272 2	0.088 7
24	5.072 4	0.197 1	58.176 7	0.017 2	11.469 3	0.087 2
25	5.427 4	0.184 2	63.249 0	0.015 8	11.653 6	0.085 8
26	5.807 4	0.172 2	68.676 5	0.014 6	11.825 8	0.084 6
27	6.213 9	0.160 9	74.483 8	0.013 4	11.986 7	0.083 4
28	6.648 8	0.150 4	80.697 7	0.012 4	12.137 1	0.082 4
29	7.114 3	0.140 6	87.346 5	0.011 4	12.277 7	0.081 4
30	7.612 3	0.131 4	94.460 8	0.010 6	12.409 0	0.080 6
31	8.145 1	0.122 8	102.073 0	0.009 8	12.531 8	0.079 8
32	8.715 3	0.114 7	110.218 2	0.009 1	12.646 6	0.079 1
33	9.325 3	0.107 2	118.933 4	0.008 4	12.753 8	0.078 4
34	9.978 1	0.100 2	128.258 8	0.007 8	12.854 0	0.077 8
35	10.676 6	0.093 7	138.236 9	0.007 2	12.947 7	0.077 2
40	14.974 5	0.066 8	199.635 1	0.005 0	13.331 7	0.075 0
45	21.002 5	0.047 6	285.749 3	0.003 5	13.605 5	0.073 5
50	29.457 0	0.033 9	406.528 9	0.002 5	13.800 7	0.072 5

附表4　复利系数表($i=8\%$)

n	$(F/P,i,n)$	$(P/F,i,n)$	$(F/A,i,n)$	$(A/F,i,n)$	$(P/A,i,n)$	$(A/P,i,n)$
1	1.080 0	0.925 9	1.000 0	1.000 00	0.925 9	1.080 0
2	1.166 4	0.857 3	2.080 0	0.480 77	1.783 3	0.560 8
3	1.259 7	0.793 8	3.246 4	0.308 03	2.577 1	0.388 0
4	1.360 5	0.735 0	4.506 1	0.221 92	3.312 1	0.301 9
5	1.469 3	0.680 6	5.866 6	0.170 46	3.992 7	0.250 5
6	1.586 9	0.630 2	7.335 9	0.136 32	4.622 9	0.216 3
7	1.713 8	0.583 5	8.922 8	0.112 07	5.206 4	0.192 1
8	1.850 9	0.540 3	10.636 6	0.094 01	5.746 6	0.174 0
9	1.999 0	0.500 2	12.48 76	0.080 08	6.246 9	0.160 1
10	2.158 9	0.463 2	14.486 6	0.069 03	6.710 1	0.149 0
11	2.331 6	0.428 9	16.645 5	0.060 08	7.139 0	0.140 1
12	2.518 2	0.397 1	18.977 1	0.052 70	7.536 1	0.132 7
13	2.719 6	0.367 7	21.495 3	0.046 52	7.903 8	0.126 5
14	2.937 2	0.340 5	24.214 9	0.041 30	8.244 2	0.121 3
15	3.172 2	0.315 2	27.152 1	0.036 83	8.559 5	0.116 8
16	3.425 9	0.291 9	30.324 3	0.032 98	8.851 4	0.113 0
17	3.700 0	0.270 3	33.750 2	0.029 63	9.121 6	0.109 6
18	3.996 0	0.250 2	37.450 2	0.026 70	9.371 9	0.106 7
19	4.315 7	0.231 7	41.446 3	0.024 13	9.603 6	0.104 1
20	4.661 0	0.214 5	45.762 0	0.021 85	9.818 1	0.101 9
21	5.033 8	0.198 7	50.422 9	0.019 83	10.016 8	0.099 8
22	5.436 5	0.183 9	55.456 8	0.018 03	10.200 7	0.098 0
23	5.871 5	0.170 3	60.893 3	0.016 42	10.371 1	0.096 4
24	6.341 2	0.157 7	66.764 8	0.014 98	10.528 8	0.095 0
25	6.848 5	0.146 0	73.105 9	0.0136 8	10.674 8	0.093 7
26	7.396 4	0.135 2	79.954 4	0.012 51	10.810 0	0.092 5
27	7.988 1	0.125 2	87.350 8	0.011 45	10.935 2	0.091 4
28	8.627 1	0.115 9	95.338 8	0.010 49	11.051 1	0.090 5
29	9.317 3	0.107 3	103.965 9	0.009 62	11.158 4	0.089 6
30	10.062 7	0.099 4	113.283 2	0.008 83	11.257 8	0.088 8
31	10.867 7	0.092 0	123.345 9	0.008 11	11.349 8	0.088 1
32	11.737 1	0.085 2	134.213 5	0.007 45	11.435 0	0.087 5
33	12.676 0	0.078 9	145.950 6	0.006 85	11.513 9	0.086 9
34	13.690 1	0.073 0	158.626 7	0.006 30	11.586 9	0.086 3
35	14.785 3	0.067 6	172.316 8	0.005 80	11.654 6	0.085 8
40	21.724 5	0.046 0	259.056 5	0.003 86	11.924 6	0.083 9
45	31.920 4	0.031 3	386.505 6	0.002 59	12.108 4	0.082 6
50	46.901 6	0.021 3	573.770 2	0.001 74	12.233 5	0.081 7

附表5　复利系数表（$i=10\%$）

n	$(F/P,i,n)$	$(P/F,i,n)$	$(F/A,i,n)$	$(A/F,i,n)$	$(P/A,i,n)$	$(A/P,i,n)$
1	1.100 0	0.909 1	1.000 0	1.000 00	0.909 1	1.100 0
2	1.210 0	0.826 4	2.100 0	0.476 19	1.735 5	0.576 2
3	1.331 0	0.751 3	3.310 0	0.302 11	2.486 9	0.402 1
4	1.464 1	0.683 0	4.641 0	0.215 47	3.169 9	0.315 5
5	1.610 5	0.620 9	6.105 1	0.163 80	3.790 8	0.263 8
6	1.771 6	0.564 5	7.715 6	0.129 61	4.355 3	0.229 6
7	1.948 7	0.513 2	9.487 2	0.105 41	4.868 4	0.205 4
8	2.143 6	0.466 5	11.435 9	0.087 44	5.334 9	0.187 4
9	2.357 9	0.424 1	13.579 5	0.073 64	5.759 0	0.173 6
10	2.593 7	0.385 5	15.937 4	0.062 75	6.144 6	0.162 7
11	2.853 1	0.350 5	18.531 2	0.053 96	6.495 1	0.154 0
12	3.138 4	0.318 6	21.384 3	0.046 76	6.813 7	0.146 8
13	3.452 3	0.289 7	24.522 7	0.040 78	7.103 4	0.140 8
14	3.797 5	0.263 3	27.975 0	0.035 75	7.366 7	0.135 7
15	4.177 2	0.239 4	31.772 5	0.031 47	7.606 1	0.131 5
16	4.595 0	0.217 6	35.949 7	0.027 82	7.823 7	0.127 8
17	5.054 5	0.197 8	40.544 7	0.024 66	8.021 6	0.124 7
18	5.559 9	0.179 9	45.599 2	0.021 93	8.201 4	0.121 9
19	6.115 9	0.163 5	51.159 1	0.019 55	8.364 9	0.119 5
20	6.727 5	0.148 6	57.275 0	0.017 46	8.513 6	0.117 5
21	7.400 2	0.135 1	64.002 5	0.015 62	8.648 7	0.115 6
22	8.140 3	0.122 8	71.402 7	0.014 01	8.771 5	0.114 0
23	8.954 3	0.111 7	79.543 0	0.012 57	8.883 2	0.112 6
24	9.849 7	0.101 5	88.497 3	0.011 30	8.984 7	0.111 3
25	10.834 7	0.092 3	98.347 1	0.010 17	9.077 0	0.110 2
26	11.918 2	0.083 9	109.181 8	0.009 16	9.160 9	0.109 2
27	13.110 0	0.076 3	121.099 9	0.008 26	9.237 2	0.108 3
28	14.421 0	0.069 3	134.209 9	0.007 45	9.306 6	0.107 5
29	15.863 1	0.063 0	148.630 9	0.006 73	9.369 6	0.106 7
30	17.449 4	0.057 3	164.494 0	0.006 08	9.426 9	0.106 1
31	19.194 3	0.052 1	181.943 4	0.005 50	9.479 0	0.105 5
32	21.113 8	0.047 4	201.137 8	0.004 97	9.526 4	0.105 0
33	23.225 2	0.043 1	222.251 5	0.004 50	9.569 4	0.104 5
34	25.547 7	0.039 1	245.476 7	0.004 07	9.608 6	0.104 1
35	28.102 4	0.035 6	271.024 4	0.003 69	9.644 2	0.103 7
40	45.259 3	0.022 1	442.592 6	0.002 26	9.779 1	0.102 3
45	72.890 5	0.013 7	718.904 8	0.001 39	9.862 8	0.101 4
50	117.390 9	0.008 5	1163.908 5	0.000 86	9.914 8	0.100 9

附表6　复利系数表($i=12\%$)

n	$(F/P,i,n)$	$(P/F,i,n)$	$(F/A,i,n)$	$(A/F,i,n)$	$(P/A,i,n)$	$(A/P,i,n)$
1	1.120 0	0.892 86	1.000 0	1.000 00	0.892 9	1.120 0
2	1.254 4	0.797 19	2.120 0	0.471 70	1.690 1	0.591 7
3	1.404 9	0.711 78	3.374 4	0.296 35	2.401 8	0.416 3
4	1.573 5	0.635 52	4.779 3	0.209 23	3.037 3	0.329 2
5	1.762 3	0.567 43	6.352 8	0.157 41	3.604 8	0.277 4
6	1.973 8	0.506 63	8.115 2	0.123 23	4.111 4	0.243 2
7	2.210 7	0.452 35	10.089 0	0.099 12	4.563 8	0.219 1
8	2.476 0	0.403 88	12.299 7	0.081 30	4.967 6	0.201 3
9	2.773 1	0.360 61	14.775 7	0.067 68	5.328 2	0.187 7
10	3.105 8	0.321 97	17.548 7	0.056 98	5.650 2	0.177 0
11	3.478 5	0.287 48	20.654 6	0.048 42	5.937 7	0.168 4
12	3.896 0	0.256 68	24.133 1	0.041 44	6.194 4	0.161 4
13	4.363 5	0.229 17	28.029 1	0.035 68	6.423 5	0.155 7
14	4.887 1	0.204 62	32.392 6	0.030 87	6.628 2	0.150 9
15	5.473 6	0.182 70	37.279 7	0.026 82	6.810 9	0.146 8
16	6.130 4	0.163 12	42.753 3	0.023 39	6.974 0	0.143 4
17	6.866 0	0.145 64	48.883 7	0.020 46	7.119 6	0.140 5
18	7.690 0	0.130 04	55.749 7	0.017 94	7.249 7	0.137 9
19	8.612 8	0.116 11	63.439 7	0.015 76	7.365 8	0.135 8
20	9.646 3	0.103 67	72.052 4	0.013 88	7.469 4	0.133 9
21	10.803 8	0.092 56	81.698 7	0.012 24	7.562 0	0.132 2
22	12.100 3	0.082 64	92.502 6	0.010 81	7.644 6	0.130 8
23	13.552 3	0.073 79	104.602 9	0.009 56	7.718 4	0.129 6
24	15.178 6	0.065 88	118.155 2	0.008 46	7.784 3	0.128 5
25	17.000 1	0.058 82	133.333 9	0.007 50	7.843 1	0.127 5
26	19.040 1	0.052 52	150.333 9	0.006 65	7.895 7	0.126 7
27	21.324 9	0.046 89	169.374 0	0.005 90	7.942 6	0.125 9
28	23.883 9	0.041 87	190.698 9	0.005 24	7.984 4	0.125 2
29	26.749 9	0.037 38	214.582 8	0.004 66	8.021 8	0.124 7
30	29.959 9	0.033 38	241.332 7	0.004 14	8.055 2	0.124 1
31	33.555 1	0.029 80	271.292 6	0.003 69	8.085 0	0.123 7
32	37.581 7	0.026 61	304.847 7	0.003 28	8.111 6	0.123 3
33	42.091 5	0.023 76	342.429 4	0.002 92	8.135 4	0.122 9
34	47.142 5	0.021 21	384.521 0	0.002 60	8.156 6	0.122 6
35	52.799 6	0.018 94	431.663 5	0.002 32	8.175 5	0.122 3
40	93.051 0	0.010 75	767.091 4	0.001 30	8.243 8	0.121 3
45	163.987 6	0.006 10	1 358.230 0	0.000 74	8.282 5	0.120 7
50	289.002 2	0.003 46	2 400.018 2	0.000 42	8.304 5	0.120 4

附表 7 复利系数表（$i=15\%$）

n	$(F/P,i,n)$	$(P/F,i,n)$	$(F/A,i,n)$	$(A/F,i,n)$	$(P/A,i,n)$	$(A/P,i,n)$
1	1.150 0	0.869 57	1.000 0	1.000 00	0.869 6	1.150 0
2	1.322 5	0.756 14	2.150 0	0.465 12	1.625 7	0.615 1
3	1.520 9	0.657 52	3.472 5	0.287 98	2.283 2	0.438 0
4	1.749 0	0.571 75	4.993 4	0.200 27	2.855 0	0.350 3
5	2.011 4	0.497 18	6.742 4	0.148 32	3.352 2	0.298 3
6	2.313 1	0.432 33	8.753 7	0.114 24	3.784 5	0.264 2
7	2.660 0	0.375 94	11.066 8	0.090 36	4.160 4	0.240 4
8	3.059 0	0.326 90	13.726 8	0.072 85	4.487 3	0.222 9
9	3.517 9	0.284 26	16.785 8	0.059 57	4.771 6	0.209 6
10	4.045 6	0.247 18	20.303 7	0.049 25	5.018 8	0.199 3
11	4.652 4	0.214 94	24.349 3	0.041 07	5.233 7	0.191 1
12	5.350 3	0.186 91	29.001 7	0.034 48	5.420 6	0.184 5
13	6.152 8	0.162 53	34.351 9	0.029 11	5.583 1	0.179 1
14	7.075 7	0.141 33	40.504 7	0.024 69	5.724 5	0.174 7
15	8.137 1	0.122 89	47.580 4	0.021 02	5.847 4	0.171 0
16	9.357 6	0.106 86	55.717 5	0.017 95	5.954 2	0.167 9
17	10.761 3	0.092 93	65.075 1	0.015 37	6.047 2	0.165 4
18	12.375 5	0.080 81	75.836 4	0.013 19	6.128 0	0.163 2
19	14.231 8	0.070 27	88.211 8	0.011 34	6.198 2	0.161 3
20	16.366 5	0.061 10	102.443 6	0.009 76	6.259 3	0.159 8
21	18.821 5	0.053 13	118.810 1	0.008 42	6.312 5	0.158 4
23	24.891 5	0.040 17	159.276 4	0.006 28	6.398 8	0.156 3
24	28.625 2	0.034 93	184.167 8	0.005 43	6.433 8	0.155 4
25	32.919 0	0.030 38	212.793 0	0.004 70	6.464 1	0.154 7
26	37.856 8	0.026 42	245.712 0	0.004 07	6.490 6	0.154 1
27	43.535 3	0.022 97	283.568 8	0.003 53	6.513 5	0.153 5
28	50.065 6	0.019 97	327.104 1	0.003 06	6.533 5	0.153 1
29	57.575 5	0.017 37	377.169 7	0.002 65	6.550 9	0.152 7
30	66.211 8	0.015 10	434.745 1	0.002 30	6.566 0	0.152 3
31	76.143 5	0.013 13	500.956 9	0.002 00	6.579 1	0.152 0
32	87.565 1	0.011 42	577.100 5	0.001 73	6.590 5	0.151 7
33	100.699 8	0.009 93	664.665 5	0.001 50	6.600 5	0.151 5
34	115.804 8	0.008 64	765.365 4	0.001 31	6.609 1	0.151 3
35	133.175 5	0.007 51	881.170 2	0.001 13	6.616 6	0.151 1
40	267.863 5	0.003 73	1 779.090 3	0.000 56	6.641 8	0.150 6
45	538.769 3	0.001 86	3 585.128 5	0.000 28	6.654 3	0.150 3
50	1 083.657 4	0.000 92	7 217.716 3	0.000 14	6.660 5	0.150 1

附表8 复利系数表($i=20\%$)

n	$(F/P,i,n)$	$(P/F,i,n)$	$(F/A,i,n)$	$(A/F,i,n)$	$(P/A,i,n)$	$(A/P,i,n)$
1	1.200 0	0.833 33	1.000 0	1.000 00	0.833 3	1.200 0
2	1.440 0	0.694 44	2.200 0	0.454 55	1.527 8	0.654 5
3	1.728 0	0.578 70	3.640 0	0.274 73	2.106 5	0.474 7
4	2.073 6	0.482 25	5.368 0	0.186 29	2.588 7	0.386 3
5	2.488 3	0.401 88	7.441 6	0.134 38	2.990 6	0.334 4
6	2.986 0	0.334 90	9.929 9	0.100 71	3.325 5	0.300 7
7	3.583 2	0.279 08	12.915 9	0.077 42	3.604 6	0.277 4
8	4.299 8	0.232 57	16.499 1	0.060 61	3.837 2	0.260 6
9	5.159 8	0.193 81	20.798 9	0.048 08	4.031 0	0.248 1
10	6.191 7	0.161 51	25.958 7	0.038 52	4.192 5	0.238 5
11	7.430 1	0.134 59	32.150 4	0.031 10	4.327 1	0.231 1
12	8.916 1	0.112 16	39.580 5	0.025 26	4.439 2	0.225 3
13	10.699 3	0.093 46	48.496 6	0.020 62	4.532 7	0.220 6
14	12.839 2	0.077 89	59.195 9	0.016 89	4.610 6	0.216 9
15	15.407 0	0.064 91	72.035 1	0.013 88	4.675 5	0.213 9
16	18.488 4	0.054 09	87.442 1	0.011 44	4.729 6	0.211 4
17	22.186 1	0.045 07	105.930 6	0.009 44	4.774 6	0.209 4
18	26.623 3	0.037 56	128.116 7	0.007 81	4.812 2	0.207 8
19	31.948 0	0.031 30	154.740 0	0.006 46	4.843 5	0.206 5
20	38.337 6	0.026 08	186.688 0	0.005 36	4.869 6	0.205 4
21	46.005 1	0.021 74	225.025 6	0.004 44	4.891 3	0.204 4
22	55.206 1	0.018 11	271.030 7	0.003 69	4.909 4	0.203 7
23	66.247 4	0.015 09	326.236 9	0.003 07	4.924 5	0.203 1
24	79.496 8	0.012 58	392.484 2	0.002 55	4.937 1	0.202 5
25	95.396 2	0.010 48	471.981 1	0.002 12	4.947 6	0.202 1
26	114.475 5	0.008 74	567.377 3	0.001 76	4.956 3	0.201 8
27	137.370 6	0.007 28	681.852 8	0.001 47	4.963 6	0.201 5
28	164.844 7	0.006 07	819.223 3	0.001 22	4.969 7	0.201 2
29	197.813 6	0.005 06	984.068 0	0.001 02	4.974 7	0.201 0
30	237.376 3	0.004 21	1 181.881 6	0.000 85	4.978 9	0.200 8
31	284.851 6	0.003 51	1 419.257 9	0.000 70	4.982 4	0.200 7
32	341.821 9	0.002 93	1 704.109 5	0.000 59	4.985 4	0.200 6
33	410.186 3	0.002 44	2 045.931 4	0.000 49	4.987 8	0.200 5
34	492.22 35	0.002 03	2 456.117 6	0.000 41	4.989 8	0.200 4
35	590.668 2	0.001 69	2 948.341 1	0.000 34	4.991 5	0.200 3
40	1 469.771 6	0.000 68	7 343.857 8	0.000 14	4.996 6	0.200 1
45	3 657.262 0	0.000 27	18 281.309 9	0.000 05	4.998 6	0.200 1
50	9 100.438 2	0.000 11	45 497.190 8	0.000 02	4.999 5	0.200 0

附表 9　复利系数表（$i=25\%$）

n	$(F/P,i,n)$	$(P/F,i,n)$	$(F/A,i,n)$	$(A/F,i,n)$	$(P/A,i,n)$	$(A/P,i,n)$
1	1.250 0	0.800 00	1.000 0	1.000 00	0.800 0	1.250 0
2	1.562 5	0.640 00	2.250 0	0.444 44	1.440 0	0.694 4
3	1.953 1	0.512 00	3.812 5	0.262 30	1.952 0	0.512 3
4	2.441 4	0.409 60	5.765 6	0.173 44	2.361 6	0.423 4
5	3.051 8	0.327 68	8.207 0	0.121 85	2.689 3	0.371 8
6	3.814 7	0.262 14	11.258 8	0.088 82	2.951 4	0.338 8
7	4.768 4	0.209 72	15.073 5	0.066 34	3.161 1	0.316 3
8	5.960 5	0.167 77	19.841 9	0.050 40	3.328 9	0.300 4
9	7.450 6	0.134 22	25.802 3	0.038 76	3.463 1	0.288 8
10	9.313 2	0.107 37	33.252 9	0.030 07	3.570 5	0.280 1
11	11.641 5	0.085 90	42.566 1	0.023 49	3.656 4	0.273 5
12	14.551 9	0.068 72	54.207 7	0.018 45	3.725 1	0.268 4
13	18.189 9	0.054 98	68.759 6	0.014 54	3.780 1	0.264 5
14	22.737 4	0.043 98	86.949 5	0.011 50	3.824 1	0.261 5
15	28.421 7	0.035 18	109.686 8	0.009 12	3.859 3	0.259 1
16	35.527 1	0.028 15	138.108 5	0.007 24	3.887 4	0.257 2
17	44.408 9	0.022 52	173.635 7	0.005 76	3.909 9	0.255 8
18	55.511 2	0.018 01	218.044 6	0.004 59	3.927 9	0.254 6
19	69.388 9	0.014 41	273.555 8	0.003 66	3.942 4	0.253 7
20	86.736 2	0.011 53	342.944 7	0.002 92	3.953 9	0.252 9
21	108.420 2	0.009 22	429.680 9	0.002 33	3.963 1	0.252 3
22	135.525 3	0.007 38	538.101 1	0.001 86	3.970 5	0.251 9
23	169.406 6	0.005 90	673.626 4	0.001 48	3.976 4	0.251 5
24	211.758 2	0.004 72	843.032 9	0.001 19	3.981 1	0.251 2
25	264.697 8	0.003 78	1 054.791 2	0.000 95	3.984 9	0.250 9
26	330.872 2	0.003 02	1 319.489 0	0.000 76	3.987 9	0.250 8
27	413.590 3	0.002 42	1 650.361 2	0.000 61	3.990 3	0.250 6
28	516.987 9	0.001 93	2 063.951 5	0.000 48	3.992 3	0.250 5
29	646.234 9	0.001 55	2 580.939 4	0.000 39	3.993 8	0.250 4
30	807.793 6	0.001 24	3 227.174 3	0.000 31	3.995 0	0.250 3
31	1 009.742 0	0.000 99	4 034.967 8	0.000 25	3.996 0	0.250 2
32	1 262.177 4	0.000 79	5 044.709 8	0.000 20	3.996 8	0.250 2
33	1 577.721 8	0.000 63	6 306.887 2	0.000 16	3.997 5	0.250 2
34	1 972.152 3	0.000 51	7 884.609 1	0.000 13	3.998 0	0.250 1
35	2 465.190 3	0.000 41	9 856.761 3	0.000 10	3.998 4	0.250 1
40	7 523.163 8	0.000 13	30 088.655 4	0.000 03	3.999 5	0.250 0
45	22 958.874 0	0.000 04	91 831.496 2	0.000 01	3.999 8	0.250 0
50	70 064.923 2	0.000 01	280 255.692 9	0.000 00	3.999 9	0.250 0

附表 10 复利系数表($i=30\%$)

n	$(F/P,i,n)$	$(P/F,i,n)$	$(F/A,i,n)$	$(A/F,i,n)$	$(P/A,i,n)$	$(A/P,i,n)$
1	1.300 0	0.769 23	1.000 0	1.000 00	0.769 2	1.300 0
2	1.690 0	0.591 72	2.300 0	0.434 78	1.360 9	0.734 8
3	2.197 0	0.455 17	3.990 0	0.250 63	1.816 1	0.550 6
4	2.856 1	0.350 13	6.187 0	0.161 63	2.166 2	0.461 6
5	3.712 9	0.269 33	9.043 1	0.110 58	2.435 6	0.410 6
6	4.826 8	0.207 18	12.756 0	0.078 39	2.642 7	0.378 4
7	6.274 9	0.159 37	17.582 8	0.056 87	2.802 1	0.356 9
8	8.157 3	0.122 59	23.857 7	0.041 92	2.924 7	0.341 9
9	10.604 5	0.094 30	32.015 0	0.031 24	3.019 0	0.331 2
10	13.785 8	0.072 54	42.619 5	0.023 46	3.091 5	0.323 5
11	17.921 6	0.055 80	56.405 3	0.017 73	3.147 3	0.317 7
12	23.298 1	0.042 92	74.327 0	0.013 45	3.190 3	0.313 5
13	30.287 5	0.033 02	97.625 0	0.010 24	3.223 3	0.310 2
14	39.373 8	0.025 40	127.912 5	0.007 82	3.248 7	0.307 8
15	51.185 9	0.019 54	167.286 3	0.005 98	3.268 2	0.306 0
16	66.541 7	0.015 03	218.472 2	0.004 58	3.283 2	0.304 6
17	86.504 2	0.011 56	285.013 9	0.003 51	3.294 8	0.303 5
18	112.455 4	0.008 89	371.518 0	0.002 69	3.303 7	0.302 7
19	146.192 0	0.006 84	483.973 4	0.002 07	3.310 5	0.302 1
20	190.049 6	0.005 26	630.165 5	0.001 59	3.315 8	0.301 6
21	247.064 5	0.004 05	820.215 1	0.001 22	3.319 8	0.301 2
22	321.183 9	0.003 11	1 067.279 6	0.000 94	3.323 0	0.300 9
23	417.539 1	0.002 39	1 388.463 5	0.000 72	3.325 4	0.300 7
24	542.800 8	0.001 84	1 806.002 6	0.000 55	3.327 2	0.300 6
25	705.641 0	0.001 42	2 348.803 3	0.000 43	3.328 6	0.300 4
26	917.333 3	0.001 09	3 054.444 3	0.000 33	3.329 7	0.300 3
27	1 192.533 3	0.000 84	3 971.777 6	0.000 25	3.330 5	0.300 3
28	1 550.293 3	0.000 65	5 164.310 9	0.000 19	3.331 2	0.300 2
29	2 015.381 3	0.000 50	6 714.604 2	0.000 15	3.331 7	0.300 1
30	2 619.995 6	0.000 38	8 729.985 5	0.000 11	3.332 1	0.300 1
31	3 405.994 3	0.000 29	11 349.981 1	0.000 09	3.332 4	0.300 1
32	4 427.792 6	0.000 23	14 755.975 5	0.000 07	3.332 6	0.300 1
33	5 756.130 4	0.000 17	19 183.768 1	0.000 05	3.332 8	0.300 1
34	7 482.969 6	0.000 13	24 939.898 5	0.000 04	3.332 9	0.300 0
35	9 727.860 4	0.000 10	32 422.868 1	0.000 03	3.333 0	0.300 0

参 考 文 献

[1]国家发展改革委,建设部.建设项目经济评价方法与参数[M].3版.北京:中国计划出版社,2006.

[2]《投资项目可行性研究指南》编写组.投资项目可行性研究指南[M].北京:中国电力出版社,2002.

[3]全国一级建造师执业资格考试用书编写委员会.建设工程项目管理[M].北京:中国建筑工业出版社,2021.

[4]中国建设监理协会.建设工程进度控制[M].北京:中国建筑工业出版社,2022.

[5]全国造价工程师职业资格考试培训教材编审委员会.建设工程造价案例分析[M].北京:中国计划出版社,2021.

[6]全国咨询工程师(投资)职业资格考试参考教材编写委员会.项目决策分析与评价[M].北京:中国统计出版社,2021.

[7]全国二级建造师执业资格考试用书编写委员会.建设工程施工管理[M].北京:中国建筑工业出版社,2021.

[8]中国建设监理协会.建设工程质量控制[M].北京:中国建筑工业出版社,2022.

[9]王恩茂.工程经济学:修订版[M].北京:科学出版社,2019.

[10]王付宇,汪和平,夏明长.工程经济与项目管理[M].北京:机械工业出版社,2021.

[11]银花.建设工程项目管理[M].2版.北京:机械工业出版社,2022.

[12]李慧民.工程经济与项目管理[M].北京:科学出版社,2016.

[13]丁士昭.工程项目管理[M].2版.北京:中国建筑工业出版社,2014.

[14]叶堃晖.工程项目管理[M].重庆:重庆大学出版社,2017

[15]田金信.建设项目管理[M].3版.北京:高等教育出版社,2017

[16]刘晓君.工程经济学[M].3版.北京:中国建筑工业出版社,2015.

[17]贾学萍.工程经济学[M].北京:北京邮电大学出版社,2014.

[18]郭献芳,申淑娟.工程经济学[M].3版.北京:机械工业出版社,2022.

[19]李慧民.建筑工程经济与项目管理[M].北京:冶金工业出版社,2002.

[20]邵颖红,黄渝祥,邢爱芳,等.工程经济学[M].5版.上海:同济大学出版社,2015.

[21]谭大璐,赵世强.工程经济学[M].2版.武汉:武汉理工大学出版社,2012.

[22]赵峰,周燕.工程经济学[M].3版.武汉:武汉理工大学出版社,2016.

[23]帕克.工程经济学[M].邵颖红,译.北京:中国人民大学出版社,2012.

[24]范钦满,姜晴.工程经济学[M].北京:国防工业出版社,2013.

[25]丛培经.工程项目管理[M].5版.北京:中国建筑工业出版社,2017.

[26]成虎,陈群.工程项目管理[M].4版.北京:中国建筑工业出版社,2015.

[27]中国安全生产科学研究院.安全生产专业实务.建筑施工安全:2022版[M].北京:应急管理出版社,2022.